日本古代金石文の研究

日本古代金石文の研究

東野治之

岩波書店

目　次

第二部　古代金石文の世界

目　次

挿図目次

図1 法隆寺金堂薬師如来像光背銘 『奈良六大寺大観』二、岩波書店、一九六八年……4
2 薬師寺東塔檫銘(拓影)と宮上茂隆氏の復原案……5
3 薬師寺東塔檫銘(部分) 安田暎胤・大橋一章編『薬師寺』里文出版、一九九〇年……6
4 丙寅年菩薩半跏像銘(部分) 奈良国立文化財研究所飛鳥資料館編『飛鳥・白鳳の在銘金銅仏』同朋舎、一九七九年……14
5 辛亥年観音像銘(部分) 同右……14
6 甲寅年光背銘(部分) 同右……15
7 長谷寺法華説相図銅板銘(部分)……16
8 野中寺弥勒像台座銘の文字 奈良国立文化財研究所飛鳥資料館編『飛鳥・白鳳の在銘金銅仏』同朋舎、一九七九年……16
9 伝聖徳太子筆『法華義疏』の文字……17
10 村山龍平氏旧蔵 金銅観音像と台座框銘 東京大学史料編纂所蔵(拓本のみ)……24
11 阿波国造碑(正面と左側面) 徳島県博物館『古代の阿波』一九七六年……37
12 威奈大村墓誌銘(部分) 奈良国立文化財研究所飛鳥資料館編『日本古代の墓誌』同朋舎、一九七九年……39
13 唐高宗 李勣碑(昭陵博物館)……48
14 後漢の碑(孔謙碑と郎中鄭固碑) 『書道全集』二、平凡社、一九五八年……49
15 甘粛省出土の木簡付札二種(前漢) 西林昭一編『中国甘粛新出土木簡選』毎日新聞社、一九九四年……49
16 朝鮮出土環頭大刀の棟部 東京国立博物館編『修理報告 有銘環頭大刀』一九九二年……85
17 銘文の書き起こし図……85

18 朝鮮出土環頭大刀銘　東京国立博物館編『修理報告　有銘環頭大刀』一九九二年……85
19 参照文字図（本文中に出典表示）……86
20 江田船山古墳大刀銘　東京国立博物館編『保存修理報告書　江田船山古墳出土国宝銀象嵌銘大刀』一九九三年……94
21 参照文字図（本文中に出典表示）……97
22 法隆寺金堂釈迦三尊像光背銘『奈良六大寺大観』二、岩波書店、一九六八年……110
23 光背裏面『法隆寺の至宝』三、小学館、一九九六年……111
24 光背銘（部分）奈良国立文化財研究所飛鳥資料館編『飛鳥・白鳳の在銘金銅仏』同朋舎、一九七九年……113
25 法隆寺金堂釈迦三尊像台座の墨書　法隆寺昭和資財帳編纂所編『伊珂留我法隆寺昭和資財帳調査概報』一二、小学館、一九九〇年……124
26 韓国扶余陵山里出土の香炉にみえる迦陵頻伽……124
27 広目天光背銘文『奈良六大寺大観』二、岩波書店、一九六八年……128
28 多聞天光背銘文　同右……128
29 持国天光背銘拓影　同右……130
30 大宰府出土木簡（部分）九州歴史資料館『大宰府史跡出土木簡概報』一、一九七六年……133
31 天寿国繡帳残欠（中宮寺蔵）ＮＨＫ『聖徳太子展』二〇〇一年……144
32 天寿国繡帳残欠図様配置図……148
33 亀形（Ｂ区31）……149
34 天寿国繡帳残欠（Ｆ区）『日本絵画館』一、講談社、一九七〇年……154
35 Ｆ区左上部……154
36 Ｆ区の建物基壇と蓮弁……156
37 筆立てと台座（Ｆ区右端）……156

二〇〇二年（碑のみ）……240
60 聖武天皇勅書銅版（表面） 正倉院事務所編『正倉院寶物』四、毎日新聞社、一九九四年……253
61 勅書銅版銘文稿本（正倉院文書続修一巻） 正倉院事務所編『正倉院古文書影印集成』五、八木書店、一九九一年……255
62 造東大寺司牒案 マイクロフィルム焼付写真（正倉院事務所頒布）……256
63・64 東寺写経所解 同右……256
65 造東大寺司移案 同右……256
66 龍首水瓶 東京国立博物館『特別展 法隆寺献納宝物』一九九六年……282
67 龍首水瓶の墨書箇所 東京国立博物館『MUSEUM』四五七号、一九八九年……283
68 墨書……283
69 造石山寺所雑物用帳……283
70 戊子年銘幡の欠損部復原案……299
71 『聖徳太子伝私記』所収の露盤銘……318
72 『聖徳太子伝私記』所収の露盤銘（部分）……321
73 法隆寺印 東京国立博物館『MUSEUM』五三三号、一九九五年……332
74 枡（献納宝物一一四号） 東京国立博物館『法隆寺献納宝物特別調査概報』二二、二〇〇二年……333
75 枡の印影 同右……333
76 枡の墨書「法隆寺」 同右……334
77 同右「律學院□」 同右……334
78 同右「□」 同右……334
79 法隆寺印（現状と復原図）……335
80 七支刀銘文の裏面第16・17字 村山正雄編著『石上神宮七支刀銘文図録』

〔備考〕　右のうち、4・6・51・68は、分割された画像をフォトショップを用いて連接させた。その際、4・6では写り込んでいた倍率標示を消去した。また68は、墨書の情報に影響を及ぼさない範囲で継目箇所の濃度を補正した。

序説　金石文研究の課題と方法

金石文を歴史叙述に用いることは、『日本書紀』(天智天皇八年十月条)に藤原鎌足の墓碑が引かれ、古くよりあったことが知られるが、古代金石文への関心も、早く虎関師錬の『元亨釈書』(元亨二年、一三二二)に遡る(本書五八頁)。そこでは宋の欧陽脩の『集古録』も紹介されているが、日本では宋の金石学は特に広まることはなかった。しかし江戸時代に入って『大日本史』編纂のころから、那須国造碑のような金石文が史料として注目されるようになり、十八世紀末以降、国学の発展や清朝考証学の影響下に、金石文の集成や本格的な研究が生み出される。松平定信による『集古十種』の編纂や、狩谷棭斎『古京遺文』は、その代表的成果といえよう[1]。従って日本の古代金石文研究は、江戸時代以来の研究蓄積を誇る分野の一つである。しかしその後の研究は全体として必ずしも盛んであったとはいえない。近代実証史学における金石文の位置づけは西洋にならって極めて高く[2]、また戦後、めざましく古代史研究が進められたにも拘らず、『日本古代金石文の研究』という著作は本書をもって嚆矢とするという事実がそれを象徴している。

こうした不振の一つの理由として考えられるのは、近代以来、官学に金石学の講座が設けられなかったことである。金石文研究が、木崎愛吉、藪田嘉一郎、坪井良平などの在野の諸氏や、建築史学の福山敏男氏らによって推進される結果となった一因がここにあろう[3]。しかしそれにも増して大きいのは、金石文がモノと一体の史料であることである。文字を入れられる対象は、刀剣、仏像、鏡、墓誌、碑、梵鐘など様々であるが、それらの文化財そのものとの関係を抜きにして、文字や文章の十全な理解が成り立たないことは言うまでもなかろう。ところがこれらの文化財は、近代の学問分野からすれば、考古学・美術史の二分野に跨る。また文字、文章についても、歴史学、国語学、漢文学、仏教学などの諸分野にわたる内容が記されている。また日本の古代文化が、中国・朝鮮の影響を大きく受けたことからすれば、広くアジア関係の研究領域とも関係してくる。その結果、金石文研究はこれら諸学の辺境に位置する分野となったと言えよう。広い目配りを必要とするこの分野が、研究者人口に恵まれなかったのも当然である[4]。

以上のような状況が災いして、金石文といい金石学といっても、その研究対象や概念が曖昧なまま放置されてきたことも注意しておかねばならない。金石文には、金属や石を素材とするものの他に、木や布、瓦、土器などに入れられた文字を含めることも多いが、その取捨は研究者の裁量に委ねられている部分が大きい。古くは木簡も、金石文の一種と見なされたことがあった[5]。

学問対象として金石文を考える場合、その概念が明確であることが望ましいのは言うまでもないが、この点については角田文衞氏の説が傾聴すべきものを含んでいる[6]。角田氏は歴史を研究する場合、主に遺物学と文献学から成る史料学があるとされ、その一環として、銘辞学というものを提唱された。銘辞とは、モノと密接不離の文字や文章をい い、いわゆる金石文や銘文はこれに含まれる。角田氏によれば写経の奥書や道標なども これに相当するが、銘辞の範囲をどこまで広げるかについては異論もあるであろう。また一つのものを銘辞学ばかりでなく、古文書学等の対象として見ることも許容されてよい。ただ角田氏の説は、漠然ととらえられがちな金石文を、学問対象として考える場合の示唆に富んでおり、本書で用いる金石文の語は、おおむね角田氏のいわれる銘辞に近い概念で使用するものとする。

さて以上のような史料的特色を備えた金石文を研究するに当たり、大きく次の四点が留意されるべきであろう。

第一は、すでにふれた通り、金石文をモノとの関わりで学際的視点から考察するということである。その際、モノと一体である関係上、金石文は後世を意識した記念的な内容を持つことが少なくなく、単純に確実な同時代史料とはいえないことも注意されねばならない。この分野において、しばしば追刻や追記が問題となるのも、金石文のこの性格と関わりがある。

第二は、金石文の文字を単なる文字記号として扱うだけではなく、それを表出している技法と関連させて見ることである。彫金や鋳金の実技に疎い私などには実行困難なことではあるが、その文字がどのようにして刻まれ、また陽出されているかは、文字が製作過程のいかなる段階で入れられたかを知り、その筆画をどう理解すべきかについて基本となる情報を提供する。この点に留意することは、文字の釈読に当たって是非とも必要である。なお近年このような問題について、金工史の立場からの研究が現れつつあるが、金石文の文字は陽鋳以外、タガネによる刻入という前提に立って進められているようである[7]。しかし古代の銘文にも、すでに原型に文字の入れられている例がある。金銅仏の細部の表現技法なども広く考え合わせ、多くの可能性を視野に入れながら検討してゆくことが望まれる。本書第二部第三章に収めた法隆寺金堂釈迦三尊像銘の考察などは、そのようなことを意識した試みの一つである。こうした技法の検討には、実物につくのが最良とはいえ、高倍率の拡大写真も極めて有効であることを申し添えておこう[8]。

第三に重要なのは、文体への着目である。その銘文が純漢文体で綴られているか、和文を基本としているかは、釈読する上に最も重大な要素といっても過言ではない。漢字による日本語の表記が、常に漢文との交流を通じて達成されてきたことを思えば、古い時代から純粋な和文というものが存在したと前提することには問題もあろう。しかし和文脈を基本とする文を和文ととらえれば、そのような文体の銘と漢文体の銘との差は歴然としている。純漢文体の場合は、特有の対句構成や押韻、典故などに留意する一方、和文主体の銘では、たとえ漢語が使用されていても、むしろ漢字の字義に拘泥せず、和語を念頭に置いた解釈がとられねばならない。この二つの文体の差は、文章そのものから判断できるのは勿論であるが、表出された銘の姿からも読みとれる。即ち漢文体の銘文が、行取りや一行の字詰めにおいて規格性を持つことが多いのに対し、和文体では規格性のないのが一般的である。造像銘に例をとるなら、同じく光背裏面に刻入されているとはいえ、法隆寺金堂釈迦三尊像の銘文(図22)が厳格な規格性を持つ漢文体であるのに対し、同寺金堂薬師像の銘(図1)は和文体というべきもので、四字句、六字句のまとまりは勿論、一行の字数の統一も全く顧慮されていない。

ただこの傾向にも例外はあり、文体は正格の漢文でありながら、行数や字数に規格のない薬師寺東塔檫銘(図2)は

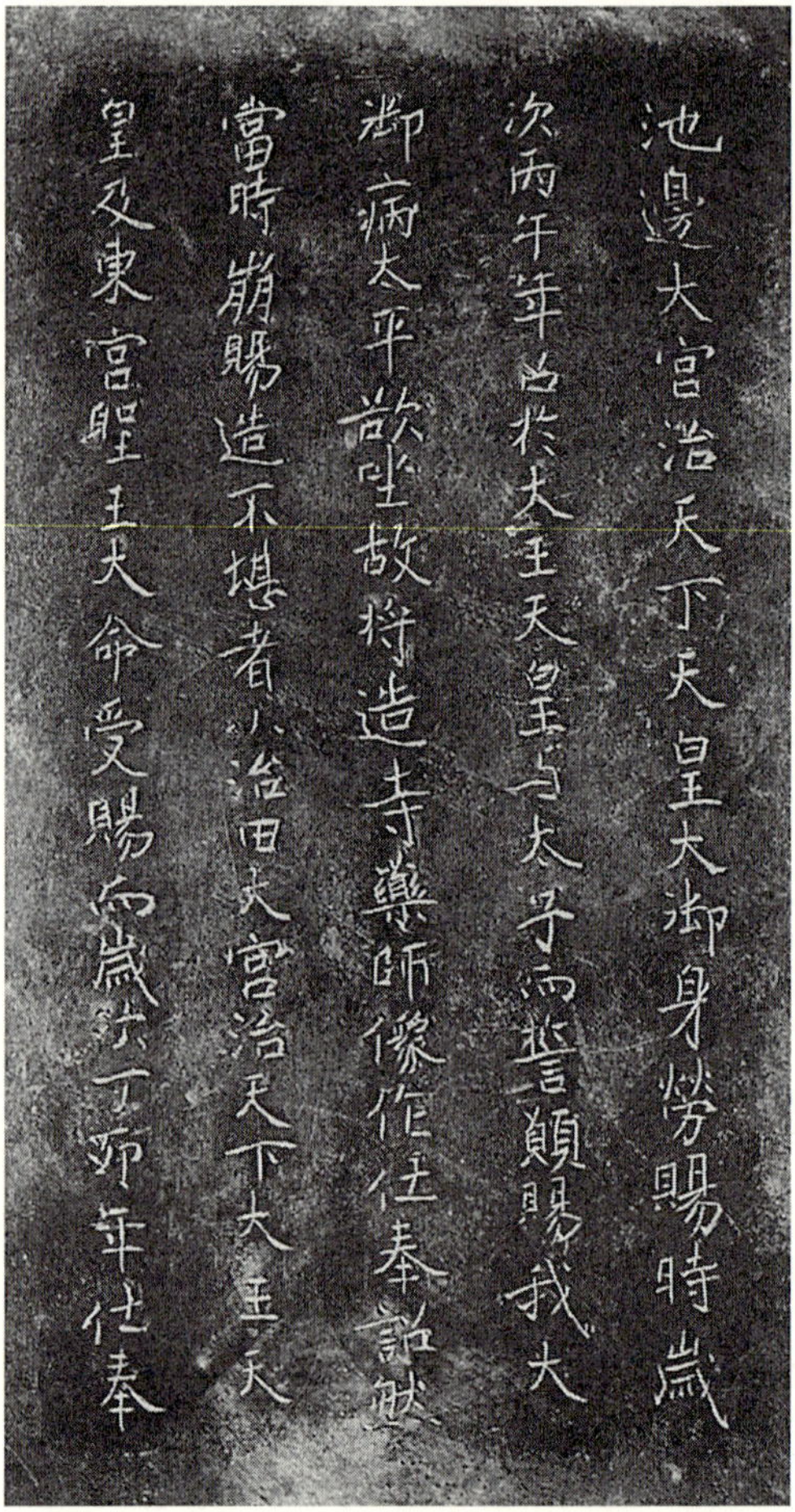

図 1　法隆寺金堂薬師如来像光背銘

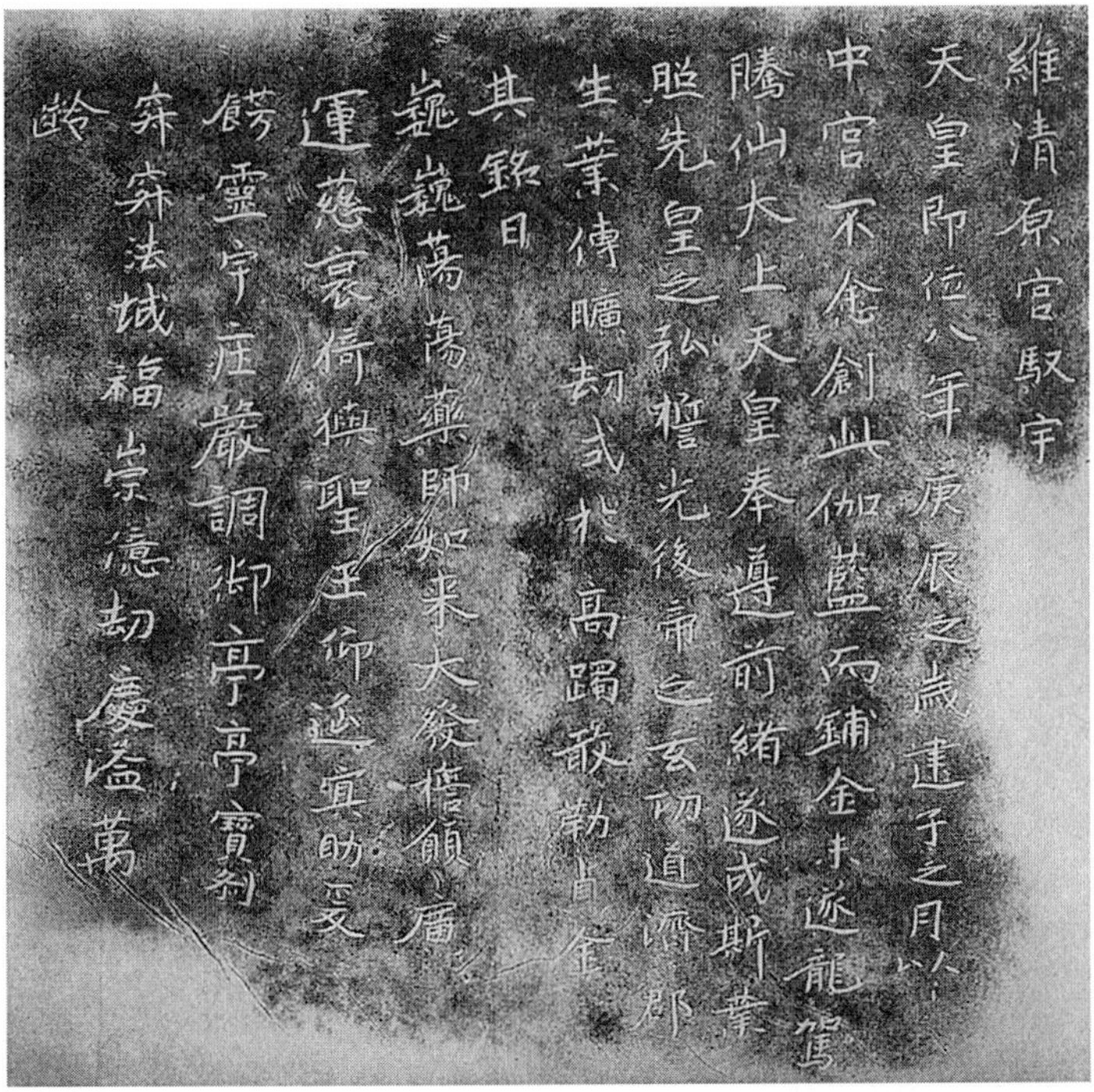

図2　薬師寺東塔檫銘(拓影)と宮上茂隆氏の復原案

維清原宮馭宇
天皇即位八年庚辰之歳建子
之月以中宮不悆創此伽藍而
鋪金未遂龍駕騰仙太上天皇
奉遵前緒遂成斯業照先皇之
弘誓光後帝之玄功道濟群生
業傳曠劫式旌高躅敢勒貞金
其銘曰
巍巍蕩蕩薬師如来大発誓願
廣運慈哀猗歟聖王仰延冥助
爰餝霊宇荘厳調御亭亭寶刹
寂寂法城福崇億劫慶溢萬齢

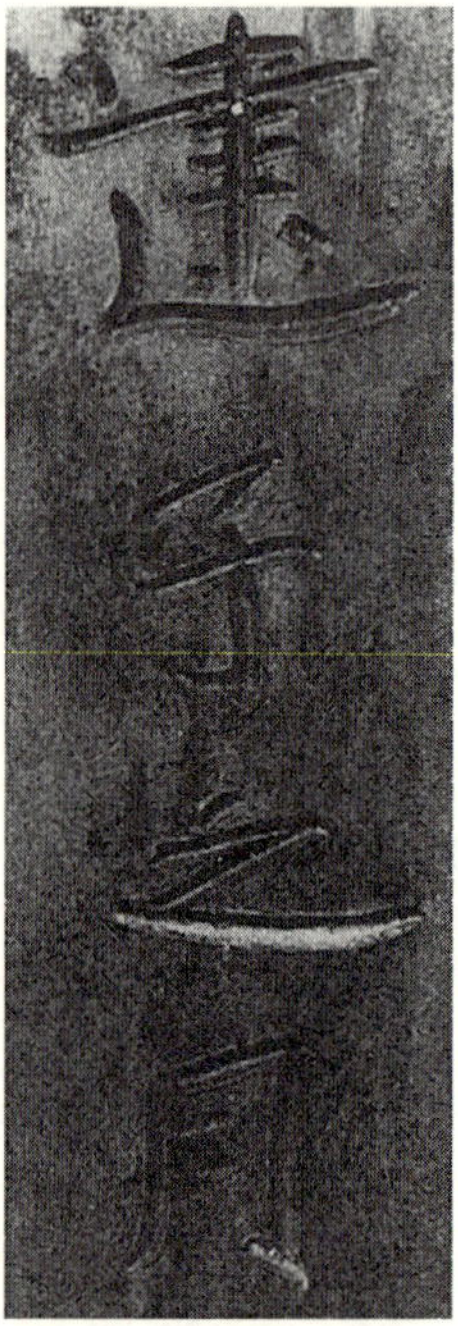

図3　薬師寺東塔檫銘（部分）

その例である。この銘は本来一行十二字、全十二行に収まるよう撰文されているが[9]、実際には守られていない。しかしこの銘については、諸説あるものの、本薬師寺塔の銘文を転写して刻まれたとする解釈があることが、やはり注意されるべきであろう[10]。その説の主な根拠は、文中における誤字の存在や、薬師寺の平城京移転にふれないことなどにあるが、先のような規格の乱れや行頭の不揃いは、オリジナルの銘でないとすれば、素直に理解できる。この銘が檫管の鍍金前に刻されたかどうかは詳らかでないが、鍍金前の刻入である粟原寺塔露盤銘[11]とは異なり、刻銘の際にできたメクレを除去していないのも、この銘の性格を暗示しているというべきであろう（図3）。この他、法隆寺献納宝物の甲寅年光背銘も、漢文体の銘を刻みながら規格の整わない例である。古代朝鮮の金銅仏銘文では、しばしば同様な銘が見られるが[12]、この光背銘についても朝鮮製との説があること、少なくとも発願者の王延孫が渡来系の人物と推考されることは注意される。このように例外についても、それ相応の背景が考えられるので、文体、用語からの分析の有効性は否定できないであろう。

第四に注意しなければならないのは、金石文の書風である。近年、肉筆の史料については、その書写材料や書風に関心を払うのが当然のこととなりつつあるが、肉筆そのものではなくとも、金石文の書風も考察の重要な手掛りとなる。書としては二次的なものながら、それがまぎれもなく原書の書風を表しているのは驚くばかりである。書風の検討にも拡大写真が役立つが、実物大で全体を見ることのできる拓本も、この場合は捨て難い意義を残している[13]。本書の中では、広く刀剣銘、造像銘、墓誌、器物銘等にわたり、随所にこの観点からの考察を試みた。

本書は、既往の論文を基礎に、おおむね以上のような視点に立ってまとめたものである。第一部には概説的な論考を、第二部には個別の金石文に関する研究を集めた。第二部の諸論文は、ほぼ対象となる金石文の年代順とし、刀剣銘、造像銘、碑銘などの種類を加味して排列した。付編の三篇は本書の主題と関わり深い関連論文であって、金石文研究が分野や時代を越えて持つ意義を示すとも考えて収録した。元になった論考には、既に四半世紀の歳月を経ているものがあり、その後考えを改めたところもあるので、現時点での私見を盛り込むよう努めたことは言うまでもない。初出論文との異同については、巻末の「成稿一覧」を参考にして下さるよう希望する。また原論文の中には、別に豊富な図版を伴う形で出たものも少なくないが、本書の性質上、それらの再録は不可能であり、挿図は最小限に限らざるをえなかった。さほど入手困難ではないので、関連の諸書を随時参照いただきたいと思う。

なお本書所収の論文中では、しばしば野中寺弥勒像の台座銘について言及しているが、近年私は、この銘文について疑念を抱くようになった。[14] ただそれらの論文が他に引用されていることも少なくなく、また同銘文のみを立論根拠とする論文もないので、叙述に若干の修正を加えるに止めた。同銘文に対する近年の私見は、別稿を参照していただければ幸いである。

(1) 江戸時代の金石文研究については、神田喜一郎「日本金石学の沿革」(『芸林談叢』法蔵館、一九八一年。一九七二年初出、全集九)、斎藤忠『古代朝鮮・日本金石文資料集成』第五節(吉川弘文館、一九八三年)参照。
(2) 久米邦武『上宮太子実録』(上宮教会出版部、一九〇五年)が、聖徳太子の伝記を叙述するについて、法隆寺金堂薬師如来光背銘、同釈迦三尊光背銘、天寿国繡帳銘を確実な一等史料と位置づけているのは、その一例である。
(3) 代表的業績として、木崎愛吉『大日本金石史』(好尚会出版部、一九二一年)、藪田嘉一郎『日本上代金石叢考』(河原書店、一九四九年)、坪井良平『日本古鐘銘集成』(角川書店、一九七二年)、福山敏男『中国建築と金石文の研究』(『福山敏男著作

集』六、中央公論美術出版、一九八三年）などがある。

（4）主として国文学からの研究として、上代文献を読む会編『古京遺文注釈』（桜楓社、一九八九年）が挙げられる。

（5）竹内理三編『寧楽遺文』（東京堂出版、一九六二年訂正版）では、「平城宮址出土木簡」を金石文の末尾に収録している。

（6）角田文衛「銘辞学の方法論」、同「考古学の概念」（『角田文衛著作集一　古代学の方法』法蔵館、一九八六年。前者は一九五一年初出）。

（7）たとえば、鈴木勉「陳の太建七年銘鍾の陰刻銘の彫刻技法について」（『史迹と美術』六五輯の二〈通巻六五二号〉、一九九五年）。

（8）このような検討方法は、関信子「造像技法からみた野中寺弥勒菩薩半跏像」（『仏教芸術』一一〇号、一九七六年）で初めて採用され、私も関与した奈良国立文化財研究所飛鳥資料館編『飛鳥・白鳳の在銘金銅仏』（一九七七年）、同『日本古代の墓誌』（一九七八年）で、本格的に展開された。両書とも一九七九年、同朋舎より増補再版。

（9）宮上茂隆「薬師寺東塔檫銘考」（『建築史研究』三八号、一九七二年）。

（10）この銘文の研究史については、高橋宗一「東塔檫銘」（安田暎胤・大橋一章編『薬師寺』里文出版、一九九〇年）参照。なお藤善真澄「薬師寺東塔の檫銘と西明寺鍾銘」（『道宣伝の研究』京都大学学術出版会、二〇〇二年）は、西塔にも東塔のものと対になる銘文があったとする。しかし、十六世紀前半まで創建時のまま存在した西塔に、銘文があったならば、東塔と同様、その文が知られていてもよいはずで、この説には賛同しにくい。

（11）この銘が刻入後に鍍金されたことは、第一行目下端の「岑」や、文中の「丈六」などの字画内に金がみえることから確認できる。

（12）黄寿永『韓国金石遺文』（第五版、一志社、一九九四年）二四二頁以下。

（13）多くの拓本を実物大で載せた書として、大谷大学編『日本金石図録』（二玄社、一九七二年）が有用である。ただし同書図版一の「法隆寺釈迦三尊造像銘」拓本は、原物の随所に見られる二次的な傷が全く表れておらず、模版による出拓と判断される。江戸時代以降、いくつかの金石文について模刻が行われており、拓本といえども使用には注意を要する。

（14）拙稿「野中寺弥勒像台座銘の再検討」（『国語と国文学』七七‐一一、二〇〇〇年）、同「野中寺弥勒像銘文再説――麻木脩

平氏の批判に接して」(『仏教芸術』二五八号、二〇〇一年)。

第一部　古代金石文の概観

第一章　飛鳥・白鳳の造像銘

一　はじめに

仏像の制作をめぐって残された造像銘は、単に彫刻史の史料にとどまらず、豊富な価値を宿している場合が多い。特に年代の古い飛鳥、白鳳時代のものは、古代史の史料として早くから注目されてきた。ここではその造像銘について、書風、文章、史料価値などの諸側面から概観を試みる。

二　書風

造像銘は、後代の編纂物とは異なり、当時の書蹟として大きな意味がある。ただ直接肉筆で書かれたものではなく、タガネで刻まれたものだけに、その鐫刻《せんこく》法は無視できず、特に金銅仏では鐫刻法からうける制約が大きい。そのよい例は、丙寅年菩薩半跏像の銘文（図４）である。この銘文中の「麻」の字は、字画に欠失がみられる。おそらく刻銘にあたってのほり残しであろう。このような例は、新田グループコレクション蔵の北魏釈迦仏光背銘（東京国立博物館『金銅仏』一九八八年、八二頁）など、中国の金銅仏にもみられるところである。「韓」の字もその右辺の字画を欠くが、これは框の幅によって制約されたものであろう。なお「古」の字の周りには、字画とはみなしがたい刻線があり、一

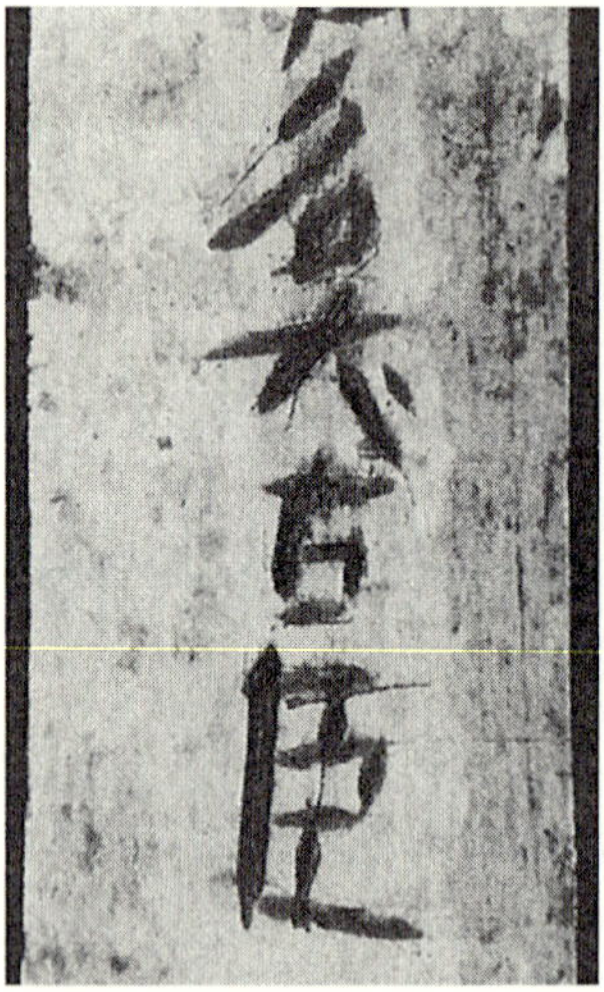

図5　辛亥年観音像銘(部分)

図4　丙寅年菩薩半跏像銘(部分)

旦別の字を刻みかけて中止し、改めて「古」の字を刻んだ可能性が考えられる。[1] またこれほど顕著ではないが、辛亥年観音像銘のように、タガネによる鐫刻によって、本来の書が不明確になったかと思われる例がある。本銘文の「辰」「建」について疑いがかけられてきたのも彫技の故といえよう。「辰」は字画の一部を欠いているが、同種の異体字の字形に照らせば「辰」と確定してよい。しかし「建」の方はなお疑問が残ろう。また笠評君の名は「大古臣」と読まれているが、「大」の右横に点が認められるから原文は「左」(左)であると考えられる(図5)。

　鐫刻法をめぐるいま一つの問題は刻銘過程である。造像銘には、(一)像の原型段階で刻まれたもの、(二)像が鋳上がって仕上げのタガネを入れる段階で刻まれたもの、(三)像の完成後(鍍金後)[2]刻まれたものの三種がある。丙寅年菩薩半跏像は(一)の例、辛亥年観音像の銘は(二)の例で、銘を刻むときのタガネによるメクレなどは、痕をとどめぬよう平滑に仕上げられている。一方鍍金後の刻銘として明白なのは、甲寅年光背銘(図6)や野中寺弥勒像の銘である。これらの銘ではメクレが各文字にみられるだけでなく、鍍金も刻まれた字の中に及んでいない。野中寺像では、着衣の文様が同じくタガネで刻まれているにも拘らず、メクレがなく鍍金前のものであるのと対照的である。

以上のように書としては間接的であるが、銘文の中には本来の書風をよく現わしたものが少なくない。古くから有名なのは長谷寺法華説相図銅板の銘(図7)である。本銘の書は欧陽詢風の顕著なもので、やはり同様の書風を示す金剛場陀羅尼経(丙戌年＝六八六年書写)とともに、唐風受容の早い例とされている。かつて内藤湖南はこの書を欧陽詢の子欧陽通の書風の影響とみ、金剛場陀羅尼経と同年同一人の筆になるとしたが、[3] 今日ではそこまで限定せず、共に欧陽詢風の影響とみるのが定説化している。しかし造像銘において、このように典型的な唐風を示す書はむしろ珍しく、多くはそれよりも古い書風を示す。この種の書の中で特にすぐれているのは法隆寺金堂釈迦三尊の銘(図22)である。これと類似の書風は、六朝の墓誌にままみられ、朝鮮でも武寧王墓誌の書がこれに近いことが注目される。同寺金堂薬師像銘(図1)の書風については隋風・初唐風など諸説があるが、六朝風とみる内藤乾吉氏の説に従うべきであろう。[4] これらに比して書としての完成度はおちるが、戊子年釈迦像銘も釈迦三尊銘と同類の書といえる。

以上は従来から多少とも書風の系統が問題とされてきた銘文であるが、これまであまり注目されなかったものとして野中寺弥勒像のそれをあげねばならない。

図6　甲寅年光背銘（部分）

本銘の書風については文中の「開」字に着目し、特徴ある門構えの筆法が伝聖徳太子筆の『法華義疏』にみられるとした西川寧氏の指摘がある。[5] 事実この銘の書風をみると、「開」だけでなく他の文字にも丸みをもった柔らかい気分が顕著で、『法華義疏』の書に類した点が多い（図8）。今銘文中のいくつかの文字に対応する義疏の書を挙げれば図9のようになる。「誓」の中の「斤」には共通した特徴がみられる。また「栢」「相」の木偏は、その縦画が緩やかなカーヴをもって引かれているが、これも義疏の書にしばしばみられるところである。なお「識」の字にみられるような言偏と旁の筆画が連なった字形は、法隆寺金堂釈迦三尊の銘にも例がある。野中寺像の銘文は、台座框の狭

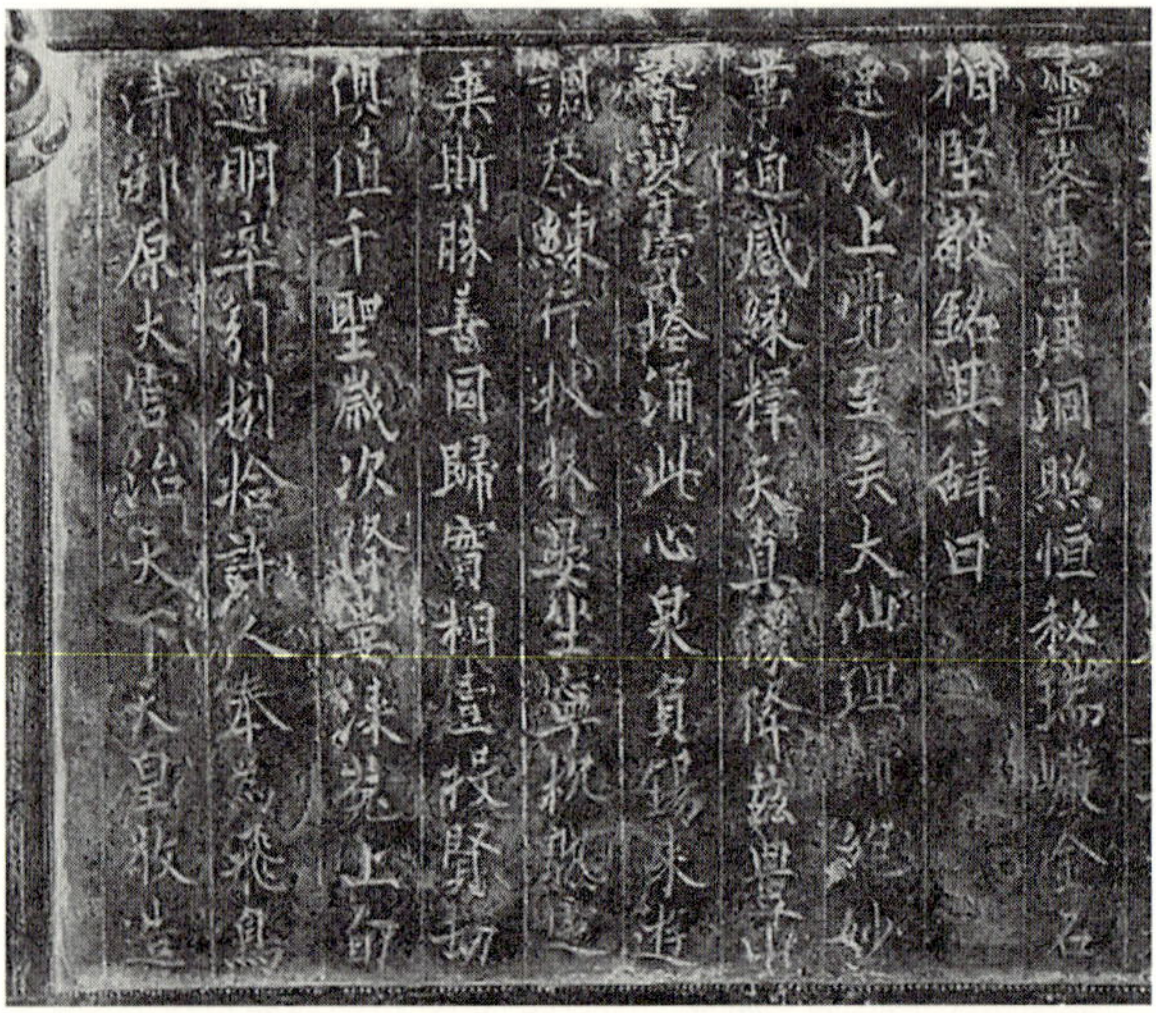

図7　長谷寺法華説相図銅板銘（部分）

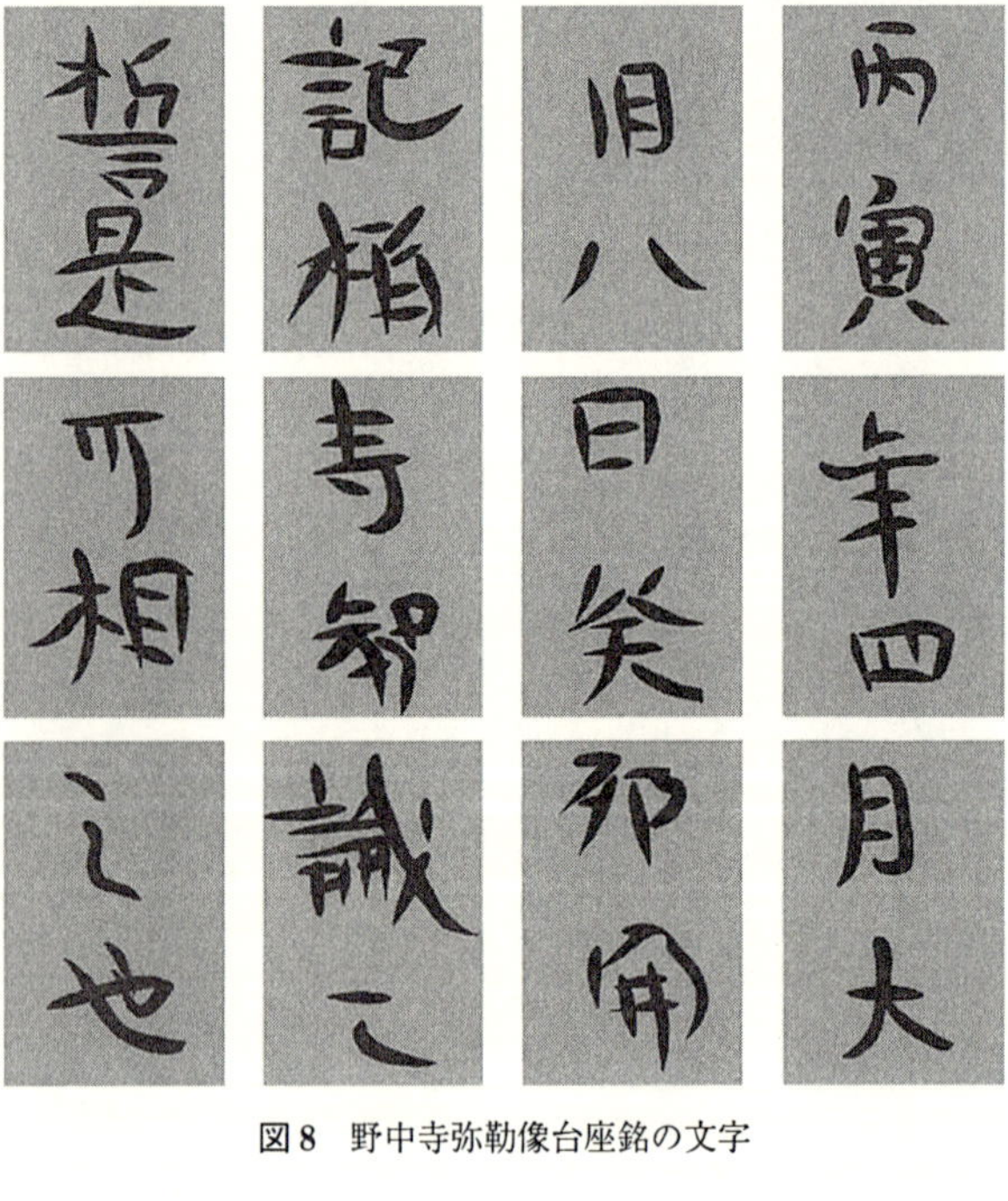

図8　野中寺弥勒像台座銘の文字

い部分に刻まれたものであるけれども、こうみてくると原書の筆法をよくとらえており、字形についても細かい注意の働いていることが知られる。これは上述の通り本銘が像の完成後刻まれ、タガネによるメクレなどもそのままに残していることに負うところが大きいであろう。この点を考慮すると、従来定説をみなかった銘文中の「旧」「栢」も、それぞれ「旧」及び「栢」と読んでよいかと思われる。まず「旧」の方は、これを「旧」とよむ従来の説に対して、旁は「日」でなく「月」であるとしてこの字を「朔」の異体字に解する説がある。(6) たしかにこの字の旁は二画目のはねが明確に刻まれており、同じ銘文中の「日」とはやや異なっている。しかし同じく銘文中の「月」と比較すれば、第一画をはじめとして、その違いが甚しく到底同一の文字とは考えられない。そこで注意されるのは、義疏の筆法の中に往々「日」の第二画や「自」の第三画などをはねる例がみられることである(図9参照)。このような例を参考にすれば、この字の旁はやはり「日」と考えるのが妥当であり「旧」とよんで差支えないと思われる。なお「朔」の字をこれほど省画する例が他にみられないのに対して、「旧」は藤原宮木簡にもこの字体がみえる。(7) 銘文の「旧」は既に述べられている通り唐の麟徳暦に対する旧暦、元嘉暦の暦日をさしていると考えられよう。(8)

図9　伝聖徳太子筆『法華義疏』の文字

一方、「栢」の字は、従来「橘」とよむ説が一般的であるが、字形が「橘」と解するには無理なため、古くから、「栢」もしくは「楢」とよむ説がある。(9) しかし改めて問題の字をながめてみると、旁の第一画は第二画と異なって水平に刻まれており、「栢」と解すべきであろう。旁の第四画は、一旦たてに刻まれたのち改めて左へタガネを入れているが、これは義疏の書にもみられるような丸みのある筆法を表そうとしたものではあるまいか。

なお、「栢寺」とした場合、河内の尽恵寺に当てる福山敏男氏の説があることを付け加えておく[10]。以上のように野中寺像の銘は六朝風の書と解釈される。八世紀初頭の御野・筑前等の戸籍に六朝書風の影響がつよいことは有名であり、野中寺像の銘は一応これらにつながる七世紀後半の例とみられる。

三　文　章

造像銘の文体は、大別して純漢文風のものと、そうでないものとになる。後者を一応和風文体とよんでおく。漢文風の銘は甲寅年光背銘、法隆寺金堂釈迦三尊銘、法華説相図銅板銘など数は少ないが概して名文である。甲寅年光背銘は「弟子王延孫」「金銅釈迦像一軀」という表現や四字句でまとめた構文など六朝や朝鮮三国時代の造像銘にも通ずる堅固な構成をもつ。朝鮮の造像記の類例は熊谷宣夫氏の論考[11]にみえるので、次に中国の類例を掲げよう[12]。

天和二年(五六七)歳次在丁亥、九月十九日、仏弟子庫汙安洛、為家内大小、敬造世□石像一区、生身世々、直仏聞(法)、度脱三途、永受延年

この光背を朝鮮製とみる熊谷氏の説は、たしかに蓋然性に富むといえよう。

甲寅年光背銘にくらべ更に本格的なのは法隆寺金堂釈迦三尊の銘である。通説では推古三十一年(六二三)の撰文とされている。この銘文は、撰文時に一行十四字詰で十四行となるように計画されているだけでなく、内藤湖南が指摘しているように「弗悆」「著床」といった漢籍に出典を持つ語句を使用している[13]。銘文の字数と行数を揃えることは中国に例が多いが、我が国では他に例をみず、わずかに薬師寺東塔檫銘、威奈大村墓誌銘が、それぞれ一行十二字詰十二行、一行二十字詰二十行に計画撰文されていることが推定されるだけである(これらは実際の鐫刻に当たっては無視

されている[14]。なお「弗悆」は『古文尚書』金縢に出るが、そこでの用法は単に不例、不快を意味したものである。銘文のこの箇所は「弗悆干食」と続け「食ニココロヨカラズ」と読む説があるが、「弗悆」の原典における用法を参照すれば「上宮法皇、枕病弗悆、干食王后、仍以労疾、並著於床」と四字句に切って読むのが妥当であろう。「干食王后」は、「上宮法皇」と固有名詞をあげたのに対し、王后の出身氏族名(おそらくはカシワデ)を記したと考えられる[15]。

本格の漢文として評価できるもう一つの例は、法華説相図銅板の銘である。この銘文の年代については、銘文の「歳次降婁漆兎上旬」(戌年七月上旬)をいつに当てるかによって天武十五年、文武二年、和銅三年、養老六年、天平六年・天平十八年・天平宝字二年のいずれか、宝亀元年などの諸説があるが前二者が有力である[16]。ただ銘文中の「飛鳥清御原」という宮号は天武十五年七月二十日を遡らず、天皇崩後の称とみられるので、戌年を天武十五年に当てる場合も、撰文時期は持統朝以後とした方がよいであろう。銘文に天皇を「慈氏」(弥勒)にたとえ「金輪聖帝」に比しているのは、則天武后が証聖元年(持統九年、六九五)にうけた尊号「慈氏越古金輪聖神皇帝」に倣ったものであろうから、これを遡りえないとする福山敏男氏の説もある[17]。

さてこの銘文の文章については、既に甚希有経(貞観二十三年、玄奘訳)や、『広弘明集』(麟徳末年頃、道宣撰)巻一六所収の瑞石像銘を利用して作られていることが指摘されている[18]。次に瑞石像銘との類似点を示す。

(瑞石像銘)	(銅板銘)
夫霊応徴遠	惟夫霊応□
莫若図妙像於旃香…	莫若崇擲霊峯…
其詞曰、遥哉上覚	其辞曰、遥哉上覚
事以感通	事通感縁

しかし、この銘文については、同じく『広弘明集』巻一六所収の光宅寺刹下銘をも注意する必要がある。いま関係部分を対比すると次の通りである。

（刹　下　銘）	（銅　板　銘）
思所以永流聖迹、垂之 不朽、今事与須弥等同、 理与天地無窮、莫若光 建宝塔、式伝于後	庶冀永保聖蹟、欲令不 朽、天地等固、法界无 窮、莫若…
仰追星漢	理帰絶妙、事通感縁 星漢洞照
同由厥路　倶至道場	同帰実相、…倶値千聖

これによれば銅板銘が刹下銘をも利用して述作されていることはほとんど疑いない。「歳次降婁漆兎上旬」という年月の記し方も、刹下銘の「大梁之天監六年歳次星紀月旅黄鐘閏十月二十三日戊寅」云々にならったと考えられる（星紀は丑年を意味するが、天監六年＝五〇七年は亥年であって一致しない。閏月の置き方や日の干支は天監六年として矛盾しないから、何らかの誤りがあろう）。刹下銘に天監の年号が使用されているにも拘らず、銅板銘に年号が使われていないのは、あるいは造像時に年号がなかったのかとも思われる[19]。

なおこの他、戊子年釈迦像銘も漢文風の文体をもつ例に数えられよう。甲午年銅板銘も一部に和風を混じるものの、一応漢文的な願文の体裁をもつ。

以上にみたもの以外は一応和風文体の銘文といえる。辛亥年観音像銘の「児在《こなる》」「伯在《おじなる》」、丙寅年半跏像銘の「作奏」、野中寺像銘の「大御身労坐之時」などの表現はその例であり、法隆寺金堂薬師像の銘にもこの種の表現がまとまってみられる。また丙寅年半跏像銘や根津美術館蔵戊午年光背銘の「夫人、名は…」「妻、名は…」という文脈は、『上宮聖徳法王帝説』の古く成立した部分や天寿国繍帳銘の系譜部分にも通ずる古い形式である。戊午年光背銘は、返読を用いている点、漢文体ともいえるが、字句の構成は整わず、「及以」「耳」の使用と併せ、俗漢文と和文の中間的文体とみるべきであろう。丙寅年半跏像・辛亥年観音像・野中寺像の銘には、冒頭部に「某年某月某日記」という共通した形式があるが、これは天武十年（一説に天平十三年）と推定される山ノ上碑銘や大宰府出土の大宝頃の木簡等[20]にもみえ、主として七世紀後半の金石文に特徴的である。

和風用語の一つとして興味深いのは丙寅年銘にみえる「韓婦」である。丙寅年半跏像の銘は、文中の「高屋大夫為分韓婦夫人」をどうよむべきか定説がなく、「婦」の字についてもこれを「邦」の異体字とする藪田嘉一郎氏の説があった[21]。確かにこの字をただちに「婦」とよむには疑問もあり、字形からすれば藪田説のように女偏に邑を配した文字とみるのがよさそうである。しかしこれを「邦」と解するにはよほど無理な字形の転化を想定しなければならない。ところがあえてそのような推定をせずとも、この字が「婦」に通じることは武威出土の漢簡に「治婦人膏薬方」などとみえることから知られる[22]。この簡は婦人の病を治す膏薬の処方を記したものであって、この字が「婦」の異体であることは確かである。「韓婦」の語は『日本書紀』欽明二年の条に「朝鮮の女性」という意味でみえ、おそらく我が国での造語であろう。高屋大夫の夫人阿麻古は、元来朝鮮出身の女性であったかと考えられる。

ただ上に述べてきたような文体や用語が、すべて和風のものと割りきれるかどうかは確証がなく、あるいは中国の俗語・俗文や朝鮮の語法の影響によるところがあるかも知れない。一例をあげると、戊午年光背銘の「命過」という語は、正格の漢文に例を見ない語である。金光明最勝王経（長者子流水品）に見えることが指摘されているが、本経の訳出は七〇三年であり、光背銘の方が古い。「命過」は、晋の『続捜神記』[23]や北魏普泰二年（五三二）弥勒造像記、北斉天保五年（五五四）盧舎那仏造像記などに例があるので、光背銘の方はそれら六朝期の俗語に淵源する語とみるべきであろう。また丙寅年半跏像の「正月生十八日」という記日法などは、『古京遺文』以来、和風あるいは朝鮮風の表現とみる説が有力であったが、「月生」ないし「生」は「朔」と同じ意味で漢籍にしばしばみえ、むしろ「朔」をあらわす中国の俗語的表現ではないかと考えられる。[24]これなどは、正式の漢語でないものを一概に和風、朝鮮風といえない好例であろう。なおこの記日法は『日本書紀』（天智十年条）のほか、大宝令の注釈書である「古記」や伊場遺跡木簡（第三号）などの出土資料にみえる。この事実は、先に述べた書出し部分の形式とともに銘文の丙寅年を六六六年と解する説にとっては有利な材料といえよう。

四　史料価値

これまで銘そのものに即して問題点を述べてきたが、造像銘の内容が史料として重要なことはいうまでもない。最も直接には、これらの造像銘を通じて古代における仏教信仰の一端をうかがうことができる。まず造像銘に現れた仏像の種類としては、釈迦・阿弥陀・薬師の諸仏、観音・弥勒の諸菩薩がある。なかでも、戊午年光背銘によって斉明朝ごろにおける阿弥陀仏造像の例が知られ、『日本書紀』の無量寿経講説の記事（舒明十二年〔六四〇〕、白雉三年〔六五二〕）などとあわせ、七世紀半ばにおける阿弥陀信仰の勃興が知られるのは貴重である。また野中寺像の銘は、この種の菩薩半跏像が弥勒とみなされていたことを示す確例として評価されてきた。[25]

次に発願者については、詳細の不明な人物が多いが、地方豪族との関係が注意される。即ち辛亥年観音像銘にみえる笠評君は『先代旧事本紀』（国造本紀）に吉備の国造としてみえる笠臣であろう。国造の支配区域が大化後に評となったため、とくに評君とよんだものと考えられる。「笠評君」を笠評の長官と解し、笠評を後の丹後国加佐郡と考えることもできるが、(26)それでは銘に現れる人々の氏やカバネが全く記されていないことになって不自然である。加佐郡の豪族がこの時期に仏教信仰を持っていたとすれば、同国内や同郡内に初期の寺院址が存在してもよいのではなかろうか。それに対し吉備地方では、のちの備中の地域に素弁の丸瓦を出す秦廃寺(総社市)があり、この地方へ仏教が早く浸透したことが知られる(本書二九八頁も参照)。鰐淵寺観音銘にみえる若倭部臣も出雲の豪族である。天平一一年(七三〇)の『出雲国風土記』に、「郡司主帳无位若倭部臣」という人物がみえ、やはり郡司級の有力豪族であったことが知られる。同様なことは大分長谷寺観音銘にみえる周防凡直についてもいえる。『続日本紀』宝亀元年三月条によると、一族とみられる周防凡直葦原が献銭等によって位をあげられており、その勢力がうかがえる。また現物はないが、宇佐安心院の釈迦仏銘にみえる三由《ママ》首表末呂も竹内理三氏の説の如く豊前国の豪族三田首氏の一族とみられる。(27)地方における仏教の受容についてはかねがね『日本霊異記』の記事や知識経の発願者などから郡司級地方豪族の役割が重視されてきている。このことは造像銘によっても裏付けられるといえよう。なお西琳寺阿弥陀仏銘や野中寺像、法華説相図銅板など、知識集団による造像があるのも、仏教の信仰形態を知る上に注目すべきである。

造像銘から知られる発願動機には、仏像の種類を問わず、総じて祖先及び近親のためというのが多い。村山氏旧蔵の金銅観音像銘(図10。像は所在不明。この像については福山敏男氏の教示による)にも「母の分に誓願して」とみえる。(28)この傾向は中国でも認められるが、既に指摘されている通り我が国でもこれがそのまま受容され、我が国在来の氏族結合や祖先崇拝と結びついて定着していったことを示している。(29)なおこれに関連して、故人の年回忌を期して造像が行われたとする説が往々みうけられるが、桃裕行氏の研究によれば、(30)平安時代においてさえも、没後の仏事としては中陰・一周忌・命日の仏事が主であり、三周忌ないしそれ以上の年回仏事は行われなかった。従って用語としても一周

図 **10**　村山龍平氏旧蔵，金銅観音像と台座框銘

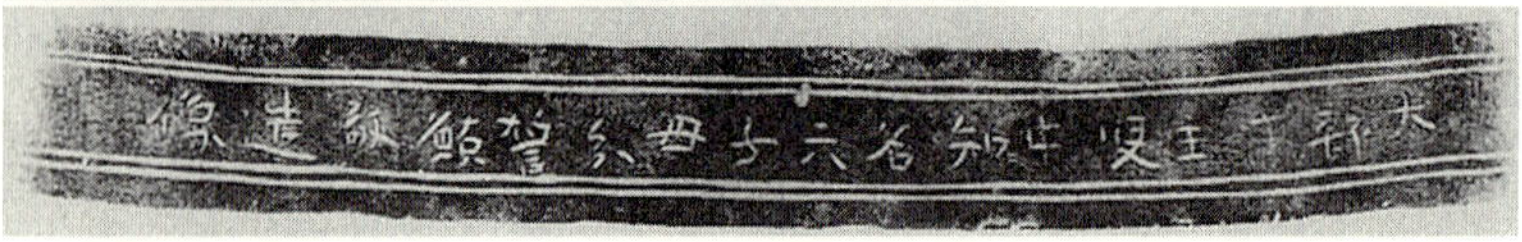

忌を表す「周忌」があったにすぎない。造像年代を決定する上に年回忌を考慮した代表的な説では戊子年釈迦像を蘇我馬子の三周忌に当たる推古三十六年（六二八）、または蘇我連子の二十五周忌に当たる持統二年（六八八）の造像とみる説がある。[31] しかし年回忌の出現が後代のこととすれば、戊子年釈迦像の造像を故人の三周忌や二十五周忌に結びつけるのは穏当でない。戊子年を推古三十六年とみて、当時現存した蘇我蝦夷のための造像と解する方が自然であろう。「嗽加」の「加」は音仮名として清濁混用の例があるので、嗽加＝蘇我とみて不都合はない。蘇我馬子はその没月が五月または六月と伝えられ、本像を馬子忌日のための造像とは考えにくく、また他に戊子年（六二八年ま

たは六八八年)当時生存した蘇我氏出身の大臣はみあたらない。

仏教史から離れて一般に古代史の史料としてみても、造像銘のもつ意義は大きい。法隆寺金堂釈迦三尊の銘にみえる聖徳太子の没年が『日本書紀』とくいちがい、むしろこの銘や『上宮聖徳法王帝説』にいう推古三十年(六二二)が没年として正しいとされているのはよく知られた事実であろう。しかし造像銘のみならず、金石文の一字一句を史料として利用する場合、常につきまとうのは撰文年代、内容の信憑性の問題であろう。古くは金石文が第一等史料として編纂物よりも無条件に尊重される傾向があったが、金石文であっても、そこに何らかの記念的意味や縁起としての役割が含まれる以上、粉飾されたり、追刻されたりすることは充分考えておかねばならない。また造像銘に記された年代や日付も、辛亥年観音像銘のように発願の時点を示すことがあるとなれば、実際の撰文や鐫刻の時期は銘文中の年代・日付より降る場合が考えられ、銘文にのちの用語が混入する可能性も存在しよう(本書二六一頁参照)。

そのような問題をも含めて造像銘が重要な史料とされてきた分野として天皇号の問題があげられる。詳細な論点は省略するが、法隆寺金堂薬師像銘、天寿国繡帳銘にみえる天皇号を推古朝当時のものとみる旧説に対して、[32]これらを縁起的な後世の撰文とし天皇号の成立を天智朝ないし天武・持統朝にさげようとする説がある。[33]天智朝説では野中寺弥勒像銘がその確かな用例とされるが、天武・持統朝説では唐の高宗が六七五年以降天皇と称されたことを重視し、野中寺像の銘を六十年さげて七二六年のもの、あるいは像・銘とも七世紀末頃の制作とみる。この問題の究明は今後の課題といえよう。

なお野中寺像の銘については、文中にあらわれる「中宮天皇」をめぐっても古代史上の論争がある。これもその論点が複雑であるが、結論のみを述べれば、中宮天皇を斉明と解する喜田貞吉氏らの説、間人皇女と解する土屋文明・坂本太郎氏らの説が主要なものである。前説では、「中宮天皇」の「中宮」は太皇太后・皇太后・皇后の居所を意味する「中宮」(ひいては三后そのものをもさす)に他ならないとして、「皇太后天皇」とも呼ばれた斉明に比定する。また後説では「中宮天皇」は間人皇女の別称「中皇命」(ナカツスメラミコト)と同一であるとする。しかし間人皇女が斉明の崩後天皇またはそれに替わる地位にあったという確証はなく、銘文の天皇は斉明とみるのが妥当である。ただ「中宮天皇」は、銘文の中に「栢寺智識之等詣中宮天皇大御身労坐之時誓願之奉弥勒御像也」という形であらわれてくる。従って既に説がある通り、中宮で切って、「栢寺の智識ら中宮に詣り、天皇の大御身労き坐しし時に誓願し奉る弥勒の御像也」とよむことも可能である。このようによんだ場合「中宮」は宮殿の名称となり、これを単なる宮殿名とみる解釈もある。しかし中国でも「中宮」は后妃の居所または后妃そのものをさす語であり、北魏の造像記にも「為皇帝・中宮」(武定五年十一月釈迦仏造像記)と皇后をさして用いた例がある。また、一見普通の宮殿名のように用いられているわが平城宮の「中宮」も、元明天皇(文武天皇の皇太后に当たる)の居所を意味して用いられているとする説が存する。『万葉集』書入れの国史逸文には大宝初年に美努連岡麻呂が「中宮少進」であったとみえるが、この場合の中宮も即位前の元明をさすと考える他はない(34)。ともあれ「中宮に詣り」とよんだときでもこの「中宮」を后妃の居所と切りはなして理解することは困難と思われ、やはり斉明天皇の宮と解すべきであろう。

このように造像銘のもつ史料価値は極めて大きい。ただこの方面での造像銘の利用は、ほとんどの場合実物から離れて内容のみが問題とされているのが常である。同じような傾向は金石文の研究一般に多少ともみられるが、今後はむしろ技法的な面も含め、実物の調査・検討をつみかさねてゆくことが必要と思われる。

(1) 拙稿「法隆寺金堂釈迦三尊像の光背銘」(本書第二部第三章)参照。
(2) 同右。

(3) 内藤湖南「唐の文化と天平の文化」(『内藤湖南全集』九、筑摩書房、一九七六年)。
(4) 内藤乾吉「正倉院古文書の書道史的研究」(正倉院事務所編『正倉院の書蹟』日本経済新聞社、一九六四年)。
(5) 西川寧「法華義疏解説(書法)」(聖徳太子奉讃会編『法華義疏』吉川弘文館、一九七一年)。
(6) 藪田嘉一郎「上代金石文雑考(上)」(『考古学雑誌』三三-七、一九四三年)。
(7) 奈良国立文化財研究所『藤原宮木簡』Ⅰ(一九七八年)、木簡一九六号。
(8) 今井湊「飛鳥時代の暦法」(『天官書』Ⅰ)、大谷光男『古代の暦日』(雄山閣、一九七六年)。
(9) 藪田嘉一郎「難読銘三則」(『史迹と美術』一二八号、一九四一年)参照。
(10) 福山敏男「野中寺弥勒像銘文中の栢寺」(『福山敏男著作集六　中国建築と金石文の研究』中央公論美術出版、一九八三年。一九五〇年初出)。
(11) 熊谷宣夫「甲寅銘王延孫造光背考」(『美術研究』二〇九号、一九六〇年)。
(12) 大村西崖『支那美術史雕塑篇』(仏書刊行会図像部、一九一五年)三六九頁。
(13) 内藤湖南「飛鳥朝の支那文化輸入について」(注(3)前掲書)。
(14) 宮上茂隆「薬師寺東塔檫銘考」(『建築史研究』三八号、一九七二年)。
(15) 注(1)に同じ。
(16) この銘をめぐる諸説については、拙稿「聖武天皇勅書銅版」(本書第二部第十章)参照。
(17) 福山敏男「興福寺金堂の弥勒浄土像とその源流」(『福山敏男著作集一　寺院建築の研究　上』中央公論美術出版、一九八二年。一九五二年初出)。
(18) 神田喜一郎「日本の漢文学」(『墨林閒話』岩波書店、一九七七年。一九五九年初出、全集九)。
(19) 拙稿「『続日本紀』所載の漢文作品」(『日本古代木簡の研究』塙書房、一九八三年)にも関説している。
(20) 九州歴史資料館『大宰府史跡出土木簡概報』㈠、一九七三年、第四号木簡。
(21) 藪田嘉一郎「丙寅年高屋大夫造像記考釈」(『美術研究』一四八号、一九四八年)。
(22) 甘粛省博物館・武威県文化館編『武威漢代医簡』(文物出版社、一九七五年)八八号簡。

(23) 『太平広記』巻三二二所引。
(24) 拙稿「天智紀にみえる「月生」の語について」(『正倉院文書と木簡の研究』塙書房、一九七七年)、太田晶二郎「月生幾日」、同「「月生」韓土事例」(いずれも『太田晶二郎著作集』一、吉川弘文館、一九九一年)。
(25) 岩佐光晴「野中寺弥勒菩薩半跏像について」(『東京国立博物館紀要』二七号、一九九二年)参照。
(26) 今泉隆雄「八世紀郡領の任用と出自」(『史学雑誌』八一-一二、一九七二年)。
(27) 竹内理三「奈良朝金石文余滴」(『日本歴史』一七〇号、一九六二年)。
(28) この銘の真偽については、なお検討を要する。拙稿「行方不明の在銘金銅仏」(『書の古代史』岩波書店、一九九四年)参照。
(29) 竹田聴洲「七世父母攷」(『仏教史学』一-三、一九五〇年)。
(30) 桃裕行「忌日考」(『桃裕行著作集四 古記録の研究上』思文閣出版、一九八八年。一九六二年初出)。
(31) 藪田嘉一郎「法隆寺蔵金銅釈迦三尊像光背戊子年朝風文将其零済師慧燈造像記考釈」(『古代学』一五-一、一九六八年)。
(32) 津田左右吉「天皇考」(『日本上代史の研究』岩波書店、一九四七年。一九二〇年初出、全集三)、宮田俊彦「「治天下」と「御宇」天皇——上代金石文に関する二三の問題」(『茨城大学文理学部紀要〈人文科学〉』一、一九五一年)、同「天皇号の成立は推古天皇十六年である」(『日本歴史』二六八号、一九七〇年)、竹内理三「大王天皇考」(『律令制と貴族政権』I、御茶の水書房、一九五七年。『竹内理三著作集』四)、大橋一章「「天皇」号成立の時代について」(『天寿国繡帳の研究』吉川弘文館、一九九五年)など。
(33) 渡辺茂「古代君主の称号に関する二、三の試論」(『史流』八、一九六七年)、同「「尊」と「命」と「王」——「天皇」号の始用期と関連づけて」(肥後先生古稀記念論文刊行会『日本文化史研究』弘文堂、一九六九年)、拙稿「天皇号の成立年代について」(『正倉院文書と木簡の研究』塙書房、一九七七年)、同「大王号の成立と天皇号」(本書付編二)、森公章「「天皇」号の成立をめぐって」(『日本歴史』四一八号、一九八三年)。
(34) 松原弘宣「中宮職成立についての一考察」(『日本歴史』三八三号、一九八〇年)参照。

第二章　古代の墓誌

一　はじめに

七世紀になって日本の葬制は大きな変化をとげた。墳丘の規模が小さくなったこと、火葬による埋葬が始まったことがその最も顕著なものである。ところで、このような変化にほぼ並行して墓誌が現れてくる。墓誌とは、死者の名前や生前における地位、経歴などを記し、時には哀悼の文もつけてこれを銅板や石、塼などに記して墓に埋めたものである。(1) 現在実物の残っている墓誌は十六点あり、天智七年(六六八)在銘の船王後墓誌以下、延暦三年(七八四)の紀吉継墓誌に至る。この他、実物は残っていないが拓本の残る楊貴氏墓誌(天平十一年在銘)や発見後再び埋納されたと伝える日置部公墓誌のようなものもある。楊貴氏墓誌については偽物説があり、その価値判断は保留しておいた方がよかろうが、(2) 日置部公墓誌は銘文解読の不徹底が惜しまれるものの特に疑うべき点はない。(3) この墓誌は、銅板二枚をあわせ、そのうちの一枚の内面に銘文が墨書してあったらしい。この例からすると、奈良時代の墳墓から出土する鉄板にも、文字は確認できないが、既に推測されている通り墓誌が含まれているとみられる。(4) また同じように文字は読みとれなくなっているが、奈良時代の金銅製骨蔵器や石櫃・塼に墨書のある例もあり、(5) これも墓誌の一種と考えられる。従って墓誌といってもこれらすべてを含めて考える必要があるが、いずれにしても、その年代は大体奈良時代を下らないとみられるものばかりである。平安時代にも極く稀に墓誌が作られたこともあったようであるが、(6) 実物は全く発見されていない。墓誌を副葬することは、日本では七世紀の後半に始まり、八世紀の終わりにはほとんど絶えてしまったといってよい。これらの墓誌は考古学や歴史学の重要な資料であるばかりでなく、中には美術的にすぐれた出来映えの作例もあり、金工品や書蹟としての価値も無視できない。広く古代の文化や社会を考える上に墓誌は欠くことのできない存在といえよう。

二 墓誌の形態

墓誌の源は中国にある。(7) 中国では漢代から、死者の名前や死没年月日などを簡単に記した塼が墓に副葬されたが、この風習は晋代以降ますます盛んになった。墓に墓碑を立てることが制限されたことも、墓誌副葬の流行を助けたようである。墓誌の文章も晋代以後は次第に詳細になって、死者の出自や経歴を詳しく記すようになり、また誌の末尾に死を悼む韻を踏んだ文章(銘)も付せられるようになった。また材質の面でも塼にかわって主に石が用いられるようになり、しかも墓誌銘を刻んだ石とは別に、これを覆う蓋石がつけられるようになる。このような形で墓誌の内容・形式が完成したのは北魏の頃であった。この時期の墓誌では、墓誌銘全文の字数を最初から縦横同数になるようにつくり、これを正方形の石に刻むことが一般化している。この形式はその後墓誌の典型としてうけつがれ、隋唐や朝鮮の高麗の墓誌はみなこの形式を襲った。

我が国の墓誌は中国に起源するにもかかわらず、中国の典型的な墓誌とは内容・形式ともに異なったものが多い。
日本の墓誌の形態は大別して二つにわかれる。長方形の板に記されたものと火葬用の骨蔵器に記されたものである。板状の墓誌はさらに一枚から成るものと蓋と合わせて一組になったものとにわかれる。実例では一枚の板からなるものが多数を占める。小治田安万侶墓誌は主板の他に副板二枚を伴っているが、一枚から成る墓誌の特殊例とみてよかろう。ただ同じ一枚の板であっても、文字を表裏両面に記すものと、片面にしか記さないものがあり、表裏両面に記すのは船王後・小野毛人・道薬など古い墓誌にしかみられないことを注意すべきであろう。これに対して片面しか記さない例や蓋を伴う例は比較的新しい墓誌に特徴的である。これら板状の墓誌は中国の墓誌と異なって圧倒的に銅などの金属製品が多く、稀に石や塼のものがみられる。記録から知られる日置部公墓誌は、さきにも述べたように、やはり銅製でしかも蓋を伴った例といえよう。一方骨蔵器に直接記すものはあまり例が多くないが、いずれも銅製で年代も八世紀前半頃までのものであることが注目される。作例は少ないがこれをまとめると、墓誌の時期的な変遷については次のようにいうことができよう。即ち七世紀から八世紀初頭頃の墓誌には表裏に文字を記した板状のものや銅製骨蔵器に記されたものが多いが、時期が下るにともない、板状の墓誌が大部分を占め片面のみに文字が記されるようになる。蓋を伴う例があらわれるのもこの時期である。また同じ板状でもこの時期の墓誌には縦に比して横幅の広いものがみられ、板の周囲に唐草文様などの装飾を付する例もでてくる(別表参照)。このような新しい傾向は、いずれも中国の墓誌の影響として解釈することが可能である。たとえば北魏以降の典型的な墓誌では、正方形ないしそれに近い方形の石の片面に文が刻まれ、その上にくる蓋と一組になっている。また蓋や本体などには華麗な唐草等の装飾が施されることも多い。日本では石を用いた例は稀であるが、新しい傾向の墓誌はおおむね北魏以降の例と共通の特徴を備えているといってよい。『以文会筆記』によると、かつて河内の石川郡平石村の山から縦横に罫線をいれた箱石が出土したというが[8]、これが墓誌とすれば、純中国風の典型的な

墓誌の縦横の比率(縦/横)

船王後墓誌	4.324
小野毛人墓誌	9.991
文祢麻呂墓誌	6.023
僧道薬墓誌	5.957
太安万侶墓誌	4.770
山代真作墓誌	4.903
小治田安万侶墓誌	4.752
美努岡万墓誌	1.421
石川年足墓誌	2.851
高屋枚人墓誌	1.401
紀吉継墓誌	1.609

墓誌も我が国で作られていたことになろう。新しい要素をとりいれた墓誌にくらべると、古い墓誌にみられる特色は、中国の典型的な墓誌とかなり差がある。従来これらを日本独特の風とみる解釈があるのも無理からぬことである。しかし中国の墓誌も時代を遡っていった場合、必ずしも上に述べたような形式を備えておらず、多様性をもっていることに注意する必要がある。たとえば前には、日本の古い墓誌の特徴として縦長で表裏に文のある点を指摘したが、このような特徴をもつ墓誌は晋代にあっては珍しくなく、北魏以降も塼製の粗末な墓誌などには同様なものがみかけられる。[9] また唐代にも文字を刻んで青磁釉をかけた横長の矩形の例が知られている。[10] 一方骨蔵器に文を刻む例も晋代にみうけられる。[11] さらに骨蔵器の中に舎利容器を手本としたものがあることは、幾重にも材質のちがう容器に収納する方法が両者に共通することや、器形の類似するものがあることから確かであろうが(石櫃に骨蔵器を収めるのも塔心礎内に舎利容器を収めるのと関係があるかもしれない)[12]、以上の点は中国・朝鮮の舎利容器についてもそのままあてはまり、しかも刻銘をもつ舎利容器が北魏・隋や新羅にみられる。[13][14]

このようにみてくると、日本の古い墓誌にみられる特色も、はたして我が国独自のものと解釈してよいかどうかはなお疑問であるというべきであろう。ただそれらの特色が中国の古い墓誌から来ているとした場合、それがどうして我が国に伝えられたのかが問題となる。しかし北魏における粗末な塼製の墓誌の存在からしても、晋以来の伝統を引く簡易な墓誌が、整った形の墓誌と並んで一般に行われていたことは充分考えられる。一方、外来文化が朝鮮経由で伝えられる場合の多いことを考えれば、実情は明らかでないが、朝鮮三国との関連も考慮に入れておくべきであろう。我が国の墓誌が独自のものであるとするには更に検討が必要である。なお日本の墓誌に短冊形のものが多いという事実に関係して注意されるのは、中国には墓誌とは別の副葬品として、死者の諡号や追悼文を記した冊書(諡冊、哀冊)があったことである。それらは多く短冊形の石や玉を何枚か連ねて諡冊文や哀冊文を記す。諡冊や哀冊は身分的にかなり高い人物に限って許されたものであるから、墓誌と同様に考えるわけにはいかないが、日本の短冊形の墓誌の源流を考えるには、一応このような冊とのつながりも考慮しておいた方がよいと思われる。勿論日本の墓誌には諡冊や哀冊のように何枚かで一組になった例はみあたらない。しかし短冊形の墓誌が冊の一枚一枚と類似した形をもつことは認めてよいであろう。とりわけ注目されるのは、ただ一例ではあるが文祢麻呂墓誌のように専用の箱を伴う例があることである。中国の墓誌はすべて直接墓内に収められるのが普通で、このような外容器を伴う例は聞かない。それに対して冊書の場合は、箱におさめた例がある。箱の有無という点からみても我が国の墓誌には中国の墓誌とはことなる意識が伴っていたのではないかと考えられよう。

なお日本の墓誌と中国の墓誌を比較し、また日本の墓誌の変遷をみる場合、墓誌の記述内容(文章・文体)などを基準にすることもありえるが、中国の墓誌銘は注文をうけて一流の文人が述作することも多く、日本などではそれが文集を通じて純粋に文章の一スタイルとして受容されることがでてくる。従って実際の墓誌の分類にはこの点を除外しておき、後に改めてとりあげることにしたい。

三　墓誌と被葬者

墓誌と葬法との関係をみると、はじめにも述べたように火葬墓にともなう墓誌が圧倒的に多い。明確な墓誌では船王後墓誌と小野毛人墓誌の他はみな火葬もしくは火葬と推定される墓から出土している。そこでこの二つが例外となるのであるが、これらについても果たして火葬と無関係としてよいかどうかなお問題があるように思われる。まず天武六年の年紀をもつ小野毛人墓誌であるが、この墓誌については、その文面に「小野毛人朝臣」とか「大錦上」とか、天武六年という時点ではありえない氏姓や位階があることから、少なくとも小野臣が朝臣を賜姓された天武十三年(六八四)以後のものと考える説が有力である。[15] すでに説かれているように、『続日本紀』和銅七年(七一四)四月辛未の条には、小野毛人の最終位階が「小錦中」と記されているから、これ以後「大錦上」が追贈され、墓誌には贈位が記されて追葬されたのであろう。毛人の墓は明らかに土葬墓であるが、このように墓誌の方はこれと切り離して考える必要がある。次に船王後の墓誌については、出土状況が全く不明であるが、文面に妻と合葬されたとみえる戊辰年(天智七年、六六八)頃の作とされ、その年代からいっておそらく土葬に伴うものと考えられている。しかしこの墓誌の実年代についても、問題がないわけではない。即ちその記載には、㈠「天皇」の語や船氏一族の人名に闕字の礼をとっていること、㈡推古朝の冠位を「官位」(官職の等級の意)と呼んでいること、㈢固有名詞を表記した字音仮名中に、『日本書紀』にしか使用例のない沛(ヘ)、娑(サ)があることなど、一、二、三の新しい要素が認められる。㈠については既に指摘されているが、[16] 前述の小野毛人墓誌を除くと、七世紀の遺文では他に例がない。文章、形式の整った長谷寺法華説相図銅板銘でも闕字は行われていない。㈡に関しては、墓誌の文に「勅して官位大仁を賜い、品、第三と為す」とある。これは撰文者が「官位」の語を、後の令制の位階と同様に見ていたことを示している。[17] それに関連して、叙位の理由が「才の異なり、仕えて功勲有」ったためとされているのも、選叙令12条の「高行異才」の人物には特別の叙位を認めるとする規定と、趣旨や字句に共通性があり注意されよう。㈢の点は、一般に金石文資料の仮名が常用仮名の範囲を出ない中にあって、一特徴をなしている。書紀の仮名は巻々で特色があるものの、古い用字を残す朝鮮資料に拠った部分を除けば、字面を重視した多画の字や唐代北方音に基づく字を含み、書紀編纂段階での修飾と考えられるものが少なくない。この墓誌の仮名が書紀にしかみられない用字と共通点を持つことは、理(リ)・故(コ)などの技巧的な仮名を用いた点と共に、この墓誌の文字感覚の新しさを示すといってよい。

もっともこの墓誌が、大化前代以来文筆を以て仕えた船氏一族のものであってみれば、上記のような特色は、船氏一族の持つ先進的知識の現れと解することもできるであろう。周知の通り、この一族からは『天皇記』『国記』の編纂に当たった船史恵釈や、唐朝留学後、大宝律令の制定に参画した白猪史宝然が出ている。ただ書紀の仮名は、その特殊性から書紀の最終的な筆録と密接に関係するとみられ、この意味で船王後墓誌の製作を七世紀末から八世紀初め頃と見た方が、前記(三)の特徴は理解しやすい。追納などの可能性を、視野に入れておく必要がある。従って、総体に墓誌の副葬は、火葬の採用と深い関わりがあるというべきであろう。

次に墓誌に現れる人々であるが、圧倒的に官人が多く、それ以外では官人の家族、僧侶があるに過ぎない。官人や僧侶を出したのは地方豪族以上の豪族層であったから、その範囲は当時の知識階級に限られたといってよいであろう。ただ官人とはいっても、上は正三位御史大夫(大納言)にまでなった石川年足から、下は郡司クラスの地方豪族までかなりの多様性に富む。また帰化系氏族と非帰化系氏族にわけた場合、帰化系ないし帰化系と推定される氏族としては船史、文忌寸、大楢君、山代忌寸、高志(行基)があるのに対し、非帰化系では小野朝臣、威奈真人、太朝臣、下道臣(吉備朝臣)、伊福吉部臣、小治田朝臣、美努連、石川朝臣、宇治宿祢、高屋連、紀朝臣、日置部公などがあり、古い時期から帰化系・非帰化系を問わず墓誌の制、ひいては火葬をとりいれていることが知られる。また墓誌にあらわれた氏族を地域的にみても、年代は不明ながら肥後国の地方豪族日置部公があるなど、畿内に集中しているとはいってもかなりの多様性がある。もっとも地方において墓誌が作られる場合、伊福吉部徳足比売のように中央に出仕していた人物もあり、また下道圀勝・圀依や日置部公についても、彼らが地方豪族の子弟として舎人や兵衛などの形で中央とさまざまな関係があったことは考えられよう。このように広く官人層に火葬が採用された背景には、仏教思想との関連ばかりでなく、律令制の根幹となった令の規定の中に、死亡者の火葬を命じた賦役令、軍防令の規定などがあったことも注意される。

次にこれらの被葬者と墳墓の所在地との関係についてみておこう。それらの墳墓の立地条件は、一般に丘陵の南またはは東斜面が多い。しかしどういう理由でその地が選ばれたのかは必ずしも明らかではない。その中で選定理由の明らかなのは、墳墓が被葬者の本貫地に営まれた場合である。小野毛人、下道圀勝圀依母、伊福吉部徳足比売、道薬、日置部公などがこれに当たる。楊貴氏の墓誌も墓誌の出土した宇智郡には八木氏の存在が知られ、もしこれが偽物でないとすれば本貫との関係が注意される。その他は理由が判然としないが、威奈大村、太安万侶、石川年足、宇治宿祢、高屋枚人、紀吉継などのように墳墓の集中する地域に立地する例は、当時の葬地との密接な関連が考えられよう。本貫地に立地する場合も周辺に墳墓の密集する場合は多いから、それらについても同様な条件を考えに入れておく必要がある。

四　墓誌の文章と書風

墓誌にはその新古を問わず、極めて簡単なものから本格的な漢文までいろいろな内容をもつものがある。我が国の墓誌で本格的なものといえば威奈大村や石川年足の墓誌があげられよう。これらは中国で完成された序と銘からなる墓誌の文体を踏襲したもので、石川年足墓誌では末行の銘が「年」「煙」と平声先韻の字で押韻されている。また威奈大村のものは長文の序にこれも押韻した銘を加えており、最も典型的である。この文で注目すべきは、『文選』その他の漢籍をふまえた語句を多用しているほか、既に指摘されているとおり、中国北周の文人庾信の作った墓誌銘が下敷きにされていることであろう[18]。参照された墓誌銘は、蕭太、紇豆陵氏、柳霞、趙広、鄭常など数例を数え、これらの墓誌銘を収載していた庾信の文集『庾信集』に拠ったことが明らかである。なおこの墓誌銘の文は、闕字の分なども考慮すると一行二十字詰、二十行になるよう作られているとされており、本来方形の墓誌に刻まれることを予想したものといえる。[19] しかし前述の通り、この種の墓誌銘は有名な文人に制作を依頼する場合が多く、その意味ではいわば文学作品の一種でもあった。それだけにこのような墓誌銘がただちに実物としての方形の墓誌に結びつくとはいえない面がある。この墓誌銘の場合も、北周の実物の墓誌ではなく、『庾信集』所載の墓誌銘を手本にしていることから明らかなように、文体としてこのような形がとられたので、実際に方形の材質に刻む目的で撰文されたのではなかろう。

図 11　阿波国造碑(右から正面と左側面)

　なお、美努岡万の墓誌では、「春秋六十有七」の後で内容が大きく二つに分かれ、前半は美努岡万の経歴を述べ、後半は銘ではないが、主に『孝経』(広揚名章など)の字句をふまえた対句でその功を讃えている。[20] 行基の墓誌も、銘の部分はないが、対句を多用する整った漢文となっており、これらは威奈大村や石川年足の墓誌に準ずるものといって差支えなかろう。

　ところがこのように本格的な漢文の体裁をもつものは以上の四例に限られ、他はすべて被葬者の生前の地位や死没・埋葬についての事実などを中心に記した簡略なものである。船王後や伊福吉部徳足比売のものは比較的長文ではあるが、やはりこの種の文章が詳しくなった例に過ぎない。しかもこの種の墓誌には、小野毛人、小治田安万侶、高屋枚人の場合のように、「某之墓」という形式をもつものがあり、内容は墓誌というよりも墓碑に相当し、墓碑の代用としてこのような墓誌が作られたとみる説もある。(21)令制では墓碑は三位以上の高官だけが造立を許されており(喪葬令10・12条)、それ以下の官人は墓碑を造立することが表向きにはできなかった。従って墓碑の形式をまねて小型のものを造り、これを副葬するということも充分考えられよう。そのことは現存の墓碑の一つ阿波国造粟凡直弟臣墓碑との比較からもいえる。この墓碑は全長二八・八センチメートルの小さなものであるが、当初は屋蓋と台がともなっていたとみられる点で明らかに墓誌ではなく、墓碑と考えるべきものである。その文面には、

「阿波国造
名方郡大領正□《七カ》位下
粟凡直弟臣墓　」(正面)
「養老七年歳次癸亥
年立　」(側面)

とあり(正面二行目の「正□位下」は従来「忌寸部」とよまれているが、(22)それでは語意不通であるので写真等により読み改めた)、前述の墓誌とも記載の似ていることが知られるであろう。(23)なお墓碑についても、中国では銘などを伴う長文のものがあり、我が国では那須国造碑が墓碑とすればこの形式に入る。この点からすると伊福吉部徳足比売墓誌の文末に「上件前の如し、故謹《かれ》みて鉀に録す」とあるのは、この墓誌の場合も鉀(金属製の碑)であるという意識が、文体は和風ながら働いていた可能性が考えられる。日本の墓誌に中国とは異なる長方形のものが多いことは前に述べたとおりであるが、その理由の一つとして、日本の墓誌が立札(石や金属ならば碑、鉀)の意味を含めて作られているということも考

慮に入れておく必要があるかもしれない。なお宇治宿祢墓誌の文章は上のいずれとも異質で、和風漢文体の形式をとった願文風のものである。

次に墓誌の書風であるが、大きくわけて中国南北朝・隋時代の影響があるものと、明確に唐様式をあらわしたものの二つがみとめられる。しかし両者の区別をたてられないものも少なくない。たとえば船王後墓誌については、六朝風とみる通説の他に、唐風とする説もある。(24) 確かに遊糸を多用する筆法は、唐風とみるべきであろう。それらの中にあって高い水準をもち、また明確な特徴をもつ書として威奈大村の墓誌銘があげられる。この銘文の文字はのびのびと引かれた磔法をはじめ全体に低平な形態をなす。これに類似した書風は隋代の写経・墓誌や北朝の遺風が濃い唐写本『王勃集』にみられ、これを隋風とみる見解(25)も首肯できる。この銘にあらわれる「年」の字をみると、楷書には珍しく、いずれもその第五画の横画右端に顕著なはねのあとがみられる。これと同じ筆法が、隋大業六年書写の賢劫経(正倉院聖語蔵)にあるのも注目される。またこの銘に二回にわたってみえる「乙」の字も、右に流れたような結体を示して特徴的であるが、これは中国では北魏元楨墓誌など南北朝時代の書に多くみられる形であり、我が国でも唐以前の書風をうけたとみられる藤原宮木簡や伊場遺跡木簡などにみうけられる。なお書風自体は古風であるが、和銅元年(七〇八)の下道圀勝圀依母夫人骨蔵器銘には

図12　威奈大村墓誌銘(部分)

「国」に相当する則天文字「圀」が使用されている。我が国の書蹟で則天文字を使用した最古のものは、慶雲四年(七〇七)書写の『王勃集』残巻(正倉院蔵)であり、この骨蔵器銘はそれについで古い。地方に則天文字の知られていた例としては、出雲国庁跡出土の墨書土器に「地」に当たる則天文字の記されているのをあげることができるが、この骨蔵器銘の場合は更に早い時期の用例として、新知識の伝播を推し測る上に注意される[26]。

墓誌における唐風の書としては、小治田安万侶や石川年足のものが代表的である。小治田安万侶墓誌の場合は写経風・公文風の書であるのに対し、石川年足のそれはより洗練された王羲之風の趣きを備え、おそらく当時一流の書家の筆になったとみてよい。

なお文章・書風に関連して墓誌の字詰についてふれておくと、墓誌の中には文祢麻呂、美努岡万、石川年足のもののように一行十七字詰に刻まれているものがあり、これを写経が多く一行十七字詰であるのと関連させて、その影響とみる説がある。しかし一行十七字詰という体裁は当時の外典にも稀ではないし、また一、二を除いて墓誌の語彙に仏教的色彩がないことも考え合わせると、直接写経に結びつくかどうかは疑問とすべきであろう。

五　墓誌の社会的意味

はじめにも述べたように、我が国における墓誌の副葬は火葬の一般化とほぼ並行して七世紀末頃から始まり、八世紀終わりにはほとんど跡を断った。平安時代以降火葬が一層広まり、中国文化の模倣や享受も熱心になされているにも拘らず、墓誌が姿を消すのは、墓誌が単に死者に対する追悼の意味をもつだけでなく、同時に社会的にも重要な存在意義があったとしなければ理解できないであろう。墓誌のもっていた社会的な意味が稀薄になったため、墓誌を副葬すること自体が行われなくなっていったと考えられる。

その意義についてはさまざまな想定が可能であろうが、一つの重要な原因として墓誌には墓地を明示・確保する役割のあったことがあげられる。すでに岡田清子氏は船王後墓誌や采女氏塋域碑の文面を土地公有制度を意識したものと指摘されている。(27) このような視点は、程度の差はあれ墓誌一般についてあてはまるであろう。即ち墓誌が墓所にたてる碑と密接に関わっていることは先に述べたが、一般に墓誌そのものも副葬されるだけでなく、顕彰を主眼とする以上、その記載内容は長く保存され、時に応じて周知がはかられたはずである。『日本書紀』持統五年(六九一)八月条に大三輪氏以下十八氏からたてまつらせたとある「墓記」が、そのまま墓誌の内容を記録したものとは考えられないとしても、このような記録のもつ社会的な意味は充分類推できよう。しかも墓誌の場合、被葬者やその出身氏族を顕彰するのに加え、しばしば墓所の永遠性を強調するのが目立つ。このような記載は死者に対するものというよりも、現実の社会を対象としたものといわなければならない。下道圀勝圀依母夫人骨蔵器、伊福吉部徳足比売骨蔵器等の文言はこの点を明示している。一体薄葬が普及して後の墳墓は顕著な外形を持たず、時がたつにつれて所在が明らかでなくなるおそれが多かった。通常墓所の周辺には木が植えられ、私有地として公認されるたてまえであったが、時を経て山林とみわけがつかなくなると、令制下では山林が入会地的な性格をもち、公私その利をともにすべきものとされた関係上、樹木を伐採されて荒らされたり、有勢の家に占領されるという事態もしばしば起こったようである。大同元年(八〇六)八月にはこのような行為に対する禁令も出されている。(28) これにそなえる最も有効な対策は、墓碑の造立であろう。たとえば采女氏塋域碑には、采女竹良の墓処四千代が墓地として公認されたものであること、樹木を伐採してはならないことなどが記されている。(29) しかもこの碑が持統三年(己丑年、六八九)十二月という年紀をもつことは注目されてよい。この年六月にはあたかも浄御原令が班賜されており、この冬にはその規定に則って班田収授の台帳たる戸籍の作成が命じられた(いわゆる庚寅年籍)。班田収授の規定は大化改新詔などにもみえるが、その本格的施行が浄御原令以降であることは今日定説化している。従って持統三年前後には田薗山林の帰属や公私の別が当然大きな社会的関心となっていたであろう。この前後に墓地の境域を主張した采女氏塋域碑が造立されているのは偶然とは思われない。墓誌の場合、碑とは異なって墓中に埋められるものではあるが、当然その内容は副葬の前に公けにされ、その記録なども保存されたはずである。一旦係争が起これば被葬者や墓所の確定に利用されたことは推察に難くない。河内松岳山が「万代之霊基」「永劫之宝地」であることを主張した船王後墓誌なども、その背後にはやはりこのような役割が期待されていたと考えるべきであろう。この点よりみても船王後墓誌の年代は、土地公有主義が明確にうちだされてくる持統朝以降とみるのがふさわしかろう。この墓誌に限らず、墓や骨蔵器の安固永遠を主張した銘文が、盗掘された時点で盗掘者を戒め、被葬者を知らせるために作られているとは到底考えられない。喪葬令の規定によって四位以下の人物に関する造墓・立碑が規制されていた八世紀においては、墓碑のかわりに墓誌を収めることが、墓地を確保する上に相応の意義をもったとみるべきであろう。

しかしこのような役割に関する限り、地中に埋められる墓誌よりも、墓碑の方がまさっていることはいうまでもない。墓誌の副葬が、なぜ平安以降衰退するかはなお問題であるが、早くから行われていた墓碑や、仏教と結びついて造立されるようになった墓塔が、より直接的な標識として次第に墓誌の役割にとってかわっていったとみるのも一案ではないかと思われる。『令集解』によれば、すでに奈良時代前半から四位以下の造墓を禁じた令文は空文化しつつあったようであり、これに伴う墓碑についての規定なども、早くから有名無実となっていった可能性は充分考えられるであろう。

（1）墓誌についての概説として、森本六爾「墳墓」（『考古学講座』二一、雄山閣、一九二九年）、藤沢一夫「墳墓と墓誌」（『日本考古学講座』六、河出書房、一九五六年）、石村喜英「墓碑・墓誌」（『新版仏教考古学講座』六、雄山閣、一九七五年）、などがある。
（2）近江昌司「楊貴氏墓誌の研究」（『日本歴史』二一一号、一九六六年）。
（3）松本健郎「「日置氏墳墓」考」（鏡山猛先生古稀記念論文集刊行会『鏡山猛先生古稀記念 古文化論攷』一九八〇年）。
（4）森本六爾「我国に於ける鉄板出土遺跡」（『考古学』一‐二、一九三〇年）、同「上代墓誌に関する二三の私考㊤」（『考古学雑誌』一六‐三、一九二六年）、島本一「大和に於ける鉄板出土遺跡」（『大和志』二‐一一、一九三五年）。
（5）「方形石棺及び金銅壺」（『考古学雑誌』二‐一〇、一九一二年）、「金銅壺、玻璃壺及び白銅壺」（同上三‐一〇、一九一三年）、熊本県教育委員会「墓誌牌をともなった狐塚の蔵骨器」（『熊本県文化財調査報告』五集、一九六四年）。
（6）黒川真道「墨水漫語」（江都督墓誌）（『考古学雑誌』一四‐一四、一九二四年）。
（7）中国の墓誌については、水野清一「墓誌について」（神田喜一郎監修『書道全集』六、平凡社、一九五八年）、日比野丈夫「墓誌の起源について」（江上波夫教授古稀記念事業会『江上波夫教授古稀記念論集』民族・文化篇、山川出版社、一九七七年）、趙超「墓誌溯源」（『文史』二一輯、一九八三年）、郭沫若「王・謝墓誌の出土から「蘭亭序」の真偽を論ず」（谷口鉄雄・佐々木猛『蘭亭序論争訳注』中央公論美術出版、一九九三年。原載『文物』一九六五年六期）など参照。
（8）三宅米吉『以文会筆記抄』（雄山閣、一九二九年）。
（9）注（7）参照。
（10）小山富士夫『支那青磁史稿』（文中堂、一九四三年）。
（11）内藤乾吉「東晋征虜将軍毛宝火葬墓石函」（『元興寺仏教民俗資料研究所年報』一九七五年）。ただこの作例については、真偽の検討が必要である。
（12）高田修「インドの仏塔と舎利安置法」（『仏教芸術』一一号、一九五一年）。
（13）若林勝邦「納骨器を容れたる石棺」（『考古界』一‐一、一九〇一年）。
（14）梅原末治「韓国慶州皇福寺塔発見の舎利容器」（『美術研究』一五六号、一九五〇年）。

(15) 藪田嘉一郎『日本上代金石叢考』(河原書店、一九四九年)。
(16) 中川芳雄「日本闕字表記れいめい期の諸問題」(『国語国文』四六-四、一九七七年)。
(17) 大宝令前には、位階を指して「冠位」「爵」「位」などと言うのが普通であった。これに対し「官位」は、官職と位階とは対応すべきものという概念を反映した用語で、官位相当制が制度として確立をみた八世紀以降に用例が多い。『日本書紀』にも「官位」の語は数箇所みえるが、ほとんどは「官と位」(官職と位階)の意で用いられており、冠位を「官の位」の意味で使用した例は少ない。しかも「官の位」の意の「官位」は、官制や官位相当制の整備過程を考えると、浄御原令以前の段階で一般的に行われていたとは考えにくいから、追記的用法である可能性が強いであろう。それらを除けば、「官位」を位階と同義に用いた最初の例は、『続日本紀』慶雲二年(七〇五)四月丙寅(十七日)の記事である。
(18) 拙稿『庾信集』と威奈大村墓誌」(『遣唐使と正倉院』岩波書店、一九九二年)参照。
(19) 宮上茂隆「薬師寺東塔檫銘考」(『建築史研究』三八号、一九七二年)。
(20) 拙稿「美努岡万墓誌の述作——『古文孝経』と『論語』の利用をめぐって」(『日本古代木簡の研究』塙書房、一九八三年)。
(21) 大橋一章「古代墓誌の研究」(『史学雑誌』八三-八、一九七四年)。
(22) 藤沢一夫注(1)論文。
(23) 阿波国造碑については、本稿の初出後、北條朝彦「「阿波国造碑」の史料的検討——日本古代金石文における銘文作成の一例」(『寺院史研究』五号、一九九六年)が出ている。
(24) 飯島春敬・新川晴風「船首王後墓誌銘」(解説)(飯島春敬他編『日本書道大系』一、講談社、一九七二年)。
(25) 飯島春敬「威奈大村蔵骨器墓誌銘」(解説)(同右)。
(26) 拙稿「発掘された則天文字」(『書の古代史』岩波書店、一九九四年)参照。
(27) 岡田清子「喪葬制と仏教の影響」(『日本の考古学』五、河出書房新社、一九六六年)。
(28) 『類聚三代格』巻一六所収太政官符。
(29) この碑の信憑性については、近江昌司「采女氏塋域碑について」(『日本歴史』四三一号、一九八四年)、拙稿「木簡・金石文」(『大阪府史』二、一九九〇年)及び本書二一〇頁参照。

補注　本書の校正中に、大阪府立近つ飛鳥博物館の展示図録『古墳から奈良時代墳墓へ——古代律令国家の墓制』(二〇〇四年)が刊行された。墓誌や墳墓をめぐる新しい資料・情報や考察が盛られ、拙稿「墳墓と墓誌の日唐比較」も併載されているので参照されたい。

第三章　東アジアの石碑文化と古代日本

一　石碑の起源

中国の古蹟を訪れて驚くのは、碑の多さである。日本の名所旧跡にも、必ず碑の一つや二つはあるが、その数や規模は日本の比ではないといえよう。こうした違いは、石碑の文化を考える上にも重要である。碑を立てることが中国に由来し、古代の碑の現物も存在している現状や、われわれの身近に碑が見られることからすれば、碑の文化は古代以来、順調に日本に定着し、今日につながっているかのように受けとられやすい。しかし本当にそうなのであろうか。

まず注意されるのは、石碑をめぐる日中の落差の大きさであるが、その問題に入る前に、中国の碑の歴史を少しのぞいておこう。一般に中国の石碑は、文章を記した長方形の碑身を主体とし、その上部に碑首、下部に趺を備えているのが普通である(図13)。碑首の中央には、碑の題字が額のように入れられ(碑額)、その両脇には龍などの彫刻が刻まれることが多い(螭首《ちしゅ》)。一方、趺というのは碑の台石のことで、これにも装飾的な彫刻が入るが、亀の姿に作られる例が多く、亀趺とも呼ばれる。

こうした碑首、碑身、趺から成る形式は、紀元二世紀半ば、後漢時代から現れてくる。初期のころは、どの部分も簡素で、碑首は単に山形か半円形をしたものが多く、趺も方形の台石である。また碑の上部には表から裏へ孔があけられている。しかし後漢の終わりには碑首の彫刻も発達し、つぎの六朝時代(三世紀前半～六世紀末)にかけて孔も消え、

図13　唐高宗 李勣碑（昭陵博物館）

さきに述べたような碑の定形が固まってゆく。後漢時代は中国の碑が発生し、その基本スタイルが定まった時代といえるであろう。

石碑の形の起源については、『周礼』や『礼記』など中国古典の、祭祀や埋葬に関する記述に求める説が古くからあるが、どうも信じにくい。そもそも石に字を刻んで後世に残すという発想は、洋の東西を問わず古くからあり、中国でも秦の始皇帝が建てさせた刻石をはじめ、漢より古い例が知られている。後漢の碑がそれらと違うのは、墳墓に建てるものとして作られており、しかも単なる長方形の石や自然石ではなく、碑首が山形や半円形に加工されていることであろう（図14）。中国の古典の記事に結びつけられるのも、そこに原因がある。しかしそれほど古い由来があるなら、後漢になってにわかにこういうものが登場するのは不審である。もっと身近な何かがモデルになっているのではないであろうか。

そこで注目されるのが、当時日常の書きものに広く使われていた木簡である。木簡には用に応じて色々な形があったが、その中に楬や牌と呼ばれた付札がある。これらの札は碑よりはるかに小さいものの、山形や半円形の頂部、そこにあけられた孔の存在など、石碑と共通するところがある（図15）。後漢の碑に孔が穿たれていることは、早くから注意されていて、この孔は犠牲をつないだり、棺を墓壙に下ろすとき綱を通したりした名残りといわれてきた。しかし碑は木簡の付札をまねて、形を大きくしたものだと考えるなら、孔は付札の紐を通す孔を残していると見ることができるであろう。石碑の円首部分にある暈《うん》と呼ばれる複数の溝も、付札の頂部に墨で引かれた網状の線から発展したとみえないではない。すでに円首の付札について、円首の碑のモデルであろうとする意見も出されているが[1]、それだけでなく山形の頂部のものも含め、すべて付札の形から来ているとみるべきであろう。ただ木簡との対応ということでは、付札の方こそ碑の形を模倣しているのではないかという疑いも生じる。しかしその心配は、まずないといって

図 14　後漢の碑（右から孔謙碑と郎中鄭固碑）

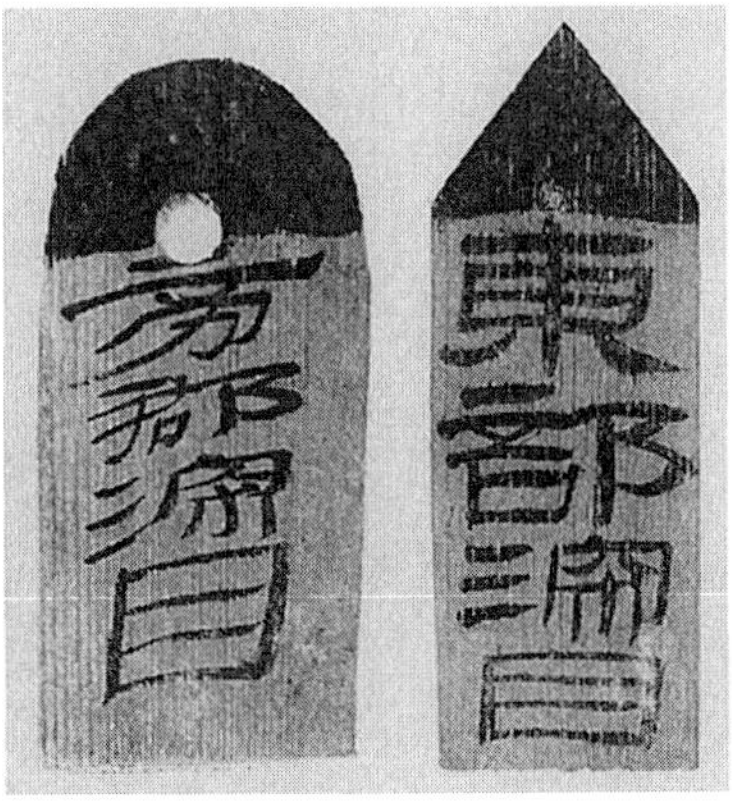

図 15　甘粛省出土の木簡付札 2 種（前漢）

よい。さきに書いたような付札は、碑が現れるより前、前漢時代から使われているからである。

木簡との関係を考えさせるのは単に形態ばかりではない。中国では字を刻んだ立石を碣といい碑と呼ぶ。碣は円首、碑は方形というものの、実例とは合致せず、実際にこういう区別があったとは思えないが、石偏が付くのは材質が石だからである。ところがこの石偏を木偏や片偏に変えて、楬や牌となれば、木簡の付札をさす古い用語になる。片は、木の板をさす。材質は違っても、これらは曷、卑という発音で表される同一のモノなのである。このように碑の起源は、木簡の付札に求めるのが合理的であろう。

中国の石碑のはじまりを追ってきたが、これまで書いたことからもわかるように、中国でも用途や形式による区別は始めからあいまいで、文字のある立石一般が碑ととらえられていた。石碑の歴史の上では、魏や晋の皇帝が薄葬令を出し、墓前の碑を禁じたことから、碑の建立が衰えたことが必ず話題になる。しかしこれは墓に建てる碑の場合であって、他の目的の碑が禁じられたわけではない。全体として石碑の文化は、ますます隆盛に向かったといっていいであろう。

二　石碑文化の受容

日本列島に碑の文化が伝えられたのがいつであったかは不明である。古代において文化交流の盛んだった古代朝鮮には、自然石に字を刻んだ秥蟬県碑が現存する。漢の楽浪郡の統治下、紀元八五年か一七八年に建てられたとみられるから、すでに早くから広い意味での碑が知られていたとしてもおかしくない。

しかし列島内で立てられた碑が実際に確かめられるのは、七世紀半ば以降のことである。いま、大陸との交通が最も活発だった九世紀までに作られた碑を列挙すると、次のようになる。

1　伊予道後温泉碑　法興六年（推古天皇四年、五九六）　現存せず。実年代に異論あり。愛媛県松山市
2　宇治橋碑　大化二年（六四六）　一部現存。京都府宇治市
3　藤原鎌足墓碑　天智天皇八年（六六九）　現存せず
4　山ノ上碑　辛巳年（天武十年、六八一）　群馬県高崎市
5　釆女氏塋域碑　己丑年（持統三年、六八九）　大阪府太子町（現在行方不明）
6　那須国造碑　庚子年（文武四年、七〇〇）　栃木県湯津上村
7　多胡碑　和銅四年（七一一）　群馬県吉井町
8　超明寺碑　養老元年（七一七）　滋賀県瀬田町
9　元明天皇陵碑　養老五年（七二一）　奈良市奈良阪町
10　阿波国造碑　養老七年（七二三）　徳島県石井町
11　金井沢碑　神亀三年（七二六）　群馬県高崎市
12　多賀城碑　天平宝字六年（七六二）　宮城県多賀城市
13　波羅門僧正碑　神護景雲四年（七七〇）　現存せず
14　大安寺碑　宝亀六年（七七五）　現存せず
15　宇智川磨崖碑　宝亀九年（七七八）　奈良県五條市
16　浄水寺南大門碑　延暦九年（七九〇）　熊本県豊野村
17　浄水寺寺領碑　天長三年（八二六）　同右

右の中には、すでに滅んでしまった碑（1 3 13 14）や江戸時代以後に所在のわからなくなった碑（5）、史料価値について若干疑点の残る碑（8）などもあるが、三百年余りのうちに二十近い碑の制作が確かめられる。おそらくこの他に、記録にも残らないまま亡佚した碑も少なくなかったであろう。

しかし実物や記録を合わせても、古代日本の碑がこれだけしかないことは注意されてよい。同じ期間に、中国で果たしてどれだけの碑が立てられたか、推定することさえむずかしい。もちろん中国は、広大な領土をもつ先進国であるから、そのような比較は意味がないという意見もあるであろう。しかし古代日本の状況は、中国に対して似たような環境にあったとみられる朝鮮と比較しても、大いに異なっている。日本と比べるために、現存する朝鮮の古碑をあげてみよう。なお、さきにふれた秥蟬県碑のように、漢の直接支配下で作られた碑はとりあげない。

1	広開土王碑	高句麗	四一四年
2	中原碑	同右	五世紀
3	永川菁堤碑	新羅	五三六年
4	平壌城刻石	高句麗	五六六～九年
5	蔚州川前里書石	新羅	六世紀前半
6	丹陽赤城碑	同右	六世紀半ば
7	真興王昌寧碑	同右	五六一年
8	同　北漢山碑	同右	五六八年
9	同　黄草嶺碑	同右	同右
10	同　磨雲嶺碑	同右	同右

11　戊戌塢作碑　同右　五七八年
12　南山新城碑　同右　五九一年
13　砂宅智積碑　百済　六五四年
14　定林寺址五層石塔刻字　同右　六六〇年ごろ
15　壬申誓記石　同右　六六二年か
16　文武王陵碑　新羅　六八〇年ごろ
17　金仁問碑　新羅　六九五年ごろ

ここには七世紀代までの碑を掲げた。日本と比べて目立つのは、早くも五～六世紀代に朝鮮独自の碑が立てられていることである。厳密にいえば、４14などは碑とはいえないかも知れないが、日本に比べて文化財の遺り方が悪い朝鮮にあって、これほど多くの碑が現存する事実は見逃すことができない。朝鮮では、日本よりはるかに早くから自前の碑が作られ、それが持続されたといえよう。

第二に注目される相異点は、碑の形式である。日本の場合、さきにあげた古碑の中で確認できる限り、碑首・碑身・趺を備えた典型的な形式の碑は皆無である。多くは自然石に少し加工するか、長方形の碑身で、手のこんだものでも方形の蓋石や台を備えるにすぎない。朝鮮の碑も、15までのものは、日本と基本的に変わらない。しかし16 17は、不完全にしか残っていないものの、中国風のスタイルをもった碑と考えられる。文武王は新羅国王であり、金仁問は宰相だった人だから、それは当然のようではあるが、日本の９元明天皇陵碑などでさえ、中国碑の形式は全く採用されておらず、極めて素朴な切石の碑である。こうして比べると、日本には朝鮮の簡素な形式の碑は影響したが、中国の本格的な碑の影響はほとんど及んでいないことに気づくのである。

三　石碑と文字文化

中国・朝鮮と日本の間にみられるこの落差は、何に基づくのであろうか。それを解く手がかりが、唐と日本の律令の中にある。いまさら言うまでもないことだが、日本は七世紀後半以降、天皇を頂点とする中央集権国家を作りあげてゆくが、その時、手本とされたのが唐の律令であった。日本でも、唐の律令にならって、大宝律令など独自の律令法典が編纂、施行されている。その条文は、おおむね唐の律令条文に似たものであった。しかし双方の間に相違点もある。石碑をめぐる制度は、まさにその一例といえる。たとえば唐の喪葬令には、次のような条文があったと推定されている。(2)

(イ)諸碑碣、其文須実録、不得濫有褒飾(下略)

（諸《すべて》碑碣は、其の文、須からく実録なるべし。濫りに褒飾有ることを得ざれ）

(ロ)凡徳政碑及生祠、皆取政績可称、州為申省、省司勘覆定、奏聞乃立

（凡《すべて》徳政碑及び生祠は、皆、政績の称う可きを取り、州、省に申すことを為し、省司、勘覆して定め、奏聞して乃ち立てよ）

(イ)は貴族たちの墓に石碑を立てることを許す条文の冒頭で、嘘を並べ言葉を飾った墓碑を立ててはならないとする。(ロ)は、善政を施いた人を称える碑や、生き神として祭る祠を立てるには、中央政府の承認と皇帝の決裁が必要なことを定める。虚偽や策謀の起こりやすいことであるから、こうした規定が置かれるのはもっともであるが、日本の喪葬令では、(イ)の規定が省かれ、(ロ)については条文そのものが立てられていない。これはどうしたことであろうか。

その理由は、律をみると明らかになる。唐の職制律には、

諸在官長吏、実無政迹、輒立碑者、徒一年、若遣人妄称己善、申請於上者、杖一百(下略)

(諸官に在る長吏、実に政迹無く、輒く碑を立つれば、徒一年。若し人を遣わして妄りに己が善を称し、上に申請せば、杖一百)

という罰則が設けられている。(3) 部下を持つ役人の場合、虚偽で固めた碑を立てたり、人をつかって嘘の善行を言いふらしたりすれば、罰せられることになっていた。日本の養老律でも同様な規定が置かれているが右の条文中、「輒く碑を立つれば、徒一年」というくだりが、全く省かれている。唐では、令で故人のための石碑に嘘があってはならないことを説き、律では生存者について虚偽の碑を禁じているのに、日本ではこの二つが揃って省略された。とくに養老の職制律に規定がないのは、これを犯すものがほとんどなかったからに他ならないであろう。

ここからわかるのは、日中の社会で碑がもっていた意義の違いである。唐では石碑が社会に定着し、宣伝手段としての意味を帯びていたのであろう。有名な白楽天の風諭詩、秦中吟に含まれる「立碑」という作品は、競って建てられる世間の碑に諂いの褒詞が溢れている様を、痛烈に批判して余すところがない。(4) このような作品が作られていることを見ても、中国ではいかに多くの碑が作られ、そこに事実と異なることが書かれてきたかが判ろうというものである。この状況は、勿論唐代に限ったことではない。その背景には、官人としての在任中の評判が、考課に反映するという事情があったのであろう。日本の古代には、碑を立ててもこの意味での実益は、あまり期待できなかった。従って自己や父祖のために碑を立てる風習は根づかず、虚偽を戒める必要もなかったのに相違ない。現に喪葬令12条に規定される墓碑についても、建立が盛んでなかったことは、天平勝宝元年(七四九)四月、聖武天皇が諸氏に対して、代代の優れた臣下の墓の埋もれているものを、標識を置いて顕彰するよう命じ(『続日本紀』天平勝宝元年四月甲午条)、大

伴家持がこれに応ずる歌を残していることからも推定できる(『万葉集』巻一八-四〇九六)。墓碑の建立が広範に行われていれば、このようなことが問題となるはずはない。これは結局のところ、文字文化の浸透度に関わる違いではないかと思われる。何が書かれているかに関係なく、地域社会で碑を立てることが意味をもつということも、確かに考えられる。しかしそれならば、中国や朝鮮の文化が流入した日本でも、もっと碑が立てられ残っていておかしくない。やはりそこに書かれた内容が、いく分かでも理解されるのでなければ、碑の意味は小さかったのであろう。中国や朝鮮でも、そう多くの識字人口があったとは考えにくいが、地域に多少の知識人がいれば、碑の内容を多くの人に伝えることができる。都市などでは、知識人の人口は相当なものだったに違いない。碑は恒久的に後世に残すという意義もあるが、それも内容が理解されてこその話である。早くから漢字漢文の浸透した地域ならではの識字層の裾野の広さが、中国や朝鮮の石碑文化を支えたといえよう。

このように古代における碑の不振は、識字率との関連で理解されると思われるが、近年の文字資料の出土状況からすると、こうした理解にはあるいは異論があるかもしれない。即ち弥生時代の文字とされる資料が各種報告されつつある現状では[5]、古代日本には案外早くから漢字が受容されており、奈良時代にはかなり普及していたとも考えられるからである。しかし現在報告されている古い文字資料は、文字として使われたという確証を欠いている。そのほとんどは一文字相当のものであり、それらが通信や記録のために使用されたとは結論できないからである。文字と認識されて使用されたものかどうか、何らかの記号として用いられたのかは、さらに多くの事例の出現を待って判断されなければならない[6]。

この点については、貨幣の場合が参考となろう。中国の古貨幣には漢字が入れられており、その実物は既に弥生時代に列島に輸入されていた。しかしそこに表された漢字を含め、貨幣が貨幣本来の意味で理解され、使用されたわけではない。一種の呪具として副葬品に用いられている。本来の意味で貨幣が用いられるようになるのは八世紀になっての事であるが、その段階でも富本銭のような呪《まじな》い用の貨幣が使われており、その鋳造開始は、最初の流通貨幣である和同開珎より古い可能性が高い。(7) 従って貨幣の場合のように、入ってきた文字が本来の使われ方をされなかったことも、充分に考慮しておく必要があろう。むしろ碑について日中間にこれだけの差があるということは、律令制下になってもさほど文字は普及していなかったと考えるべきである。以上のように見てくると、日本古代の碑が少ないのは亡逸が主たる要因ではなく、本来少なかったためであろう。

四　石碑と社会

以上は石碑を受容する面からみた話だが、碑を作る側から眺めるとどうであろうか。まず碑文を読む人がいる一方、その文を作る人がいるわけであるが、これにはさらに高度な漢文の素養が必要である。正式な碑文となれば、韻を踏むことすら要求される。碑文の作者層は読むことのできる人口より、さらに狭まってこざるを得ない。日本の古碑をみても文章の短いものや、和風のものが大半である。

しかしこのような碑の中味に関わる問題にも増して重要なのは、碑という石造物を作る技術である。古代に限らず日本では、石造物を作ることが一般に低調であった。中国や朝鮮に比べ、石仏や石塔の優品や大作が少ないことをみれば、それは明白であろう。普通この原因は、日本が良質の石材に恵まれなかったことに求められている。確かにそれは大きな理由であろう。ただ石という素材への執着が強ければ、広く石材を求め、発掘してくることも不可能ではあるまい。全体がサンゴ礁や砂漠という国土ではないからである。石造物文化の不振は、時代や国民性によるところも大きいに違いない。ともあれこのような状況は、日本で精巧な石碑を作る技術を発達させなかった。現に古代には、中国で石碑を作り、これを輸入した例がある。いまはなくなっているが、中世まで東寺に存在した「日本国首伝禅宗記」碑の場合がそれである。

この碑は、唐僧義空が平安初期に来日し、日本にはじめて禅宗を伝えたのを記念し、平安京の羅城門のそばに立てられたものである。義空の来日は、承和十四年(唐の大中元年、八四七)と推定されている。[8] この碑は、おそらく、天元三年(九八〇)に、羅城門の倒壊によって破砕され、断片が東寺の講堂に移された。南北朝時代の禅僧、虎関師錬は、禅宗にとって記念すべきこの碑の断片をみようと東寺をたずね、拓本を採った上、結果を自らの著した『元亨釈書』(巻六)に書き記した。それによると碑は大小四片の破片だけであったが、碑首の断片には、額の左右に龍が彫刻されていたという。中国の石碑のスタイルを備えた正式な碑であったことがわかる。それもそのはず、この碑は、義空の来日に尽力した入唐僧恵蕚が、唐に誂えて作らせ、舶載させたものであった。『元亨釈書』によると、文章の撰者は蘇州開元寺の僧、契元で、石材に琬琰を用いたという。琬琰とは玉《ぎょく》のことであるが、『壒嚢鈔』(巻一〇)では「馬瑙」ともあるので、この場合は大理石を指したものであろう。因みに師錬は断片を模印したと述べるが、「模印」とは拓本を採ることで、出拓の事例としては最古といえよう。[9] 当時の日本で中国風の石碑を作るのが不可能だったとは思えないが、容易に優れたものができるなら、わざわざ唐に発注する必要もあるまい。石碑の製作技術には、日唐の間に相当な隔差があったとみるべきであろう。恵蕚はこの碑の他にも、唐から石塔を将来しており、また現に安祥寺の旧物として、三匹の龍がからみあう様を見事に表現した唐製の石燈籠の一部が伝わっている[10](京都国立博物館寄託)。このような輸入も、中国の石製品の優秀さを認めてのことと考えられる。

こうした技術的隔差は、八世紀代でも同様だったはずである。唐僧鑑真が日本への渡航を企てた際、ガラス工人、画師などとならんで「敷文鐫碑」[11]の「工手」を同行しようとしたのは、その表れであろう。「敷文鐫碑」は、文章を石上にうまく配置し碑に彫りこむことと考えられ、「工手」はもちろん職人をさす。この七四三年の渡航計画は失敗におわったので、工人の来日は実現はしていないが、唐の技術の先進ぶりがうかがえる話である。

このような日本における石碑文化の不振は、平安時代以降も変化した様子がない。仏教信仰にともなう石塔の造立や、その一変型である板碑の造立などは、それなりに発展するが、中世を通じてまともな石碑はほとんど遺品がない。鎌倉初期には、東大寺の再建に関連して、鋳工とともに石工の伊行末という宋人が招かれて来日するが、大仏再建のための鋳工はともかく、石工の招請は日本のこの分野の水準を物語るものといえよう。わずかに残る石碑の遺品についても、京都二尊院の空公上人行状碑(十三世紀半ば)のように宋の石工に作らせたものや、宮城県松島の頼賢碑(一三〇八年)のように来日した元僧、一山一寧が関与したものなど、宋や元との関係の中で作られたものが多いのは見逃せない。

かくて石碑が日本人に身近なものとなるには、江戸時代をまたねばならなかった。さまざまな墓碑、顕彰碑や名所旧跡の碑、歌碑、句碑の登場するのが、まさにこれ以降である。十八世紀以降は、碑銘彫刻師と呼ばれる専門工人も活躍するようになる[12]。この背景に儒教、国学の浸透や識字人口の飛躍的な増大があったことは察するに難くない。日本の社会が石碑の文化を受容できるようになるには、これだけの時日を必要としたのであった。

五　石碑以外の碑

日本の石碑文化の特色は以上の通りであるが、古代の碑を扱う場合、その概念の多様さにも留意しておいた方がよかろう。

「碑」という漢字が日本でどう読まれたかというと、上野三碑のひとつ、金井沢碑（神亀三年、七二六）の末尾に「天地誓願仕奉石文」（あめっちに誓願《こいちか》いて仕え奉る石ぶみ）とあるのが参考になる。この「石文」は「碑」を日本風に読んで表記したものであろう。「石文」という熟語も中国にあるが、金井沢碑は「仕奉」などの用語を用いた和文で綴られているから、「石文」も和風の当て字と考えなければならない。即ち碑は一般に石に刻んだものと意識されていたわけであるが、石製でない場合があることに注意を払う必要がある。

その典型は東大寺の「大仏殿碑文」であろう。大仏殿碑文は、かつて大仏殿にあった碑で、大仏殿造営の由来や資材の使用量が書かれていた。ただその素材は木で、大型の板にかかれていたと考えられる。福山敏男氏の研究によれば、この碑の表記は「大仏殿碑文」のほか、「東大寺大仏堂縁起碑文」（『上宮太子拾遺記』）、「東大寺大仏殿仏前板文」（『朝野群載』）、「築立障子記」（『扶桑略記抄』）などがあり、板製の衝立のようなものである事が明らかである。(13)「東大寺大仏堂錍札」（護国寺本『諸寺縁起集』）という表記もあり、「錍」は後述のように、金属に彫られた碑を意味することもあるが、ここは板製と見るのが妥当であろう。

これに関連して想起されるのは、和銅三年（七一〇）の伊福吉部徳足比売墓誌である。これは骨蔵器に刻まれたもので、文中「錍に録す」という表現が見られる。一見、骨蔵器を「錍」と呼んだように見えるが、おそらくそうではなく、本来碑を建てることが念頭にあったのであろう。碑を建てる代わりに骨蔵器に刻み、骨蔵器が銅製であるところから、「錍」の字を用いたものと思われる。(14)

このような石碑でない碑が見られるのは、中国のように広く碑が作られなかったことと関わりがあるのではなかろうか。立碑の慣行が普遍的であれば、一般的な形式の石碑をさすことになったであろうが、日本ではそうでなかったために、石碑と同様な役割を果たすものが広く碑と呼ばれたのであろう。こうした「碑」の実例として、波羅門僧正碑を見ておきたい。

波羅門僧正碑は、インドからの渡来僧として有名な波羅門僧正が没した時、弟子の修栄が神護景雲四年(七七〇)に作ったとされる。次にその主要部分を掲げる。

南天竺波羅門僧正碑并序

夫仏日西沈、遺風東扇、十地開士、住菩提而播形、八輩応真、逼機縁而演化、是以真如奥旨、殊五天而共融、実相円音、同八部而倶顕、若乃深達法相、洞了宗極、研尋七覚、空有両亡、遊戯六通、真仮双照者僧也、僧正諱菩提僊那、姓波羅遅、波羅門種也、一十六国景慕其高義、九十五種鑚仰其英徽、但以区域夐隔、史伝闕然、本郷風範、難可縷言、(中略)所以炳発神功、崇敬茂範、莫若在妙像於当今、伝遺影於後葉、乃造成形像、雖英智茂範、共其人既往、而美質風器、与厳像而如在、爰命謏才為像賛、其辞曰、(中略)

神護景雲四年四月二十一日　故波羅門僧正入室弟子伝燈住位僧修栄

(夫《そ》れ、仏日西に沈み、遺風東に扇ぐ。十地士を開き、菩提に住して形を播げ、八輩真に応じ、機縁に逼りて化を演ぶ。是を以て真如の奥旨、五天を殊にして共に融け、実相の円音、八部を同じくして倶に顕る。若し乃ち深く法相に達し、宗極に洞了し、七覚を研尋し、空有両《ふたつ》ながら亡じ、六通に遊戯し、真仮双び照らすは僧也。僧正、諱は菩提僊那、姓は波羅遅、波羅門種也。一十六国、其の高義を景慕し、九十五種、其の英徽を鑚仰す。但《ただ》、区域夐《はるか》に隔て、史伝闕然なるを以て、本郷の風範、縷言すべきこと難し。(中略)神功を炳らかに発し、茂範を崇敬する所以は、妙像を当今《いま》に在せ、遺影を後葉に伝えんに若《し》かじ。乃ち形像を造成す。英智茂範と雖も、其の人と共に既に往く。而れども美質風器、厳像とともに在すが如し。爰に謏才に命じ、像の賛を為《つく》る。其の辞に曰わ

く（下略）

この碑文の内容については、既に蔵中しのぶ氏の研究があり、中国の『高僧伝』や『続高僧伝』によって述作されたとされている。(15) ただこの文を見ると、果たして実際に建てられた碑であったのかという疑問がわく。即ち僧正の優れた手柄を明らかにし、立派な模範を崇め敬うには、優れた像を現在にあらしめ、遺影を後世に伝えるにしくはない、と述べて、故人の英知や人格も、像を作っておけば生きておられるかのようにしのぶ事ができるので、「形像」を作るのであるという。後段にはその肖像に対する賛も付せられている。福山敏男氏は、この碑を造像碑とされたが、適切な位置付けというべきであろう。(16)

それではこの碑はどのような形をしていたのであろうか。作られた肖像は画像であったかも知れず、それならばこの文は画像の中に書き込まれるのがふさわしい。しかし文中に「造成」と言う表現があることからすると、肖像はやはり彫刻と見るのが妥当であろう。彫刻とすると、その傍らに建てられた碑と考えられる。あるいは衝立形の碑、即ち大仏殿碑文のような小さなものであったと見られよう。一種の説明板とも解せられるのではあるまいか。現在実物が失われていて、実態を確かめられないのは遺憾である。

六　大安寺碑文の真偽

日本の古碑を扱う上のもう一つの問題は、その真贋であろう。第二部第八章で取りあげる超明寺碑も疑惑の目で見られてきた一例であるが、実物が失われた碑についても、同じ問題は生じる。ここでは大安寺碑文を例に、その問題を見ておこう。長文であるが、行論の必要上、次に全文を引用する。(17)

大安寺碑文一首幷びに序

原《たず》ぬれば夫れ、六合の外、老荘存して談ぜず、三才の中、周孔論じて未だ尽きず。微を探り隠を索むるも、寧ぞ八卦九疇に通ぜん。教を設け規を流くも、唯五礼六楽に止まる。文繫ぎて視聴に窮まり、心行きて名言に滞る。三性の間を識らずして、誰か四諦の理を弁えん。偉なるかな妙覚、茲の大夢を超ゆ。物我双《ふたつ》ながら泯《ほろ》び、空しく兼謝有り。皦《あき》らかならず昧《くら》からず、道声の求む可きに非ず。来ること無く去ること無し、豈迎随の能く測らんや。是《ここ》に於いて般若の舟檝を浮かべ、溺愛の河より拯《すく》う。菩提の津梁を導きて、焚火の宅より救う。遂に不言の化をして、洽ねく四生に施し、無縁の慈沢をして、三界に周からしむ。既にして真教西に秘し、像化東に馳す。八万の法門、五天よりして漢地に被《こう》ぶり、十二の分教、百済よりして皇朝に集まる。仏法の伝来、蓋し縁有るなり。此の大安寺は、聖徳太子の創興なり。初め太子、国家の奉為《おおんため》に、天の永命を祈り、熊凝村に道場を立つ。舒明天皇龍潜の日、病を問わんが為めの故に、太子の宮に詣《いた》る。太子、此の道場を以て、天皇に付嘱す。其の後、太子殂落し、寺兵乱に遇う。僧徒闃《しずか》にして其の人無く、堂宇毀ちて構え靡し。今に於いて其の場処莫く、長欲息（歎カ）を為す可し。舒明天皇即位十一年、歳は己亥に次る春二月、天皇、太子の付嘱を念い、此の寺の落構を憫み、爰に有司に詔し、百済邑に九重塔を建て、百済大寺と名づけ、三百戸を施して寺封と為す。院の側、先に子部神社有り。有司便ち社の樹を斫り、堂塔を交構す。社神大いに怒り、燎を飛ばして寺を焚く。未だ修復せざる間、天皇尋《つ》いで崩ず。遺詔して曰わく、此の寺、業は覆簀に熟し、功は贏瓶に遂ぐ。朕、今疾の弥《いよい》よ重きに遘い、志遂に果たさず。王公卿士ら、弥よ経始の功に励み、我が臨終の願いに副えと。時は諒闇に属し、未だ他事に遑あらず。新羅兵を引きて百済を滅す。淡海聖帝以為《おもえ》らく、昔苗弗の卒する有りて、尚大禹の駕を労し、葛伯の餽を仇して、猶成湯の師を動かす。況んや彼の新羅は附餽の小国、敢て皇命に逆い、我が雄英を滲《ほろぼ》す。若し誅を致さずば、何を以て徴(懲カ)粛せんや。爰に太后を奉じて竺志に巡幸し、兵を遣して罪を問わんとするの間、大后(ママ)奄然として登霞す。時に行宮の太后崩に臨み、時の聖帝に託するに此の寺の事を以てす。因りて言わく、先ず聖詔を遂げ奉る、是れ吾が願なりと。聖帝、心を撫すれば則ち痛みは風枝に結び、目を挙ぐれば則ち悲しみは露葉に纏う。虔《つつし》んで遺旨を奉じ、築(筑カ)前の基社に就くに、神は猶怨を銜み、吐焔已まず。故に高市村に遷して、新たに作造す。七百戸を増し、名を大官寺と改む。今、前殿に安置せる尺迦牟尼丈六尊像幷びに二菩薩は、是れ淡海天朝に宇《あめのした》を馭《しろしめ》し昊天宝令開闢天皇の造る所なり。仏工権《かり》に化して、再び来たる有ること無し。之を以て之を謂えば、虚応ならず。爰に天人降臨して、相好の妙体を讃う。瑞頻りに告げて、能仁の深徳を顕す。爰に神鑑隠れ無く、霊応徴有り。凡そ祈願する所、祉を蒙らざるは無し。遐邇心を帰し、崇仰替わり無き所以なり。其の後、和銅三年、歳は庚戌に次る、皇都乃楽の京に遷る。伽藍も亦随い、時を同じくして遷る。然るに彼の火災、時に猶輟《や》まず、架築の事、歳を歴て未だ成らず。爰に道慈律師有り、梵門の領袖なり。幼にして晤聴に挺《ぬきん》で、夙《はや》く貞敏を彰す。唐国に往き遊ぶこと十有七年、学は五明を究め、智は三蔵に洞《あき》らかなり。粤《ここ》を以て天平元年、歳は己巳に次る、詔して法師を遣し、此の寺を修営せしむ。法師以為《おもえ》らく、媛火を滅せざれば、功業成り難しと。是に於て即ち上表し、寺業として毎年四月、般若会を設けんことを請う。天皇之を嘉《よみ》し、有司に制詔して親しく寺物を施し、官は其の事に供う。爾《それ》より以来、火難絶えたり。若《それ》、天皇の粤《こ》の壌《くに》に居するや、帝里名区、北は平岡《ならやま》を望み、震耀を紫闕に揚げ、南は吉野を瞻て、仙気を碧峯に泛《うか》ぶ。東嶺は嵯峨として、煙嵐の揺蕩する所、西阜は隠軫として、日月焉《ここ》に蔽虧せらる。信《まこと》に上京の勝地なり。是《ここ》に於いて人は光景を揆《はか》り、工は規矩を展《の》ぶ。此の霊墟に就きて、茲の梵宇を創む。鍾楼経蔵、峻牖を于雲に開き、像殿講堂、高甍を蔽日に起つ。長廊南軒、丹蕚は枝に咲《さ》き、光函北砌、(四字脱)、鏘々たる宝鐸は、風に般若の声を伝え、靄々たる仙鑪は、解脱の馥を浮かぶ。乃ち登真の浄刹、是れ護国の良縁なり。是れに由りて道璿律師、心を戒定に澄まし、脹海を超えて来遊す。菩提僧正、神を惣持に凝らし、流沙を渉りて戻止す。三綱衆僧、機を二諦に研ぎ、心を三明に尅し、律儀を諫持し、定恵を薫修す。善因を紺宇に讚め、勝福を丹園に資《たす》く。寺内東院の皇子大禅師は、是れ淡海聖帝の曾孫、今上天皇の愛子なり。帝は世特挺際《(ママ)》、神命世為《(ママ)》、徳は時に因りて建ち、道は人在りて弘む。正教の陵遅を悲しみ、迷塗の危幻を痛む。是に於いて永く生死を厭い、志、菩提を求む。楽宮を捨てて出家し、苦行に甘んじて入道す。此の伽藍の丈六尊像は、是れ聖、睿願して作る所なるを以て、緬に祖徳を惟い、情は追遠に深し。梵宇に登りて傷壊《(懐カ)》し、増餙《(飾カ)》して以て崇麗なるを願う。遂に乃ち霞を澮彩に流し、霧を摛英に飛ばし、千艶土《(之カ)》瓊楹を縟《かざ》り、八相の銀壁を図す。姮娥漢を辞して、月鏡を引きて以て梁を照らし、仙務霄を遁れて、星瑠を聚めて梠を照らす。霜鍾を雲閣に扣《たた》けば、則ち釈衆行を成し、金花を玉堂に散ずれば、則ち梵音響を揚ぐ。結構の功、妙を往年に窮むと雖も、輪煥の妍、良《まこと》に美を今日に尽くす。夫《そ》れ前賢前哲功有らば、必ず銘を鍾鼎に刻し、又碑を宗廟に勒す。世は遠しと雖も業は逾《はる》かに顕れ、人は古しと雖も名は更に新し。是《ここ》を以て皇子思えらく、盛烈を乾坤に懸け、鴻名を日月に流す所以なりと。爰に翰苑の客に詢り、載《すなわ》ち絶妙の詞を求む。下走、影暮桑楡、文は彫龍の筆に倦む。高命辞し難く、謬りて土鳳の章を摛《(擒カ)》(と)り、仍りて乃ち頌を作りて云わく、

真性邈《はるか》なるかな、玄猷湛然たり。仁霑截つこと有るも、徳は無辺に被《こうむ》る。円鏡長く懸け、輪法恒に転ず。弘く四生を済《すく》い、炳《あき》らかに三衍を発す。於穆《ああうるわしき》かな立良《(ママ)》、民の慈父と作《な》る。煩しく国祈を降し、茲の梵宇を創む。露往き霜来たり、都を移し市を改む。風墟址《あと》有りて、雲構跡無し。前岡後岡、塔を建て堂を建つ。清微逶《めぐ》ると雖も、至法余光あり。赫《さかん》なり我が聖帝、茲の宝像を開く。神力潜《ひそか》に通じ、感応響くが如し。道慈上人は、法門の領袖、識量宏博にして、功思兼ねて秀いず。明々たる帝子、俗を厭《いと》い真を慕い、赫々たる霊舎、故を飾り新

を成す。経台は峨嵯として、像殿は玲瓏たり。荘厳千《ち》たび号し、雕刻千たび工《たくみ》なり。道は人を以て弘まり、理は言に由りて喚ぶ。敢て真静を頌《ほ》め、声を谷岸に流す。

宝亀六年四月十日作、正四位淡海真人三丹近江天皇曾孫也

偽作にも様々な段階があり、何を偽作というかは難しい問題であるが、この碑文の場合は宝亀六年(七七五)という年代に疑問が出されている。かつては平安時代になっての捏造という説もあったが、現在は宝亀六年より十年程度のちのものとする説が有力である。(18) 従って大局的には問題はないようであるが、宝亀六年時点のものかどうかで、碑のもつ意義は変わってこざるをえない。やはり年紀の真偽を確かめておく必要があろう。

まずこの碑の原形であるが、福山敏男氏は大仏殿碑文と同様な衝立状のものであったとされている。(19) その根拠は『七大寺巡礼私記』大安寺金堂の条に、左のような記事が見えるからである。

縁起簡板一枚長四尺六寸、弘二尺余。件板在二仏前右壇下一、裁〔載〕二当寺縁起文一。

即ち大安寺の縁起を載せた長大な板が安置されていたわけである。福山氏はこれが大安寺碑文であると考えられた。ただ、この点について確証があるとはいえない。そこで内容の真偽の面から検討してみよう。

大安寺碑文は、舒明朝の草創から奈良時代末に至る大安寺の寺史を述べているが、その叙述には著しい特色がある。それは舒明、天智両天皇の事績が強調されている事である。舒明天皇は、大安寺のもととなった百済大寺の創建者であるから当然としても、七世紀代に関しては天智天皇の記事しか見られない。しかし、百済大寺から高市大寺、大官大寺への発展は、天武・持統・文武三代の天皇によるところが大きい。(20) これをすべて天智天皇の業績であるかのように記すのが、この碑文である。奈良時代の記述では、道慈による修造や、唐僧道璿・天竺僧菩提僧正の止住が取り上げられているのが当然として、皇子大禅師という人物の業績を顕彰しているのが注目される。この人物は、「淡海聖

帝」(天智天皇)の曾孫で「今上天皇」(光仁天皇)の子であり、ここにも天智天皇とのつながりが見られる。即ちこの碑文では、天智天皇と皇子大禅師の二人が主役となっていることが知られよう。このことは、末尾に置かれた頌の構成からも明らかである。頌は四字一句の韻文で綴られているが、「赫我聖帝」と「明々帝子」とが対応して、天智が中興した寺を皇子大禅師が更に盛んにしたと述べる。これはこの碑文を考察する上に重要な点であって、碑文の年代を示唆するものといえよう。

この皇子大禅師とは、山田英雄氏が論じられた通り、桓武天皇の弟、早良親王のことである[21]。早良親王は最初出家して大安寺に入っていたが、桓武天皇の即位時には還俗して皇太子となった。しかし四年ほどして、藤原氏などの陰謀により、皇太子の地位を追われ、親王とその支持勢力は謀反の罪を着せられて没落する。早良親王は淡路に配流される途中、自ら食を断って自殺した。その霊が祟りをなすとして政界に大きな影響を与え、御霊信仰が形成されたことは周知の通りである[22]。

早良親王の出家、還俗をめぐる詳しい事情は判明していない。しかし碑文に見える「皇子大禅師」が早良親王であることはまちがいなく、さきのような親王の後半生からすると、碑文は早良親王が大安寺に住していた時期に、親王を顕彰する意味をこめて作られたと解するのが最も素直な理解であろう。親王が「皇子大禅師」という特殊な称号で呼ばれているのも、この碑文があまり時代の下るものでないことを示唆する。もし皇太子になってからの作であれば、なにかそれに基づく表現がでてきてよい。あるいは御霊信仰が成立してからのものではないかとする説もあるが、それにしてはそのような方面のことが見えず、御霊信仰を利用しようとした形跡も見当たらない。従ってこの碑文は、道慈によって修復された大安寺の伽藍が、皇子大禅師が住していることによって、さらに一層立派になってきたことを謳歌したものと受け取ってよいと考えられる。この碑文の意図は、末尾近くに「夫れ前賢前哲功有らば、必ず銘を鍾鼎に刻し、又碑を宗廟に勒す」とあるように、大安寺に功績のあった人物を称えることにあった。さきにも触れたように、その人名が最後の頌に鏤められているが、そこに見えるのは天智天皇、道慈上人、皇子大禅師の三名だけである。この顔ぶれは宝亀六年という時点にこそ最も適合すると言わなければならない。

ただ問題があるとすれば、碑文の日付と作者であろう。末尾に作者として名が見える「正四位淡海真人三舟」(原文の丹は舟の誤りと見られる)は、言うまでもなく八世紀後半の有名な文人淡海三船であって、天智天皇の玄孫に当たる。従って碑文の注記に「曾孫」とあるのは誤りであるが、それはともあれ、宝亀六年には三船の位階は従四位下であった。この点は碑文の疑われる大きな要因となっている。[23] しかしながら、これをもって全体の信憑性を論じるのは早計であろう。中国の碑文では、撰文者の名は、題名の次か本文の末尾に、正式な官職名を付して「何某撰」のような形で記されるのが定式である。即ち大安寺碑文のように中国碑の形式に則った碑であれば、簡単に「作」とのみあるのは訝しい。また中国碑で撰者名が末尾にある場合は、書者についても名の挙げられるのが普通である。現在入れられている作者名はのちに加わったと考えるべきであろう。

ただその場合でも、この碑文の作者が淡海三船であった可能性は大いに存在する。三船は前述の通り天智系の人物であって、天智天皇や皇子大禅師を主として称える碑文の作者に指名されるのは、極めて自然と思われるからである。三船は宝亀六年には五十三歳で、これから十年ほどで没している。文中「下走、影暮桑楡、文、彫龍の筆に倦む」と見え、年老いて手の込んだ文を作るのに飽きている旨が述べられているが、この修辞は当時の三船の年齢とも矛盾しないであろう。「高命辞し難く」というその命令は、皇子大禅師の命であったのではあるまいか。[24]

さて、これまでの考察をふまえ、はじめの問題にかえるなら、この碑は福山氏の言われたような立札ではなく、やはり正式な石碑と見るのがよいように思われる。文中に「必ず銘を鍾鼎に刻し、又碑を宗廟に勒す」と言っているのは、中国の慣例を述べたまでで、それがにわかに実現されたとは言えないかも知れないが、少なくとも石碑に刻むことが意識されていたことは確かであろう。さきに述べたように桓武朝になって政情が変化し、早良親王は不幸な最期を遂げたが、そのような時代に早良親王を称えた碑が企画されるとは考えられない。それどころかその以前に立てられた碑についても、時勢との乖離が問題となったはずである。既に立てられていた石碑が破却され、新たに「縁起簡板」が立てられた可能性を考えておきたい。

以上、日本の石碑文化の特殊性や、亡逸した碑と真偽の問題などを見てきたが、個々の碑に関してはなお論じなければならない事柄も多い。その一端については、第二部の論考を参照していただければ幸いである。

(1) 田熊信之「古碑略説」(『武蔵野女子大学紀要』二七号、一九九二年)。なお木簡との関係を否定する濱田瑞美「漢碑考――かたちと意匠をめぐって」(『美術史研究』四一冊、二〇〇三年)があるが、しばらく初出稿のままとする。

(2) 仁井田陞著・池田温編『唐令拾遺補』(東京大学出版会、一九九七年)復元二〇条。同書八四二頁、一四六五頁参照。なお言うまでもなく、唐令も日本の大宝律令も散佚していて、細部に明確でない点は多い。従って以下の日唐比較は厳密なものとはいえないが、ここでは大勢をうかがうのが目的であり、それには唐律、復原唐令、養老律令の対比で充分であろう。

(3) 律令研究会『訳注日本律令』二(東京堂出版、一九七五年)三二九頁、職制律44条。

(4) 武部利男訳『白楽天詩集』(六興出版、一九八一年)によって、原詩と訳を掲げておく。

立碑　　　　いしぶみを　たてる
勲徳既下衰　ひとがらも　てがらも　おとり
文章亦陵夷　ぶんしょうも　へたくそなのに
但見山中石　やまの　なか　いわを　きりだし
立作路旁碑　みちばたに　いしぶみ　たてる

銘勲悉太公　てがら　みな　タイコウボウなみ
叙徳皆仲尼　ひとがらも　コウシに　おなじ
復以多為貴　ほめそやし　ながいほど　よい
千言直万貲　せんの　もじ　あたい　ばんきん
為文彼何人　いしぶみを　だれが　かくのか
想見下筆時　おそらくは　ふでを　とるとき
但欲愚者悦　ばかものの　よろこび　おもい
不思賢者嗤　えらい　ひとの　わらい　わすれる
豈独賢者嗤　えらい　ひとに　わらわれる　うえ
仍伝後代疑　のちの　よに　うたがい　のこす
古石蒼苔字　ふるい　いわ　こけむす　もじも
安知是愧詞　しらぬまに　いい　はじさらし

（下略）

（5）これらの新出資料については、国立歴史民俗博物館編『古代日本　文字のある風景――金印から正倉院文書まで』（朝日新聞社、二〇〇二年）参照。
（6）拙稿「古代日本の文字文化」（国立歴史民俗博物館編『古代日本　文字のある風景』第三八回歴博フォーラム、二〇〇二年）。
（7）拙稿「東アジアの中の富本銭」（奈良大学『文化財学報』一九号、二〇〇一年）。
（8）高木訷元「唐僧義空の来朝をめぐる諸問題」（『空海思想の書誌的研究』法蔵館、一九九〇年）。
（9）藪田嘉一郎訳・馬子雲『拓本の作り方』（綜芸社、一九六三年）解説。
（10）奈良国立博物館編『請来美術』（大塚巧芸社、一九六七年）参照。この石造物が石燈籠の一部であることは、坪井清足「中国建築余話」（五井直弘編『中国の古代都市』汲古書院、一九九五年）が推定している。
（11）『唐大和上東征伝』による。「敷」は写本によって「数」「修」とあるが、「敷」の誤りと判断した。

(12) 加藤勝丕「御碑銘彫刻師広群鶴のこと」(『MUSEUM』五四七号、一九九七年)。また亀趺をもつ碑についての研究として、平勢隆郎「日本近世の亀趺碑」(『東洋文化研究所紀要』一二一、一二二冊、一九九三、一九九四年)がある。
(13) 福山敏男「大仏殿碑文に就いて」(『考古学雑誌』二二-一二、一九三二年)。
(14) 拙稿「古代の墓誌」(本書第一部第二章)。
(15) 蔵中しのぶ「「南天竺婆羅《(ママ)》門僧正碑并序」と高僧伝」(『奈良朝漢詩文の比較文学的研究』翰林書房、二〇〇三年。一九八三年初出)。
(16) 福山敏男「古碑」(福山敏男著作集六『中国建築と金石文の研究』中央公論美術出版、一九八三年)。
(17) 原文は醍醐寺『諸寺縁起集』所載。いま藤田経世編『校刊美術史料』寺院篇上(中央公論美術出版、一九七二年)の校訂本文によって読み下したものを掲げる。同刊本の校異注によった箇所は特に断らない。ただ伝本にはなお誤脱があるらしく、読みの下らない箇所が残るのを諒せられたい。
(18) 服部匡延「大安寺碑文の偽作年代について」(『早稲田大学図書館紀要』四号、一九六二年)。
(19) 注(13)に同じ。
(20) 星野良史「大安寺の熊凝草創説話について」(『法政史学』三九号、一九八七年)。
(21) 山田英雄「早良親王と東大寺」(『南都仏教』一二号、一九六二年)。
(22) 西本昌弘「早良親王薨去の周辺」(『日本歴史』六二九号、二〇〇〇年)。
(23) 蔵中進『唐大和上東征伝の研究』(桜楓社、一九七六年)第四章。
(24) 本稿のもとになった歴博講演会での講演以後のことになるが、山本幸男「早良親王と淡海三船——奈良末期の大安寺をめぐる人々」(『高野山大学密教文化研究所紀要』別冊1「弘法大師の思想とその展開」一九九九年)も、本碑の信頼すべきことを論じている。

第四章　法隆寺献納宝物の銘文

一　法隆寺献納宝物の成立と銘文

幕末明治の変動と廃仏毀釈によって大きな打撃を蒙った法隆寺は、寺宝の散佚を危惧し、明治九年(一八七六)十一月、重要な寺宝の献納を政府に願い出た。この願いは明治十一年に認められ、金一万円が法隆寺に下賜された。これがいわゆる法隆寺献納御物の起源である。(1) 宝物の内容は、聖徳太子二王子像(唐本御影)や『法華義疏』『細字法華経』をはじめ、法隆寺における聖徳太子信仰にとって根幹をなすともいえる品々が多く、その多くは、江戸時代に江戸・京都・大坂等において出開帳の対象ともなってきた宝物類であった。伽藍衰微のためとはいえ、これらの重宝を献納しなければならなかった法隆寺の苦境は、察するに余りある。しかし宝物の散佚を防ぐ意味で、皇室の権威を利用するこの選択は正しかったといわねばならない。

献納された宝物は正倉院宝庫に仮納されたのち、一部は天皇の御手元品として東京に運ばれ、残りの品々も明治十五年十二月に東京へ移送、内務省の博物館(のちの東京帝室博物館)に保管されることとなった。同年、正倉院宝庫内に陳列棚が設けられ、正倉院宝物の正倉院宝庫内における展示が始まったからである。これらの宝物は、第二次大戦後、大部分が東京国立博物館で引き続いて保管され、法隆寺献納宝物と称されることとなった。御物のまま残った品や法隆寺に返還された品も若干あるが、御物として残ったもののほとんどは平成元年(一九八九)に国有となり、宮内庁三の丸尚蔵館に納められている。

このような来歴をもつ法隆寺献納の宝物類は、早くから正倉院とならぶ古代の文物として高い評価をうけてきた。正倉院宝物に比して、さらに古い七世紀から八世紀前半の文物を多く含む点で、とくに意義は大きい。しかも宝物の価値を更に高めているのは、少なからぬ宝物に銘文が認められることである。その年代は七世紀前後から近代にまでわたり、銘を入れられた宝物そのものと相俟って、他の史料を以ては替えられない意味を有している。従って古代の銘文を中心に、古くからこれに関する言及も見られる。すでに法隆寺内では、十八世紀初頭から寺史の史料として注目されているし、(2)十八世紀末以降は、藤貞幹、屋代弘賢、狩谷棭斎らの諸学者が論及するようになる。(3)これらよりやや遅れるが、三浦蘭阪、穂井田忠友、伴信友らの存在も忘れられない。(4)近代になっても様々な分野の研究者が献納宝物の銘文を取りあげていることはいうまでもない。しかし銘文や銘文を持つ宝物があまりにも多岐にわたるため、それぞれの属する研究分野に即しての検討が主であり、これを総合的に扱った研究は現れなかった。銘文の集成についても、わずかに木内武男氏によって、それが行われた程度であり、しかもこれには写真図版を伴っていないという憾みがあった。(5)その後の発見や調査成果を取り入れ、新たな観点から『法隆寺献納宝物銘文集成』(吉川弘文館、一九九九年)が編まれたのを機に、全体の概観を行っておきたい。なお個々の銘文をめぐる詳細は、同書の備考に述べたのでそれに譲る。

二　銘文の内容

献納宝物の銘文には様々な種類があるが、その中核をなすのは、仏像・仏具等の制作や施入に関する銘であろう。

これらの中には古代のものが多数含まれており、あまりヴァラエティに富むとはいえない正倉院宝物の銘と比べて、古代の金石文、銘識の一大宝庫といって過言ではない。研究史上、最も古くから注目されたのもそれらであって、いわゆる四十八体仏の造像銘や幡の墨書銘の一部などは、江戸時代から有名であった。

次にあげられるのは、宝物の点検に関する銘である。これにも古代の銘文が少なくないが、それは奈良・平安時代に、しばしば寺院財産の調査が行われたことと無関係ではない。金工品等にみられるこの種の銘文に、天平十九年(七四七)の法隆寺伽藍縁起幷流記資財帳と関わる記載があるのも偶然ではない。

以上のような制作、点検についての銘文は、宝物が作られ機能していた時期のものであるが、それらが伝えられてゆくなかで行われた修理の銘も多い。平安後期における制作から始まって、その伝来、修理の経過を詳細に書きとめた聖徳太子絵伝の銘(献納宝物一号付属-一)は、その代表といってよい。なお修理銘をめぐってふれておかねばならないのは、多数の箱書や典籍の奥書類である。これらは通常、銘文とは見なされず、本来は別個に扱われるべきものであろう。ただこれらは、その宝物の制作、伝来、修理などの直接史料として、銘文と同様な価値と性格をもっている。元禄七年(一六九四)、徳川五代将軍綱吉の生母、桂昌院らによって寄進された一連の箱や、天保十三年(一八四二)、花月庵鶴翁(田中賀寿)によって修補された箱と付属品等は、法隆寺の出開帳の資料としては勿論、江戸時代における文化財の保存と利用を考える上に、またとない資料であろう。(6)

さて、ここで是非断っておかねばならないのは、献納宝物の中に正倉院宝物が混入している事実である。はじめにも述べた通り、献納当初、法隆寺の宝物は正倉院の管理となったが、明治十五年(一八八二)、最終的に東京に移送されるに当たって、宝物を納めた櫃の間に取り違えが生じ、献納宝物の一部が正倉院に残った一方、正倉院宝物の一部が献納宝物にまじって東京に送られ、博物館に蔵されることとなった。その内容は工芸品の残片や古裂類で、後年、宮内省の正倉院御物整理掛において、正倉院宝物の修理が行われた際(明治三十年七月)、工芸品の断片は御物整理掛に返却された。しかし古裂類については、返還や交換は行われていない。[7] このため古裂類の整理が進展するにつれ、法隆寺関係の銘が正倉院の古裂から発見されるようになり、正倉院裂の銘が東京国立博物館において見出されるという現象が生じた。[8] なお博物館に収蔵された献納宝物は、昭和三十九年(一九六四)に法隆寺宝物館が開館される以前は、各部門に分かれて管理されていたため、現在も染織品の一部が染織室の管理に属している。[9]

三　銘文の特色と意義

献納宝物の特色として、七世紀代のものが少なくないことを先に述べたが、銘文の特色も、第一にそこに求められるであろう。近年考古学的な発掘で出土する文字資料も数を増してきているが、それらの多くは、土器や瓦の墨書、篦書きのように断片的なものか、木簡のように一時的な記録、通信の類である。その点、献納宝物の古い銘文は、記事内容の豊富さや多様さにおいて、それらの出土資料に勝るものが多く、今後ともその価値を減ずることはないであろう。いずれも飛鳥時代から奈良時代にかけての美術史や日本史・国語史の根本史料である。また銘文の中では、染織品の整理によって、近年特に注目されるようになった幡の墨書銘も、同時期の斑鳩の歴史や仏教信仰の様相をうかがう上に、欠かせない史料となってきている。ただこれらの幡銘についてやや問題なのは、その年代をめぐって論が分かれていることである。重要な問題であるので、ここで簡単にそのことにふれておくと、幡銘にみえる干支紀年を、すべて七世紀代のものと考えるか、八世紀初頭まで含むとみるかで意見が分かれる。例えば「癸亥年」(献納宝物三一九-一〇号)を、六六三年とするのか、七二三年(養老七)とするのかである。干支紀年が、おおむね七世紀代まで行われたものであることは広く認められているところで問題はない。ただその使用期間を、狩野久氏の説のように[10]、大宝律令施行以前に限定できるかどうかは疑問であろう。大宝令の施行が年号による紀年の浸透に大きな役割を果たしたとしても、公文書以外のところまで、年号紀年が即座に徹底したと考えるのは行き過ぎと思われる。制度の変更とその浸透の間には、一定の時間差があったとみるのが穏当であり、現に山代真作墓誌（戊辰年〈神亀五年＝七二八〉）や西琳寺資財帳（『西琳寺文永注記』所引。戊申年〈和銅元年＝七〇八〉、己酉年〈和銅二年〉）などには、和銅から神亀年間に相当する時期の干支紀年がみえている。また文書の場合、干支紀年は文の冒頭に置かれることが多く、年号紀年は文末にくることの多いことが既に指摘されているが[11]、長屋王家木簡には、「和銅三年四月十日」と年号を用いながら、それを文頭に置く荷札（木簡第一七号）が存在する。いかにも干支紀年から年号紀年への過渡期を思わせる史料といえよう。以上のような諸例からすると、七二〇年前後までは、その史料の性格に応じ、干支紀年も併用されたとみておくべきであろう[12]。この点は、「五十戸」（献納宝物三一九-一〇号）というような表記についても同様であって、これがたとえ「里」の意味であっても、大宝令前に限定することはできない[13]。

このように干支紀年のみからの追究に限界があるとすれば、幡の様式変化を考慮する必要があろう。飛鳥奈良時代の幡については、法隆寺伝来品と正倉院伝来品を比較して、次のような変化のあったことが判明している[14]。即ち、法隆寺伝来品は坪が長方形を呈し、幡頭が鋭く尖るのに対し、正倉院伝来品は坪が正方形に近く、幡頭は二等辺三角形状を呈する。この二様式は八世紀前半を境いに交替していったと推定されている。この変化と、法隆寺現蔵の戊子年（六八八）の幡が縦長の坪を持つこと等を合わせ考えれば、干支紀年幡の年代は、壬午年（六八二）、壬辰年（六九二）、己未年（七一九）、辛酉年（七二一）、癸亥年（七二三）とみるのが妥当である[15]。また和銅七年（七一四）の幡銘とみられる例があり（献納宝物二七一-一号）、それは文末に年号紀年を有するが、この時期ならば、年号紀年と干支紀年が並存してもおかしくないことは、上に述べた通りである。

献納宝物の銘文の特色として第二に挙げるべきは、太子信仰史料という側面である。中世、近世の銘文を中心に、聖徳太子との関係にふれたものは極めて多い。これらは史実を考える材料とならないため、これまであまり重視されてきたとはいいがたい。しかし献納宝物の主要部分が、聖徳太子の記念堂ともいうべき東院の宝物であったこと、[16]その他のものも含め、法隆寺の寺宝が何らかの形で太子と結びつきつつ伝存したことなどを考えれば、銘文も荒唐無稽のものとして無視してしまうのは適切でない。今日、多くの宝物は、太子ならびにその周辺の伝承を物語る近世の銘文類と切り離し、純粋に文化財として扱われているが、それはそれとして妥当な扱いであるに相違ないものの、いま一度、銘文の示す伝承と結びつけ、伝来の契機を考えることが行われてもよいであろう。その意味で、東京国立博物館における平成八年(一九九六)の法隆寺宝物特別展が天保の出開帳を復原する形で行われたのは特記すべきことであって、[17]こうした視点は法隆寺の寺宝を文化史的に評価する基礎となろう。

銘文の特色の第三は、その世界性である。これもまた宝物そのものの性格と表裏の関係にあるが、銘文のみでもこの性格が表れたものがある。中でも古代ペルシアやソグドの文字をとどめる香木の銘[18]や、制作時の針書として著しく朝鮮的な様相を見せる鵲尾形柄香炉の銘[19]などは、その好例といえよう。

個々の銘文については、まだまだ残された未解明の問題も多く、今後なお新しい銘文の出現もありうることは、先に述べた通りである。[20]以上のような特色をもつ献納宝物の銘文は、さまざまな可能性を秘めた今なお新鮮な史料群といえるであろう。

(1) 東京国立博物館編『東京国立博物館百年史』(一九七三年)一五九頁、一二三五頁、七五三頁。高田良信「法隆寺献納御物の由来」(『伊珂留我　法隆寺昭和資財帳調査概報』九、一九八八年)。

(2)　良訓『法隆寺記補忘集』。享保年間(一七一六〜三六)ごろ成立。

(3)　屋代弘賢『道の幸』(寛政六年〔一七九四〕序)、藤貞幹『好古小録』(寛政七年刊)、同『好古日録』(同九年刊)、狩谷棭斎『古京遺文』(文政元年〔一八一八〕序)。

(4)　三浦蘭阪『班《ママ》鳩日記』(天保九年〔一八三八〕刊)、穂井田忠友『観古雑帖』(天保十二年序)、伴信友『仮名本末』(嘉永三年〔一八五〇〕刊)。

(5)　木内武男「法隆寺献納宝物銘文集成」(『東京国立博物館紀要』一三号、一九七八年)。

(6)　樋口秀雄「法隆寺霊宝の江戸開帳続貂――七種之宝物の納入筥の寄進」(『ＭＵＳＥＵＭ』三三九号、一九七九年)、拙稿「法隆寺献納宝物と花月庵関係の銘文」(本書付編三)参照。

(7)　以上の経緯については、奥村秀雄「東京国立博物館保管上代裂について」上・下(『ＭＵＳＥＵＭ』三八九・三九〇号、一九八三年)に詳しい。なお大正八年には、正倉院の古裂調査で発見された天寿国繡帳の残片(もと法隆寺献納品の一部)が中宮寺に下賜されているが(森鷗外『委蛇録』大正八年十一月二十二日条、『鷗外全集』三五、岩波書店、一九七五年、所収)、このようなことも以後は行われていない。

(8)　正倉院蔵の法隆寺裂銘文は、『書陵部紀要』二二号(一九七〇年)、同二九号(一九七八年)、『正倉院年報』四号(一九八二年)に、一応公表されている。

(9)　その伝来や現状については、奥村秀雄注(7)論文、澤田むつ代「正倉院頒布裂」(『東京国立博物館紀要』三三号、一九九八年)参照。

(10)　狩野久「法隆寺幡の年代について」(『伊珂留我　法隆寺昭和資財帳調査概報』三、一九八四年)、同「額田部連と飽波評」(『日本古代の国家と都城』東京大学出版会、一九九〇年)。

(11)　岸俊男「木簡と大宝令」(『日本古代文物の研究』塙書房、一九八八年)。

(12)　詳しくは、拙稿「法隆寺伝来の幡墨書銘」(本書第二部第十三章)参照。

(13)　拙稿「『万葉集』と木簡」(『長屋王家木簡の研究』塙書房、一九九六年)一六四頁以下参照。

(14) 東京国立博物館編『法隆寺献納宝物　染織Ⅰ』(便利堂、一九八六年)。

(15) 注(12)に同じ。

(16) 金子啓明「法隆寺献納宝物の由来と聖徳太子信仰――天保十三年の法隆寺江戸出開帳を中心に」(『特別展　法隆寺献納宝物』東京国立博物館、一九九六年)参照。

(17) 同右。

(18) 拙稿「香木の銘文と古代の香料貿易」(『遣唐使と正倉院』岩波書店、一九九二年)参照。

(19) 一般に古代の金石文には針書銘が少ないが、正倉院の佐波理皿には針書銘をもつものがかなりある(正倉院事務所編『正倉院の金工』日本経済新聞社、一九七六年)。その中に新羅の官位名を記す例があることからすると、これらの多くは銘ともども新羅からの舶載である可能性が強く、針書銘と朝鮮との関係を考える上に示唆深い。事実、韓国出土の新羅時代の佐波理皿にも、酷似した針書銘が見出されている。国立慶州博物館『文字로 본新羅』(二〇〇二年)二〇一図参照。なお同書所収「夫人帯」銘銀帯端金具(四図、皇南大塚北墳出土)の「帯」字は、鵲尾型柄香炉銘の「□□方」を「帯方」と読む上に傍証となるかも知れない。

(20) 現に『法隆寺献納宝物銘文集成』の刊行以後、舎利塔から新たな墨書銘、鋺から針書銘が発見されている。墨書銘については、加島勝「法隆寺献納宝物舎利塔の修理と新発見の墨書銘」(『ＭＵＳＥＵＭ』五六九号、二〇〇〇年)参照。

第二部　古代金石文の世界

第一章　朝鮮半島出土の単龍文環頭大刀銘

一　はじめに

考古学的な発掘調査の隆盛によって、日本の古代金石文も数を増している。とりわけ一九七〇年代以降における刀剣銘の増加は、千葉県稲荷台一号墳出土「王賜」銘鉄剣、島根県岡田山一号墳出土「額田部臣」銘鉄刀、埼玉県稲荷山古墳出土「辛亥年」銘鉄剣、兵庫県箕谷二号墳出土「戊辰年」銘鉄刀など目覚ましいものがあるが、目を同時代の中国や朝鮮に向けると、銘文のある刀剣の実例は意外に少ない。特に日本と密接な関係のあった朝鮮でも、昌寧の校洞一一号墳出土の円頭大刀や、日本に伝えられた石上神宮の七支刀が知られるに過ぎない。

しかし、一九八九年、東京国立博物館に戦前から所蔵されてきた朝鮮三国時代の単龍文環頭大刀に、銀象嵌による銘文のあることが発見され、数少ない遺例に新たな一例を加えることになった。この大刀は戦前の購入品であるため、伽耶よりの出土という以外、詳細な出土状況が不明であるのは遺憾であるが、銘文の字数も少なくはなく、日本の例との比較資料として重要な意義を有する。幸いにその解読に関与する機会を与えられたので、考察結果をまとめておくこととした。

二　銘文の解読

銀象嵌による銘文は、最終的に十六字が確認された(図16・17・18)。文字の中には、錆による鉄地金の膨らみや、地金の剥離・折損によって、象嵌された銀線が二次的に断裂ないし疎隔してしまっているものがあるので、それらについては補正した図を併せ掲げた(図17)。銘文の文字は丸味に富んだ行書風であって、中国六朝時代に行われた、隷書の書風を残す古い書風と類似する。

解読結果は次の通りである。

不1畏2也3□4令5此6刀7主8富9貴10高11遷12財13物14多15也16

以下、問題のある字についてみてゆく。

1は上端に少し欠失があるが、「不」と考えられる。

2は「畏」の異体字である。北斉の徐徹の墓誌[1]にほぼ同じ形がある(第二十三行目第十六字、図19-1)。

4は地金の鉄の残存状況が悪く、文字の中程で段差が生じているばかりでなく、銹化によるとみられる地金の膨張で、象嵌の線が切れ、疎隔している。そこで断裂した象嵌を図上で接合し復原したのが、図17の左側に示した字形である。比較的少画の字であって、およそ二つの可能性が考えられるように思う。一つは「方」である。隷書の「方」には図19-2や図19-3のような形がある。ただ「方」の第一画がくるべき位置に象嵌は存在せず、象嵌が脱落した痕

図 **16**　朝鮮出土環頭大刀の棟部

図 **17**　銘文の書き起こし図

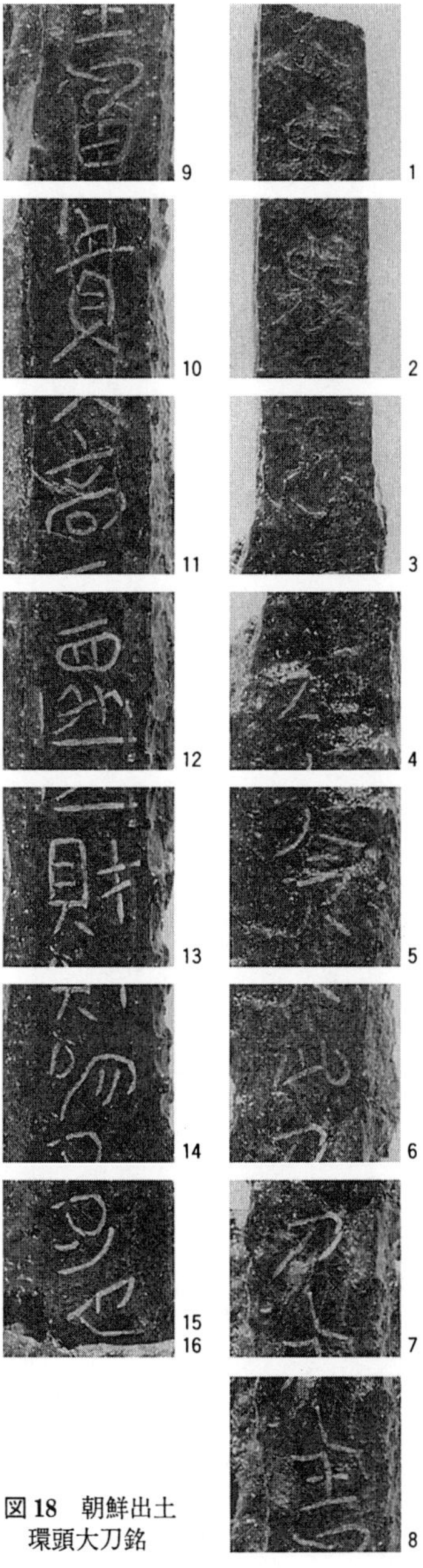

図 **18**　朝鮮出土環頭大刀銘

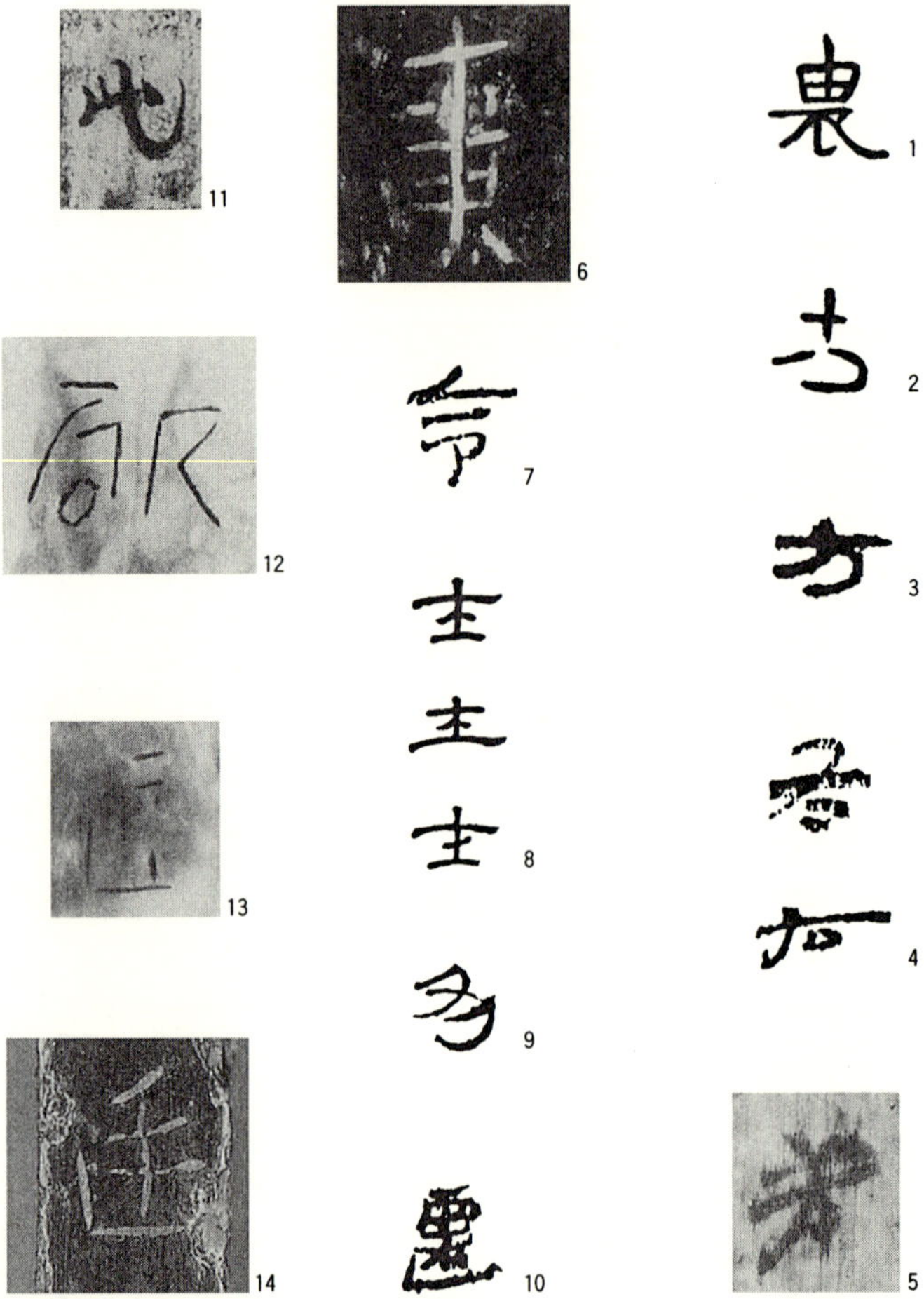

図 19　参照文字図

1「畏」北斉徐徹墓誌(趙万里『漢魏南北朝墓誌集釈』)，2「方」漢建昭宮鼎(『小校経閣金文拓本』)，3「方」武威漢簡，4「右」居延漢簡，5「若」小敷田遺跡木簡(埼玉県埋蔵文化財調査事業団『小敷田遺跡』)，6「事」稲荷山古墳鉄剣銘(埼玉県教育委員会『埼玉稲荷山古墳辛亥銘鉄剣修理報告書』)，7「令」居延漢簡，8「士」『隷弁』，9「多」居延漢簡，10「遷」同前，11「此」高句麗牟頭婁墓誌(河出書房『定本書道全集』4)，12「敬」稲荷台古墳鉄剣銘(市原市教育委員会他『「王賜」銘鉄剣概報』)，13「迋」(廷)同前，14「迋」江田船山古墳大刀銘(東京国立博物館『江田船山古墳出土国宝銀象嵌大刀』)，漢簡は佐野光一『木簡字典』による．

跡も認められない。もっともこの字の位置は、過去の修理で接合のため補修の加えられていた所に当たり、第1～3字とこの第4字の上端にかけて、その時の削りによる整形が施されている。そのため象嵌の残りも、それ以下に比べて劣る。この整形で、「方」第一画の象嵌や象嵌痕跡が失われた可能性はないとはいえない。

これに対し、いま一つの可能性として「右」を考えるべきかも知れない。この場合も、「右」の第一画上端部が欠失しているとしなければならないが、円筆傾向の著しいこの銘の書風からすれば、漢簡の例を参照して、「右」の草書的形とみられないことはなかろう(図19-4参照)。更に、埼玉県小敷田遺跡から出土した木簡に「若」の字がみえ、その「右」は第一画上端が極めて短く、口の部分を省筆するなど、銘文の字と類似する(図19-5)。この木簡は、七世紀末～八世紀初頭ごろのもので、文中の「大」の字をはじめ、総体に六朝風の古い書風を色濃くとどめたものである。

5は「令」と読んだが、末尾の一画は余分である。この末画を重視すれば、他の読みも考えられないではないが、古代の異体字には末画を増画したものが珍しくない。埼玉稲荷山古墳鉄剣銘の「事」(図19-6)は、その一例である。やはり「令」とするのが妥当であろう。「令」の縦画が左曲する例も漢簡などに少なくない(図19-7)。

7の「刀」は、当初文字の中ほどで二片に分かれていたが、連接することが確かめられた。

8は第一画が長く、筆画に不自然さを残すものの、「主」か。「士」の隷書にも図19-8のような字形があり、あるいはこのような字形の「士」かとも考えられるが、必ずしも一般的とはいえない。この8の場合、原書の「主」を銘文に表す際、こうした表現になったと考えるべきではなかろうか。同様なことは、13「財」を除く各字についても、程度の差こそあれ当てはまる。14の偏に縦画がないのも、むしろ原書の草書に近い筆画を追い切れなかったものであろう。

15は漢簡などにみえる草体の「多」(図19-9)に近く、そのような字体をやや不正確に表現しているとみられる。

以上の結果をふまえると、この銘に関しては次の二つの読みが考えられよう。

㈠畏れ不《ざ》る也。方《まさ》に此の刀の主をして、富貴にして高く遷り、財物多から令《し》むる也。

㈡畏れ不る也。右令、此の刀の主は、富貴にして高く遷り、財物多き也。

銘文の内容は呪句・吉祥句であって、「畏也」までは、「この刀があれば、いかなる敵や武器も恐ろしくない」の意であろう。たとえば仏典中には次のような表現がある。

亦能護身、不畏水火・刀兵・毒狩。

（また能く身を護り、水火・刀兵・毒狩を畏れず）　（『陀羅尼雑集』(2)巻五、失訳、梁代）

莫令持是呪者、有王畏・賊畏・火畏・水畏・風毒畏・刀兵等畏・日月星辰鬼神等畏。

（是の呪を持せしむること莫くば、王の畏れ、賊の畏れ、火の畏れ、水の畏れ、風毒の畏れ、刀兵等の畏れ、日月星辰鬼神等の畏れ有り）　（同右巻九）

これに対し「富貴」云々も、次のように鏡鑑銘などに類似の表現をみる。(3)

延康元年（二二〇）十月三日、吾作明竟、幽湅三商、買者□、貴富（ママ）高遷、三公九卿、十二大夫吉

しかし多くの語彙が共通する点では、むしろ灌頂経(4)（梁以前に成立した偽経）巻一二の次の一節が参考になろう。

仕官皆得高遷、財物自然長益、飲食充饒、皆得富貴。

この種の表現は、道教・仏教を通じて行われていたのであろう。

なお朝鮮半島出土の資料では、楽浪時代の瓦当に「楽浪富貴」在銘のものがあり(5)、慶州端鳳塚出土の綾に「富貴」

の文字を織り出したものがあるというが、[6] 類似の思想をより直接に示す例として、四〇九年営造の徳興里古墳の玄室北壁墨書[7](いわゆる墓誌)にみえる次の文が注目される。

富及七世、子孫番昌、仕官日遷、位至侯王

この古墳の被葬者は「釈迦文仏弟子」とあり、ここでも仏・道二教の混交がうかがわれる。[8]

そこで問題の中間部分をどのように読むかであるが、試みに二つの可能性をあげてみたものの、その他の可能性の存在を含め、現状で確定的なことをいうのは困難であろう。ただ(二)の読みについて付言すると、いったいこの銘文では、3と16がともに「也」であって、そこで文が切れている。4、5を「右令」と読めば、欠失した上部に「左令」があり、双方がともに「也」で結ばれる短文であったとも解されよう。しかし「左令」「右令」という表現は他に見いだせず、これらをいかに解釈するかという問題は残る。強いていえば、この場合の「令」は、道教の神の令と解することができるかも知れない。[9]

以上のようにみてくると、この銘文は元来少なくとも現存の二倍程度の長さがあり、その末尾を存したものと推定される。冒頭に年紀・製作事情等に関する記述があったとすれば、さらに長文となる。この点欠落があるのが惜しまれるが、古代朝鮮で作られた長文で釈読可能な刀剣銘が、新たに確認された意義は大きいといわねばならない。

この銘文の書風は、前述の通り、六朝風の濃いものである。具体的には筆画の肩や角が丸く、いわゆる三過折が明確でないのが端的な特徴であり、辵がL形に書かれる点も、漢碑や漢簡の書体(図19-10)と共通する。こうした書風は、周知のように古代朝鮮の金石文に広くみられるところであって、この銘文中の「此」と酷似した丸味の強い「此」が、五世紀初めの牟頭婁墓誌に見いだされるのも偶然ではない(図19-11)。

また書風に関連して、この銘文で特に注意されるのは、日本の古墳時代の刀剣銘との関係である。この銘文の書は、一見して稲荷山古墳鉄剣銘との類似を感じさせる。いま双方に共通する「富」「多」「令」「此」「刀」の各字を比較しても、「刀」を除き特に酷似しているとはいえないが、「口」を円形に近く表現するなど、双方の銘に一貫する三過折をみせない隷書的書風が、類似した印象を与えることは否めない。また同様な「口」の表現は、千葉県市川市稲荷台古墳の鉄剣銘にもあり(図19-12)、L形の辵が、同鉄剣銘や江田船山古墳出土大刀銘にも現れている(図19-13、14)。このような類似は、広くいえば六朝書風の影響ということになるが、稲荷山古墳鉄剣銘や江田船山古墳大刀銘については、使用されている字音仮名の種類からも、朝鮮との深い関わりが指摘できる。(10) 従ってこの銘文は、日本の古墳時代の刀剣銘と朝鮮をつなぐ直接の史料としても大きな意義があるといえよう。

(1) 趙万里『漢魏南北朝墓誌集釈』(科学出版社、一九五六年)図版三二五。北京図書館金石組編『北京図書館蔵中国歴代石刻拓本滙編』(一九八九年)第七冊八〇頁。

(2) 『大正新脩大蔵経』二二所収。

(3) B. Karlgren, *Early Chinese Mirror Inscriptions*, Bulletin of the Museum of Far Eastern Antiquites, Vol. 6, Stockholm, 1934 所収。189番。

(4) 注(2)に同じ。

(5) 會津八一『古瓦集存』(『會津八一全集』二所収、中央公論社、一九五九年)七三図、尾上八郎他監修『定本書道全集』(河出書房、一九五五年)図一二〇・一二一。

(6) 小泉顕夫『朝鮮古代遺跡の遍歴』(六興出版、一九八六年)五七頁。この記述の存在は早乙女雅博氏の教示による。同「慶州瑞鳳塚の発掘」(『史学雑誌』三八-一、一九二七年)では、「富」の字にしか言及していない。

(7) 朝鮮民主主義人民共和国社会科学院・朝鮮画報社編『徳興里高句麗壁画古墳』(講談社、一九八六年)所収。

(8) この墓誌の解釈については、佐伯有清「食大倉考――徳興里高句麗壁画古墳の墓誌に関連して」(『古代東アジア金石文論

考』吉川弘文館、一九九五年。一九八七年初出）も併せ参照。

（9）　李叔還編『道教大辞典』（巨流図書公司、一九七九年）は、律令の項で「謂太上老君為万法之祖。故能以令役使鬼神曰律令。律者天律、令者帝令也」と説いている。

（10）　拙稿「稲荷山古墳鉄剣銘を中心とする字音仮名表」（『日本古代木簡の研究』塙書房、一九八三年）。

第二章　江田船山古墳の大刀銘

熊本県江田船山古墳出土の大刀銘に関しては、周知のとおり既に多くの研究者によって釈読が試みられてきており、とくに埼玉県稲荷山古墳の鉄剣銘が発見されてからは、ほぼ共通の読みが定着してきている。(1) しかし従来の釈読は、実物に基づくものが意外に少なく、結論のみ先行している嫌いもなしとしない。ここではクリーニングによって一新された状態下での調査をもとに、問題となる箇所の確認、検討を行い、現段階での考察結果を記してみよう。

なお前提として断っておきたいのは、この大刀銘の書風についてである。この銘文は、三角形を重ねたような糸偏の形や、現在からみると著しく均衡を失した「者」の字などからみて、明らかに楷書より古い書風を表している。また各文字に楷書のような跳ねやおさえが表現されていないのも、隷書の筆法を存しているためとみられる。これは埼玉県稲荷山古墳、千葉県稲荷台一号墳など古墳時代の他の刀剣銘や、朝鮮半島出土の大刀銘、(2) また古墳時代の他の金石文とも共通する書風といえよう。これらはそれぞれに感覚は異なるが、隷書・楷書を混交した書風を示す。(3) この点は船山古墳大刀銘の未解明の文字を考えてゆく場合、常に留意されるべきことで、以下の検討でも中国の隷書資料を援用するのはそのためである。

次に銘文の釈文を掲げ、文字ごとに問題点をみてゆく（アラビア数字は、銘文各字の通し番号）。

図 20　江田船山古墳大刀銘

73
74
75
65
66
67
68
69
70
71
72
57
58
59
60
61
62
63
64
49
50
51
52
53
54
55
56
41
42
43
44
45
46
47
48

1台《治》2天3下4獲5□6□7□8鹵9大10王11世、12奉13事14典15曹16人17名18无19□《利カ》20弖、21八22月23中、24用25大26鐵27釜、28并29四30尺31廷32刀、33八34十35練、36□《九カ》37十38振、39三40寸41上42好43□《刊カ》
44刀、45服46此47刀48者、49長50壽、51子52孫53洋54々、55得56□57恩58也、59不60失61其62所63統、64作65刀66者67名68伊69太70□《和カ》、71書72者73張74安75也

1　台　従来「治」と読まれることの多かった字であるが、象嵌や象嵌欠落後のタガネ跡からは、「ム」しか確認できない。しかし当初から「ム」のみであったとみるのは、字形及び第2字との間隔からしても不自然である。「ム」の下にある凹部二箇所を字画と解し、それらを含めて一字と解すべきであろう。この文字は、漢簡の「治」の旁(図21-1)を参照すれば、「台」と釈読できる。隷書の略体では、「台」の「口」を略書することがあったとみてよい。また銘のある面がかなり研ぎ出しを受けていることを考えれば、本来は「口」が正書されていたにも拘らず、研ぎ出しによって現状のようになったことも想定できよう。この「台」は棟の中心線よりやや右寄りに位置し、左側に三水をいれる余地が全くないとはいえない。しかし銘文の他の文字も必ず中心線上にあるわけではなく、余白の少なさも考慮すると、三水の有無は微妙なところであろう。ただ王士倫氏によると、鏡銘では「治」を「台」と省画する例があるとのことである。[4] この文字の場合も「治」の省画「台」の可能性を考えるべきであろう。鏡銘のように文字を入れる余地の少ないものは別として、金石文の解読一般についてみだりに省画説を提起するのは慎むべきであり、この銘文中、他に明確に省画字といえる字がないのは、この解釈にとって難点ともいえるが、第一字は大刀銘の先端近くにあって余白も少なく、この文字のみ省画がなされても不自然ではない。

2　天　左半を失なっているが、タガネ跡とも合わせ「天」とみてよい。この大刀銘では、右下方に出る筆画は総じて他の画から離れる傾向があり、この字もその一例であろう。李進熙氏は、第2字と第3字を合わせ、釈読不能

の一字と解されているが、[5] 第1～第3字の間は棟幅が狭く字間が詰まり気味であることや、タガネ跡の存在も考慮すると、一字とするには無理がある。

4 獲　「獲」の異体字「獲」とみる説が有力な字であるが、隹の中央の縦画が存在せず、そのため「獲」とすることに疑いを持つ説もある。[6] しかしすでに藤沢一夫氏が指摘されたように、『日本書紀』の古写本中には縦画のな

図21　参照文字図

1「治」居延漢簡，2「鹹」『新撰字鏡』(天治本)，3「典」隋 冠遵考墓誌(583年)，4「曹」隋 王成墓誌，5「鐵」居延漢簡，6「振」後漢 曹全碑，7「辨」『隷弁』，8「刊」武威漢簡，9「刊」北魏 元鸞墓誌(505年)，10「此」武威漢簡，11「長」居延漢簡，12「壽」居延漢簡，13「失」居延漢簡，14「其」北斉 元子邃墓誌(555年)，15「作」『隷弁』，16「大」居延漢簡，17「長」居延漢簡

(備考) 漢簡は佐野光一『木簡字典』(雄山閣出版)，墓誌は趙万里『漢魏南北朝墓誌集釈』による．

い形の「獲」があり、[7]また正倉院文書には、隹の中央の縦画を欠いた「隻」がみられる(佐佐木信綱編『南京遺芳』24図、一九二七年)。異体字の場合、時代が下る例であっても、その発生が新しいとはいえず、傍証とすべきである。あるいは象嵌の省略ともみられよう。また隹の横画が三本の異体は、古くから例がある。この文字は「獲」の異体字と断定してよいであろう。

5、6、7 □□□　損傷のため字画は存在しないが、間隔から三字存在したと推定できる。第5字については、既発表の写真で象嵌の残画らしいものが見えるものがあるが、これは地金の鉄が研ぎ出された結果で、文字ではない。

8 鹵　古くから「鹵」「歯」と読む説があり、また藤沢一夫氏によって「西」説も出されている。字形のみについていえば、「西」の古字(篆書以前の字体)に似ることは確かであるが、この銘文全体が隷楷混交の書風で書かれていることは先述のとおりであり、こうした古い字体がここにだけ使用されたとするのは首肯しにくい。また「歯」についても、この字形のままの用例が見当たらないという難点がある。『新撰字鏡』(巻一二)には、「鹹」の異体字として図21-2のような字がみえるので、この字は「鹵」に相違なかろう。

11 **世**　現状では象嵌剥落のため「也」のようにみえ、上の横画の右端の銀線は欠失し、第三画上半部の銀線が下方に重なっていることもこれを助長している。しかしタガネ跡とも総合して、「世」であることは間違いない。

13 **事**　埼玉県稲荷山古墳鉄剣銘に「奉事」の語がみえ、そこからの類推で「事」とする説が有力であるが、残画からみて妥当であろう。

14 **典**　「典」の第六画が左右に出ない書き方は、後代までみられる(図21-3)。

15 **曹**　上部はタガネ跡のみとなっているが、残画から図21-4のような異体字の「曹」と確定できる。

18 **无**　異体字で表されている。

19　□　従来多く「利」と推定されてきた。象嵌及びタガネ跡から禾偏は確実で、おそらく「利」と解してよいであろう。

20　**弖**　「工」の隷体とも酷似し、「工」と読む説も多い。ただすでに指摘されているように、埼玉県稲荷山古墳鉄剣銘第29字「弖」とも近似する。船山古墳大刀銘の文字は全体に直線的傾向が目立つことも考慮すると、同一文字であってもおかしくはない。固有名詞を表記する音仮名として、今のところ朝鮮・日本を通じ「工」の用例がないことも勘案すれば、「弖」と読んでよいであろう。

26　**〓**　従来「鋳」「鉄」「錡」の読みが提出されている。この字の場合は、旁の中央に三角形の筆画があるのは注目すべきで、これをそのまま生かしたのが「錡」の読みとみられるが、この釈読では「口」の表現に不可解な点が残る。むしろより多画の字がこのように表現されたとみるべきではなかろうか。隷書では「口」が「△」と書かれることも多いので、旁中央の三角形は「口」である可能性も強い。そうなれば、この字は「鐵」の異体とみるべきであろう。「戈」が明瞭ではないが、類似の形として漢簡に図21-5のような例がある。

27　**釜**　左上が欠損しているが「釜」とみてよい。

28　**并**　右上の縦画は字画の融合とみてよいであろう。誤字や省画字とみなくても、「并」としても、後述のように意味は通じると考えられる。

31　**廷**　廴を辶に作る異体字で表されている。「廷刀」の語は孤例であったが、近年、千葉県稲荷台古墳の鉄剣銘にも用例が見出された[8]。

36　□　これまで「六」とする説があった。横画の象嵌が一部残り、その下方に左下に延びるタガネ跡が一部残存している。左下に延びる筆画は、『帝室博物館図録』第一期九輯(一九二七年)の写真によると、昭和初年にはなお象嵌をとどめていたらしい。残画だけでは文字の確定は困難であるが、「六」ないし「九」の可能性があろう。字義よりすると「九」は陽の極数で、対になる「八十練」の「八」が陰の極数であるのによく対応する。しばらくは「九」と推定しておきたい。

38 振　「捃」と読む説が有力な字である。右下がかなり損傷しているが、旁に「尹」のような筆画があることはタガネ跡も含めて確かめられる。エミシオグラフィーによる写真では「尹」の縦画が上に突き抜けているようにみえるが、これは凹部に銀が浸潤した結果とみられ、筆画が延びているとみるのは困難である。損傷している右下部については、前記『帝室博物館図録』によると左下りの一画が象嵌としてみえ、この写真と現状での凹部を考え合わせると、「人」のような残画が読みとれそうである。これを「口」と解するのは難しく、全体としてむしろ隷体の「振」に近い(図21-6)。榧本杜人氏はかつてこの文字を「振」と釈読されているが、[9]「捃」よりはこの読みをとるべきである。

43 □　これまで「利」「挍」の二説がある。偏は手偏であって、「利」にはならず、旁の残画からみて「挍」も無理である。旁の解釈は至難であるが、あるいは立刀か。『隷弁』には、「辨」の中央を図21-7のように表す例がみえる。旁が立刀とすれば、漢簡(図21-8)や北魏の元鸞墓誌(図21-9)にみえる「刊」の異体字が注目されよう。「刊刀」の語の用例は管見に入らないが、「刊」は切るの意であり、意義は通じる。[10]

45 **服**　月偏は確実で、亀井正道氏が指摘されたとおり、北魏の比丘僧智造像記にみえるような「服」の異体と考えられる。

46 **此**　やや特異な異体字で表されているが、漢簡に類例がみられる(図21-10)。

49 **長**　象嵌の脱落は多いが、タガネ跡によって文字の確定に問題はない。上部の横画が少ない異体字は、古くから例が多い(図21-11)。

50 壽　残画は少ないが、従来からいわれているように文意からしても「壽」であろう。図21-12の漢簡の例に近いような字形が想定できる。

53 洋　従来「注」「洋」で説が分かれている。旁の「王」は縦画が下に抜け、タガネ跡が残っているので、旁の第一、二画は明瞭でないものの、「洋」とすべきであろう。

56 □　「三」と読まれることが多いが、第39字とは異なり、第二画がやや右下りとなっており、また「三恩」では意味がとりにくい。中央から右にかけて欠損があるので、確定は難しいが、中央に縦画があったことも考えられ、もしそうとすれば「王」などの可能性もある。

59 不　象嵌の脱落は多いが、49「長」と同様、釈読に問題はない。

60 失　第四画の一部に象嵌のない箇所がある。漢簡には同じ字形がみえ(図21-13)、この場合は意図的な表現であろう。

61 其　「其」の縦画が上に貫いていない形は、漢簡にも多くみえる(図21-14)。

64 作　損傷が大きいが、タガネ跡によって復原できる。末画がやや大きく、図21-15の形の異体字か。

66 者　これも損傷があるが、字形に問題はない。

67 名　「咎」の可能性が提唱されているが[11]、右端の短い縦画は象嵌でないことが明らかになった。

68 伊　タガネ跡と合わせ、「伊」で問題ない。

69 太　第二画は横画の上に出ていない。このような形は、漢簡の「大」にもみられる(図21-16)。

70 □　これまで「加」「於」などの説があった。しかし偏は禾偏とみるのが妥当であろう。旁はタガネ跡と象嵌から「△」のような形が復原できそうである。全体として「私」のような字が考えられるが、「私」と「和」は漢簡では全く通じて用いられており字形では区別できない。人名の音仮名としては「和」の可能性がある。

73　張　旁の「長」は隷書体である(図21-17)。

以上の検討をふまえ、読み下し文を示すと次のようになる。

天の下治らしめしし獲□□□鹵大王の世、典曹に奉事せし人、名は无利弖、八月中、大鉄釜を用い、四尺の廷刀を幷わす。八十たび練り、九十たび振《う》つ。三寸上好の刊刀なり。此の刀を服する者は、長寿にして子孫洋々、□恩を得る也。其の統ぶる所を失わず。刀を作る者、名は伊太和、書する者は張安也。

以上の内、文意に問題の残る箇所をみておくと、次のとおりである。

治天下　この表現については、埼玉県稲荷山古墳の鉄剣銘に「佐治天下」の句があることと合わせ、倭国が早くから独自の中華意識を形成していた証として、近年注目されるようになった[12]。しかし早く栗原朋信氏が論じられたように、中国では「治天下」は、本来「王」(聖王)を対象とする語であり、これに対して「皇帝」には、ほぼ同じ意味ながら「御宇」(馭宇)が用いられる傾向が存在する[13]。栗原氏の挙げられた以外にも、晋、皇甫謐の『帝王世紀』に、「黄帝治天下百廿一年[14]」、唐の張愔の『帝系譜』に「五龍氏(中略)治天下合九百二十七万三千六百年[15]」などの例があり、皇帝号成立以前の伝説上の帝、王(皇)らに用いている。以上の点に注目すると、大刀銘などの「治天下」の語は、皇帝の臣下である王(大王)の統治を示すものとして意図的に使用されている可能性が強く、必ずしも五、六世紀に独自の中華意識が存した傍証とはできないと考えられる。この大刀銘以後、「治天下」は古代金石文にしばしばみえるが、八世紀初め以降、ほとんど「御宇」(馭宇)の語に切りかわってゆくの[16]も、天皇や皇帝の称号が一般化することとかかわりがあろう。いうまでもなく、日本の場合、天皇は皇帝と同格の称号であった。なお「治天下」は、近年「天の下治めたまう」と訓読されることが多い。これは『日本霊異記』の訓釈に「御宇」(上巻、序)をそれぞれ「乎佐女多比之《をさめたびし》」、「阿米乃之多《あめのした》」と仮名書きする例があることなどによるが、『万葉集』には、「天下《あめのした》志良之売師家類《しらしめしける》」(巻十八-四〇九八)の表現もあり、「天下治賜」(巻二-一九九)なども、音数から「しらしめたまひ」が妥当であろう。ここでは仮に「しらしめしし」と読んでおく。

獲□□□鹵大王世　この大王名が、埼玉県稲荷山古墳鉄剣銘に現れる獲加多支鹵大王であろうことは、上記の検討の結果、ほぼ確言できる。損傷が大きいものの、第6字目のあたりには、その目でみれば「多」の残画の「夕」の一部かとみられそうな凹部も存在する。ただこの大刀銘には年紀を示す語がなく、これが獲加多支鹵大王(雄略天皇)代のものと簡単に断ずることはできない。とくに問題なのは「大王世」という表現である。同様な語は船王後墓誌をはじめ、古代の墓誌類などに多くみえるが、いずれも過去の君主の治世をさして用いられている。「世」「代」の相違はあるが、『万葉集』の題詞においても、そうである。常識的にも、こうした表現は過ぎ去った時代をさして使われるとみるのが穏当であろう。この大刀銘の作られた時点では、大王はすでに没していたとみる方がよい。もし上述のように、「得□恩也」が「得王恩也」と読めるならば、「王恩」は王のめぐみで、この「王」が現に統治している王となろう。

奉事典曹人　典曹が官司名ないし職名であることはすでに説かれているが、ここも過去の事実として読むのが妥当であろう。その場合「奉事せし典曹人」とも読めるが、「典曹に奉事せし人」とも解せられる。「典曹人」の存在を考える説は、埼玉県稲荷山古墳鉄剣銘の「杖刀人」との関係で有力であるが、後述のようなこの銘の構文から考えると、「典曹に奉事せし人」と読むのがよいのではなかろうか。杖刀と典曹では語の性格も異なるから、強いて双方を関連づける必要はあるまい。「典曹に奉事せし人、名は」と読めば、後段の「刀を作る者、名は」という構文とよく合致する。「大王世」及び「奉事」をこのように解するなら、この刀は大王の没後、もと大王に仕えた无利弖が作らせたことになる。

并四尺廷刀　「并」を「ならびに」と解しては、文の構成が不明瞭になるので、試みに「并わす」と読み、鉄を混合(し製作)する意に解しておく。近年提唱されている七世紀以前の古代尺[17](一尺＝二六・七センチメートル)を当てはめれば、四尺は一メートル強となって、茎を含めたこの大刀の推定全長(現存長約九二センチメートル、茎一部欠失)に極めて近くなる。

九十振　「九」については前述。「振」には、うつ、動かす、の意がある。

三寸上好　「三寸」は従来から明解のない語で、尺度と解しては通じにくい。奈良時代の人名、土師百村が百材、宍人百村が百寸とも書かれていることを[18]参考にすると、「寸」は「才」に通じ、「三才」の意ではあるまいか。[19]三才は即ち三材に通じ、この場合は『呂氏春秋』(呂覧、本味)などにみえる水・木・火、三つの材料をさすと考えるか、あるいは通常のように天・地・人、三つの働きと解するかであろう。いずれにせよ「三寸上好」は、素材や鍛造の優秀さを讃えた措辞とみるべきではなかろうか。「上好」の語は、『諸経要集』巻五に「上好盤器」(『大正新脩大蔵経』五四、四三頁)、慧琳『一切経音義』巻一五に「上好」(鍮石条、同右書三九九頁)、寛助撰『別行』[20]巻一に「此為上好勝日」[21](此れ上好の勝日と為す)などとみえ、参考となる。

書者張安也　「書者」は撰文し、同時に銘文の原書(あるいは朱で直接書く書丹の形をとったか)を書いた人の意であろう。[22]中国の漢魏南北朝の金石文には、往々「書者」を記すものがあり、これと並んで撰文者のみえる場合もある。しかし撰文者名を記す例は少数であること[23]からしても、「書者」が撰文者を兼ねている場合の多かったことが推定できよう。日本の金石文で筆者を入れた例はほとんどみられないが、元興寺塔露盤銘(『元興寺縁起』所収)に「書人百加博士、陽古博士」の例がある。古谷毅氏が指摘されているように、[24]「書者張安也」の五字は、全文中でもとくに大ぶりでしっかりした書風を示している。書者の自己主張ともいえるものが看取されよう。また「无利弖」「伊太和」の二名には「名」の字が冠せられているのに対し、ここではそれがみられないことも注意される。「名は」云々という書き方は、埼玉県稲荷山古墳鉄剣銘をはじめとして数多いが、[25]ここで張安にのみ「名」が冠せられていないのは、宮崎市定氏がいわれたように、「名」を冠さなくともそれが姓名であることが明らかであったからであろう。[26]他の二人は本文と紛れる恐れがないとはいえず、中国系でない渡来朝鮮人や倭人の名については、表記上こうした配慮が必要であったと考えられる。後代にも多用される「名は」云々という表現は、本来かかる必要から生じたものであったらしいことが、この大刀銘から推測できよう。なおこのような表記意識が存在したとすると、この大刀銘も本来は漢文として音読されるよう意図されていたとみるべきであろう。この大刀銘に限らず、初期の文字資料にみえる地名・人名などが、ほとんどすべて音仮名で表記されている事実も、以上の見通しを傍証するものと考えられる。

（1）　この大刀銘についての諸説は、坂元義種「文字のある考古学史料の諸問題」(上田正昭他編『ゼミナール日本古代史』下、光文社、一九八〇年)、佐伯有清「江田船山古墳出土大刀の銘文」(井上光貞他編『東アジア世界における日本古代史講座』三、学生社、一九八一年)、熊本県玉名郡菊水町編『江田船山古墳』(一九八〇年)、李進熙「船山大刀銘の研究史上の諸問題」(『青丘学術論集』一集、韓国文化研究振興財団、一九九一年)など参照。これらに漏れた研究として、横山貞裕「江田船山古墳出土銀象嵌刀銘文について」(『国士館大学教養論集』九号、一九七九年)、篠川賢「鉄刀銘の世界」(佐伯有清編『古代を考える　雄略天皇とその時代』吉川弘文館、一九八八年)、福宿孝夫『日本古器銘と好太王碑文』(中国書店、一九九一年)があり、その後、王仲殊『中国からみた古代日本』(学生社、一九九二年)が出ている。

なお従来の研究史では取り上げられていないが、福原岱郎「西域美術輸入時代の実蹟」(『九州史談会報』二号、一八九八年)は、大刀の馬の象嵌を天馬図ととらえ、「雄略天皇頃に方て、朝鮮を経て輸入せるもの」としている。文意やや明確さを欠くが、背後にこの大刀を蓋鹵王代の製品とする認識があるように読みとれ、早くから蓋鹵王と釈読する説のあったことが推定できる。また、それに関連して注目されるのは、東京国立博物館蔵の「肥後國玉名郡内田郷江田村掘出古刀銘」と題する資料である(歴史資料 0528)。これには大刀の棟と佩表の拓本が収められ、棟については銘文が原字の書風に倣って対応する位置に墨書されている。この墨書は作成当初の書入れとみてよい。この資料は、押捺された「帝國博物館圖書」の朱方印や、貼付された「明治二十五年検査」のラベルからみて、一八九二年以前の作成になることが確かであるが、その釈文は古谷清論文よりはるかに詳しく、「鹵大王世」で始まっている(ただし鹵は原銘のままの異体字)。あるいはこれが、蓋鹵王説の根拠となった釈読ではなかったかと考えられる。この釈読は三宅米吉あたりに起源があるかも知れない。なお、福原論文には古谷清氏が言及しており、拓影については亀井正道「船山古墳の銀象嵌大刀」(『日本のなかの朝鮮文化』四八、一九八〇年)が簡単にふれている。

(2) 拙稿「朝鮮半島出土の単龍文環頭大刀」(本書第二部第一章)参照。
(3) 古墳時代金石文の書風については、拙稿「金石文・木簡」(『漢字講座』五、明治書院、一九八八年)参照。
(4) 王士倫(松中由美子訳)「中国漢・六朝の銅鏡銘文」(『古代学研究』一二六号、一九九二年)。
(5) 李進熙注(1)論文。
(6) 亀井正道「船山古墳と銀象嵌大刀」(『MUSEUM』三四〇号、一九七九年)。
(7) 宮内庁書陵部本『日本書紀』巻一四。藤沢一夫「埼玉の古代墳墓稲荷山鉄剣の金象嵌銘」(『古代研究』一六号、一九七八年)参照。
(8) 延刀の語義等については、平川南「銘文の解読と意義」(市原市教育委員会他編『「王賜」銘鉄剣概報』吉川弘文館、一九八八年)参照。
(9) 榧本杜人「古墳時代の金石文」(河出書房『日本考古学講座』五、一九五五年)。
(10) 図21-8の異体字は、佐野光一『木簡字典』(雄山閣出版、一九八五年)では「刋」として掲出しており、図21-9の字は、秦公『碑別字新編』(文物出版社、一九八五年)に「刊」の異体字とする。字形としては「刋」が正しいかもしれないが、「刋」も切るの意であり、「刊」と通用した可能性が強い。

(11) 亀井正道注(6)論文。

(12) 西嶋定生『日本歴史の国際環境』(東京大学出版会、一九八五年)。

(13) 栗原朋信『上代日本対外関係の研究』(吉川弘文館、一九七八年)。

(14) 『和漢朗詠註抄』帝王の項所引。新美寛『本邦残存典籍による輯佚資料集成』続(京都大学人文科学研究所、一九六八年)にも収録されるが、典拠を『和漢朗詠註略抄』に誤る。

(15) 『釈氏六帖』巻一三、世主人王部所引。新美寛前注書にも収録。

(16) 市川寛「「御宇」用字考」(『国語国文』三-六、一九三三年)。

(17) 新井宏『まぼろしの古代尺』(吉川弘文館、一九九二年)。

(18) 竹内理三他編『日本古代人名辞典』の当該項参照。

(19) 金錫亨『古代朝日関係史』(頸草書房、一九六九年)は、この箇所を「三才」と読んでいるが、根拠は示していない。

(20) 『大正新脩大蔵経』七八所収、永久五年(一一一七)成立。

(21) 同右一三八頁。

(22) 「書丹」の語は、管見ではすでに隋大業七年(六一一)の姚弁墓誌(王昶『金石萃編』巻四〇所収)に見え、この方法は古くからあったとみられる。

(23) いま便宜、『金石萃編』にみえる漢以降隋代までの金石文を通覧すると、書者を記す例は一二例あるが(内一例は存疑)、この中で撰文者を記すのは三例のみである。

(24) 東京国立博物館編『保存修理報告書　江田船山古墳出土　国宝銀象嵌銘大刀』(吉川弘文館、一九九三年)五八頁。

(25) この書き方が中国起源のものであることは、毛利正守「漢字受容期の資料をめぐって」(『しにか』三-九、一九九二年)が明らかにしている。

(26) 宮崎市定『謎の七支刀』(中公新書、一九八三年)。

第三章　法隆寺金堂釈迦三尊像の光背銘

一　はじめに

法隆寺金堂の本尊、釈迦三尊像は、飛鳥彫刻の代表作としてばかりでなく、光背に刻まれた造像記によっても有名である。この銘文は次の諸点で、数ある古代金石文の中でも独自の地位を占めるといってよかろう。即ちその内容が、聖徳太子の伝記にわたること、その文体が本格の漢文であり、それにふさわしく十四行十四字詰という規格に則っていること、書風も極めて優れ、名筆というに恥じない完成度をもつことなどである。

ただこの銘文が、文中にいうように、聖徳太子死没の翌年(癸未年、六二三)のものであるかどうかについては、早くから異論もあった。[1] その中には七世紀後半はおろか、八世紀にまで下す説もある。また同じく年代を下すとしても、銘文のみを追刻とみるか、光背全体を後の制作とするか、さらには光背と像の双方とも後のものとみるか等々、ほとんどあらゆる可能性が論じられてきたといってよい。

もっとも、その内の光背や光背と三尊の双方を後代の作と考えることについては、一九八九年に行われた移動調査によって、その可能性が否定されたと思う。即ちこの三尊と、丁卯年の光背銘を有する金堂東の間の薬師如来像を比べると、鋳造技法の点で明らかに釈迦三尊が先行すると判断され、光背への三尊の取付け方や、台座に対する光背の収まり具合などからみて、出来あがった本尊、脇侍、光背を、苦心しつつ現場で組み上げていった状況が推定できる

法興元丗一年歳次辛巳十二月鬼
前太后崩明年正月廿二日上宮法
皇枕病弗悆干食王后仍以勞疾並
著於床時王后王子等及與諸臣深
懐愁毒共相發願仰依三寶當造釋
像尺寸王身蒙此願力轉病延壽安
住世間若是定業以背世者往登淨
土早昇妙果二月廿一日癸酉王后
即世翌日法皇登遐癸未年三月中
如願敬造釋迦尊像并俠侍及莊嚴
具竟乘斯微福信道知識現在安隠
出生入死随奉三主紹隆三寶遂共
彼岸普遍六道法界含識得脱苦縁
同趣菩提使司馬鞍首止利佛師造

図22　法隆寺金堂釈迦三尊像光背銘

という。[2] こうした推定には確証がないとの批判もありえようが、永年このような彫刻の実物調査に携わってこられた研究者が導き出された結論であってみれば、単に机上で想定された可能性とは異なり、軽々に疑うべきではなかろう。

そうなると、問題は銘文が追刻か否かという点に絞られてくる。先にはふれなかったが、この点について、従来は文辞の分析から論を展開するのが一般的であった。一例を挙げるならば、文中の「上宮法皇」という呼称が六二三年段階で存在しうるのかといった立論の仕方である。このような検討法が史料批判の常道を押さえたものであることはいうまでもない。しかし比較材料に制約の多いこの時期の場合、確かな結論を出すことは困難である。「法皇」は、天皇号の成立以後の称とする考え方があるが、天皇号の成立年代自体が史学上の懸案であるばかりか、必ずしも天皇の号がなくても、「法皇」はありうると考えられる。即ち長屋王家木簡の表記などをみると、「皇子」を「王子」、「王」を「皇」と書く例があり、それらは八世紀初め以前、「皇」と「王」が通用していた状態を反映している可能性が極めて大である。[3] 従って「法皇」についても、「法王」の別表記であって一向差支えはないといえる。

図23　光背裏面

ただ「法王」という称が、太子の没後まもなくの時点で存在しえるかという疑いは残るであろう。同様な例としては、銘文中の「仏師」の語が挙げられる。この語は中国に用例がなく、日本でも奈良時代以降にしかみられないことが指摘されていて、銘文の年代を引き下げる説の一論拠とされる。(4) しかし、もし銘文が内容通りの年代のものとすれば、逆にこの用例が最古ということになろう。文辞の検討によって銘文の年代を決めようとすれば、常にこのような問題がつきまとうことに留意しなければならない。こうした史料的限界がある以上、既往の説の論拠を検証し直すという方法には、いかにしても有効でないところが残る。むしろ堂々巡りに陥らぬ新しい視角が必要とされよう。そこでいま一度モノそのものから出発して、銘文の年代に迫ることとしたい。なお、その結果として、先行研究につき一々の検討は省くこととするが、この点読者の了承をお願いしたいと思う。

二　光背と銘文の関係

金銅仏の場合、刻銘の年代を即物的に考察する方法として従来とられてきたのは、刻銘の字画内に鍍金が存するか否か、字画の周囲にメクレがあるかどうかを確認することであった。即ち金銅仏は完成した段階で鍍金されるので、字画内に鍍金があれば、銘は像の制作過程で入れられたことが判る。また刻銘は、刻入の際にタガネによる字画周囲のメクレが生じる。通常メクレは仕上げ段階で除去され鍍金が施されるので、もしメクレが存在したり、鍍金ののちに銘が刻まれていてメクレが残っていれば、一応追刻の可能性も検討する必要が出てこよう。

しかしいま問題としている釈迦三尊像の銘文に関しては、この二つの検証方法が必ずしも有効ではない。まず字画内の鍍金については、存在しないとするのが従来の所見である。(5) それならば刻銘は鍍金のあとといえるかといえば、単純にそうとはできない。字画内は普通鋳が生じたり、永年の塵埃がたまったりして、制作時の金属面を見られないのが一般的である。この像の場合も同様で、毛筆や刷毛で塵を落とそうと試みたが、それは困難であった。小金銅仏や墓誌の刻銘などでは、字画内を何か鋭利なもので引掻いた痕跡をみかけることが少なくないが、これは鍍金の有無を確かめる行為の結果、過去に生じたものと考えられ、その困難さを示すといえよう。現在ではこうした強行手段が許されるはずはなく、鍍金がないと言い切ることは、ほとんど不可能に近い。

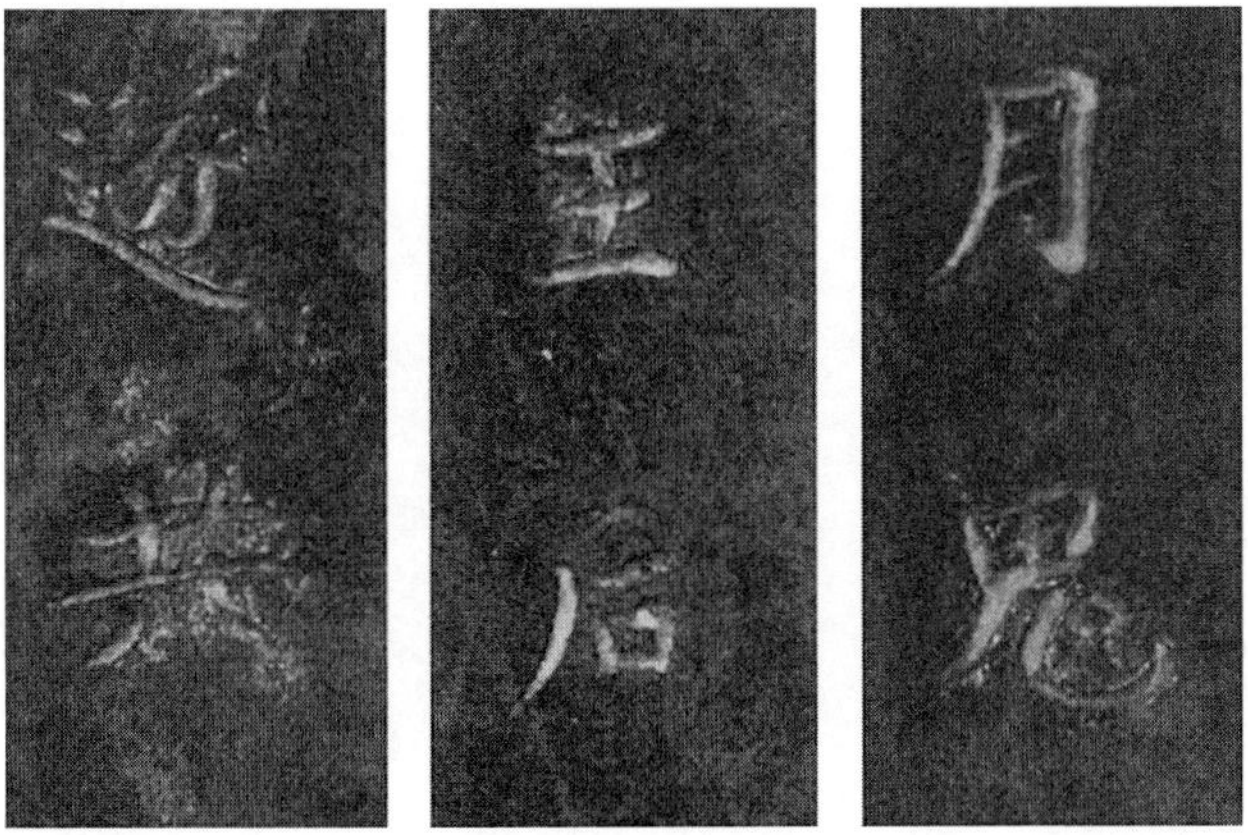

図24　光背銘(部分)

一方メクレについては、従来一部の文字にそれらしいものが残るとされる[6]。第一四字「鬼」、第一一一字「王」、第一六七字「遂」、第一六八字「共」などがそれであろう(図24)。しかしこれらは、今日他の金石文にみられる明瞭なメクレとは明らかに異なっている。これらを以て、銘文が追刻である可能性を議論することは留保すべきであろう。以上のように、釈迦三尊の銘文について、これまでの検討方法を適用することはできないということになる。

しかし解明の道が全くとざされているわけではない。この際とりわけ重要なのは、いま一度実物に立ちもどり、そこに示された情報を整理してみることであろう。釈迦三尊像の光背については、一九四〇年代半ばに詳細な調査がされており[7]、近くは八〇年代にも行われているが[8]、いずれも彫刻の研究者によるものであったためか、銘文の刻入技法については踏み込んだ所見が示されなかった。そこで改めて法隆寺当局から二〇〇〇年三月十一日に調査の機会を作っていただき、照明のもと真近に観察したのであるが、その結果、刻銘について次のような事実を確認できた。

㈠光背裏面には、ほぼ全面にわたって点々と鍍金があり、それは刻銘のある部分にも及んでいる。この事実は既発表の銘文写真(9)にも現れている。

㈡光背裏面には、不規則な緩い凹凸が随所にあるが、刻銘のある部分(方約三四センチメートル)と、その周囲の一回り広い範囲については、明らかにそれ以外とは異なった平滑さが認められる。

㈢右の平滑面は、同じ堂内に安置された東の間の薬師如来や西の間の阿弥陀如来像の光背銘については認められず、光背制作の過程で意図的に作られたものと判断できる。念のため付け加えると、この平滑面は、同じ条件下にあったとみられる薬師像、阿弥陀像の光背との比較から、拓本の採取などによって生じたものでないと確言できる。

㈣平滑面と銘字との先後関係は、文字があとと考えられる。光背に文字を入れ、そののちに平滑になるよう仕上げたとすれば、文字の字画に凹凸に応じて深浅が生じるはずであるが、文字の深さは全一九六字を通じて完全に均一である。

これらの事実から、重要なことが確かめられる。銘文の刻まれている平滑面が、光背に鍍金が施される前から用意されていたという点である。さきにも述べた通り、この平滑面は正方形の銘文部分より一回り広いだけであり、銘文と深い関わりをもつことは否定できない。現存の銘文を入れるために整えられた面と考えてよいであろう。即ち㈠〜㈢の事実は、光背が制作当初から現在の銘文を入れるよう計画されていたことを物語っているのである。手詰まりかと見えた釈迦三尊と銘文の関係は、㈠〜㈣の事実に着目することで、一体のものと把握できるといえよう。もっとも理論的には、銘文を入れるスペースが作られていたというのみで、実際の刻入ははるかに遅れるという可能性もないではない。しかし平滑面の大きさは、現在の銘文の字数や文字排列と切り離しては到底考えられるものではない。具体的な刻入方法については次節に譲るが、刻銘は三尊像の完成時に存在したと見て間違いあるまい。

三　銘文の刻入方法

それでは銘文はどのような技法で刻まれたのであろうか。あくまで推定の域を出るものではないが、前節で指摘した事実を基礎に、一応その問題を考えておこう。

刻入の方法は二つ存在する。一つは鋳造後の光背にタガネで刻入する場合、いま一つは光背の原型の蠟型に直接刻む場合である。このうちタガネでの刻入とすれば、光背裏面の銘文該当箇所がまず磨かれ、そこに銘文が刻入されたのち、鍍金されたということになる[10]。また蠟型に直接彫られたとすれば、さきに該当箇所をならした上、文字を入れたことになろう。以上二つのうち、いずれを採るべきかは、こうした問題意識に基づく実物のさらに詳細な調査を必要とするが、外的な観察に基づく印象では、原型段階での刻入の可能性も大いにありうると考える。

一体、金銅仏の銘文について通常想定されるのは、完成後のタガネによる刻入である。鋳込みが終わって型から取り出された直後の像は、鋳バリを除去しキサゲタガネなどを用いて一皮むく位に整えなければ、充分な完成度をもつ彫刻とはならないとする専門家は少なくない。像がそのようにして仕上げられるとすれば、銘もタガネで刻まれたと見なければならないであろう。現にこれまで刊行されている諸文献でも、銘はタガネによったことが、ほとんど自明のように記されている。

しかしいささか気になるのは、光背の表面はさておき、裏面や銘文の彫りにタガネによる整形を思わせるような鋭さが観取しにくい点である。裏面の起伏や字画には、一種の柔らかさがみられるのではあるまいか。それに加えて、銘が原型の段階で入れられたと目される実例が、法隆寺献納宝物の金銅仏中に存在する。それは有名な丙寅年銘菩薩半跏像である。この像は、台座框に三十四字の刻銘をもつが、かつて東京国立博物館の研究員諸氏と共に調査し、次のような事実を確認した。(11) 即ちその第二十六字「古」は、もとあった字を修正した上に入れられている(図4)。もとの字が何であったかは判然としないが、このような修正が可能なのは、いうまでもなく原型の蠟型段階であって、鋳造後ではありえない。軟らかにした蠟を押しつぶす形で、字の訂正が行われたと見られよう。それと関連して、この像の銘が極めて大味な、一種の鈍さを有することも注意されてよい。これは文字の大体が、既に原型に彫られていたためと解すると判りやすい。この像を共に調査させていただいた研究者諸氏は、銘文ばかりでなく、頭髪、腕釧、臂釧、蓮弁などを表す刻線も、その鈍く軟らかい調子から原型にあった可能性が高いと判断された。タガネによる厳しい仕上げも存在したことは勿論であるが、一方にまたこのような像もあったわけである。思えば蠟型による鋳造法は、細部の表出に秀でているところが特色である。わざわざ蜜蠟という高価な材料が使われたのも、その利点があればこそであろう。事実、規模は小さいが、同じ法隆寺献納宝物の甲寅年銘光背では、表面の図様のほとんどが蠟の原型段階で細部まで表出されていたとみられる。(12) また蠟型鋳造によったとみられる唐鏡などでは、こと文様部分に関する限り、タガネ仕上げとみられる例はなく、ほとんど鋳放しのままで微細な表現が可能であったことを物語っている。

釈迦三尊像について、少なくとも光背裏面は原型段階で整えられ、文字が入れられていたと見た方が自然なことは上述したが、以上のような状況から判断すると、光背の蠟原型に直接文字が入れられた可能性も、決して低くないように思われる。銘文を刻むための平滑面は、勿論その前に作られたと見るわけである。その場合、後世の梵鐘銘のように、あらかじめ用意した銘文用の正方形の板(蠟型)を、光背原型の中央に嵌め込む、鋳嵌め法がとられた可能性もなしとしない。しかしそれならば、平滑面は表面がもっと整一であってよいであろうし、嵌め込んだ蠟原型の輪郭が、この種の製品ではよくあるように、それと判る形で凸線として現れておかしくなかろう。そうした特徴が見られないのは、鋳嵌めが行われなかったことを示すと思われる。

銘文の文字の流麗さは既に定評のあるところであるが、それもタガネ彫りでなされたと考えるより、軟らかい蠟原型という素材が生かされているとみる方が理解しやすい。そう考える上に有利なのは、最初に言及した字画のメクレである。この銘文の場合、既述の通り顕著なメクレは認められないが、いくつかの字には、ややそれらしいものがある。しかしもしこれが通常のようにタガネによって生じたものならば、部分的に残存するのはかえって不可解である。これはむしろ蠟原型に直接文字を入れた時の蠟の僅かな盛り上がりが残ったと解すべきではなかろうか。蠟原型の段階における微妙な起伏が鋳上がった作品にも残ることは、法隆寺献納宝物のいわゆる伯牙弾琴鏡に、銘文の蠟型を貼付した痕跡が見えることからも確かめられる(13)。鋳造技法について全く門外漢ではあるが、銘文の刻み方について一応以上のような可能性を提示しておき、さらに識者の教示を乞いたい。

四　光背銘の意義

従来、種々の議論があった釈迦三尊像と銘文の関係について、銘文は光背を含めた三尊像と一体の制作であることを論じてきた。銘文が鋳造のどの段階で入れられたかに関しても推論を述べたが、これには異論も予想される。ただ本稿の目的としては、現銘文を入れるために準備された光背裏の平滑な面に、鍍金があることを指摘すれば充分である。具体的な方法がどうであれ、現銘文が像の制作と並行して構想されていたことは、その点から確かめられる。釈迦三尊像が聖徳太子追福のための像であることは、銘にいう通りといわねばなるまい。
このことは、単に像の由来が信頼できるというだけでなく、飛鳥時代の彫刻やさらには聖徳太子の事績を考える上に、一つの定点が得られたことを意味する。たとえば「仏師」の称の存在や止利の実在も、何ら疑う余地はないであろう。そもそも「仏師」については、推古天皇十二年(六〇四)九月是月条に「黄書画師、山背画師」など「画師」の称が見えることから類推して、当然あってよいものであった。[14]「画師」の称は「画工」とならんで、中国の文献にも古くから見えている。[15]
また太子の事績に関わっては、太子が生前から「法皇」と称されたであろうことは、まず間違いない。はじめに述べた通り、「王」と「皇」は通用したので、これは他の史料の「法王」と同一視してよい。七世紀から八世紀初頭にかけて、「王」「皇」が和語の「みこ」を表す例がままあることから判断すると、仏法に造詣深い王子の謂であろう。太子と等身の釈迦像が造られたことと合わせ、生前の太子の行実を示唆するものであり、「法王(皇)」の称も、あるいは仏典に見える釈迦への尊称の「法王」に関わるかも知れない。[16]
もう一つ注目されるのは、この三尊像の造立が太子の妃の出身氏族によって推進されたであろうと推定できる点である。これもまた銘文を信頼する立場の論者から既に主張されてきたことであるが、「干食王后」[17]と、二回にわたって現れる「王后」はみな同一人で、太子とほぼ同時に亡くなったこの妃と、その王子たちが、像の発願から完成に大きな役割を果たしたと見てよい。因みにこの「王后」の名は難読であるが、このように精妙な筆画をもつ銘文においては、いたずらに誤字説をとるべきでなく、文字のままに読んで、カシワデ即ち膳氏を表し、太子関係の伝承に言われる膳菩岐々美郎女と見るのがよいであろう。『上宮記』逸文(『聖徳太子平氏伝雑勘文』下三所引)に、カシワデを「食部」ないし「食」と表記するのが参考となる。またさらに直接には、飛鳥の石神遺跡出土の木簡[18]に「大鳥連淡佐充干食」、「□ｱ白干食」などとみえるのも傍証となる。正倉院文書や藤原宮木簡では、仕丁の厮が「干」と表記されるが、「干」は恐らくこの「干食」の略で、「干食」は厮、即ちカシワデを表記したものに相違あるまい。先の木簡は、仕丁か衛士に充てられたカシワデの名を記していると考えられる。[19]

三尊像の造立を山背大兄王らに結びつける見解も古くから示されてきたが、以上のような銘文の文意からみると、その可能性は極めて低い。従ってこの三尊が、山背大兄王の継承した斑鳩宮に安置されたことも考えにくく、膳氏関連の場所に、その原所在を求めるのが当たっていよう。法輪寺は、寺の縁起によると膳妃の宮を寺にしたと伝え、後世、高橋朝臣氏が寺の経営に関わったことを考えると、膳氏縁故の寺と推定できる。その創建が七世紀前半に遡ることは考古学的にも確かめられているから、[20]三尊像の原所在地として最も有力な候補地であることは動かないであろう。[21]

これに関連して言及しておかねばならないのは三尊の木製台座から発見された墨書である。二重台座の上段からは詩句風の落書、[22]下段からは田地の記録とみられるものが見つかっているが、下段の墨書について、その中の「尻官」が山背大兄に関わる司の可能性もあることが論じられている。[23]台座と三尊は同時の作とみられるから、もしその見込みが妥当ならば、三尊は斑鳩宮との関連で理解されるべきことになる。しかし尻官が斑鳩宮の下部組織であったとは考えがたい。なるほど山背大兄王は山尻大兄とも書かれ、『上宮記』逸文には「尻大王」とさえ見えるが、実名敬避の観点から見て、王子の諱を冠した司があったとするのは無理である。これについて明解を持ち合わせているわけではないが、「代の民」(大化元年九月紀)即ち名代・子代を管する「代官《しろのつかさ》」とみるのが、まだしも妥当ではあるまいか。

早く福山敏男氏が述べられた通り、[24]三尊像の銘文には、造立契機を天皇に結びつけるような意図が全く見えず、太子をいたずらに神秘化したところもない。これは太子死没時点での銘文としてまことに相応しいが、後代の太子信仰につながる要素が瞥見されることも注意されてよいであろう。それは文中の「三主」の語である。文脈からみて、これが鬼前大后(間人大后)、上宮法皇、王后(膳妃)を総称したものであることは疑いない。[25] 三人の相前後する死没が契機となって、とりわけ「三主」に従って往生しようとの気運が高まったものであろう。これは磯長の太子廟の信仰などに発展してゆく要素である。かくて太子の生涯や太子信仰を考える基点として、この銘文のもつ意義は極めて重いといわねばならない。

五　結　語

これまでに論じたところを要約すれば、左のようになる。

(一)釈迦三尊像の銘文は、造像の過程で構想されていたことが、鋳造技法上確かめられる。

(二)釈迦三尊像は聖徳太子追福のため、銘文にある通り、癸未年(推古天皇三十一年、六二三)ごろ造立されたと認めてよい。

(三)造像の主体は膳妃とその一族であり、像の原所在も、膳氏関係の場所と見られる。

(四)銘文の字句によって、太子が生前から仏教に造詣深い特別な存在であったこと、その死が太子の母、妃と一体のものとして受け取られたことなどが判明する。

なお今後の検討に俟つべき点は少なくないが、ひとまずこれで擱筆したい。

(1)　この銘文の研究史については、さしあたり川瀬由照「金堂釈迦三尊像と薬師像」(大橋一章編『法隆寺美術　論争の視点』グラフ社、一九九八年)参照。

(2) 西川杏太郎「法隆寺金堂本尊像移動調査の概要」(『伊珂留我 法隆寺昭和資財帳調査概報』一一、一九九〇年)。この論文は西川氏の著書『日本彫刻史論叢』(中央公論美術出版、二〇〇〇年)に再録されたが、図版に省略があるので、初出稿の存在意義はなくなっていない。
(3) 拙稿「長屋王家木簡の文体と用語」(『長屋王家木簡の研究』塙書房、一九九六年)。
(4) 田中嗣人『日本古代仏師の研究』(吉川弘文館、一九八三年)。
(5) 奈良国立文化財研究所飛鳥資料館編『飛鳥・白鳳の在銘金銅仏』(同朋舎、一九七九年)一九二頁。
(6) 同右。
(7) 田沢坦他編『法隆寺金堂釈迦三尊像』(岩波書店、一九四九年)。
(8) 注(2)前掲論文。
(9) 注(5)前掲書。
(10) 鍍金後の刻入ということも可能であるが、その場合は甲寅年光背銘、野中寺弥勒像台座銘、甲午年銅板造像記、法隆寺金堂薬師像光背銘などのように、メクレをそのまま残すのが自然である。これはメクレを除く作業によって、鍍金を損傷するのを防ぐための当然の配慮であろう。
(11) 同館の研究員で彫刻史を専門とされる金子啓明、岩佐光晴の両氏、同じく金工専門の加島勝氏の協力を煩わした。この結果は同館編『法隆寺献納宝物銘文集成』(吉川弘文館、一九九九年)に反映されている。同書八八頁参照。
(12) 東京国立博物館編『法隆寺献納宝物特別調査概報』X、金銅仏六(一九九〇年)五八頁。
(13) 同右書五七頁参照。
(14) 大橋一章「法隆寺金堂釈迦三尊像の光背銘文について――笠井昌昭氏に答える」(『仏教芸術』一九八号、一九九一年)参照。
(15) 隋、薛道衡「昭君詞」(『全漢三国晋南北朝詩』全隋詩巻二)に「更失画師情」(更に画師の情を失う)とある。
(16) 「法王」の称は、たとえば法華経譬喩品、授記品などに見える(岩波文庫本二〇四頁、三一八頁)。
(17) 「干食王后」が四字一句であることは、「上宮法皇」と対で用いられていることから明らかである。拙稿「飛鳥・白鳳の造像銘」(本書第一部第一章)一九頁参照。

(18) 奈良文化財研究所『飛鳥・藤原宮発掘調査出土木簡概報』一七(二〇〇三年)四三番木簡。

(19) 正倉院文書にみえる「干」について、『大日本古文書』㈡の「異字一覧」では「テ」のような字形を例示し、「㕑」のマダレを採った略体としている(同書三九七頁参照)。しかし原本の影印で検しても、第二画はほぼ垂直の縦画で、上に突き抜けて第一画に接しており、その比定は当たらない。また市大樹「奈良・藤原京跡左京七条一坊」(『木簡研究』二五号、二〇〇三年)は、木簡の「干食」や「干」をカシワデと解釈するに当たり、銘文の「干食王后」を傍証とするが、これは木簡を見た私の言が不正確に伝わったものと覚しく、論証の順序が逆で、むしろ本文に述べたように、主として石神遺跡木簡の用字に基づき、「干食王后」の読みが定まるというべきである。

(20) 大橋一章『斑鳩の寺』(保育社、一九八九年)一五四頁以下。

(21) 北康宏「法隆寺金堂釈迦三尊像光背銘文再読——法隆寺と膳氏」(同志社大学『博物館学年報』二七号、一九九五年)は、原所在の候補として膳部寺(現天理市櫟本町付近)、法輪寺、法隆寺を挙げるが、法隆寺については山背大兄の宮と同じく可能性は低い。太子が広義の斑鳩で没したという『日本書紀』や大安寺資財帳の所伝を考慮すれば、斑鳩の地を離れた膳部寺ではなく、法輪寺の可能性が重視されるべきである。

(22) この落書についての私見は、拙稿「法隆寺金堂釈迦三尊像台座の墨書銘」(本書第二部第四章)参照。

(23) 舘野和己「釈迦三尊像台座から新発見の墨書銘」(『伊珂留我 法隆寺昭和資財帳調査概報』一五、一九九四年)。

(24) 福山敏男「法隆寺の金石文に関する二三の問題」(『夢殿』第一三冊、一九三五年)。

(25) 藪田嘉一郎「法隆寺金堂薬師・釈迦像光背の銘文について」(『仏教芸術』七号、一九五〇年)は、この解釈に立って、この銘文の時代を下す一理由としている。

〔付記〕 法隆寺史編纂に関連して、光背銘の調査に格別の便宜をお計りいただいた法隆寺の大野玄妙管主、古谷正覚、大野正法の両師を始め法隆寺史編纂所の方々に厚く御礼申し上げたい。

第四章　法隆寺金堂釈迦三尊像台座の墨書銘

文字資料を研究していて痛感するのは、同じ資料でも、時を隔てて見ることの大切さである。考えあぐねた資料が、のちになって見直すと難なく解けることがある。こちらに何がしかの進歩があったというよりも、間隔を置くことで発想の切り替えが起こるからであろう。そうした実例の一つについて書いてみよう。

法隆寺の本尊、釈迦三尊像の台座は二重になっているが、その上壇の台座には、像が作られる途中で書かれたと見られる墨書がある。その存在が明らかになったのは一九八九年のことで、当時新発見として話題になった。鳥や魚の略画もあったが、注目を集めたのは次の文である。

相見兮陵面楽識心陵了時者

当時の公式発表では、この文は「陵面に相見《あいまみ》えよ。識心陵了を楽《ねが》う時は」と読んで、死者の心を陵に鎮めようと願うときは、陵と対面しなさい、と解釈された。(1) 法隆寺のすぐ西にある藤ノ木古墳から、未盗掘の石棺が見つかって話題を呼んだ直後でもあり、「陵」が何を指すのか色々な議論もなされた。

しかし、私は、この読みや解釈に共感できない。逐語的に説明はつけてあるが、全体としてながめると、本当にそうなのであろうかという疑念がわいてくる。そこでまず私は、「兮」「楽」「了」と読まれた字は、それぞれ字体どおり素直に「可」「未」「可」と読むべきではないかというところから出発して、原文を左のように読み直してみた。(2)

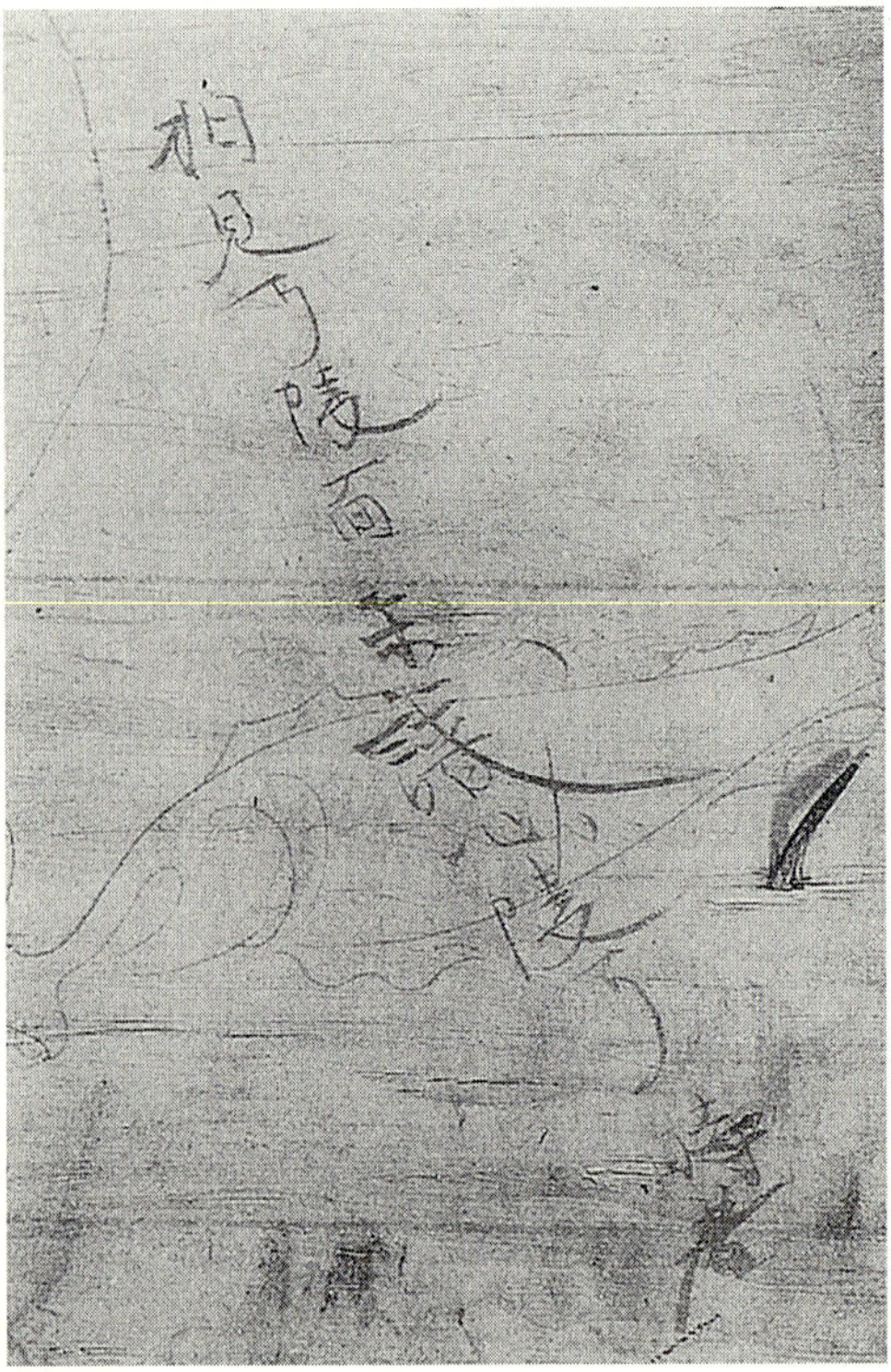

図 25　法隆寺金堂釈迦三尊像台座の墨書

図 26　韓国扶余陵山里出土の香炉にみえる迦陵頻伽

相見可陵面未識心陵可時者

この文は、台座の内面に斜め方向に書かれていることからみて、落書であろう。しかも五字書いたところで墨継ぎがなされているから、五字ずつ区切って理解すべきものに違いない。末尾の「時者」は明らかに調子が違う。そうなると、「相見る可陵の面、未だ識《し》らず、心…」と読めるのではないか、と。現在も大筋でこの考えは変わらない。

ただ、いまになると、新たに思い当たるところがある。それは原文の「心陵可」の箇所で、これは「可陵心」を戯れに倒置して書いたのであろう。可陵の面には対していても、可陵の心はわからない、というわけである。

そこで問題になるのは「可陵」であるが、やはりこれは迦陵頻伽のことではないであろうか。迦陵頻伽は人面鳥身の想像上の動物で、美しい声をもち、浄土に住むとされる。

これが単に「加㥄」とも略称されたことは、平安初期にできた説法の台本『東大寺諷誦文稿』に、「加㥄の説法も、器にあらずしては瓦礫に同じ」（第六行）とあるので知られる(3)。どれほどよい声で説法されても、の意味である。

迦陵頻伽は、平安時代以降、浄土教の隆盛につれてよく造形されるようになるが、その顔も美しく表現される。麗しい面（顔）の内側にある心を読めないというのが、落書の趣旨であろう。当然それは美女の心のうちということになるのではなかろうか。七世紀の工人たちは、法隆寺金堂の天井板の落書を見てもわかるように、文字が書けるインテリだった。その遊び心がこの落書を生んだのであると思う。

迦陵頻伽といえば新しい作例が有名で、奈良時代より前の実例はあまり話題にのぼらない。しかし、韓国・扶余の陵山里から出土した百済の香炉(4)（七世紀）にはデザインされた例がある。飛鳥の工人があこがれた迦陵頻伽はどのようなものであったのか。すでに滅んだ造形をしのぶ手掛かりがないのは残念である。

(1)高田良信「釈迦三尊像の台座裏から発見された十二文字の墨書」(『伊珂留我　法隆寺昭和資財帳調査概報』一二、一九九〇年)。
(2)拙稿「法隆寺釈迦三尊台座の墨書」(『書の古代史』岩波書店、一九九四年)。
(3)中田祝夫『改訂新版　東大寺諷誦文稿の国語学的研究』(風間書房、一九七九年)一〇四頁。
(4)韓国国立中央博物館『特別展　金銅龍鳳蓬萊山香炉』(一九九四年)第四六図。

第五章　法隆寺金堂四天王の光背銘

一　はじめに

飛鳥時代の造像銘として著名なものに、法隆寺金堂の四天王像光背に刻まれた銘文がある。この銘文の存在は、既に江戸時代から注目をあつめており、山口大口費と薬師徳保に関係する銘文の主要部分については、多くの論説が積みかさねられてきた(1)。しかし光背には、よく知られた主要部分以外に、「片文皮臣」などと読まれている字句があり、これらの釈読や、主要部分との関係などについては、充分な検討がなされていないように思われる。ここにそれらについての私見を記し、識者の批正を仰ぐこととしたい。

二　従来の研究

まず江戸時代以来有名な広目天・多聞天の光背銘をあげると、左の通りである(図27・28)。

(広目天)

山口大口費上而次

木閑二人作也

図 27　広目天光背銘文

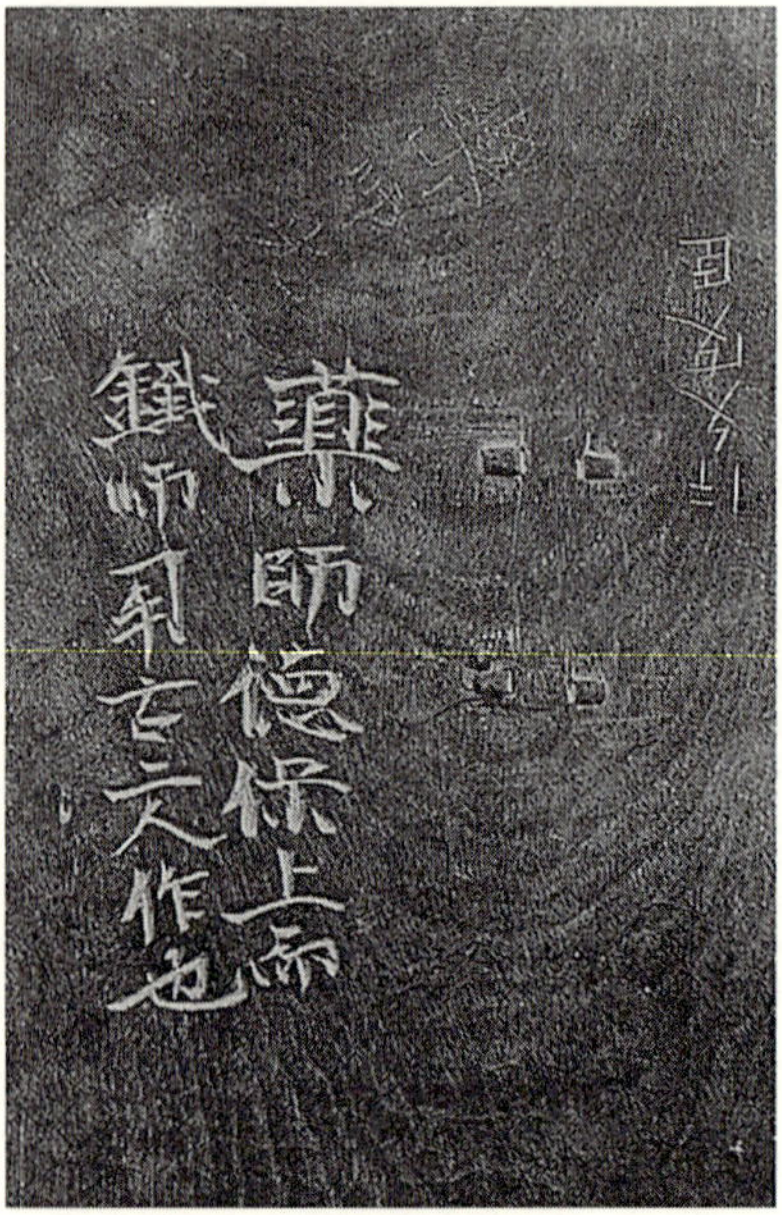

図 28　多聞天光背銘文

（多聞天）

薬師徳保上而

鉄師手古二人作也

しかし四天王像の光背に、これら以外の銘があることは上にふれた。その存在にはじめて注意したのは木崎愛吉氏のようであって、大正十年（一九二一）刊行の『大日本金石史』一に、上引の銘について説いたのち、左のような記述がみえる。

尚この刻文の横に「片文支、臣」とも読まれるやうな字が刻されてある。（同書四二頁）

その後昭和四年（一九二九）刊行の『東洋美術』誌上に、浜田耕作氏が「法隆寺金堂の四天王像」と題する論文を発表され、(2) 多聞天・広目天の銘文として次のような釈文をあげておられる。

「片文皮臣」「薬師徳保上而、鉄師手古二人作也」

「山口大口費上而、次木閇二人作也」「筆」

浜田氏は、ここではじめて「片文皮臣」のほかに「筆」の字の存在を指摘され、これらの字句について、

「片文皮臣」は其の人名たること固より明かであるが、斯の如き人名が薬師徳保の銘の完成した後、戯に刀を以て光背に刻せられることは殆ど考へ得られない。それ故是は何うしても光背が完成して、薬師徳保の銘が刻される以前に、誌されたものとする外はない。私の想像では片文皮臣は光背の円板を粗ら造りにでも作った人で、彼は心覚えに其の名を板上に刻し置いたのであらうと思う。(而して其の文字の細いのは、仕上げの際に上面を削り落された為めかも知れない)。それを古代人の無頓著は此の文字が見えるのも構はず、ただ逆の方向に廻して其の下に主銘を刻したものと解す可きであらう。又た山口費の方にある「筆」の一字も同様、人名若しくは其の省略、或は削り落された残部と見る外はない。

と、詳細に推論を試みられた。昭和十年(一九三五)に出た佐藤虎雄氏のこの銘文に関する論考[3]は、これをそのまま襲っている。

この間にあって注目されるのは、昭和六年に発表された香取秀真氏の論文である。[4] 氏はその追記の中で、

尚ほ薬師徳保の分には「片文皮臣」の文字のある事は世間周知の事であるが、其外は薬師徳保の銘の上方斜めに刀の尖端で引掻いた様な文字「薬師光」と見える。薬師徳保の光といふ意味かどうか考へ得ない。

と述べ、はじめて「薬師光」の銘を紹介せられた。ここに四天王光背の銘文がほぼ出揃った観がある。断定はさけておられるが、香取氏の「薬師光」に対する解釈も従うべきものであろう。

戦後における成果は、西川杏太郎氏によって書かれた『奈良六大寺大観』の解説である。[5] この解説で西川氏は、従来知られなかった持国天光背の銘を旧拓によって掲げ(図29)、その文を、

囝文皮臣光

と釈読されている。これによって四天王光背の銘文はあげ尽くされたとみてよかろう。また西川氏は、これまで知ら

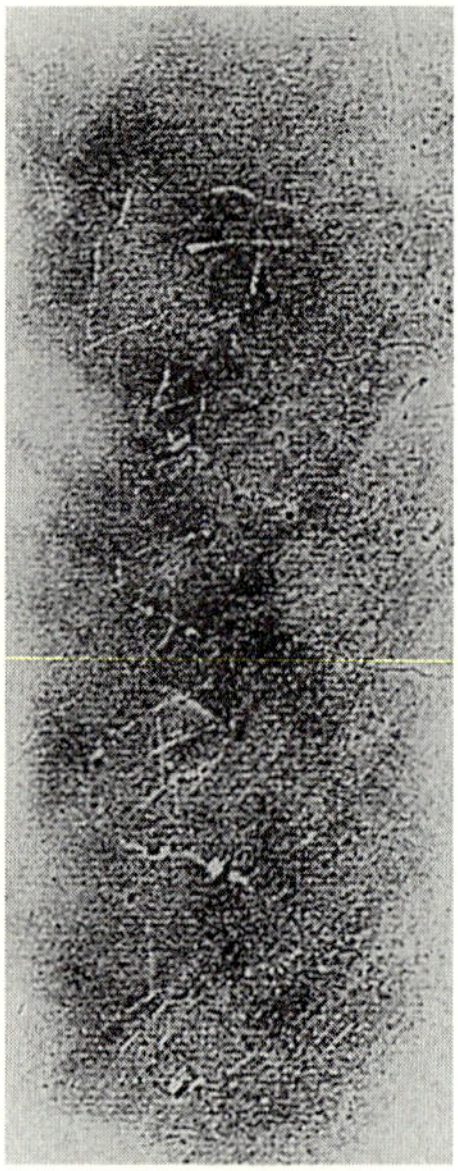

図29　持国天光背銘拓影

れている「片文皮臣」「筆」の銘に関して、左右から斜めに刀を入れて刻んだ薬研彫風の簡略な彫りで、点画に抑揚も全くなく、前の二つの銘記(引用者注、広目天・多聞天光背の主銘)のような正式の記録とは思われないものである。「片文皮臣」は、造像関係者の名かと思われ、また筆は「筆」を持つ像、つまり広目天の光背であることを意味する符牒ともとれる。

とされ、また「片文皮臣光」と「薬師光」の銘については、

それぞれ刀の先端などでこすって書いたと思われる針書で、これも前と同様、一種の落書または符牒と解すべきものであろう。

と述べられた。刻銘の状況を知る上に有益な指摘である。

戦後の説では、飯島春敬氏の文も見逃すことができない(6)。飯島氏は多聞天光背の銘にふれ、倒書の銘を、

片文支臣

と釈読された。これは通説と異なる釈読である。

以上、四天王光背の銘をめぐって、主銘以外の銘に重点をおきながら、これまでの説をながめてみた。やや煩瑣になったきらいがあるかも知れないが、これによって、従来主銘以外の銘については必ずしも充分な注意が払われてこなかったこと、その結果、「片文皮臣」については釈文にも異説があり、ましていかなる人名か明確な解釈は施されていないことなどが明瞭に知られると思う。そこで次節では、これまで研究の進んでいない「片文皮臣」をとりあげ、

その釈読をまず試みてみよう。なお次節以下の所論に便するため、左に従来の研究で明らかになった四天王像光背の銘を一括して掲げておく。

（持国天）

片文皮臣光

（広目天）

「山口大口費上而、次木閛二人作也」「書」

（多聞天）

「片文皮臣」「薬師光」「薬師徳保上而、鉄師手古二人作也」

三　「片文皮臣」の読み

「片文皮臣」について「皮」を「支」と読む木崎説・飯島説があることは上にもふれたが、[7] 拓本などをみても、やはり「皮」がよいようである。この「片文皮臣」が人名であることは、これまでも説かれている通りであろう。しかしこのままでは何とも解しがたい人名といわねばならない。「皮」「臣」の二字はよいとしても、他の二字については従来の釈読そのものを疑ってみる必要があろう。

まず一字目であるが、広目天・持国天の両光背銘とも「片」にしては第二画に当たる筆画が存在せず、「片」と解するには無理がある。それよりも注意されるのは、持国天光背銘にみえるこの字が、三水をもつ字とみられることである。[8] 即ち従来の釈読の「片」でいえば、その第一画に当たる筆画が二筆にわかれて大きく湾曲しており、これは行書で書かれた三水と解するのが最も妥当である。旁は「亍」のような字形が刻まれているが、おそらくこの字は「汙」と判読すべきものと思う。かつて藪田嘉一郎氏は、法隆寺金堂釈迦三尊像の光背銘を論じられた際、その文中の「干食」に関連して、「干」と「亍」が通用する場合のあることを、人名「干宝」の例などをあげて説かれたことがある。(9) 両字がまぎらわしく、「干宝」を「亍宝」とも書く例のあったことは、宋の羅大経の『鶴林玉露』(巻一三)にもみえている。干と亍が通用するというのは、藪田氏の所説の通りであろう。とすれば、「汙」は「汗」とも通ずるとみて差支えない。しかもこの銘の場合は、上引の西川氏の解説にも明らかなように、必ずしも精巧入念な刻入とはいえず、こうした細かな筆画があまり注意されていない可能性も強い。旁が「亍」のような形になっているのは、このような事情によるものと理解すべきであろう。因みに古代の文献では、たとえば左のように「汙」をウの音仮名として用いた例が少なくない。

其妻名汙麻尾古(根津美術館蔵戊午年光背銘(10))
汙奴麻里(藤原宮木簡一六〇号(11))
黒麻呂母国造族汙手売(大宝二年御野国味蜂間郡戸籍(12))
汙米何波奈(『万葉集』巻五-八三七)

このような意味でも、光背銘にこの字が使用される可能性は強いといってよいであろう。(13)

次に第二字目であるが、この字は「文」ということで諸説一致している。なるほどその字形は、やや行書化した「文」とみて何ら支障をきたさないものである。しかしこの字については、別の字である可能性も考えに入れておく必要がある。それは「久」の場合である。古代の史料に現れる「久」は、二画と三画が交叉して書かれることが少なくない。一例をあげるならば、藤原宮木簡や大宰府木簡などにそうした形の「久」がみえる。

多々那都久(奈良県教育委員会『藤原宮跡出土木簡概報』三六号木簡)

久須評(九州歴史資料館『大宰府史跡出土木簡概報』(一)、二号木簡、図30)

従って字形だけからすれば、二字目は「文」とも「久」とも読めるということになろう。こうみてくると、この人名は「汙文皮臣」または「汙久皮臣」と読めるわけである。

それではどちらを正しいとすべきであろうか。一見して推測されるように、人名中の「臣」はオミであって、カバネか尊称としての用法であろう。その上の三字は音仮名で氏ないし名を記していると考えられる。そして主銘の方に「山口大口費」というようなウヂ・カバネがみえることからすると、この人名も「何々の臣」というウヂ・カバネ(あるいは尊称)を記していることが第一に想定されるはずである。この時期にはウヂを持たない人物があっても不思議ではなく(現に主銘の方にみえる「木閑」「扨古」はその例ともみられる(14))、この四字も名+オミと考えることもできないことはない。しかし入念に刻まれている主銘においてさえ、薬師徳保その他どの人名にもカバネや尊称らしいものが付けられていないことと対比すれば「汙文皮」ないし「汙久皮」という名にオミというカバネないし尊称が付けられるということは、ほとんど考えがたいといわねばならない。そこでこのような予測のもとにこの四字を読んでみると、ウモヒのオミないしウクヒのオミという姓氏がうかんでくる。しかしこのような姓氏は、古代の文献には現れない。た

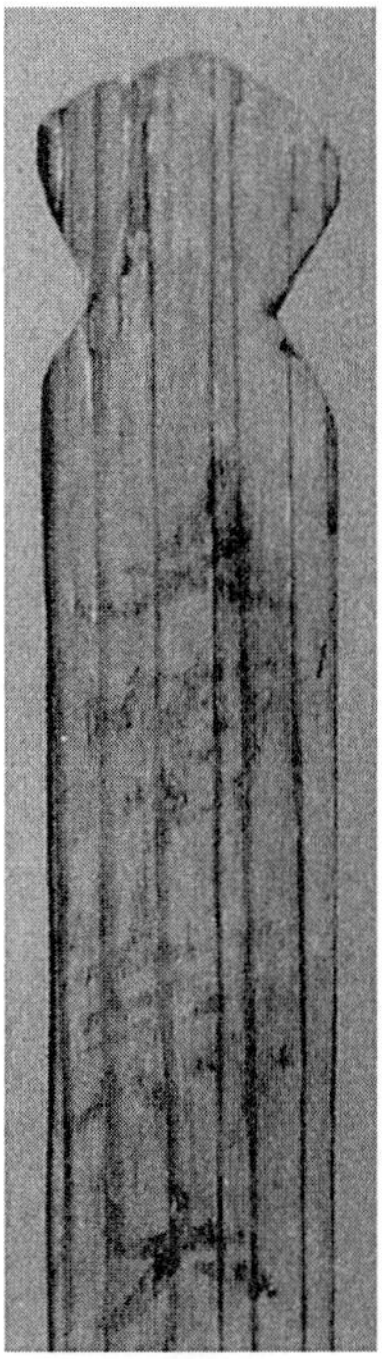

図30　大宰府出土木簡(部分)

だここで注意しなければならないのは、当時の漢字音の問題である。

天寿国繡帳銘（『天寿国曼荼羅繡帳縁起勘点文』所載）や元興寺塔露盤銘（『元興寺縁起』所引）、『上宮記』逸文（和田英松『国書逸文』所収）などを中心とするいわゆる推古朝の遺文に、通常の万葉仮名とは異なる字音の使用されていることはよく知られた事実である。たとえば奇（カ）、宜（ガ）、巷（ソ）、移（ヤ）、已（ヨ）などはその例である。このような字音の基づくところは、中国で三国時代頃以前に行われていた上古漢字音にあるとされている。(15) この系統の字音は、我が国では八世紀初頭までは確実に行われており、藤原宮木簡にみえる、

(イ)下□（毛カ）野国芳宜評□（奈良県教育委員会『藤原宮』一一九号木簡）

滋賀県北大津遺跡木簡(16)の、

(ロ)誣　阿佐ム加ム移母

大宝二年（七〇二）御野国戸籍(17)（正倉院文書）の、

(ハ)秦人弥移売　年廿五　正女

などの用字にその徴証をみることができる。(イ)は「はがのこほり」、(ロ)は「あさむかむやも」、(ハ)は「みやめ」と読ませたものに相違あるまい。しかし八世紀以降におけるこうした実例は、七世紀末までに比べてはるかに少なく、名残りともいうべきものであろう。(18)

こうした事実を念頭に置くならば、「汙文(久)皮臣」についても、そのような字音を用いた別の読みがありうるかどうかを検討してみる必要がある。この疑いがあるのは「皮」であろう。「皮」は普通「ヒ」と読まれるが、上古音系の字音では「皮」を諧声符とする字を「ハ」と読むことがある。(19) この意味からすると、「汙文(久)皮臣」はウモハのオミ、ウクハのオミとも読むことができよう。このように考えて想起されるのは、『日本書紀』欽明天皇五年（五四

四)三月条所引の『百済本記』にみえる左の人名である。

百済本記云、遣二召烏胡跛臣一、蓋是的臣也

この人名は上古音を交えてウゴハのオミと読まれ、文中にもみえるように的臣を指すと考えられている[20]。この例に照らせば、光背銘の人名は「汙久皮臣」(ウクハのオミ)であり、やはり的臣を意味していると考えるべきであろう。

四　的氏と造像

一体古代における的臣の史料はあまり多くない。的氏はいわゆる門号氏族であるところから、これを扱った研究は存在するが、その活動について具体的に知ることはなかなか困難である。いま奈良時代以前の史料に現れる的氏の人物をあげてみても、左の数名に過ぎない。

的戸田(砥田)宿祢(応神紀十六年八月条、仁徳紀十二年八月条、同十七年九月条)
的臣蚊嶋(仁賢紀四年五月条)
烏胡跛臣(欽明紀五年三月条)
的臣(欽明紀五年三月条、同十四年八月条)
的臣真嚙(崇峻即位前紀)
的臣広国(奈良県教育委員会『藤原宮跡出土木簡概報』第二七号木簡)
的臣族稲積売(山背国愛宕郡計帳)

直木孝次郎氏は、記紀や『新撰姓氏録』『播磨国風土記』など、古代の史料にみえる的氏関係の記事に基づき、的氏

の性格を次のようにまとめておられる。(21)

㈠的氏は、いわゆる建内宿祢後裔氏族の一つで、葛城曾都毗古を直接の始祖と称していた。

㈡的氏は六世紀半ばから末にかけて朝鮮での軍事行動に関係し、それにともなって軍事力を蓄え、他の軍事的伴造氏族とあいならんで宮廷の警備にあたるようになった。

㈢六世紀ごろにおける的氏の根拠地は、河内・和泉地方であったらしい。

㈣的氏の勢力は七世紀以降衰えたが、律令制下でも軍事氏族としての伝統は残存した。

これは従うべき見解といえよう。


それでは光背銘にみえる「汙久皮臣」(的臣)をいかに理解するかということになるが、光背銘の場合は、従来明らかにされている的臣の性格と必ずしも直接的に結び付くとは思えない。光背銘に的臣の名がみえるのは、従来の論者も示唆しているように像の造立に関係したためであろう。そのことは、持国天光背の、

汙久皮臣光

という銘文を、多聞天光背の、

薬師光

という銘と対比すれば推測がつく。「薬師光」銘は、有名な「薬師徳保上而」云々の銘と共に刻まれている。「薬師光」は、これまでも推測されている通り、「薬師徳保の指揮下につくられた光背」の意に解してよいであろう。同様にして持国天光背の「汙久皮臣光」は、的臣の指揮下に作られた光背と解せられる。多聞天光背では「光」の字がなく、単に「汙久皮臣」とあるだけで他方「薬師光」の銘もあるから、必ずしも光背の制作に結びつけることはできないが、やはり造像に関係した銘文と考えて差支えあるまい。

的臣が像や光背の制作に直接関与した工人であったか、それとも単に指揮監督した人物であったかは、主銘の解釈とも関連して解決しにくい問題である。

ただどのような形にせよ「汙久皮臣」が造像に関係しているとした場合、他の薬師徳保や山口大口がいずれも渡来系の人物であるのに対し、的臣にそのような性格の認められないことが問題となるかも知れない。しかし前にもみたような古代における的氏の役割や活動状況を考えると、なるほど渡来系ではないものの、的氏が対朝鮮交渉に関係をもっていたことが知られる。いうまでもなく仏像の造立やそれにともなって必要とされる技術は、いずれも外来のそれと関わりがあり、対外交渉に活躍した的氏の中に、そのような分野へ進出していたものがあったとしても不自然ではない。また的臣真嚙が、蘇我馬子の策をうけて豊御食炊屋姫の命を奉じ、穴穂部皇子殺害に活躍した事実からすると、的氏は蘇我氏とも深い関わりをもっていたらしいが、蘇我氏が東漢氏を中心とする渡来人を多く傘下に入れていた氏であること、広目天光背銘に現れる山口大口費が東漢氏の一族であることは、的氏と渡来技術との何らかの関係を示唆するといえなくはなかろう。私は以上のように考えて、的氏の造像への関与を肯定しておこうと思う。

五　カバネ史料としての光背銘

以上によって、四天王光背銘文の「汙久皮臣」に関する直接の考証は終わるのであるが、最後に付け加えておかねばならないことがある。それは、この「汙久皮臣」がカバネ制度の史料として有する意義のことである。

周知の通りカバネの制度は、大和朝廷の支配下に入った氏族に対し、一種の称号としてのカバネを賜与して、朝廷の職務の分掌とその世襲を認める政治制度とされており、従来五世紀ごろからこのような体制が整えられてくると考えられてきた。[22] その根拠として比較的確実視されてきたのは、隅田八幡宮所蔵銅鏡の銘にみえる人名「開中費直」や、『日本書紀』所引の『百済本記』などにみえる人名表記である。先に掲げた欽明紀の「烏胡跛臣」はその一つになる。しかしこれには異説もあり、とくに近年、カバネ制の成立を七世紀とする見解が提起されてきている。[23] こうした説によれば、前述のような諸史料にも批判の余地があり、大化前において確かに存在したとみられるカバネはなく、連・造・君・首・費(直)・臣などは大化以後にはじめて確認できるという。[24] この場合、君・首・臣などは、大化前からカバネとは異なる一種の尊称として用いられてきたとする。

しかしこのような史料批判を行う際、上来述べてきた「汙久皮臣」の銘文は充分注意される必要がある。即ちカバネの成立を新しくみる論者によってその価値の疑われている史料に、前にもあげた欽明紀五年三月条の記事がある。北村文治氏は、そこに現れる「烏胡跛臣」という人名の内、「烏胡跛」だけが『百済本記』に拠った名で、「臣」はこれを的氏に比定した書紀編者の後補と解釈されている。[25] 確かにこの条のみならば、こうした見方ももっともである。しかし四天王光背銘文に「汙久皮臣」という表記がみえ、これが「山口大口費」という表記と同時に共存している。光背銘の「汙久皮臣」の「臣」は、天武八姓賜姓以前の、いわゆる旧制のカバネである可能性が極めて高い。[26] また欽明紀の「烏胡跛臣」は、北村氏のいわれるように「天武史局」の修飾を蒙ったものと簡単には推定できず、少なくとも四天王光背銘のできた七世紀半ばまでは遡らせることのできる表記とした方が妥当であろう。その点、光背銘の「汙久皮臣」は、比較的確かな旧制のカバネの史料として最古の例の一つといってよかろう。

もっとも書紀の「烏胡跛臣」が原史料に基づくもので、天武朝以降の修飾をうけていないにしても、ただちに欽明朝当時のものといえないのは勿論である。しかし時代が下るとはいえ、上古音をまじえた音仮名表記に「臣」を加えたとみられる光背銘のような例が存在する以上、「烏胡跛臣」という表記には、それ自体として何ら怪しむべき点は見出せない。また書紀本文と『百済本記』の文がくいちがうとして、カバネ「臣」の存在を否定する有力な根拠とされた継体紀七年六月の穂積押山に関する記事をみると、

百済遣㆓姐弥文貴将軍・州利即爾将軍㆒、副㆓穂積臣押山㆒〈百済本記云、委意斯移麻岐弥〉、貢㆓五経博士段楊爾㆒

とあって（〈〉内は分注）、書紀分注の「岐弥」は単なる尊称、敬称ともうけとれ、本文の「穂積臣押山」と「意斯移麻岐弥」とが矛盾する記載とはいえない。少なくとも従来のような論拠から継体・欽明紀あたりのカバネ史料を疑うことは、この際もう一度検討しなおす必要があろうと考えられる。この点でも、四天王光背銘の「汙久皮臣」がもつ意味は少なくないというべきであろう。

六　おわりに

これまで論じてきたところをまとめてみれば次のようになる。

㈠法隆寺金堂四天王像のうち、持国天と多聞天の光背にある従来意味不明の刻銘は、それぞれ、

「汙久皮臣光」

「汙久皮臣」

と読解できる。

㈡これは「的臣」の古い表記であり、銘文は的氏の人物が四天王の造立に関与したことを示す。

㈢この銘文の「汙久皮臣」は、いわゆる旧制のカバネの確かな史料としては最古の例の一つであり、継体・欽明紀あたりのカバネ関係史料の価値を判断する上にも重要な意味をもつ。（補注4）

推論にわたる部分が少なくないが、諸賢の御指正を得ることができれば幸いである。

(1) 奈良六大寺大観刊行会『奈良六大寺大観二 法隆寺二』(岩波書店、一九六八年)解説参照。
(2) 浜田耕作『東洋美術史研究』(座右宝刊行会、一九四二年)所収。
(3) 佐藤虎雄「法隆寺金堂四天王の銘文について」(『夢殿』第一三冊、一九三五年)。
(4) 香取秀真「飛鳥時代の金工」(『東洋美術特輯 日本美術史二 飛鳥時代』飛鳥園、一九三〇年)。
(5) 注(1)に同じ。補注(1)参照。
(6) 飯島春敬「法隆寺金堂四天王像広目天光背銘、同多聞天光背銘解説」(『日本書道大系』一、講談社、一九七二年)。
(7) 注(6)に同じ。
(8) 注(1)前掲書挿図五六参照。
(9) 藪田嘉一郎「上代金石文雑考㈥」(『考古学雑誌』三三 - 八、一九四三年)。同「法隆寺金堂薬師・釈迦光背の銘文について」(『仏教芸術』七号、一九五〇年)。
(10) 奈良国立文化財研究所飛鳥資料館『飛鳥・白鳳の在銘金銅仏』(同朋舎、一九七九年)所収。
(11) 奈良国立文化財研究所『藤原宮木簡』Ⅰ(一九七八年)所収。
(12) 『寧楽遺文』上、四二頁。
(13) 「汙」の用例については、他に大野透『万葉仮名の研究』(明治書院、一九六二年)、同『万葉仮名の研究 続』(高山本店、一九七七年)参照。
(14) 武光誠「姓の成立と庚午年籍」(『日本古代国家と律令制』吉川弘文館、一九八四年、一九七七年初出)。
(15) 頼惟勤「日本における漢字・漢文」(『中国文化叢書』九、大修館、一九六八年)参照。
(16) 林紀昭・近藤滋「北大津遺跡出土の木簡」(『滋賀大国文』一六号、一九七八年)所収。
(17) 注(12)前掲書六九頁。
(18) この間の用字の推移については、黛弘道「継体天皇の系譜についての再考」(『律令国家成立史の研究』吉川弘文館、一九八二年。一九七二年初出)に示された見通しが、新出史料の増加した今日でも、なお有効であろう。

(19)『日本古典文学大系68　日本書紀　下』五四五頁。補注(2)参照。

(20)同右八三頁、注二五参照。補注(3)参照。

(21)直木孝次郎「的氏の地位と系譜」(『日本古代の氏族と天皇』塙書房、一九六四年)。

(22)たとえば阿部武彦『氏姓』(至文堂、一九六〇年)など参照。

(23)北村文治「カバネの思想と姓の制度」(『大化改新の基礎的研究』吉川弘文館、一九九〇年、一九七二年初出)、山尾幸久『日本国家の形成』(岩波書店、一九七七年)。

(24)北村文治「カバネの制度に関する新研究序説」上、中(北海道大学『人文科学論集』三号、五号、一九六五年、一九六七年。『論集日本歴史一　大和王権』有精堂、一九七三年再録)。

(25)同右。

(26)北村氏注(23)論文では「山口大口費」の「費」をカバネとみることに否定的のようであるが、先行の注(24)論文では旧制のカバネと認めておられる。単なる尊称であれば、光背銘にみえる他の人物にもこうした称が付せられていてよく、「費」はカバネとみなして不自然ではない。

補注(1)　西川氏は、次に掲げる銘文が現状では持国天の光背に確認できないとされている。私は二〇〇〇年三月十一日に、金堂の仏像の写真撮影に際して法隆寺当局から調査の機会を与えられ、この事実を確認すると共に、増長天の光背裏にそれらしい銘文があることを古谷正覚執事長から教示され、この銘文と確認することができた。その後『法隆寺大鏡』三八、三九集(一九一六、一九一七年)の写真と、上野直昭・坂本万七『日本彫刻図録』(朝日新聞社、一九五七年)の写真などを比較した結果、その間に持国増長二天の光背が入れかわっていることを知った。この入れかわりは、恐らく金堂の解体修理にともなう四天王像の移動に関連して起きたものであろう。なお『稿本日本帝国美術略史』(農商務省、一九〇一年刊)に増長天像として収載されている写真は、持国天像のものであり、その光背は『法隆寺大鏡』の持国天分の光背と一致する。

補注(2)「皮」がハの音仮名として用いられたことは、その後、千葉県五斗蒔瓦窯出土箆書瓦の「皮止ア」(服部)や藤原京木簡の難波津の歌の表記などで裏付けられた。(財)印旛郡市埋蔵文化財センター『龍角寺五斗蒔瓦窯跡』(一九九七年)、奈良国立文化財研究所『飛鳥・藤原宮発掘調査出土木簡概報』一六(二〇〇二年)一七頁参照。なおこの用字は、静岡県大知波峠廃寺出土の平安時代の墨書土器「大皮寺」(文化庁『発掘された日本列島'98』朝日新聞社、一九九八年)や、中世の大和国添下郡京北班田図に見える「赤皮多池」(奈良国立博物館『西大寺古絵図は語る』、二〇〇二年)の表記からすると、後代まで残存したと見られよう。

補注(3) この場合の「久」はコに近い発音であった可能性がある。正倉院の伎楽面太孤児(木彫八〇号)では、墨書銘に「太久」とあり、藤原京木簡では、のちの日向国児湯郡に当たる評名を「久湯」に作っている。堂上家の久我家が古来「コガ」と称されたのも周知のところであろう。正倉院事務所編『正倉院の伎楽面』(平凡社、一九七二年)図版二九二、奈良国立文化財研究所前注引用書一三頁参照。

補注(4) カバネの史料としては、その後一九八三年に、島根県岡田山一号墳の大刀から「額田部臣」を含む銀象嵌銘が発見されている。拙稿「出雲出土の鉄刀銘」(『書の古代史』岩波書店、一九九四年)参照。

補注(5) 持国天光背銘(図29)については、「法隆寺金堂 木造四天王立像 修理概要及び修理に伴う調査等」(『美術院紀要』六号、二〇〇四年)に写真が公開された。ただし所属は増長天のままである。

第六章　天寿国繡帳の図様と銘文

一　はじめに

天寿国繡帳は、聖徳太子ゆかりの飛鳥時代の工芸品としてよく知られている。この繡帳は、もと幅二メートルをこえる大作であったといわれるが、いまは中宮寺蔵の方九〇センチメートル足らずの残欠(図31)を最大とし、他に中宮寺、正倉院、東京国立博物館等に極く小さな断片を伝えるに過ぎない。しかし、この繡帳に表されていた四〇〇字にのぼる銘文の全文が古文献に見えており、その内容から、推古天皇三十年(六二二)に聖徳太子が薨じて後、その妃、多至波奈大女郎(橘大郎女)が、太子往生の様を図像によって見ることを発願、推古天皇の命によって完成されたという来歴を持つことが判明する。聖徳太子関係の銘文には、従来疑いの目をもって見られてきたものが少なくないが、繡帳の銘文には後代に用いられなくなる字音仮名が多用されていることなどもあって、多くの研究者の信頼を得ている数少ない史料といってよいであろう。もしこれが信じられるとすれば、単に日本最古の刺繡作品というばかりでなく、銘文の字句から太子の仏教思想が窺えることになり、また天皇号が推古朝頃に成立していた確証が得られることにもなる。

しかし、この繡帳については、銘文と図様の両面にわたって、なお論じ残された問題があるように思われる。近年、大橋一章氏によって、従来の諸説を批判、止揚する集成的な研究がまとめられたことや[1]、義江明子氏によって銘文中

図31　天寿国繡帳残欠（中宮寺蔵）

の系譜の詳細な分析がなし遂げられたことによって、[2]大勢は銘文通りの作品とする見方に傾きつつあるかに見えるが、一方で早くからこれを疑う研究も出ている。このあたりで、いま一度根本から考え直してみるのも無駄ではないであろう。小考はそのささやかな試みであるが、ことは美術、歴史の諸分野に関わる。広く諸方面からの指正をいただければ幸いである。

二　研究史の概観

有名な作品であるだけに、この繡帳についての既往の研究は少なくないが、ここでは制作年代と図様の解釈に深く関わる範囲で、問題となることがらを整理しておきたい。[3]

まず銘文についてであるが、『上宮聖徳法王帝説』に引く全文は四〇一字あり、四字一組で一箇の亀形に繡着されたことを考えると、衍字が一字含まれていると見られる。この一字を何と見るかに関して諸説があったが、今日では飯田瑞穂氏の研究によって、「十二月廿一癸酉日日入」の「日」一字を衍字と解し、四〇〇字を確定するのが一般化している。[4] 私もそれに従いたい。いま行論の便宜上、飯田説による確定銘文を掲げ、それに対する読み下し文を次に挙げておく(銘文の原文は四字ずつに区切って示す)。

斯帰斯麻　宮治天下　天皇名阿　米久爾意　斯波留支
比里爾波　乃弥己等　娶巷奇大　臣名伊奈　米足尼女
名吉多斯　比弥乃弥　己等為大　后生名多　至波奈等
已比乃弥　己等妹名　等已弥居　加斯支移　比弥乃弥
己等復娶　大后弟名　乎阿尼乃　弥己等為　后生名孔
部間人公　主斯帰斯　麻天皇之　子名蕤奈　久羅乃布
等多麻斯　支乃弥己　等娶庶妹　名等已弥　居加斯支
移比弥乃　弥己等為　大后坐乎　沙多宮治　天下生名
尾治王多　至波奈等　已比乃弥　己等娶庶　妹名孔部
間人公主　為大后坐　瀆辺宮治　天下生名　等已刀弥
弥乃弥己　等娶尾治　大王之女　名多至波　奈大女郎
為后歳在　辛巳十二　月廿一癸　酉日入孔　部間人母
王崩明年　二月廿二　日甲戌夜　半太子崩　于時多至
波奈大女　郎悲哀嘆　息白畏天　皇前曰啓　之雖恐懐

心難止使　我大王与　母王如期　従遊痛酷　无比我大
王所告世　間虚仮唯　仏是真玩　味其法謂　我大王応
生於天寿　国之中而　彼国之形　眼所叵看　悕因図像
欲観大王　住生之状　天皇聞之　悽然告曰　有一我子
所啓誠以　為然勅諸　采女等造　繡帷二張　画者東漢
末賢高麗　加西溢又　漢奴加己　利令者椋　部秦久麻

（斯帰斯麻《しきしま》宮に天の下治《し》ろしめしし天皇、名は阿米久爾意斯波留支比里爾波乃弥己等《あめくにおしはるきひろにはのみこと》、巷奇《そが》大臣名は伊奈米《いなめ》足尼の女、名は吉多斯比弥《きたしひめ》乃弥己等を娶りて大后と為し、名は多至波奈等已比《たちばなとよひ》乃弥己等、妹名は等已弥居加斯支移比弥《とよみけかしきやひめ》乃弥己等を生む。復《また》大后の弟、名は乎阿尼《おあね》乃弥己等を娶りて后と為し、名は孔部間人《あなほべのはしひと》公主を生む。斯帰斯麻天皇の子、名は蕤奈久羅乃布等多麻斯支《ぬなくらのふとたましき》乃弥己等、庶妹名は等已弥居加斯支移比弥乃弥己等を娶りて大后と為し、乎沙多《おさだ》宮に坐して天の下を治ろしめしき。名は尾治王を生む。多至波奈等已比乃弥己等、庶妹名は孔部間人公主を娶りて大后と為し、瀆辺《いけのべ》宮に坐して天の下治ろしめしき。名は等已刀弥弥《とよとみみ》乃弥己等を生む。尾治大王の女、名は多至波奈大女郎を娶りて后と為す。歳は辛巳に在る十二月廿一癸酉日入、孔部間人母王崩ず。明年二月廿二日甲戌夜半、太子崩ず。時に多至波奈大女郎、悲哀嘆息、天皇の前に畏み白して曰わく「之を啓《もう》すは恐れありと雖も、懐《おも》う心止《とど》使め難し。我が大王と母王と、期するが如く従遊す。痛酷比《たぐい》无し。我が大王告《の》る所、世間は虚仮、唯《ただ》仏のみ是れ真なりと。其の法を玩味するに、謂《おも》えらく、我が大王は応に天寿国の中に生まれてあるべし。而れども彼の国の形は、眼に看叵《がた》き所なり。悕《ねが》わくは、図像に因りて、大王の住(往)生の状を観むとす」と。天皇之を聞き、悽然として告《の》りて曰わく「一《ひと》りの我が子有り。啓す所誠に以て然りと為す」と。諸《もろもろ》の采女等に勅して、繡《ぬいの》

帷《とばり》二張を造らしむ。画く者は東漢末賢、高麗加西溢、又漢奴加己利、令《うなが》す者は椋部の秦久麻なり)

この銘文が、どのような形で繡帳に配されていたかについても、これまで諸説があったが、山辺知行・道明三保子両氏⑸や大橋一章氏が指摘された如く、繡帳の特定部分に集中して表されていたのではなく、図様の中に散在する形で表されていたと解するのが正しいであろう。即ち繡帳残欠B区(図32・33)には、原繡帳の一部が島状に残っており、そこでは銘文をのせた亀形一箇が、鳳凰や雲形、蓮花などの文様とともに繡い表されている。ここに銘文の原配置が窺われるといってよい。このことから必然的に繡帳本体と銘文は一体のものであるという結論が導かれるが、これも動かしがたいといえよう。

次に図様に関連しては、繡帳の台裂について幾つかの重要な事実が明らかになっている。まず第一は、現存の残欠、断片には本来の繡帳と、鎌倉時代、建治元年(一二七五)に作られた複製のいずれもが含まれることである。この二種は繡技と台裂によって区別でき、旧繡帳は二種の羅(紫色、白茶色)、建治の新繡帳は紫色の綾と白色の平絹の上に繡われている。外見上、図様の明確に残るのが旧繡帳である。ただ建治の新繡帳も、忠実に旧繡帳の図様を写していることは、E区の梵鐘の形式から明らかになっており、図様を考える上では、特に新旧を区別する必要はない。

第二に、繡帳の画面構成として、中心を占める本体部分と、それを縁取るように置かれた周縁部分があったと考えられる。これは繡帳残欠のA、E、F区(特にF区)に、図様の境界をなす帯状のものが残っていることに基づく推論である。二張の繡帳が全く同一の構成であったかどうか、厳密には決められないが、少なくともF区の状況を見る限り、帯で区画された図様が存在したことは間違いなく、やはり従うべき結論であろう。先にふれた台裂との関係では、本体部分が紫地、周縁部が白地とする見解が有力である。ただここで注意しておくべきは、本体といい周縁といって

図 32　天寿国繡帳残欠図様配置図

羅地部分

綾地部分

平絹地部分

綾と平絹が重なっている部分

⟷は下地裂の経糸方向を表す．
平絹地の部分はすべて裂が横位置（織物の縫糸方向が図様の左右）に扱われている．
（以上，注 42 澤田むつ代論文により，図に区画線を加筆した）．

も、両者は一体のものとして制作されていることである。それはF区の下方の連珠文帯が、紫綾と白色平絹の重なる部分に跨がる形で繡い表されていることからわかる。これもおそらく建治の複製時に、旧帳の仕様がそのまま踏襲されたものであろう。したがって、本体部分に後から周縁部が付け加えられたという可能性は排除されてよい。

第三に、繡帳の台裂の中に、組織の縦糸方向をそのまま生かして縦位置に使った裂と、縦糸方向を横に寝かせ、いわゆる横使いした裂とが存在することである。[6] 特に帯で区画される周縁部の台裂(白平絹)は、現存するすべてが横使いされており、繡帳復元の主要な手がかりとされてきたが、部分的にせよ紫綾の部分でも横使いの明らかな断片がある。この問題については、後文でさらにふれることにしたい。

さて、右のような事実をふまえ、繡帳の原状について、さらに突っ込んだ議論もなされてきているが、基礎的な問題を考えるには以上の諸点を確認すれば足りると思うので、次に節を改め、具体的な検討に移ることとする。

図33　亀形(B区31)

三　銘文中の天皇称呼

最初に論じておかねばならないのは、銘文から知られる事実である。銘文は、聖徳太子とその妃の橘大郎女の系譜を記した前半部と、繡帳制作の経過を述べた後半部に大きく分けられるが、前半の系譜については、さきにもふれた義江明子氏の研究がある。義江氏は繡帳の系譜を分析された結果、この系譜は、太子と橘大郎女の各々について、父系と母系の祖先をたどった両属系譜であること(橘大郎女の母方については省略がある)、その基点として欽明天皇と蘇我稲目が意識されていること、この両人につながりのない人物は、系譜の中で省かれたと見られること、系譜の年代は欽明系の皇統が続き、蘇我氏が有勢であった推古末年までのものと考えるのが自然であることなどを論じられた。この考察結果は説得力に富んでおり、尊重されるべきであろう。

ただ系譜に推古朝の要素があるからといって、銘文が全体として推古朝のものであるとは断ぜられまい。この点について注目されるのは、文中に見える推古天皇の呼称「等已弥居加斯支移比弥」である。かつて林幹弥氏は、上代の天皇の呼称を論ずる中でこれにふれ、和風諡号と解すべきことを述べて、繡帳銘は天武朝を遡りえないと論じられた(7)。林氏が天武朝以後とされた根拠は、この呼称が記紀に見える和風の呼称と同一であること、諡の初見は、天武天皇五年(六七六)八月の大三輪真上田君子人に対する賜与(『日本書紀』)であることにあるが、すでに山田英雄氏が批判されたように、あとの点には問題がないわけではない(8)。即ち天武紀の記事は、それ以前に天皇の和風諡号がなかったことを裏付けるとはいえないであろう。しかしトヨミケカシキヤヒメが単なる尊号でなく、推古の和風諡号であることは、山田氏が慎重な再検討を経て概ね肯定された通りと思われる。

もっとも、この山田氏の見解にも、大橋一章氏による反論があることを記しておかねばならない。大橋氏は、皇位についた人物は、その時点で尊号を奉られるのが推古朝以前からの習わしであり、大宝令に「天皇諡」が規定されると、その尊号に若干手を加えて諡号とすることが始まったとされる。大橋氏によれば、大宝令制定時を挟んで太上天皇と天皇であった持統、文武の場合がその例であるという。即ち持統天皇の場合、諡は「大倭根子天之広野日女尊」

と定められたが(『続日本紀』大宝三年十二月癸酉)、書紀の内題や持統称制前紀、続紀の文武即位前紀には「高天原広野姫天皇」とあり、文武天皇の場合、諡は「倭根子豊祖父天皇」と定められたが(『続日本紀』慶雲四年十一月丙午)、続紀の内題や本文では「天之真宗豊祖父天皇」とある。その「高天原広野姫」や「天之真宗豊祖父」が、生前の尊称というわけである。確かに、持統称制前紀に「高天原広野姫天皇、少名鸕野讃良皇女」としているのを見れば、実名の鸕野讃良は長じて即位してからは使われなかったともとれ、そうなると推古即位前紀に「幼曰額田部皇女」とあるのも同様に解して、実名の額田部皇女は即位後は用いられず、豊御食炊屋姫という尊称が奉られたと思えないこともない。

しかし大橋氏のこのような解釈は、やはり当たらないと見るべきであろう。なぜなら、たとえば持統の場合、もし「高天原広野姫尊」が生前の尊称とすると、どうしてそれが書紀の内題に記されたのであろうか。内題の称号が諡であることは、「気長足姫尊」(神功皇后)について、この称が追尊の号であることを書紀自身が明記していることから明らかである(神功摂政六十九年十月紀)。持統の場合、諡が別にあるなら、それが内題に立てられて然るべきである。同じことは文武天皇についてもいえる。現に続紀では、諡の明記されている光仁天皇については、その諡が内題に記されている。もしこれが書紀にのみ見える現象であれば、大宝令前のことを扱う史書であるため、特別な体例がとられたともいえよう。しかし続紀に文武天皇のような例があるとなると、そうした解釈では説明できない。山田英雄氏は、持統・文武の謚号は一旦定められて後、修正されたとの解釈を示されているが、これがやはり当を得ていると考える。

このように見てくると、大宝令前の天皇に尊称があったという仮説そのものが疑わしくなってこよう。むしろそうした尊称があったとすれば、古い時代はいざ知らず、書紀の天武・持統紀や続紀にその事実が記事として現れてもよさそうであるが、皇極上皇や草壁皇子への尊号奉呈の記事が見えるにも拘らず(9)、天皇一般について全くそのような痕跡がない。これはそれが実際なかったからであり、「トヨミケカシキヤヒメ」などの呼称は、みな謚号であったと解すべきである。

かくてこれまでの検討で、繡帳銘の作られたのが少なくとも推古天皇没後であることは明らかにできたと思う。繡帳銘と仮名字母の共通性が指摘される元興寺塔露盤銘や丈六光銘も、同じ諡号を含む点で推古朝を下るものであることは間違いなく、繡帳銘その他を「推古朝遺文」と一括する認識も、改められねばならない。

なお、第一節でも述べたように、繡帳銘と繡帳は一体のものであるから、繡帳銘のみが新しいということは考えられず、当然全体が推古朝よりのちの作ということになる。

四　図様の検討

さて、繡帳が推古朝に遡らないとして、その制作年代はいつごろと考えればよいであろうか。繡帳銘には、推古天皇の他、欽明、敏達、用明ら諸天皇の諡号も見え、それらが書紀と合致することから、銘の成立を天武朝あるいは記紀撰進以後とする説がある。[10]しかし既にふれた通り、これらの説には確かな裏付けがなく、簡単には従えないであろう。諡号の制作年代が一つの鍵となることは間違いないが、和田萃氏のように、和風諡号は殯儀礼と関わって安閑朝以降、歴代、殯の終了時に奏上されたとする見解がある[11]一方、山田英雄氏のように、天武天皇の場合など、殯儀礼の終了時点でも、諡号撰上の事実があったようにみえないとする研究者もある。[12]しかし私は、それらの諡号が上古音を含む古式の字音仮名で表記されている事実に注意したい。しかもヒメを「比弥」と表記するなど、古い和語の発音を反映したかとみられる仮名もある。系譜の拠った資料が何であれ、これらの諡号は、古式の字音仮名や古い発音の行われていた時期に、既に撰定されていたとみるべきであろう。ただ上古音を含む字音仮名は、天智朝の北大津遺跡木簡や、大宝二年の御野国戸籍にも残存している。したがって和風諡号から繡帳の年代を細かく探るのは困難ということになる。

では、その年代幅を縮める手だてがないかといえば、そうとは思えない。まず手がかりとなりそうなのは、その図様である。繡帳が断片を集めたものしか残らない現状では、考察に限界があるのも事実であるが、残された図様を可能な限り読み解く努力をすることは、この貴重な繡帳を史料として生かす道であろう。以下にその一つの試みを提示してみよう。

第二節でも述べたように、繡帳は本体部分と周縁部に大きく分けられるが、制作年代に関わって注目したいのは、周縁部を構成する、繡帳残欠の左下部(F区)、中でも殿舎の場面である(図34)。そこには二つの建築物が表されている。右方の建物は右端が欠失しているが、その右端に、既に指摘されている通り、宣字座のような台座らしきものが表され、左方に五人の僧侶が右に向く形で立ちあるいは坐す。また左方の長い建物には、高貴な身分と思われる二人の女性をはじめ計五名の人物が見え、女性を含む三名は右に向かっている。右方の建物に台座らしきものがあり、人物の多くがその方向を意識する形で配されていることからすれば、大橋一章氏が想定されたように、この場面の中心は右方の建物であり、この主殿に対し左の建物は脇殿であると見なしてよかろう。念のため付け加えると、従来注意されていないが、この部分は繡帳のいずれか一張の左下コーナーに相当することが明らかで、この左にさらに建物が長く続いていたとは考えられない。というのは、一連の台裂であるにも拘らず、この場面の左上、連珠文帯が細く紐状になって伸びた部分のみが、他の部分と縦糸方向を九十度異にしているからである[13](図35)。通常の裂地使用においてて、このようなことがありえないのは言うまでもなく、当然この紐状となった部分は、本来上方に伸びていたと考えねばならない。即ちここは右からきた周縁部が上方に折れ曲って続いてゆくコーナー部分であったことになる。断片

図 **34**　天寿国繡帳残欠（F 区）

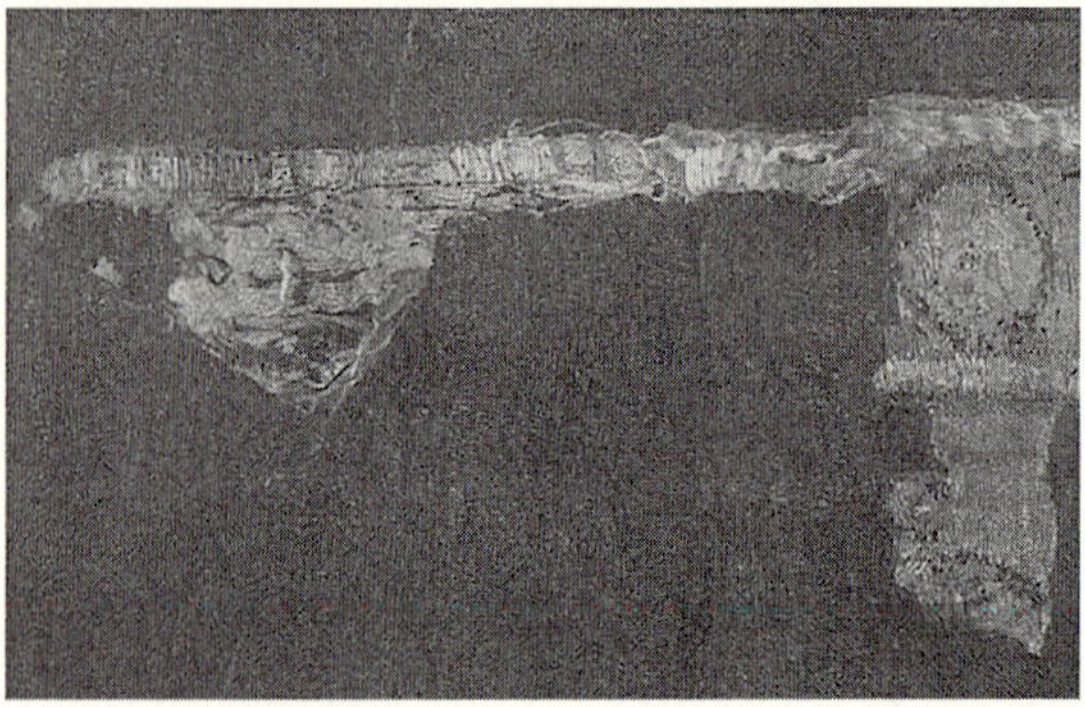

図 **35**　F 区左上部

を現状のように整理、貼付する際に、方向を誤まったものであろう。したがって左端の脇殿は、現状の少し左で終わっていたと推定してよい。

主殿や脇殿の内に俗人の女性や僧侶がいるとすれば、これが現実の世界の情景を表現したものであることは容易に首肯される。大橋氏が主殿に安置された仏像を中心に行われた何らかの仏事の情景と解されたのも、理のあることといえよう。こうした形で表された現実世界の情景が、繡帳全体の中でいかなる意味をもつかといえば、これも既に論のある通り、太子の事蹟に関わるとみるのが当を得ていると思われる。繡帳の本体が通常の浄土変ならば、その周縁部に一個人の伝記、事蹟に関することが表されるのは不可解であるが[14]、本体部分が太子往生の様を表現するものであってみれば、周囲にそのような図様が表されるのも不自然とはいえない。またそのように考えれば、この場面を含む繡帳周縁部が、明瞭な文様帯で中心部と区分されていたのも納得できよう。繡帳の周りに太子の伝記にまつわる図様が表されていたのであろうと早く指摘されたのは石田茂作氏であったが[15]、改めてその着想の妥当性が承認されてよい。

では、この左下方部に表されているのは、一体太子の事蹟のいかなる場面なのであろうか。これについても、石田茂作氏の示唆が参考にされるべきであろう。石田氏は特に論証を加えられてはいないが、この情景を太子の勝鬘経講讃場面ではないかとされたことがある[16]。石田氏がこのような推測を行われたのは、この場面の主殿前方に蓮弁のようなものが表されているためであろう（図36）。後の太子伝によると、太子三十六歳の時、勝鬘経を講じ、それが終わったところで、大きさが二～三尺もある蓮弁が天より降ったという[17]。石田茂作氏の説を受けた亀田孜氏は、主殿の前に表されているものを、明瞭に蓮弁とされた[18]。のちの勝鬘経講讃図には、この蓮弁が表現されているが、形は丸々としたものが多く、繡帳の図様が細身であるのとは大きな違いがある。しかし、これはこれで蓮弁と解して何ら問題はないであろう[19]。その位置からいって、他のものとは考えられず、むしろ蓮弁以外は想定しにくい。

そうなると、この場面が勝鬘経講讃を表したものという推定は大いに現実味を帯びてくるが、何分、講讃図の作例は遡っても十一世紀の例しかなく(法隆寺献納宝物の聖徳太子絵伝第三隻)、大橋一章氏のように、なおこれを仏堂礼拝の図様と解する余地も残るであろう。では講讃図とする想定を支証するような材料は、他にないであろうか。私は、主殿の中に描かれていて、従来燭台かとされてきた二つの品が、その傍証になりはしないかと考える。即ち、主殿内、台座の向かって左上と人物の右に、棒を三本立てたようなものが表されている(図37)。大橋氏は、これを燈明のようなものとされ、この場面を復原するに当たり、今は失われた右半分にも、同様な品が対称位置に存在したと考えられ

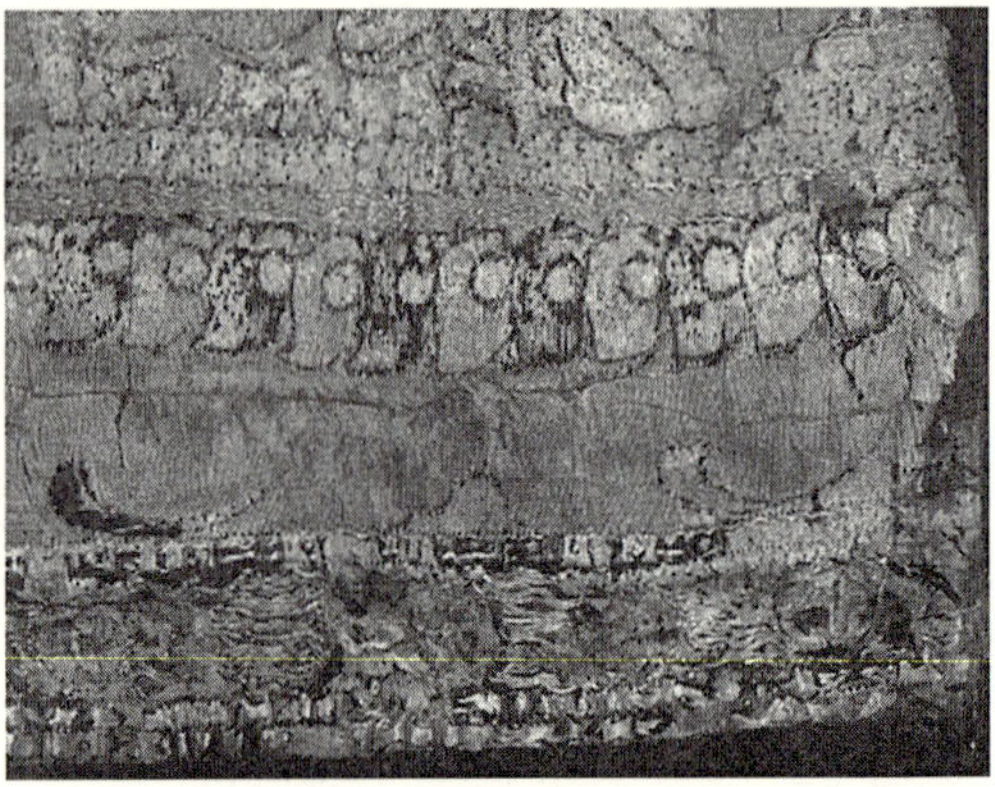

図36　F区の建物基壇と蓮弁

図37　筆立てと台座(F区右端)

た。[20]燈明には油を用いるものと、蠟燭を用いるものがあるが、形態からみて大橋氏のいわれるのは燭台のことであろう。

しかしこれを燭台とみるのは疑問ではあるまいか。中国・朝鮮における古い燭台の例をみても、こうした形式は類例がない。[21]燭台ならば（たとえ燈明台であっても）、その機能からして、下部に受皿状の備えがあるべきであると思われるが、それは表現されていない。逆に横桟のようなものがあるのは、蠟の融け出しと蠟燭の消耗を考えると不審な構造といわねばならない。むしろこの品は、筆立てと解すべきではなかろうか。横桟のある台に筆を指して立てる形式の筆立ては、中国の出土品や画中の文房具に珍しくない。我が国の絵画にみられる例としては、高僧の傍らに置かれた硯台に附属する筆立てがあるが、その場合は台が円面硯に合わせて円形に作られ、したがってその周りの筆立ても、台が丸味を帯びて湾曲しているのが普通である。[22]これに対し、中央アジア、トルファンの唐墓から出土した明器とし

図 38　筆立て（トルファン出土）

図 39　唐鏡にみえる筆立て（左下）

ての筆立ては、繡帳の図様と直接比較すべき資料として注目されよう[23](図38)。この筆立ては、横桟に穿った孔に、木製の筆を指すように作られているが、これが当時行われた実用の筆立てと筆を模していることは言うまでもない。これと同形式の筆立ては、唐鏡の鏡背の図様にもみられる[24](図39、黒川古文化研究所蔵)。そこでは林中で弾琴する隠士の前に机が置かれ、その上に巻子の書物と円面硯、それに明器と同様な筆立てが表される。時代はやや下るが、遼代の古墳壁画に見える筆立ても、これらと同類である[25]。繡帳の品は、表現が不正確ではあるものの、この形式の筆立てに極めて類似するといえよう。上方のは横桟二本を持つやや大型のもの、下方のは横桟一本の小型のものとみえる。

ただ、これを筆立てと認めるのに支障があるとすれば、立てられた棒状のものに、筆であることを明示する特徴がないことである。繡帳を実見しても、現状では輪郭の黒糸が確認できるのみで、明らかに穂先の表現とみられるものは確認しにくい。この部分を含む場面全体が、鎌倉時代の複製であるため、旧繡帳の表現がこの通りであったかどうか確証はない。しかし旧繡帳が仮に同様であったとしても、これを筆と見なす妨げとはならないであろう。それは繡帳の他の箇所にも、同様な表現で筆を表したとみなせる例が存するからである。その一つは、D区上方の中央に並ぶ三人の僧の場面に見られる。ここで右端の僧は、左手に一見幅広の棒のようなものを持ち、右手には細い棒を握っている(図40)。その姿勢からして、これは何らかの書写材料を持って、何事かを書きつけているところと解するのが自然である。左手にとるのは巻子か木簡、右手のものは筆ではなかろうか。この筆状のものは、現状では穂先相当部が明瞭でないが、繡帳を実見すると、その部分も刺繡されていることが確かめられる。左手の品は、繰り広げる様子が見えないことから判断すると、木簡の可能性が高い。ともあれ、ここで筆とみられる道具に何ら細かい表現の施されていないのが注意される。この場面とほとんど同一の図様が、中宮寺所蔵の小断片にもあるが、そこでも僧の持物は全く同様で、穂先相当部の繡いも明瞭である(図41)。いずれも鎌倉時代の復元繡帳ではあるが、これらの類例との比較からも、細い棒は筆であることが推知されると思う。旧繡帳でも、筆の細部は表現を略していたのではないであろうか。[26]

以上のように見てくると、F区の主殿らしき建物の中に、大小二つの筆立てが置かれていたことになる。これが認められるならば、この主殿が単なる仏堂であるとは考えられないであろう。本尊など仏像を安置するのみの堂内に筆立てがあるのは解しがたい。しかし経典講讃の場であるなら、筆記具があるのは自然であろう。仏教の論義においても、後代には形式化したが、精義、注記等の役が論義の内容を筆記するのが本来であった。[27]そもそも堂内中央の台座部分は大半が欠失しているが、繡帳を実見すると、台座上に膝を括る輪郭線の黒糸が確認でき、その内側には赤色の糸が残存していて、赤衣の人物が表されていたらしい。しかし仏像であるなら当然表現されてよい光背の痕跡も見出すことができない(図37)。玉虫厨子台座背面の須弥山図に表された仏殿図を参照すれば、残存部が僅かしかないとは

図40　D区の僧侶

図41　中宮寺所蔵断片の僧侶

いえ、頭光の一部などが見えていて不思議ではない。[28] 即ちこの堂内では多少とも筆記に関わるような行事が行われていて、台座上にはその中心となる人物がいたと解釈すべきである。主殿、脇殿を問わず、左側の人物達が右に注意を向けているのは、この主要人物が座しているためとみられる。このことと殿前の蓮弁とを併せ考えれば、やはりこの場面は、太子の勝鬘経講讃とそれに伴う奇跡を描写していると考えてよいであろう。その際、考え合わされてよいと思うのは、この場面の建物の上方に、蓮華化生が表されている事実である。現実世界の情景に蓮華化生が配されるのは不審であるが、大橋一章氏はこれに対する解釈として、聖徳太子という「往生者の現世を語る絵伝はもはや現世の世界ではなく、聖なる浄土に往生した人の世界と解され、浄土にしか存在しない変化生を描き込んだのではあるまいか」[29] とされた。しかしこれには特に根拠があるわけではなく、必ずしも説得的とはいえないように思われる。むしろ参考となるのは、中国河南省鄧県の晋墓から出た彩色画象塼の図様である。その中には多様な図様が含まれるが、仙人や孝子、四神、麒麟の図などでは、画中に飛翔する蓮花や蓮華化生とみられるものが表現されている。[30] 画像の性格から考えると、それらは瑞鳥、瑞獣の出現や孝による奇跡の顕現など、何らかの瑞祥に対応して描き込まれていると解すべきである。いま問題としている繡帳の場面に蓮華化生が飛んでいるのも、まさにこれと同じ事情によると考えられよう。繡帳の表現に六朝美術の影響が濃いことは既に指摘されている通りであり、これもまたその一例に加えてよい。蓮華化生の存在によって、これが奇跡の場面であるという推定は、一層補強されるといわねばならない。

ただ後代の講讃図において、筆立てを描いた例は管見に入らない。しかし古い図様にあっては、こうしたものが表された可能性も当然考えられよう。講讃図が古くから描かれていたことは、法隆寺東院資財帳の左の記事からも裏付けられる。

勝鬘経壱巻〈題表は金字。終わりに沈の軸を著く。銀棲（鏤）。首紙に法王像を絵がく〉（原漢文、〈〉内は双行注）

「首紙」は巻頭の紙であるが、おそらくは表紙の見返しを言ったのであろう。そこに法王、即ち聖徳太子の像が描かれていたわけであるが、この「法王像」が、他ならぬ勝鬘経の見返し絵であったことは看過できない。これは単なる聖徳太子像ではなく、やはり講讃図であったと理解すべきであろう[31]。法隆寺献納宝物中には、講讃図の見返しをもつ鎌倉時代書写の勝鬘経が存在するが（献納宝物一五号）、その先蹤も古代に遡るとみてよい。

かくて、繍帳の中に勝鬘経講讃図とみられる図様が含まれるとすると、それは制作年代をめぐる議論にも影響してこざるをえない。節を改めて、その問題を考えてみよう。

五　図様の年代推定

第二節でも整理しておいた通り、繍帳には本体と周縁部があるが、それらは始めから一体のものとして作られている。講讃図とみられる図様は鎌倉時代複製の周縁部に位置するが、当然これも旧繍帳に当初からあったとみなければならない。そこで問題となるのは、こうした奇跡の情景が図様化されるのは、いつの時点かということである。

聖徳太子が勝鬘経を講じ終えたとき、蓮弁降下の奇瑞が生じたとする伝承は、早くから生じたとしてもおかしくない。しかしそれは生前の太子に直接接した人々が、世を去ってからと考えるべきではなかろうか。少なくともその奇跡が図様として表されるには、四、五十年の経過を必要とするのではあるまいか。そもそもこの講讃図に限らず、太子生前の行実を繍帳に図様化するとなれば、推古末年から舒明朝頃では、なお多くの生存者がその図様中に登場せざるをえない。古代において生存人物の容姿が、供養者像の形でなく、多数画中に描き込まれるのは、常識的には考え難いことである。その中に天皇や皇族が多く含まれるとなると、なおさらであろう。旧繡帳の周縁に太子伝の図様があったということは、繡帳が太子没後かなりの年数を経てからの制作であることを示唆しているとみるべきである。

このように考えると、繡帳の年代は、天武朝以降がふさわしいということになる。太子の舎人であった調使主麻呂は、八十四歳の高齢で己巳年(天智天皇八年、六六九)に没しているが、これなどが年代の上限を考える一つの目安となろう。

では下限についてはいかがであろうか。この繡帳が奈良時代中期にまで下らないことは、繡技の面から確実である。[32]従来から指摘されている通り、正倉院に残る奈良時代中、後期の刺繡作品では、繡帳に見られるような強い撚りの糸を使って返し繡いする技法は影をひそめている。繡技については、このほか法隆寺伝来の飛天繡仏と比較して、繡帳の素朴さが指摘されており、これを制作年代の古さを表すとみる見解が古くから行われてきた。[33]即ち飛天繡仏では、刺繡が輪郭線に添う形で立体感を表すべく行われているのに対し、繡帳では輪郭と拘りなく平行線でしか繡われていないという違いがある。ただこの相違は、正倉院の刺繡との間に存するような決定的な差ではない。[34]制作者の性格が異なれば同時期に併存してもおかしくはなく、これをにわかに年代の新古に結びつけるのは躊躇される。そうなると繡技から制作年代を詰めるには、自ずから限界があるということになろう。

そこで注目されるのが、繡帳に表された人物の服制である。既に指摘されている通り、この繡帳では、俗人の男女が褶(ヒラミ)とみられるものを着用しているが、[35]これは天武天皇十一年(六八二)三月辛酉(二十八日)に禁止された服飾である(『日本書紀』)。繡帳の図様が制作時点での服制に準拠しているという前提に立てば、制作年代の下限はここに求められる。古代において過去の時代を表現するのに、厳密な時代考証などが行われた可能性は低いと思われるので、この下限は尊重されてよい。ただ図様の転写などがあった場合、古い様相が継承されることは考えておかねばならない。その好例は、本繍帳における建治の新繍帳である。これは特殊な例としても、絵因果経などは古代の実例として注意される。絵因果経の書写は奈良時代であるにも拘らず、その絵は隋から初唐頃の様式、服制を伝えており、それは祖本を転写したためと考えられている。[36] しかし天寿国繍帳の場合、一般の仏画や浄土図と異なって転写すべき定型化した図様が存在したとは考えにくい。また後述のように、いまの繍帳に先行する旧繍帳があったとしても、さらに簡素なものであったろう。したがって図様の転写により、古い服制が残ったという可能性は、あまり重視する必要がないと考える。

図42　金銅小幡の台座蓮弁

ただそうは言っても、制作年代の下限を天武十一年に限定してしまうことは正しくない。幅二メートルをこえる二張の繍帳を作るには、下図の作成から刺繍の完了まで、工程だけをとってもかなりな期間を要したと考えるのが妥当であろう。また天武朝末年から八世紀初頭にかけては、頻りに服制の改廃が行われた時期で、一進一退を重ねつつ、服制の唐風化が進んだ。[37] 褶も礼服に限って衣服令で復活している（『令集解』衣服令1条「古記」）。その意味では、なお旧制の影響力が大きかったことも考えに入れておかねばならない。この点を考慮すれば、下限はいま少し広くとって持統朝頃までを想定しておくべきであろう。

同様なことは、図様の様式についても言える。既に言及したように、繍帳の図様が六朝美術の影響下にあることは指摘があるが、[38] それが繍帳の制作年代を七世紀前半とする論拠にはなりえない。六朝美術の影響は、広く七世紀末までは看取できるからである。繡帳の細部との関連ではF区右下の基壇蓮弁の表現が、法隆寺献納宝物の金銅小幡と類似することが注目されてよい（図36・42）。金銅小幡の制作年代が七世紀後半もやや下った時期であることは、加島勝氏の指摘される通りであろう。[39] なお、繡帳のE区に表された鐘堂が錣葺であることは、こうした年代観にとって妨げとなるとの見方があるかも知れないが、既存の堂宇が直接ないし間接にモデルにされたとすれば、問題はないであろう。

制作年代の上限下限を以上のように考えると、繡帳の年代は天武・持統朝に落ち着いてくると判断される。しかしこれですべてが解決するわけではない。年代が天武・持統期となれば、それはあたかも法隆寺の再建期に合致することになり、それが一種の復古作ないし再興作である可能性も捨て切れまいと思うからである。直接罹災した法隆寺で、様々な復興事業の行われたことは言うまでもないが、周辺の斑鳩の寺々も、それに合わせて寺観を整えていったことが考えられる。[40] 繡帳の原所在がいずこの寺であれ、繡帳に先行作品があったことは充分考えられてよかろう。

事実、繡帳の銘文には、そうした事情を思わせる要素がみられる。その第一は、第二節で言及した系譜部分の性格である。この系譜にふさわしい時点として、推古朝が考えられることは、義江明子氏の述べられた通りである。第四節でふれた古様な仮名の使用も、これと矛盾しない。このような銘文を持った先行する繡帳の存在も、ありえないことではなかろう。

第二には、「大王の往生の状を観むとす」として繡帳が発願された事実が挙げられる。既に論じた通り、繡帳には太子の事蹟が表されているが、この点について銘文には全く言及がなく、発願理由は前記のようにしか記されていない。これは単なる省略とも考えられるが、もし推古朝に繡帳が作られたのであれば、太子の事蹟はない方が自然であり、銘文はその時点でのものを継承している可能性が考えられる。末尾の画師や令者も、そう考えたほうが理解しやすい。

右のような見方に立つと、現存の繡帳の前に、推古末年頃作られた原繡帳ともいうべきものがあり、それに銘文が入れられていたということになろう。太子信仰の高揚とともに、もとの発願趣旨をふまえつつ、太子の事蹟を加えた新しい繡帳が制作されるに至ったと解される。

もっとも以上のような推定が成立するとしても、銘文はかなりの改変を受けたと考えねばならないであろう。系譜に新たに和風諡号が組み込まれたとみられるからである。このことを考慮すると、原繡帳の銘文は、四〇〇字に整えられていたか否かは疑問であり、したがって亀甲に分割する形式ではなかった可能性も考えられよう。なお現在の銘文では、画師や令者の氏名にカバネが付いていない。これほど詳細な銘文で、氏名にカバネがないのはいささか不審であるが、この人名が原繡帳にあった銘文の人名を継承したとすると、新しい繡帳の銘文では、字数の制約や天武朝を中心とする改姓の結果、それらが削られたという解釈もありうるであろう。暦日干支の問題や、古い繡帳も果たして「二張」であったのかどうかなど、関連する問題点もなおあるが、カバネの場合同様、憶測を重ねることになるので、これ以上は立ち入らないことにしたい(41)。

六　繡帳の原形と用途

前節までの考察により、現在伝わる天寿国繡帳の制作年代は天武・持統朝頃であること、その制作の背景には太子信仰の高まりがあること、この繡帳は推古朝末年に作られた古い繡帳の図様や銘文を下敷にして作られた可能性があることを明らかにしえたと思う。最後に、天寿国繡帳の原形と用途について私見を述べ、本稿を閉じることにしたい。

この繡帳の復原については、古くから多くの案が示されてきた。それらの上に立ってなされた大橋一章氏の復原案

図43　跪拝する人物（C区）

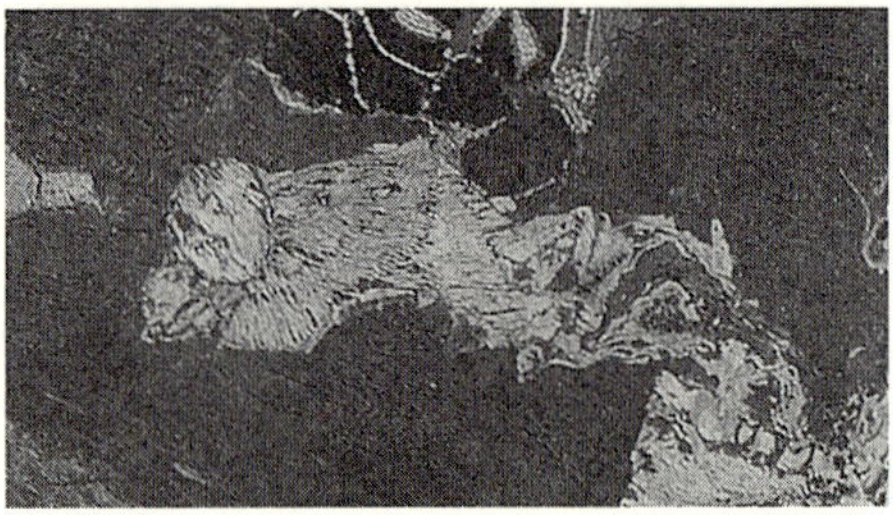

図44　跪拝する人物（A区）

が、現在定着しつつあるといえよう。繡帳の残存部分が少ないため、大橋氏の案に限らず、復原案の妥当性を論ずることは困難であるが、大橋案について少なくとも三つの疑問点がある。一つは繡帳の台裂についてである。

大橋氏によれば、繡帳は二張とも、本体部分が紫羅、周縁部が白羅であったという。これは建治の新繡帳の白平絹が、縦糸方向を横にして使う横使いとなっていることに基づく。その限りでこの復原に異論はないが、この仕立ての繡帳は一張のみで、もう一張は逆の裂使いをしていた可能性もあるのではあるまいか。というのは、C区の15 16の人物（図43）のように、紫綾の台裂に繡われながら、横使いであったとみられる例が見出されるからである。[42] これらの人物は、縦糸方向を主に考えると、何かによじ登るような形と解されるが、それでは16の人物の右横に水波文様がみえるのを説明できなくなる。この部分は三角形を連ねた水波文であることが明白であり、当然水平方向に配されていたとみられる（図は角度を補正して掲げた）。15 16の人物は跪拝する動作をしているのであろう。したがって紫綾の台裂にも、横使いしているものがあったわけである。なお白平絹地の部分ではあるが、A区54の人物も、水波文を伴って見え、本来跪拝する人物であろう（図44。これも角度を補正した）。それはともかく、現存の平絹地の部分が、横使いで周縁部を構成することから推すと、上のような横使いの紫綾部分は、もと明色の台裂の本体部に対応する周縁部であったのではあるまいか。そう解してよければ、繍帳の各張は、相互に逆の台裂を使用していたということになろう。すでに毛利登氏は、繍帳の人物中、C区の3のように輪郭を黒色の糸で繡う例があり(図45)、それは台裂が白ないし紅であったためと指摘されているが[43]、これこそが紫色の周縁部に対応する本体部の断片と推定できよう。このC区3とA区4(図46)が類似するため、当初の繍帳の断片C3に対し、A4が鎌倉時代の新帳の断片とする理解が提出されているが、双方は帯の結び方や膝の表現に差があり、同一箇所の断片とは解しがたい。

大橋説に対する第二の疑問は、周縁部の復原についてである。大橋氏は、周縁部は繍帳の下辺にのみ存在したとさ

図45 3人の人物(C区)

図46 3人の人物(A区)

図47　亀形(B区32)

れる。しかし第四節でとりあげたように、F区の57の連珠文帯は左端が上に伸びてコーナーを形成していたことが確かめられる。周縁部は少なくとも下辺及び左辺に及んでいたことがわかるであろう。もし二張の繡帳の台裂が色を異にしていたとすれば、双方の図様が一連であったとは考えにくく、したがって周縁部がそれぞれ左右両辺にもあった可能性が強い。なお大橋氏は、A区の54の葱花文帯と、その上の連珠文帯及び4の人物(図46)とを一連の裂とし、これを繡帳の左下コーナー部として復原されている。左下コーナー部が二つあっても何ら差支えはないが、実物によって観察しても、葱花文帯とその上の連珠文帯が一連であるかどうかは確認できなかった。むしろいずれかと言えば、双方は別裂と見るのがよさそうである。連珠文帯の上の三人がコーナー部を向くという大橋氏の推定には、再検討の余地があろうと思う。

大橋説に対する第三の疑問は、繡帳中の亀形の配置である。大橋案では、銘文四字ずつを入れた亀形は、繡帳画面の本体部全体に均等な間隔で割り付けられていたとする。既に第二節で確認した通り、B区31の亀形の配置状態からみて、亀形が画面中にばらまかれた形で存在したことは間違いない。しかしB区31の亀形の右上に鳳凰が飛び、周りに飛雲や蓮華化生があるからといって、この亀形が繡帳の上方にあったとみるのは、いかがであろうか。玉虫厨子絵の須弥山図をみてもわかるように、日月や鳳凰は浄土図的な図様では最上部に位置するとは限らない。繡帳の鳳凰などが画面上部でないとすれば、亀形が全体に均等に配されていたと解さねばならない理由はなくなるであろう。また従来指摘されたことはないが、亀形の図様が複数あることも注意されねばならない。即ち現存する亀形の内には、頭が正面に向くものと、頭の側面を見せるものとがある。たとえば中宮寺蔵の繡帳の中で、「部間人公」(B31)が正面向きであるのに対し、「皇前曰啓」(B32)は、頭の左側面を見せている(図47)。B31が旧繡帳のものである一方、B32は鎌倉の新繡帳の断片ではあるが、他の例からみて、これも旧繡帳の図様を忠実に踏襲していると考えてよい。さらに正倉院蔵の断片中には、これまで獣形とされてきた動物の頭部三箇が残るが[44](図48)、首元や手の表現からすれば、少なくともその内の二箇は亀形の残欠であろう。しかもこれらは頭の右側面を見せている。この三種の異なる亀形は、配置される際の原則に基づき、意匠が変えられていると考えるのが自然である。B31は銘文の前半に属し、B32は後半に属するが、僅少な現存例から、その原則を云々するのは到底無理であろう。ただ、全く同形の亀形を均等に散在させる大橋氏の復元案には、この点一つをとっても、大きな疑問が生ずるのは確実である。

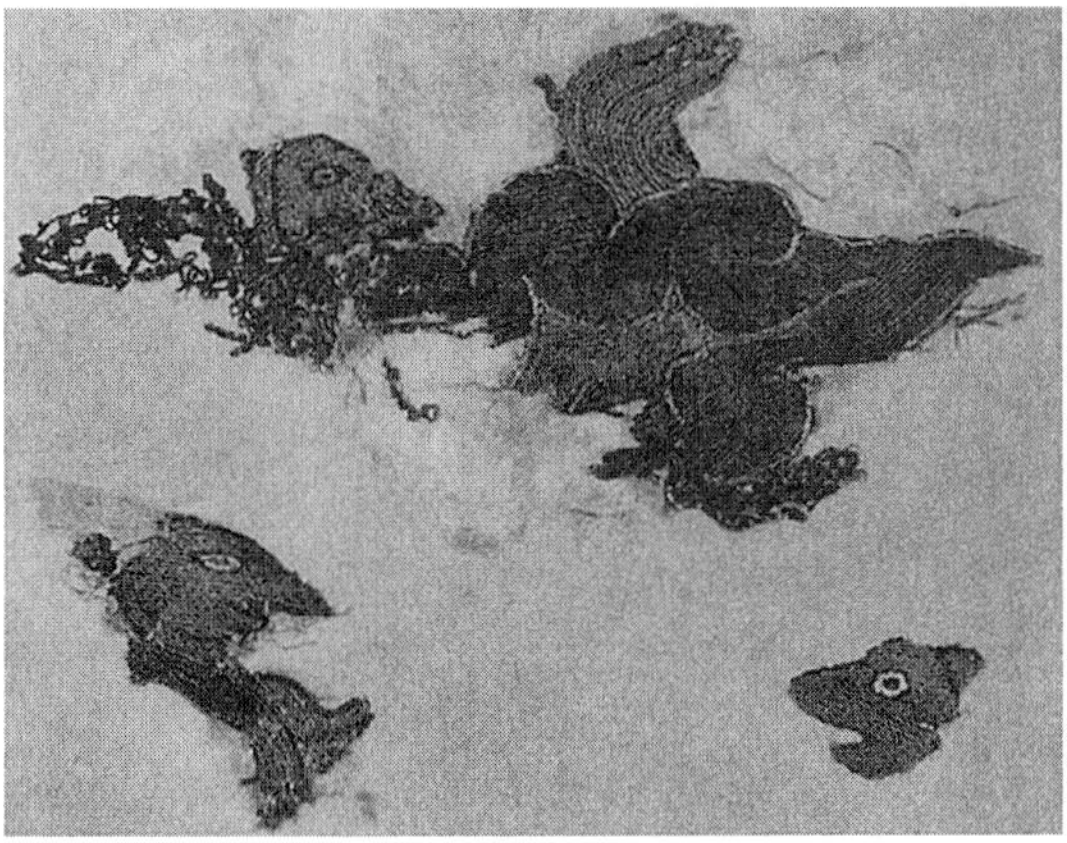

図48　天寿国繡帳断片(正倉院蔵)

ところで大橋氏が、亀形を画面全体に散在する形で復原されたについては、繡帳を床(ベッド)の帷と考えられたことも与っていようと思う。大橋氏は、繡帳の台裂がすべて羅であったことから、それは透過することに狙いがあるとみて、これが発願者橘大郎女の床に実際に使われる帷として作られ、大郎女は起居にあたって、その図様に太子を偲んだと解された。このような用途をふまえ、亀形は全くデザインとして扱われたと考えられたわけである。しかし私はこの想定に疑いを禁じえない。もし繡帳の用途がそのようなものであるなら、繡帳は当然両面刺繡の形で仕上げられていなければなるまい。床の回りに張りめぐらした繡帳は、もし内側を表にすれば外観は見られたものではなく、[45]何らかの裏打が必要となり、透過するという目的に添わなくなる。また内側を裏とすれば、太子を偲ぶという目的を遂げることはできない。仮に二張を背中合せにして用いればよいともいえるが、それではあまりに不恰好で、現実的とはいえまい。法隆寺献納宝物の飛天繡仏からみて、七世紀代にはすでに両面刺繡の技法は知られていたと考えられるから、なぜその方法がとられなかったかが大きな疑問である。大橋氏の説は極めて魅力的ではあるものの、その点で簡単に信ずることはできないと思われる。なお羅地に刺繡を施すことは、既に中国戦国時代の服に例があり、[46]必ずしも特殊なこととは言えない。ただこのような素材が選ばれたのは、服の場合もやはり透過性を意識した結果であろうし、繡帳でも刺繡が全面に施されてはいないことを考慮すると、帷という用途を念頭に作られたことは認めてよいであろう。仏堂内など、裏面の見えない場所で使用されたと考えておきたい。

顧れば天寿国繡帳の研究は、現物の遺存度が低く、染織の分野に属する作品という特殊性もあって、銘文に大きく依存する形で行われてきたといえる。しかし既に明らかな通り、それだけでは充分でなく、様々な学問分野の方法を駆使して取り組まれるべき対象である。この小稿がその要請に応えているとはとても言えないが、いささかなりともそうした研究の進展に資するところがあれば幸いである。

(1) 大橋一章『天寿国繡帳の研究』(吉川弘文館、一九九五年)。以下、大橋氏の見解は本書による。なお大橋氏は、本稿の初出以後に刊行された『隠された聖徳太子の世界~復元・幻の天寿国』(NHK出版、二〇〇二年)でCGによる復元を行っているが、その案は本書の論と異なるところがある。ただ変更の根拠は明らかでないので、吟味は差控えておく。

(2)　義江明子『日本古代系譜様式論』(吉川弘文館、二〇〇〇年)第二章(一九八九年)。以下、義江氏の見解は本書による。

(3)　主要な研究には適宜言及するが、全般については、前掲注(1)大橋著書参照。繡帳そのものについては、亀田孜他編『日本絵画館』一(講談社、一九七〇年)に原寸大のカラー図版が収められており、参照に便利である。なお銘文の入った亀形は、正確には鼈の形と見るべきであるが、今は慣用に従う。

(4)　飯田瑞穂『飯田瑞穂著作集一　聖徳太子伝の研究』(吉川弘文館、一九九九年)。

(5)　山辺知行・道明三保子「天寿国繡帳」(『大和古寺大観』一、岩波書店、一九七七年)。

(6)　毛利登「天寿国繡帳について──繡帳の原本と建治再興の繡帳について」(『古美術』一一号、一九六五年)。

(7)　林幹弥「上代の天皇の呼び名」(『史観』四五冊、一九五五年)。

(8)　山田英雄「古代天皇の諡について」(『日本古代史攷』岩波書店、一九八七年。一九七三年初出)。

(9)　『日本書紀』孝徳即位前紀、『続日本紀』天平宝字二年八月戊申(九日)条。草壁皇子については「日並皇子尊」の称があるが、これも生前からのものである証はない。

(10)　林幹弥、前掲注(7)論文、大山誠一『長屋王家木簡と金石文』(吉川弘文館、一九九八年)第三部第二章。

(11)　和田萃『日本古代の儀礼と祭祀・信仰』(塙書房、一九九五年)第Ⅰ章。

(12)　山田英雄、前掲注(8)論文。

(13)　この事実は前掲注(5)文献の注に指摘されて以来、これにふれた研究がないが、実物で確認できる。

(14)　田中豊蔵「天寿国繡帳縁起文異本の断片」(『日本美術の研究』二玄社、一九六〇年)。

(15)　石田茂作「天寿国曼荼羅の復元に就いて」(『画説』四一号、一九四〇年)。

(16)　石田茂作編『中宮寺大鏡　法起寺大鏡』(大塚巧芸社、一九四〇年)解説。

(17)　『聖徳太子伝暦』推古天皇十四年七月条に、「講竟之夜、蓮花夜零、花長二三尺、而溢二方三四丈之地一」とある。延暦七年(七八八)撰の『延暦僧録』にみえる「上宮皇太子菩薩伝」に、「又講二件疏一、香風四起、花雨依霏」とあるのは、この伝説が遅くとも奈良時代には成立していたことを物語る。

(18)　前掲注(3)『日本絵画館』一、解説。

(19) その位置からして、飛雲などとは考えられず、岩石の表現とも異なる。現存の蓮弁は、一つは青色、一つは白茶色をしているが、それぞれ青蓮華、白蓮花を表したものであろう。本文後述の法隆寺献納宝物「聖徳太子絵伝」では、青、白、赤三種の蓮弁が描かれている。

(20) 大橋一章、前掲注(1)著書、五六頁、一一九頁。

(21) たとえば永泰公主墓壁画に描かれた例や耀州窯址出土の唐代の黒釉燭台(新潟県立美術館他編『唐皇帝からの贈り物』一九九九年、七二図)、統一新羅時代の金銅燭台(出土地不詳。東京国立博物館編『韓国古代文化展』一九八三年、一六二図)など。なお、伝顧愷之筆の『洛神賦図巻』(北京故宮博物院蔵)の末尾近く、蓋をさしかけられて座する男性が描かれているが、これは洛神賦の文意をたどると、夜を明かす曹植とみられ、その前に描かれた二本の棒状のものは、賦彩からみて、燭台に立てられた蠟燭と推定される。しかしその形状は繡帳の図様と類似点がない。故宮博物院蔵画集編輯委員会編『故宮博物院蔵画集Ⅰ 中国歴代絵画』(人民美術出版社、一九七八年)、天津人民美術出版社『洛神賦図』など参照。

(22) 薬師寺蔵の国宝慈恩大師画像参照。

(23) 新疆維吾尓自治区博物館編『新疆出土文物』(文物出版社、一九七五年)一八六図。

(24) 梅原末治編『唐鏡大観』(美術書院、一九四五年)六一図。

(25) 河北省文物研究所『宣化遼墓』下(文物出版社、二〇〇一年)彩版四三、五三、図版一九、四八、五四、九五など。

(26) 仏具の一種に経巻立と称されるものがあり(東京国立博物館『東京国立博物館図版目録』仏具篇、一九九〇年、図版101、102)、類似の形態をもつが、前記のような繡帳での筆、書写材の表現を念頭におくと、やはり筆立てと見るべきであろう。また経巻立の古例も管見に入らない。

(27) 平野健次監修『薬師寺の四季――奈良法相宗声明』(CBSソニー制作、一九七七年)解説参照。

(28) 正倉院裂に混入した法隆寺裂とみられる紫地亀甲仏殿文錦には、幅数センチメートルの亀甲内に仏殿内に趺坐する仏像と両脇侍が配されているが、光背の表現はない。ただこの例は錦に織り出された小さな文様であり、例外と見なすべきである。正倉院事務所編『正倉院宝物 染織』下(朝日新聞社、一九六四年)二四図参照。

(29) 大橋一章、前掲注(1)著書、一六八頁注六二。

(30) 河南省文化局文物工作隊『鄧県彩色画象甎墓』、一九五八年。
(31) 石川知彦「聖徳太子像の展開」(石田尚豊他編『聖徳太子事典』柏書房、一九九七年)。
(32) 山辺知行・道明三保子、前掲注(5)文献。
(33) 西村兵部「飛天繡仏断簡」(奈良国立博物館監修『繡仏』角川書店、一九六四年)解説。
(34) 前注の解説でも、ともに撚り糸を使うことや刺繡の効果に共通性のあることが説かれている。
(35) 関根真隆『奈良朝服飾の研究』(吉川弘文館、一九七四年)二五〇頁参照。
(36) 五味充子「絵因果経の服飾」(『新修 日本絵巻物全集』一、角川書店、一九七七年)。
(37) 石田尚豊「高松塚古墳壁画考」(『日本美術史論集』中央公論美術出版、一九八八年)。
(38) 大橋一章、前掲注(1)著書、一六三頁。
(39) 加島勝「金銅小幡」(『特別展 法隆寺献納宝物』東京国立博物館、一九九六年)。
(40) 拙稿「文献史料からみた法隆寺の火災年代」(奈良大学『文化財学報』一七集、一九九九年)。
(41) 暦日干支については、本稿の初出後、金沢英之「天寿国繡帳銘の成立年代について」(『国語と国文学』七八-一一、二〇〇一年)が出て、七世紀末の換算としている。
(42) この部分についての縦糸方向は、澤田むつ代「天寿国繡帳の現状」(『MUSEUM』四九五号、一九九二年、『上代裂集成』中央公論美術出版、二〇〇一年に再録)に指摘されている。
(43) 毛利登、前掲注(6)論文。
(44) 奈良国立博物館『繡仏』(角川書店、一九六四年)一三図。
(45) 澤田むつ代、前掲注(42)論文では、当初旧繡帳の羅地に紫の平絹の裏打ちがあり、刺繡はこの平絹にも通っていることを指摘しているが、その場合でも本文に述べた状況に変わりはない。
(46) たとえば湖北省荊州市馬山一号墓出土の竜鳳虎紋綉羅単衣(NHK編『中国文明展』二〇〇〇年、四六図、及び東京国立博物館『中国国宝展』二〇〇〇年、八四図)。なお正倉院宝物にも、絁を芯に入れた羅に刺繡を施した例がある。正倉院事務所編『正倉院宝物 染織』上(朝日新聞社、二〇〇〇年)一二〇、一二二、一二五、一二六図。

〔付記〕　本稿の趣旨の大筋は、二〇〇〇年十月十四日に行った講演「聖徳太子と天寿国繡帳」(於：長野高等学校、社団法人金鶏会主催)で述べ、また翌年五月二十七日の講演「初期の太子信仰」(於：奈良県立橿原考古学研究所)でも言及した。この間、十二月二十六日に行った天寿国繡帳の実物調査については、奈良国立博物館学芸課長の阪田宗彦氏(現在大谷女子大学教授)に便宜をおはかり頂き、工芸室長の内藤榮氏、研究員の伊東哲夫氏(現在文化庁)にお世話になった。ここに記して御礼申し上げたい。

第七章　那須国造碑

一　はじめに

那須国造碑は、栃木県那須郡湯津上村にある高さ一二〇センチメートルの石碑で、持統天皇三年（六八九）に那須評督に任ぜられた那須直韋提のため、その遺児らによって建てられたと見られている。その建立年代は七〇〇年ごろとするのが通説である。この碑は、早くから国造制や評制の史料として注目を浴びてきたが、多くは冒頭部分が利用されるのみで、全体の文意が釈然と解き明かされてきたとはいえない。

本稿では、いま一度この碑の措辞について詳しく検討を加え、文意を把握することを試みたい。それこそが、本碑の歴史的な意義を明らかにする最も重要な作業と考えるからである。なおこの碑文を採りあげた先行研究は少なくないが、とくに研究史的な整理を行うことは避け、行論に関わる範囲で適宜言及してゆくこととする(1)。

二　碑文の字句の検討

まず便宜上、碑文の全文を左に掲げる。異説のある文字もあるが、田熊信之氏の釈文がそれら諸説を止揚した優れたものであるので、田熊氏の釈文による(2)（改行は原碑通り。字体は原碑に近いものを採った）。

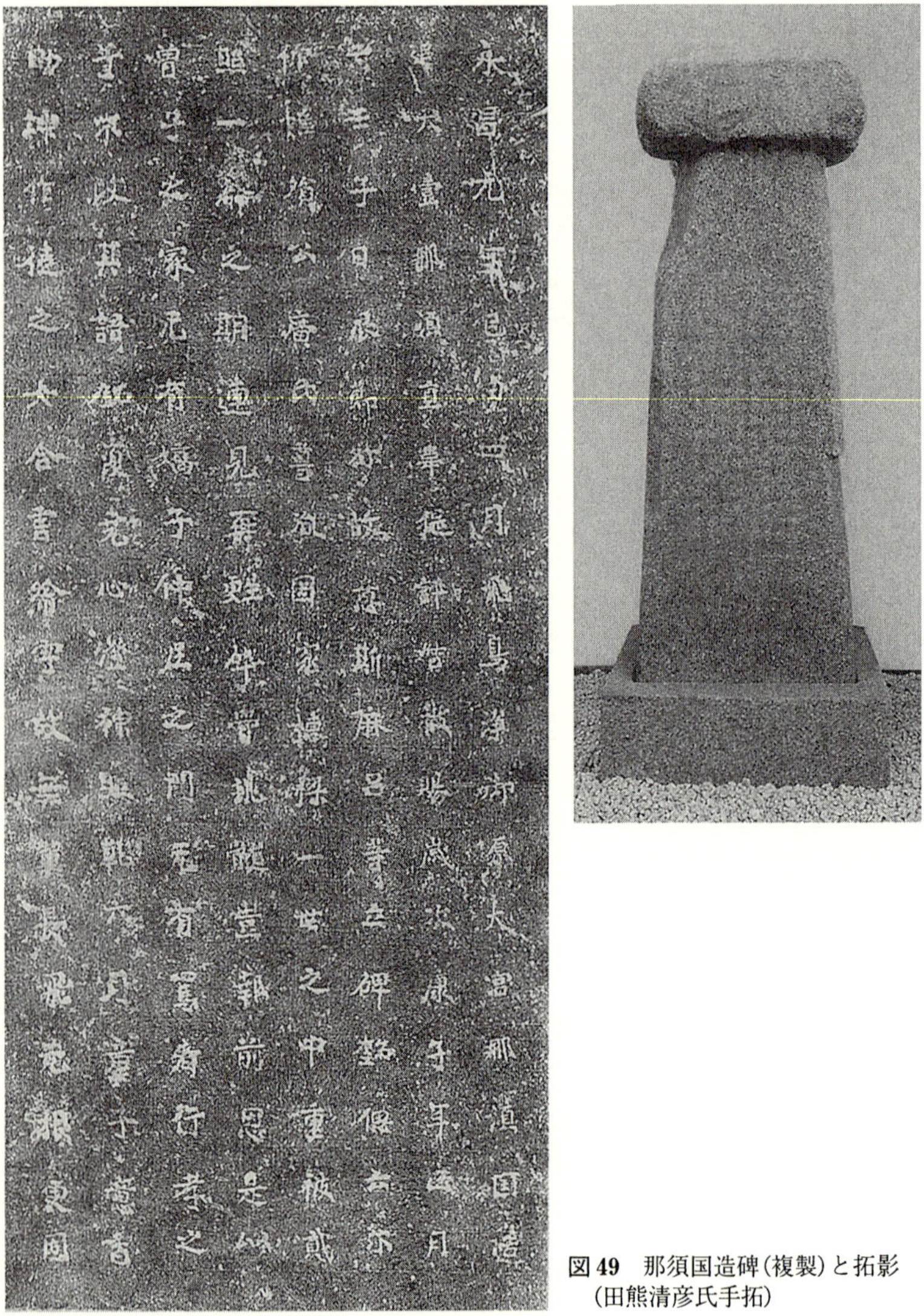

図49　那須国造碑（複製）と拓影
（田熊清彦氏手拓）

永昌元年己丑四月飛鳥浄御原大宮那須国造
追大壹那須直韋提評督被賜歳次康子年正月
二壬子日辰節殄故意斯麻呂等立碑銘偲云尒
仰惟殞公広氏尊胤国家棟梁一世之中重被貳
照一命之期連見再甦砕骨挑髄豈報前恩是以
曽子之家无有嬌子仲尼之門无有罵者行孝之
子不改其語銘夏堯心澄神照乾六月童子意香
助坤作徒之大合言喩字故無翼長飛无根更固

以下、文脈に即して重要と思われる字句を見てゆく。

(1) 永昌元年

則天武后称制期の年号で、持統天皇三年(六八九)に当たる。古く「朱鳥元年」と読む説があったが、字画が「永昌」であることは動かない。ただ木村蒹葭堂が自らの「朱鳥」説の根拠としたように、[3]大陸では永昌以後も改元が行われているにも拘らず、後文の「庚子年」が聖暦、久視などの元号で書かれていないのは、確かに不審である。思うに、永昌のみ大陸の年号が使われたのは、撰文者が永昌より後の建元を知りえない立場にあったためではあるまいか。この撰文者の問題については次節でふれる。

（２）飛鳥浄御原大宮那須国造

この部分を後文といかに関わらせて読むかをめぐっては諸説あり、訓読もそれに応じて異なってくるが、「飛鳥浄御原の大宮の那須国造」と読んで、那須直韋提の官職と理解すべきであろう。類似の表現としては、次に掲げる采女氏塋域碑（持統天皇三年、六八九）の例が挙げられる。

飛鳥浄原大朝庭大弁官、直大弐采女竹良卿所㆓請造㆒墓所、形浦山地四千代、他人莫㆔上毀㆑木犯㆓穢傍地㆒也

己丑年十二月廿五日

冒頭の「飛鳥浄原大朝庭大弁官」は、いうまでもなく飛鳥浄御原宮の朝廷で大弁官に任ぜられていた、の意である。那須国造碑の場合も同様に解して、持統天皇の時代に那須国造であった、の意にとるべきである。このような解釈は、既に関晃氏が示されたところであって[4]、関氏も述べられた通り、碑文の「那須国造」を単なる身分称呼とする見解には与せない。

（３）被賜

藤原宮木簡などに見えるのと同じ表現で[5]、「たまはる」と読める。

（４）康子

庚子の意であるが、庚と康を通用する例は、和銅三年（七一〇）の伊福吉部徳足比売の墓誌にも「三年庚戌」と見える。

（5）辰節

従来は「辰のとき」と読んで、時刻の表現とされてきた。確かに死者の没した時刻を、伝世を意図した文に記す例は、天平勝宝二年四月の跋を持つ維摩詰経巻下にある。[6]しかし法隆寺献納宝物の辛亥年観音像銘に左のような表現があるのを考えると、必ずしも時刻とは断ぜられない。

　辛亥年七月十日記、笠評君名左古臣、辛丑日崩去辰時、故児在布奈太利古臣、又伯在□古臣、二人乞願

例が多いとはいえない死没の時刻が、「辰」に重なるのは、偶然にしてはできすぎているように思われる。またこのような古い時期に時刻制度がどこまで浸透していたかも疑問である。ここはそれぞれ「辛丑日に崩去《かみさり》し辰時《とき》に」、「正月二壬子の日、辰節《とき》に殄す」と読み、「辰」は「とき」の意と解すべきではなかろうか。「辰」「時」「節」はみな時の意味がある。[7]

（6）偲

漢籍には用例がないが、既に狩谷棭斎も指摘した通り[8]、『万葉集』(巻二―一九九)の「玉手次懸而将偲」(玉襷かけて偲はむ)ほかによって、「しのふ」と読むのが自然である。

（7）国家棟梁

「国家」は那須国でなく、一国の謂であることは、鎌田元一氏の研究[9]に詳しい。

（8）弐照

二回にわたり栄誉を受けたことを示し、その一つが評督への任命であるという点で諸説異論はないが、もう一つが具体的に前段の何をさすかは意見が分かれている。「追大壱」叙位の可能性も完全には否定できないが、大宝令制では正八位上にしか相当しない叙位を、このように称するかという疑いは拭えない。（2）の解釈や冒頭に記されている点を踏まえ、やはり那須国造への任命と判断すべきであろう。

その場合、「一世の中に重ねて弐照を被る」とあり、しかも「飛鳥浄御原の大宮の那須国造」とある以上、韋提の国造任命は、少なくとも天武朝を遡らないことになろう。即ち韋提が長寿の人物で、既に大化前代にいわゆる旧国造としての那須国造に任じられていたという解釈[10]は成り立つまい。問題は、先にふれた関晃説のように、この国造を旧国造と見るかどうかである。[11]しかし、新国造か旧国造かを論じる以前に問われるべきは、旧国造が廃されて評制に切りかえられたとする認識の当否ではなかろうか。確かに律令制下の国造は、地方統治の実権を失なっており、国造の性格に変化があったことは事実である。ただその間に制度の変更があったという明証はない。国造が七世紀後半に地方統治の実権を失ない、身分的称呼となっていったことは確かとしても、それは明確な制度変更によるものではなく、旧来の延長として新たな任命も行われていたと解すべきではなかろうか。一国一国造の成立を語るとされてきた天武天皇五年八月や同十年七月の書紀の記事も、それらを虚心に見る限り、律令制国造成立の証とは断じにくい。一国一国造への変化は徐々に進行したものであり、地域的にも進度に差があったと見て、問題は生じないと思われる。

（9）一命之期、連見再甦

この二句は、直前の二句と同様、韋提が生前二回の栄誉に与ったことをさすとするのが通説である。しかしあまり長文でもない碑文の中で、相接して全く同じことが二度繰り返されるというのは不自然であろう。この碑文が漢文として高水準の作品でないとしても、この不審は残る。そこで注目されるのが「期」に「卒」(おわる)の意があることである。[12]「一命之期」は存命中の意味ではなく、命が終わった後と解すべきではなかろうか。直前の「一世之中」云々が、韋提在世中のことを述べるのに対し、「一命之期」以下は、没後のことを述べたと解するのである。即ちここは「命が終わった後、引き続いてまた甦った」ということになる。「期」を「卒」と解すれば、「再甦」も無理なく理解できよう。勿論甦るといっても韋提が生き返るわけはないから、おそらくこれは韋提の生前の地位が、子息によって継承されたことを述べているのではなかろうか。その地位は、碑文冒頭の表現からすると、やはり評督であろう。継承者が立碑の当事者として見える意斯麻呂であろうことは推定に難くない。この両句は、以上のように解してはじめてよくその意味が了解されるというべきである。

(10)　砕骨挑髄、豈報前恩

この二句のうち、後者は「豈前恩に報いむや」と読んで、「どうして前に蒙った恩に報いることができようか」という反語に解するのが自然であろう。その場合、「前恩」は韋提を国造、評督に任命した天皇の恩とする説が一般的である。しかし「砕骨挑髄」の句を分析すると、簡単にそうとは言えないことが判る。既に指摘されている通り、これに類する表現は仏典に例がある。たとえば大般若波羅蜜多経巻三九八(初分常啼菩薩品)には、

　即中右手執取利刀、刺己左臂、令出其血、復割右髀、皮肉置地、破骨出髄、与婆羅門。

とあり、[13]『経律異相』巻三一に、

　即喚二旃陀羅一、砕レ骨出レ髄、剜二取両目一、臣即擣合奉二上大王一。王即服レ之、病得二除愈一　(大方便仏報恩経巻三)

即命ニ旃陀羅一、令下除ニ身肉一、破レ骨出レ髄、以塗ニ病人一以レ血飲上之　（大智度論巻一二）

などとあるのが(14)それである。ただ、これらはいずれも実際に髄を剔出して供養や治病に役立てた例であって、遡ればこうした表現に源があるにせよ、碑文の表現とは直接結びつかないというべきであろう。

その点注目されるのは、従来指摘されていない、報恩のため粉骨砕身する形容としての用法である。たとえば天平十九年（七四七）の唐僧善意発願になる大般若経跋語に「今縦粉身砕骨、以讎恩徳無過」（今縦え身を粉にし骨を砕き、以て恩徳に讎《むく》ゆるも過ぐること無し）とあり、(15)また平安時代初期の撰になる『東大寺諷誦文稿』には、次のような例が見える。(16)

我等を撫育したまひし親の魂は、今、何所にか在《いま》す。聖ならねば、在す所を知らず。薄《うすぎぬ》を解《ぬ》ぎ、甘きを推し、頭より踵に至るまで摩《な》でたまひし恩は、丘山よりも重く、沢は江海よりも深し。身を屈め骨髄を砕くとも、何ぞ酬い奉らむ。　（第七十五行以下）

何の世にか某仏の大御恩に報い奉らむ。両《ふた》つの肩に荷《に》負《な》ふとも何ぞ酬い奉らむ。骨髄を砕くとも何ぞ窮め奉らむ。　（第一七七行以下）

時代は前後するが、こうした表現が碑文とより密接に関わることは贅言を要しないであろう。就中注目されるのは、『東大寺諷誦文稿』七十五行以下に見える親の恩との関係である。「骨髄」の語は見えないが、類似した表現は、遡って宝亀十年（七七九）に書写された大般若経巻一七六（唐招提寺蔵）の跋語にも現れている。次にその関連箇所を掲げよう。(17)

伏惟、為孝子坂上忌寸氏成秋穂等慈先考、故出羽介従五位下勲四等坂上忌寸石楯大夫之厚恩、撫育之慈、高踰須弥、擁護之悲、深過大海、経生累劫、砕身捨命、何得報哉、方欲西母長寿晋（普カ）於親、東文（父カ）還乎感〔慼〕、已尽曽参之侍

奉、極仲中(由カ)之孝養、表為子之至誠、展事親之深礼

この写経は原本の損傷が大きく、右は『道の幸』等に掲げるものに拠ったのであるが(18)、傍注したように誤りが含まれているようであり、また対句の字数から推して、「東文」の下には脱字が想定される。これらの誤脱は、原本に脱字の傍記が見られることからすると、既に書写の過程で生じていた可能性もある。ともあれ可能な限りそれらを訂した上で、右の引用部を読み下すと左のようになろう。

伏して惟《おも》いみるに、孝子為《た》る坂上忌寸氏成・秋穂等の慈先考、故出羽介従五位下勲四等坂上忌寸石楯大夫の厚恩、撫育の慈み、高きこと須弥を踰え、擁護の悲しみ、深きこと大海に過ぐ。生を経《へ》、劫《ごう》を累《かさ》ね、身を砕き命を捨つるも、何ぞ報ゆるを得むや。方に西母の長寿、親に普《あま》ねく、東父の□□、感に還《めぐ》らさむと欲す。已に曽参の侍奉を尽くし、仲由の孝養を極め、子為《た》るの至誠を表し、親に事《つか》うるの《の》深礼を展ぶ。

右の文中における「砕身捨命、何得報哉」の句が、那須国造碑の問題としている箇所に通ずるところがあることは、何人の目にも明らかであろう。仏典に起源を持つ「身を粉にする」意の表現が、報恩の努力を表す言い回しとして奈良・平安時代に行われていたことが、以上によって知られると思う。しかもそれが、仏恩などに関わってだけでなく、親への報恩に結びついて見られることは注目されてよい。いま碑文に先だつ直接の用例を挙げえないのは遺憾であるが、こうした表現が奈良時代の日本で独自に案出されたとは到底考えられず、同時期ないしそれ以前の大陸でも当然行われており、それが我が国にも影響を及ぼしたのであろう。碑文の「砕骨挑髄、豈報前恩」こそまさにその一例と解すべく、従って「前恩」は父韋提の恩と判断して誤りはなかろうと思う。具体的には、「再甦」したこと(評督の継承)を父の恩によると捉えたわけである。ここを親への報恩の意と解すると、以下に続く曽子、仲尼の故事と円滑につながることも注意されねばならない。

(11) 曽子之家、无有嬌子

この句は、次にくる「仲尼之門」云々とともに、左に揚げる『説苑』(巻一七、雑言)に由来することが明らかになっている。

故君正則百姓治、父母正則子孫孝慈、是以孔子家児、不知罵、曽子家児、不知路

このうち文末の「路」は、宋の『少儀外伝』の引文に拠って、「怒」と訂するのがよいであろう。[19] 即ちこの部分は次のように読める。

故に君正しくば則ち百姓治まり、父母正しくば則ち子孫孝慈なり。是を以て孔子の家の児は罵ることを知らず、曽子の家の児は怒ることを知らず。

構文からすると、「百姓治まる」に対応するのが「孔子の家の児」云々、「子孫孝慈」に対応するのが「曽子の家の児」云々ということになる。碑文では「怒ることを知らず」に相当する箇所が「嬌子有ること无し」となっているが、これには別の典拠があると見るべきであろう。ここに想起されるのは、七寺本の父母恩重経に見える左の文である。[20]

嬌子不孝、又必五樀、孝子不嬌、必有慈順

(嬌子は孝ならず、又必ず五樀あり。孝子は嬌ならず、必ず慈順有り)

これが直接の出典というつもりはないが、このような表現が影響を与えていることは認めてよい。因みに「樀」はおそらく「擿」の異体字であり、「あばく」の意で用いられているのであろう。同居の親族が罪を犯した場合、これを隠すべきことを勧める唐名例律46条に「消息を擿語」するの語がある。父母恩重経は、『大周録』によって七世紀末以前の成立と考えられ、七寺本はそのテクストの中でも、奈良時代に船載が確認される同経の姿を伝えた古本とさ

れている。[21] 碑文の表現に直接間接の影響を考えることも許されるであろう。

(12) 仲尼之門、无有罵者

典拠については前項の冒頭でふれた通りである。ただこの句が『説苑』に基づくにせよ、単に「百姓治まる」の具体例として碑文に引かれたのではなかろう。前項とこの項の計四句が、「孝を行うの子は」云々で受けられている以上、この句にも孝との関わりが考えられてよい。そこで注意されるのは、唐律において、祖父母や父母をののしることが重罪とされていることである。即ち名例律6条では、祖父母・父母を「詛詈」することが十悪の一つ、不孝に数えられており、闘訟律28条では、祖父母・父母を「詈」したものは絞することが定められている。少異はあれ、この両条とも日本律にも継受されていた。碑文の「罵者」は、こうした不孝の行いをする者として考えられていたと見るべきであろう。この句に続く「孝を行うの子は、其の語を改めず」の「其語」とは、具体的には「曽子の家に」云々以下をさし、その趣旨にそむかないことを誓ったものと考えられる。

(13) 銘夏堯心、澄神照乾

この二句は、続く「六月童子、意香助坤」と対になる。双方とも難解を以て聞こえており、さまざまな解釈がなされてきたが、「夏堯」が中国古代の聖帝、堯をさすという以外、確かなことは不明というのが実情ではないだろうか。しかしこれまで見てきた通り、この碑文が父親への報恩と孝を説いているとすると、これ以下の両段についても、そうした視点から考えてみる必要があるように思う。

さしずめ堯ということで思い浮かぶのは、堯が舜の孝行ぶりに感じて天子の位を譲ったという故事である。この故事は『史記』等の正式な史書には見えないが、孝子の伝記を集めた孝子伝ではよく知られた話柄となっている。我が国にのみ完本の伝わる陽明文庫と船橋氏清家文庫（京都大学総合図書館）の二つの『孝子伝』(22)は、中国南北朝時代から唐代ごろの成立と見られるものであるが(23)、両本とも第一話として舜の孝行譚をのせる。そのうち陽明本では、後妻に迷った実父に孝を尽くす舜を描写したのち、ついに盲目だった実父の目が開いたことを述べ、次のように話を結んでいる。

所謂為孝之至、堯聞之、妻以二女、授之天子、故孝経曰（下略）

（いわゆる孝の至りと為す。堯これを聞き、妻《め》あわすに二女を以てし、これに天子を授く。故に孝経に曰わく（下略））

また船橋本では、話柄そのものに堯の名は出ないが、序で次のように言っている。

重華忍怨至孝、而遂膺堯譲得践帝位也

（重華は怨を忍びて至孝、而して遂に堯の譲りに膺《あた》りて帝位を践むを得たるなり）

重華は舜の字である。これらの記事を踏まえれば、「銘夏堯心」とは、孝子である舜をよみして天子の位を継がせた堯の心を忘れない、という意に解せられるのではなかろうか。総じてこの碑文は、既述の(9)(10)などを見ても判る通り、いわば意余って言葉足らずといった傾向が看取できる。漢文として決して上質なものとはいえず、一種奇古ともいえる特色を備えているが、そうした性格を念頭に置くと、先のような解釈も牽強とはいえまいと考える。

これに続く「神を澄まし乾を照らす」の中で、「神」は後段の「意」との対応から「こころ」でよいであろう。「乾」も後段の「坤」と対をなすが、主題が孝となれば「乾坤」は「父母」と解すべきである。

(14) 六月童子、意香助坤

前段の「銘夏堯心」とならび、「六月童子」についても、「六ヶ月の童子」[24]や「六ヶ月の喪に服している童子」[25]をはじめ諸説があって、帰一するところを知らない。しかしたとえ比喩的表現とはいえ、既に国造、評督を継いだ男子やその兄弟を幼児とするのは違和感がある。何より堯との対応からいって、ここにも何らかの故事が踏まえられていると判断するのが自然であろう。

その場合に参考となるのは、やはり『孝子伝』中の人物である。直接には両『孝子伝』に見える伯奇が注目されるのではあるまいか。両『孝子伝』によると、伯奇は周の宰相尹吉甫の子であったが、その孝心にも拘らず後妻に憎まれ、父の疑惑を蒙って川に投身して命を断つ。のち鳥と化して現れるが、これを弓で射るよう後妻に促された父が矢を放つと、矢はかえって後妻に当たり復讎が遂げられるという話である。

一見「六月童子」とは無関係な話のようであるが、伯奇の父の尹吉甫が、『毛詩』(小雅、南有嘉魚)の「六月」の詩に、周の将軍としてその功を讃えられていることに注意したい。即ち「六月童子」とは、『毛詩』の「六月」に功をうたわれた尹吉甫の子息の意に他なるまい。両『孝子伝』の伯奇の話では、直接「六月」のことは現れないが、『毛詩』はよく流布した書であり、現に陽明本『孝子伝』の伯奇の話の末尾には『毛詩』(国風、王)の「黍離」の句を引いている。『太平御覧』巻四六九所引の『韓詩』によると、「黍離」は伯奇の異母弟、伯封の作とする所伝もあった[26](黒田彰氏教示)。碑文のような典故を踏まえた漢文の述作者にとって、尹吉甫と「六月」の連想は、決して迂遠なものではなかったはずである。また両『孝子伝』では、尹吉甫が伯奇のことをいうのに「童子」の語がよく使用されており、この点にも問題はない。前段(13)でも孝子舜(重華)の名は直接には示されていないが、ここでも同様な傾向が看取できるというべきであろう。伯奇の話は継母への復讎が主題のようであり、一般的な孝の事例としてふさわしくない感もある。ただ逆に実母への孝と表裏の関係にあるともいえないことはなく、「意香しくして坤を助く」の句と調和しているとも考えられよう。いずれにせよ(13)(14)両段も以上のように解するとき、孝子の伝を踏まえた統一ある言説として理解できることを見のがすべきではない。

(15) 作徒之大

この句の場合、「徒」をめぐってあまりに特殊な訓詁を考えるのはいかがかと思われる。「徒」は人の集まり、集団のことで、立碑に賛同して集まった人々が多かったことを述べていると解したい。即ち「作徒」は、いわゆる知識集団を結ぶことの意であろう。

(16) 合言喩字

ここは文を作ったことを示す。「喩」は従来「たとえる」と解されているが、「喩」に「あきらか」の意があることにも注意する必要がある。たとえば何晏の『論語集解』(巻二、里仁)には、

孔安国曰、喩、猶暁也

(孔安国曰わく、喩は猶《なお》暁のごとき也)

とある。これは「君子は義に喩《あき》らかに、小人は利に喩らかなり」という孔子の言葉に対する注である。碑文の「喩字」は、このような訓詁を参考にすると、「字に喩らかにす」と読むことができよう。

(17) 無翼長飛、无根更固

早くから指摘されているように、この句は類似の表現が『管子』（巻一〇、戒）や唐の高宗の「述三蔵聖教序記[27]」に見える。いま後者を挙げれば次の通りである。

是以名無翼而長飛、道無根而永固

（是を以て名は翼無くして長く飛び、道は根無くして永く固からむ）

碑文ではこれを利用して、韋提の名声が長く伝わり、一族の団結が更に強くなるの意を表したのであろう。ただ注意すべきは、前半の句と類似のものが、船橋本『孝子伝』の序にも「嘉声無翼而軽飛也」と見えることである。これについては、碑文の思想的背景を次節で論ずる際に改めてふれることにしたい。

三　碑文の出典と撰者

前節の検討結果に立って、碑文を読み下すと左のようになろう。

永昌元年己丑四月、飛鳥浄御原の大宮の那須国造、追大壱那須直韋提、評督を賜る。歳は庚子に次る年、正月二壬子の日、辰節《とき》に殄す。故《かれ》、意斯麻呂等、碑銘を立て偲ふと尓《しか》云う。

仰ぎ惟いみるに、殞公は広氏の尊胤にして、国家の棟梁なり。一世の中に重ねて弐照を被り、一命の期に連ねて再甦せらる。骨を砕き髄を挑ぐとも、豈前恩に報いむや。是を以て曽子の家に嬌子有ること無く、仲尼の門に罵る者有ること無し。孝を行うの子は其の語を改めず。夏の堯の心を銘じて、神《こころ》を澄まし乾《ちち》を照らさむ。六月の童子は、意香しくして坤《はは》を助けむ。徒を作《な》すこと之れ大にして、言を合わせ字に喩《あき》らかにす。故、翼無くして長く飛び、根無くして更に固からむ。

このように、那須国造碑の難解な箇所は、大旨孝との関わりで理解できる。個々の部分について、なお異論がないではなかろうが、既説の通りそのような観点に立つと、全体の文意が明瞭に把握されることが尊重されてよいであろう。それはまた、こうした理解の妥当性を裏づけるものではなかろうかと考える。

そこで前節の結果に基づき、改めて碑文の典拠を眺めてみると、直接の出典はともかく、関連深い典籍として、『東大寺諷誦文稿』、父母恩重経、『説苑』『律』『孝子伝』などを挙げることができた。これらは時代や地域、撰述意図も異なる文献ではあるが、儒仏いずれを背景とするにせよ、関係箇所や全体が孝を主題とする点で共通性を持つ。直接の典拠が単一ないし少数の典籍であったかどうかは、なお博捜を遂げた上で決せられねばならないが、碑文の述作者は、本格的な四部の書というよりも、上掲の諸文献と直接間接につながるような、比較的末書に近い典籍を参考に、撰文を行ったと考えるべきであろう。

その意味で、現在知られる文献のうち注目に値すると思われるのが『孝子伝』である。先には陽明本、船橋本に論及したが、後漢、南北朝時代以降、多くの孝子伝が述作され（いわゆる古孝子伝）、我が国でも『令集解』所引の「古記」に見られるように、早くから受容されていたことが知られる[28]。既に採りあげた話柄についても、陽明本や船橋本との関係にのみ局限すべきではなく、広く古孝子伝全般との関わりで考えてゆかねばならない。またその場合、個々の話柄ばかりでなく、古孝子伝に存したであろう序跋の類も看過できない。一部は前節でも言及したが、改めて船橋本の序の全文を左に掲げ、具体的に考えておこう。

原夫、孝之至重者、即神明応響而感得也。信之至深者、即嘉声無翼而軽飛也。以是、重華忍怨至孝、而遂膺堯譲得践帝位也。董永売身送終、而天女践忽贖奴役也。加之、奇類不可勝計。今拾四十五名者、編孝子碑銘也。号曰孝子伝、分以為両巻。慕也有志之士、披見無倦、永伝不朽云爾。

(原《たず》ぬれば夫《それ》、孝の至りて重き者は、即ち神明響きに応じて感得するなり。信の至りて深き者は、即ち嘉声翼無くして軽く飛ぶなり。是を以て重華は怨を忍びて至孝、而して遂に堯の譲りに膺《あた》りて帝位を践むを得たるなり。董永は身を売りて終わりを送り、而して天女践みて忽ちに奴役を贖うなり。しかのみにあらず奇類勝《あげ》て計う可からず。今四十五名の者を拾い、孝子の碑銘を編むなり。号して孝子伝と曰い、分かちて以て両巻と為す。慕《こいねが》わくは志有るの士、披見して倦むこと無く、永く不朽に伝えむことをと爾《しか》云う)

この文中の重華(舜)の故事や「嘉声翼無くして」云々という表現については先にふれたが、いま注目したいのは「孝子の碑銘を編む」という箇所である。「碑銘」の語は碑文にも「立碑銘偲」と見え、「碑銘を立て」と読むことには違和感があるところから、「碑を立て偲びごとを銘す」と読む説もあった。しかし「偲」を「しのびごと」と解するのは読み過ぎの嫌いがある。『孝子伝』序のような例がある以上、これはやはり「碑銘を立つ」と読んでよいであろう。しかし孝子の事績を「碑銘」と称するのは、決して一般的な用法とはいえまい。従って碑文が、堯舜や伯奇の故事ともども、船橋本『孝子伝』序を参照した可能性も考えられてよいであろう。碑文末尾の「無翼長飛」云々も「述三蔵聖教序記」が直接の出典としてよりふさわしいとはいえ、『孝子伝』序に「嘉声無翼而軽飛」の句があることは、これが孝に関係する表現であるだけに無視できないとも思われ、碑文の撰者に示唆を与えたと見る余地があろう。

ただ、ここで注意しておかねばならないのは、船橋本『孝子伝』の成立を中唐以降と見る説があることである。(29) その根拠は、董黯の伝に見える「阿嬢」(母をさす俗語)が、中唐以前の用例を見ないという点にある。しかし「阿」を語頭につける俗語は、早くから例があるばかりでなく、「阿嬢」についても、母親の意味でこれを用いた例が『隋書』巻四五(文四子(房陵王楊勇伝))に存在している。従って、船橋本の成立を中唐以後に求めなければならない理由は、全くないといってよいであろう。

逆に船橋本の成立が初唐以前に遡るのではないかと思わせる材料もある。それは第四〇話、禽堅の条に見える「花夏」の語である。「花夏」は「華夏」に同じいが、このような成語中で「華」を「花」に作るのは特異である。あるいはこれは武周期に行われた避諱の結果ではなかろうか。(30)「華」がことさら「花」に書写される理由がそれ以外に考えにくいのに対し、避諱の結果がそのまま写本に受け継がれたとすれば理解しやすい。船橋本では「重華」のように「華」をそのまま用いている例もあるが、それは欠画が行われていたのを元に復したとも考えられよう。(31)それはとにかく、船橋本の成立を初唐ごろに考えても、決して不都合は生じまいと思う。

古孝子伝の他に、典拠との関わりで見落とすことができないのは、仏書の影響である。孝の受容とはいえ、父母恩重経、『東大寺諷誦文稿』「述三蔵聖教序記」など、仏書に類句の見られる表現が少なくないことは上述の通りである。先に指摘した大般若経跋語(唐招提寺蔵)との共通性も、孝道徳を宣揚した仏書など、共通する素材があって生じた類似であろう。いまは伝わらないこの種の書もあったはずで、典拠が一つと限らないのは言うまでもないが、儒教の説く純粋な孝ではなく、早く中国において仏教とも融合した孝の観念が、通俗書を介して碑文に影響を与えていると考えるべきである。先に採りあげた『孝子伝』にも、用語を始め仏教の影響のあることが指摘されているが、『孝子伝』もまた、その一端と考えてよいことになろう。

碑文が仏教世界と関わるらしいことは、文中の「韋提」という人名からも推定できる。これについては、夙に法華経や観無量寿経に見える「韋提希」と音訳上の用字の似通うことがいわれている。(32)また「那須」の地名も、常用仮名のレベルでは、正倉院蔵の箭刻銘に現れた「奈須」が一般的であったと見られる。(33)「那」は仏典に頻出する文字であり、同様な性格を持つ「須」と相俟って、この一種の好字が、仏典にヒントを得て案出されている可能性は大きいであろう。碑文がこの用字を採用した背景には仏典への親近感があったと見てよさそうである。

以上によって、碑文がとり入れた孝の観念は、『孝子伝』や通俗仏教書など、必ずしも正統的でない書に拠ったものであることを明らかにできたと思う。しかし孝道徳と仏教との習合は、先にもふれたが、既に中国において一般化していたことであり、何ら特異な現象ではない。碑文は、韋提が没して間もなく、七〇〇年ごろに作られたと考えられるが、むしろこのような時点でこれほど本格的な孝の観念が碑文に反映していることに驚かされる。碑文の撰者は、韋提の地位が子に継承されたのは、韋提の恩によること、子はいよいよ孝の志を発揚し、それは君主も認めるところとなろうこと、この立碑事業を通じて韋提の名声は遥か遠方にまで届き、一族の団結は益々強固となるであろうことなどを述べているといえる。周知のように、儒教道徳では孝は忠と一体のものと捉えられており、子息らの孝を顕彰することは、その忠心を讃えることでもあった。文章の生硬さは否めないが、孝を基軸とすることによって、碑文が見事な論理的一貫性とまとまりを見せていることは評価されてよいであろう。

このように見てくると、碑文の撰者についても、ある程度推測を加えることができそうに思われる。下野の地に那須国造碑が建てられた背景として、これまでにも同地方に移り住んだ新羅系帰化人の存在が注目されている。孝をめぐる碑文構成の巧みさからいっても、撰者はやはり新羅系帰化人か、これと密接な関係を持つ人であったと考えてよいであろう。その場合に注目されるのは、移住者の中に僧侶が含まれていたらしいことである。即ち『日本書紀』には持統天皇三年四月庚寅、同四年八月乙卯の両条に、「投化新羅人」ないし「帰化新羅人」を下毛野に居住せしめたことが見えるが、四年八月の移住は、これより先、二月戊午条に見える次の新羅人が対象になったと考えられている。(34)

戊午、新羅沙門詮吉、級飡北助知等五十人、帰レ化。

新羅沙門の移住は、決して偶然のものではないであろう。このころには陸奥国の蝦夷に出家を許したり、越や陸奥の蝦夷沙門に仏像、仏具等を賜う記事が見える。持統三年正月丙辰、同壬戌、同年七月朔などの記事がそれである。

彼らは地方教化の役割を担ったと考えられている。[35] 下野に対しても、同様な役割を果たすことを期待して、新羅沙門が移されておかしくない。仏教的な色彩を交えた孝の観念が、おそらく通俗書を中心に受容されたについては、こうした帰化僧の関与があったとすると理解しやすい。前節でこの碑文に永昌の年号のみ見えるのは、撰文者がそれ以後の改元を知りえなかったためかとしたが、詮吉らがまさにこの条件に該当することは注目されるべきである。永昌改元は正月朔のことであり、詮吉らがこれを知って来日したとして無理はない。反面、日唐の直接交渉が断絶していた当時、地方は勿論、中央にも改元情報が伝わらなかった公算は大である。かくて碑文述作の条件として、僧侶を含む新羅帰化人の存在を想定して大きな過りはなかろうと思う。

四　碑文の意義

碑文の内容や撰文事情を以上のように捉えるとき、碑の意義はいかに評価できるであろうか。既に論じてきた通り、碑文は那須直韋提の事績を単に顕彰するだけではなく、生前の韋提の地位を子が継承したことを述べ、孝を核とする国造一族の団結を誇示したものである。

その意味でこの碑は、まず第一に那須直氏の地位継承記念碑ということができよう。従来は韋提の没年に近いころ、墓碑として建立されたとする理解が一般的であったかと思うが、たとえ墓碑であったにせよ、それは必ずしも正しい理解とはいえない。

第二に、孝が忠と一体であり、文中に堯舜の故事にふれていることからいっても、これが朝廷への忠誠を示す意義を備えていたことは見逃すべきでなかろう。碑文の内容自体は一般の民衆とは無縁のものであったろうが、具体的な碑の形をとることによって、先の第一の点も含め、地域社会に訴える効果はあったと考える。

第三に碑文によって、他ならぬ孝の観念の普及が窺われるという意義がある。もっともこの点については、撰文が帰化人との深いつながりで考えられるとすると、どれほど実質的な意味を持ったかという疑いも生じないではない。しかし東国や東北地方に対する仏教を介した一種の教化政策があったことを念頭に置けば、孝の観念や中国における孝の事例も、ある程度浸透があったと見るべきではなかろうか。

そもそも孝は儒教の根幹をなす徳目であり、我が国へも儒教の流入とともに早くから受容されていたと考えられる。[36]しかしそれが一際重要な意味を持ちだすのは、七世紀末の律令制の展開を契機としてであろう。儒教は律令制を支えた思想の一つであったから、条文を通して孝の実現が奨励されている。既に別稿[37]で論じたように、そのためには孝とは何かということが具体的に周知されなければならなかった。このような事情が、孝の概念や孝子の事績を一段と普及させる原動力となったことは確実であろう。律と令が相並んで整備された最初は七〇一年の大宝律令であるが、それを遡る浄御原令の段階では、唐律が参照、適用されたとされている。[38]既に浄御原令の時代に上記のような受容の流れは動き出していたと見るべきであろう。那須国造碑は、その証と位置づけられる。たとえ地方豪族層による受容に限られるとしても、七世紀末の東国に、かかる本格的な孝を主題とする碑が現れたことは、律令制の全国的施行を促す条件が整いつつあったことを示す点で、まことに意義深いと言わねばならない。

（1）　これまでの諸説を簡易にまとめたものとして、斎藤忠「那須国造碑」(栃木県史編纂委員会編『栃木県史』通史篇一、一九八〇年)、二宮正彦「那須直韋提碑」(上代文献を読む会編『古京遺文注釈』桜楓社、一九八九年)がある。

（2）　田熊信之・田熊清彦『那須国造碑』(中国・日本史学文学研究会、一九八七年)。

(3) 木村蒹葭堂『威奈大村真人墓誌私考』(徳島県立図書館蔵)に合冊の『那須湯津上碑』。本書の内容については、大阪市教育委員会の伊藤純氏に教示を受けた。

(4) 関晃『大化改新の研究』下(『関晃著作集』二、吉川弘文館、一九九六年)一七六頁。

(5) 藤原宮木簡七五号(奈良県教育委員会『藤原宮』一九六九年、図版六三)に「受被給薬」とあるのは、「受け給わらむ薬」であろう。『古事記』の「被レ賜二其嬢子一」(応神記)や「被レ給二御琴一」(仁徳記)などが参考になる。

(6) 『大日本古文書』(編年)三、三八八頁図版、『寧楽遺文』中、六二一頁。

(7) 天平十年(七三八)書写の弥勒菩薩上生経(石川年足願経)には、「謹以茲辰」(謹みて茲《こ》の辰《とき》を以ちて)の例がある(『寧楽遺文』中、六一五頁)。なお八世紀の時刻制度については、川崎晃「万葉びとと時刻――奈良時代時刻制度の諸相」(高岡市万葉歴史館編『時の万葉集』笠間書院、二〇〇一年)がある。本文に記した「辰節」の解釈は付記に述べた二〇〇〇年十一月の史学会大会で発表したが、その後刊行された川崎氏のこの論文でも、「辰節」が「とき」である可能性が言及されている。

(8) 狩谷棭斎『古京遺文』(日本古典全集刊行会『狩谷棭斎全集九』一九二八年)一三三頁。

(9) 鎌田元一「那須国造碑文の「国家」」(『律令公民制の研究』塙書房、二〇〇一年。一九八二年初出)。

(10) 篠川賢『日本古代国造制の研究』(吉川弘文館、一九九六年)二七七頁。

(11) 関晃注(4)著書。

(12) 魏の張揖が撰した『広雅』(釈言)に「期、卒也」とある。

(13) 新川登亀男「『那須国造碑』と仏教」(『日本歴史』五三二号、一九九二年)。

(14) 田熊信之「那須国造碑――その碑形と刻書、文辞に関して」(群馬県立歴史博物館『日本三古碑は語る』一九九四年)。

(15) 奈良国立博物館編『奈良朝写経』(東京美術、一九八三年)図版四〇。この跋語の用例は川崎晃氏の教示による。

(16) 引用は、中田祝夫『東大寺諷誦文稿の国語学的研究』(風間書房、一九六九年)によって読み下し文とした。

(17) 堀池春峰他編『唐招提寺古経選』(中央公論美術出版、一九七五年)図版一三二頁、解説一一一頁参照。

(18) 屋代弘賢著、安藤更生・加藤諄編『道の幸』中巻(二玄社、孔版、一九五五年)五八頁、田中塊堂編『日本古写経現存目録』(思文閣、一九七三年)七八頁、『寧楽遺文』中、六三九頁。

(19)　向宗魯『説苑校証』(中華書局、一九八七年)四四〇頁。
(20)　牧田諦亮監修『七寺古逸経典研究叢書』五(大東出版社、二〇〇〇年)八頁。
(21)　岡部和雄「『父母恩重経』解題」(牧田諦亮注(20)監修書)。
(22)　陽明文庫本は未刊。焼付写真による。船橋本は、京都大学附属図書館の影印(一九五九年)に拠る。
(23)　西野貞治「陽明本孝子伝の性格並に清家本との関係について」(『人文研究』七-六、一九五六年)、黒田彰「船橋本孝子伝の成立——その改修時期をめぐって」(『孝子伝の研究』思文閣出版、二〇〇一年)参照。
(24)　今泉隆雄「銘文と碑文」(岸俊男編『日本の古代』一四、中央公論社、一九八八年)五一四頁。
(25)　田熊信之注(2)著書三九頁。
(26)　西野貞治注(23)論文。
(27)　原碑が中国西安市の慈恩寺大雁塔に現存。『全唐文』巻一五に「述聖記」として収めるが、原碑の題は「大唐皇帝述三蔵聖教序記」。樋口勇夫(銅牛)『古碑釈文』二(暁翠軒、一九二五年)二六頁以下参照。
(28)　拙稿「律令と孝子伝——漢籍の直接引用と間接引用」(伊藤博・稲岡耕二編『万葉集研究』二四集、塙書房、二〇〇〇年)二八九〜三〇八頁。
(29)　西野貞治注(23)論文。
(30)　武周朝の避諱については、近年の研究史を含めて、拙稿「書評　蔵中進著『則天文字の研究』」(『和漢比較文学』一二号、一九九九年)参照。
(31)　武周朝の「華」字欠画についても注(30)拙稿参照。「華」の欠画は、石山寺蔵の一乗仏性究竟論巻二にも、則天文字と共にみえる。大屋徳城『石山写経選』(便利堂、一九二四年)四二図。
(32)　武井驥『那須碑集考』(栃木県史編纂委員会編『栃木県史』史料篇・古代、一九七四年)。
(33)　拙稿「正倉院武器中の下野国箭刻銘について」(『日本古代木簡の研究』塙書房、一九八三年。一九八〇年初出)一五四頁。
(34)　今泉隆雄注(24)論文。
(35)　同右。

(36) 注(28)拙稿。

(37) 同右。

(38) 井上光貞「日本律令の成立とその注釈書」(『日本古代思想史の研究』岩波書店、一九八二年。一九七六年初出)。

〔付記〕 本稿は、第九八回史学会大会のシンポジウム「律令制研究の現段階」(二〇〇〇年十一月十二日)における同題の報告の趣旨に訂補を加え成稿したものである。当日いただいた諸氏の御意見を充分生かしきれていない点は、御寛恕をお願いする。

なお私事にわたるが、池田温先生には、一九八一年に東洋文化研究所の研究会(十月三十日)にゲストスピーカーとしてお招き下さり『講座 敦煌』の執筆者にも加えていただくなど、既に四半世紀以上の歳月、さまざまな御提撕を辱けなくしてきた。東洋文化研究所での報告のあと、赤門前の居酒屋に招飲下さったことは、今も忘れえない思い出である。このたび大津透学兄の配慮で、この論集に加わることを許されたのは、早くから先生の学風に憧れてきた者として冥利に尽きることと思う。文字通りの拙論ではあるが、先生の益々の御清栄を祈念し、謹んで献呈させていただく。

第八章　滋賀県超明寺の「養老元年」碑

一　はじめに

日本の古代金石文の特色として、碑の少なさがあげられる。中国文化の影響が及ぶなかで、大陸ではあれほど盛行した碑が、日本では何故か、あまりみられず、地域的にも東国に偏する傾向がある。その原因については、かつて考察を試みたことがあるものの、満足な結論は得るに至っていないが、それが決して残存率の問題でないことは、日唐の律の条文比較からも明らかであろう。(1) 即ち唐律（職制律44条）には、中央地方の官司の長官が、治績もないのに碑を立てた場合、一年の懲役刑に処せられる規定があるが、日本の律では、この規定が全く省かれている。概して唐律をそのまま踏襲する傾向の強い日本律に、このような相違点が生じたのは、碑を建てる慣習が、日本の古代では格段に稀薄であったからに他なるまい。漢字を使って不特定の人に訴える碑のような手段は、当時の日本社会では有効でなかったということであろう。文字文化の裾野の狭さが、古代の碑を考える場合、考慮されてよい条件と思われる。

こう考えると、古代の碑はもともと数が少なかったのであり、現存するものは、それだけ貴重といえるが、それにも拘らず、碑の研究は低調で、史料価値の明確でないものがなお少なくない。ここにとりあげる養老元年の碑というのも、その一つである。この碑は、滋賀県大津市月輪の超明寺（浄土真宗本派本願寺派）に江戸時代から伝存するもので、文面は次のとおりである。

図50　碑面（右）
図51　背面（上）と底部

養老元年十月十日石柱
立　超明僧

この碑は、藤貞幹の『好古日録』以来世に知られ、『集古十種』にも、不正確ながら拓図が収載されている。[2] しかし早く木崎愛吉氏の『大日本金石史』が存疑としたためか（本文後述）、今日ではほとんど顧みられず、研究者の間でも注意されていない。[3] この碑が疑われる理由は明らかでないが、推測するに、養老元年（七一七）は十一月改元で、十月十日はなお霊亀三年とあるのが正しいこと、『集古十種』の拓図があいまいで、碑文の形状や文字を正しく伝えていないことなどによると考えられる。

しかし実物を調査すると、この碑を簡単に偽物と退けられない点もあるように見うけられる。古代の遺物であるかどうか、広い視点から検討してゆくべき資料であり、その足がかりとして、現時点で考えられるところを述べてみようと思う。

二　伝来

碑石は現在木製の古い箱に容れ、超明寺の本堂に奉安されている。その箱の蓋には、「養老石」の三字が墨で題署され、蓋裏に左の文が墨書されている。[4]

先年当処開発之節、清水氏与兵衛先祖、御池土中得之、今寄附当寺、依名養老山超明寺
此石寄進人清水与兵衛
超明寺什物也
天保壬辰歳正月　記之
釈恵了

天保三年（壬辰、一八三二）、発見者の子孫、清水与兵衛によって寺に寄進され、寺名もそれに因んで養老山超明寺と称したことが知られる。[5]文中の「当処開発」とは、大萱新田の開発をいい、「御池土中これを得」とは、それに伴う貯水池工事で発掘されたことをさすのであろう。[6]木崎愛吉氏の引く、石山寺僧実淳の手記した由来書[7]（文政十年（一八二七）十二月十八日付）によれば、発見は延宝四年（一六七六）四月のことで、発見地付近を養老谷と呼んでいるとのことである。現在養老谷という地名は無くなっているようであるが、超明寺よりの御教示によれば、出土地は超明寺の東南約一キロメートルにある月輪大池（大津市月輪四丁目）という。付近は琵琶湖に向かって南東側から張り出した緩やかな丘陵の裾に当たる。この大池が、蓋裏の墨書に見える「御池」であろう。

大萱新田の地は、もと荒地であったが、延宝元年から新田開発が始められ、同四年七月二十七日、膳所藩から年貢

等に関する定書が下されて一応の完成をみた。[8] 開発の申請者六名の中に清水与兵衛があり、これが碑石を発見したという当人であろう。これらのことを総合すると、伝えられる碑石発見の経緯や年月に怪しむべき点はない。

碑石発見後、百年余りの間の状況は詳らかでないが、寛政九年(一七九七)刊行の『好古日録』には、「七十六 歴世古物」の条に、元明天皇陵碑と並び「近江国栗太郡大萱村碑」とみえる。これよりさき、碑石がすでに考証家の間に知られていたことがわかる。藤貞幹と親交があり、古物の研究家としても名高い屋代弘賢は、銘の一行目の「石柱」を「石柵」と釈読したという。[9] 狩谷棭斎の『古京遺文』は、この銘をとりあげていないが、近代に入って大正二年(一九一三)には、木崎愛吉氏が『日本金石彙』一輯(私家版)に大阪のコロタイプ図版で紹介した。しかし同氏は大正十年に出した『大日本金石史』一では存疑の品とし、それ以後、積極的な評価を見ないことは先述のとおりである。

三　形　態

本碑は、長さ約四一センチメートル、幅約一八・五センチメートル、厚さ約一四・二センチメートルの小さなものであるが、堅緻な水成岩様の岩石で作られている。表面はほぼ平滑に磨かれているが、裏面は剝離面をとどめており、全体として充分な整形がなされているとはいえない。これはその岩質の堅さに起因すると考えられる。表面下部の中央に段差が残るのも、そのためであろう。ただ頭部が表面において圭頭形を呈し、断面がほぼ三角錐状となっているのは、剝離加工を裏面に加えて大まかな整形を行った結果と判断され、碑としての形状を考える上に留意されよう。

表面で注目されるのは、銘文の四周に長方形の枠線が刻入されていることである。木崎氏は天地に刻線があるとしているが、[10] 左右にも明らかに刻線があり、長方形の枠取りを意図しているとみてよい。表面の左上部で刻線が欠けているのは、石の欠損状況からみて二次的な欠けと考えられる。

底面は向かって左半が凸出し、現状のままで直立させることは不可能である。この凹凸は、その状況からみて、新しく生じたとは思われない。表面下辺の枠線が、石の下端すれすれに収まるよう、やや右上りに刻入されていることを考え合わせると、これが当初からの底面とみてよさそうである。

このような状況の本碑を、古代の碑としてみた場合、どうなるであろうか。まず問題は、その小ささである。碑としてあまりに小型である感は否めない。しかしながら、現在所在を佚しているものの、もと河内の妙見寺にあった采女氏塋域碑（己丑年、六八九）は、高さ一尺七〜八寸（約五一〜三センチメートル）、幅一尺（約三〇センチメートル）ほどのものであった[11]。超明寺碑の場合、文面の簡単さも考慮すれば、この程度の碑であったとしても不自然ではないであろう。またさらに小さいものでは、養老七年（七二三）の阿波国造の墓碑がある。なお采女氏塋域碑との関係では、超明寺碑の頭部の形状も注目される。先述のように、この碑の頭部は圭頭形に加工された可能性が強いが、采女氏塋域碑もまた、同様な形状であったことが明らかにされているからである[12]。

さらに看過できないのは、超明寺碑にみられる枠線であろう。碑銘の周囲に枠線を施すことは、中国の碑よりも、とりわけ古代朝鮮の碑に特徴的なことである。新羅真興王の昌寧碑（五六一年）や黄草嶺碑（五六八年）がその例である。日本の古代の碑が朝鮮の影響を受けていることは、他の面でも指摘できる[13]。

以上の諸点を総合すれば、超明寺碑は古代の碑としての条件を充分に備えているといえるが、底面にある凹凸のため、補助なしで直立させられない点に疑問を残す。

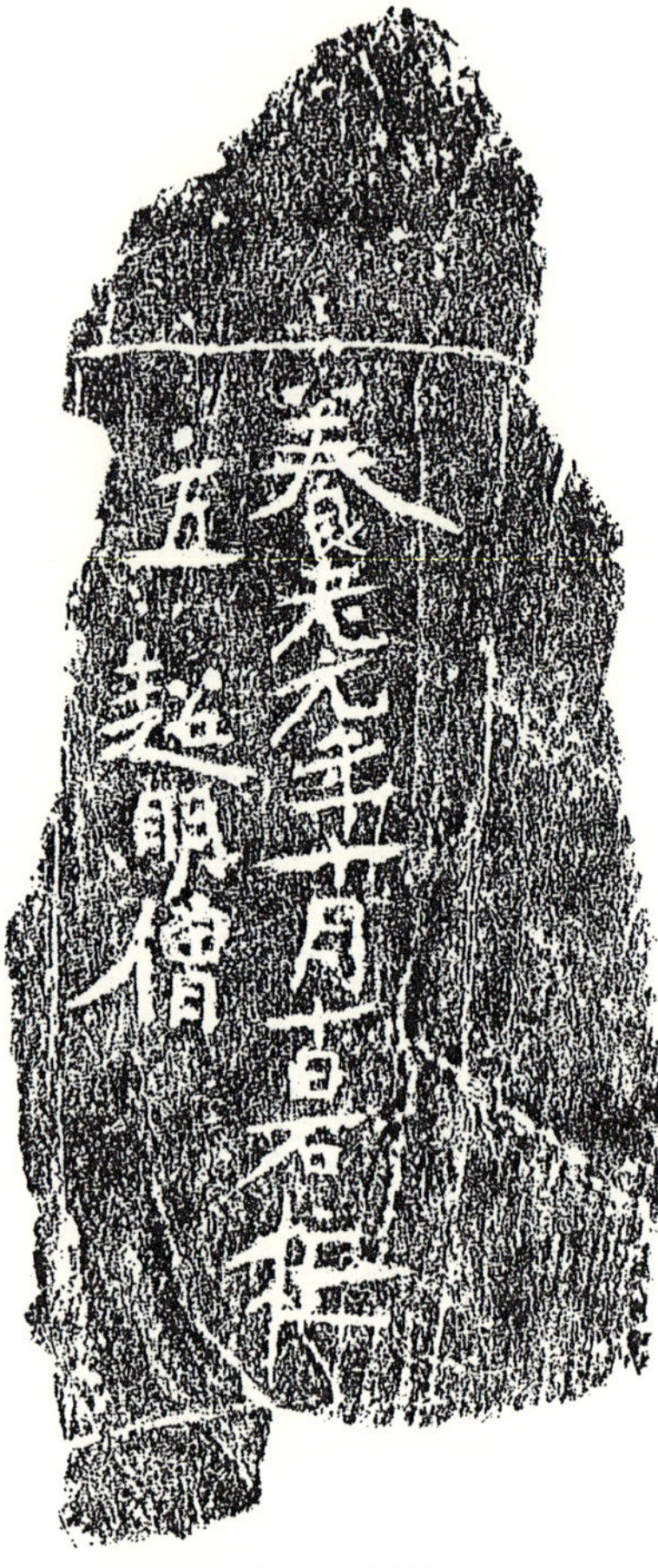

図52　拓影

四　銘　文

次に銘文の内容をみてみよう(図52)。従来疑問があったのは、一行目下端の「柱」、二行目行頭の「立」であった。「柱」については、碑石の実物調査によって、旁の部分に二本あるようにみえる縦画のうち、右側のものが、石自体の割れ目に伴う段差であることが確かめられた。従って旁は「主」と確定してよい。また偏の方も、木偏の末画のようにみえるのは石の目であり、「才」と判断される。双方合わせ、「柱」の異体字と釈読できる。旁の「主」が著しく左に寄っているのは不自然であるが、これは前述の石の目による段差を避けて字を刻むための、やむを得ぬ措置であ

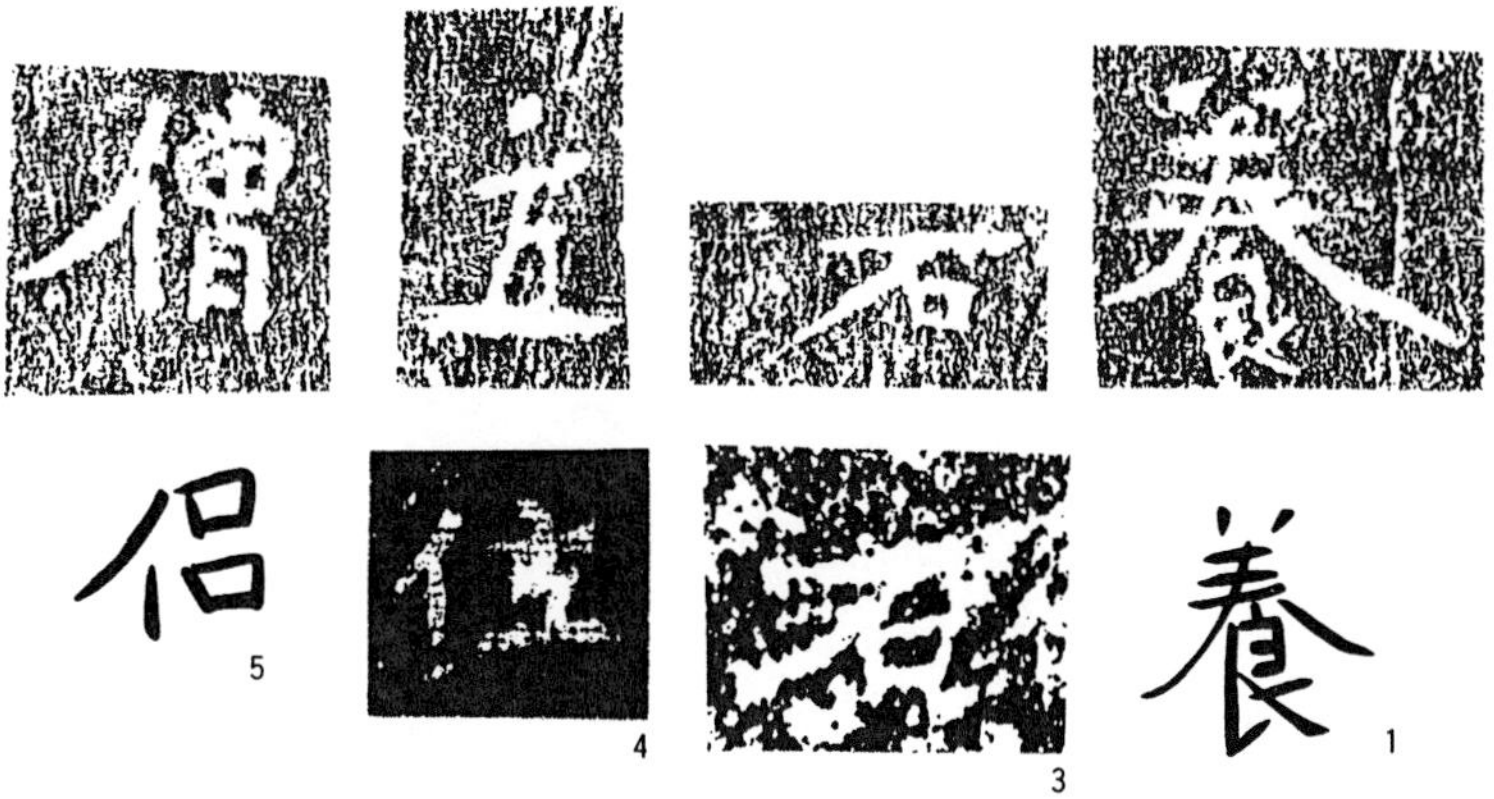

図53　超明寺碑の書風
(出典) 1・5　太安万侶墓誌(飛鳥資料館『日本古代の墓誌』), 2　阿波国造碑(徳島県博物館『古代の阿波』), 3　新羅南山新城碑(斎藤忠『古代朝鮮・日本金石文資料集成』), 4　紀吉継墓誌(平凡社『書道全集』11)

ったと理解できよう。それに関連して付言すると、この銘文の「十月十日」以下が左へ曲がってゆくのも、素材の石の目を避けたためであろう。右辺の枠線は、行の曲がりに従っているので、枠線は文字を刻んだあとに入れられているとみてよい。

二行目の「立」も、字形としてやや不自然の感があり、「直」などの可能性も考えられるかと思われるが、そうすると本碑の他の文字に比べ、あまりに草体化していることとなり、落ちつかない。「立」字の中間部分の筆画が連接しているとみて、やはり「立」と読むべきであろう。時代はやや下るが、延暦三年(七八四)の紀吉継墓誌にみえる「位」字の旁などが参考になる(図53)。

またこれまでとくに問題とはされていないが、「超」の旁は他に例のない形をしている。このような形になったのは、旁の第二画の打ち込みが強く表現されたためであろうが、そればかりではないであろう。即ち碑石を精査すると、第二画が左下に延びる箇所の碑石面に、石英質の堅い粒の含まれているのが見てとれる。この結果、第二画の刻線に切れ目が生じたのであろう。

そこで本碑の字句を検討してみると、養老元年が十一月十七日の改元であり、遡称となることは第一節でふれた。古代の金石文で、改元前の日付に新年号を冠する例は見当たらない。これは本碑を疑わせる有力な材料といってよいであろう。しかし銘文の他の字句に特に疑わしいところはない。まず「石柱」については、奈良時代末の額田寺伽藍並条里図に、立石状のものを描いて「石柱寺立」「石柱立」の文字が計三箇所みえるのが注意される。(14) これらは「石柱、寺立つ」「石柱立つ」と読むのであろう。「石柱立」のみでは「石の柱立て」とも読めそうであるが、「石柱寺立」からみて、前記のような読みがよいと思われる。ここに「石柱」と「立」が合わせてみえるのは興味深い。阿波国造碑に、「養老七年歳次癸亥年立」とあるのも考え合わされる。

次に「超明僧」であるが、これは「ちょうみょうほうし」と読める。たとえば八世紀の人名には、丈部僧(天平神護二年越前国司解(15))、丸部僧(同前(16))、片県連僧麻呂(天平三年『法華経玄賛』巻三跋(17))、紀朝臣僧麻呂(『続日本紀』天平宝字元年五月丁卯条)など、「僧」を含むものがあるが、一方に川辺勝法師(大宝二年豊前国仲津郡丁里戸籍(18))、刑部法師麻呂(大宝二年御野国本簀郡栗栖太里戸籍(19))というような名があることからすると、「僧」は「法師」と読まれたと考えられるからである。また『万葉集』の巻一六、三八四六番歌にみえる「法師等之」(ほうしらが)「僧半甘」(ほうしはなかむ)という表記も、これを証するであろう。

この碑のような僧名の書き方は、辛巳年(天武十年、六八一)の山ノ上碑にみえる「長利僧」や、『日本書紀』の「僧旻僧」(舒明九年二月)、「福林僧」「義成僧」(天武二年十二月)、「恵妙僧」(同九年十一月)、「法忍僧」「義照僧」(朱鳥元年六月)などと共通する。「法師」の用字が一般的であることを考えると、超明寺碑の信憑性を考える上に評価されるべき用字である。もっともこの点については、偽作者が先のような史料に学んだという考え方もできないことはないが、そのように周到な準備をする人物が改元月日を誤るというのは不可解で、むしろ偽作とは相容れない要素といえる。

五　書風

全文の字数が少ないため、書風についても検討は容易でない。しかし木崎愛吉氏がいわれたように、「字体のやや古意ある」[20]というのは事実であろう。この点、狩谷棭斎が『古京遺文』の目録にあげている藤原武智麻呂墓表残石、同永手墓表、叡福寺馬瑙石記文、田道将軍碑など、疑問の諸碑が、いずれも古代らしからぬ書風を示すのとは、著しく事情が異なる。いささか気になるのは、文字の彫りの浅さであるが、これは冒頭にも述べた岩質の堅さから来るものと考えられる。刻線そのものは断面がV字状を呈しており、格別異とするには及ばない。むしろ子細に観察すると、「養」の頂部の二画は打ち込みや撥ねを表現して鋭く、「羊」の横画の末にも抑えが表現されている。また「元」の第一画や「年」の第四画は三角形を呈し、同じ「年」の第三画も打ち込みを、第五画は抑えを、「十」の末画の終わりは左への撥ねを表すなど、浅い彫りにも拘らず、少しの鈍さもない。少なくとも全体の書風は、古代金石文のそれとして、とくに疑念を抱かせるようなものではない。「老」「年」などを始め、筆画に重なったりはみ出す形で、細い刻線の見える字が少なくないが、これらは刻字前のアタリの線とみられ、同様な線が、材質は異なるものの、辛亥年観音像銘(法隆寺献納宝物、六五一年、図5)や紀吉継墓誌(延暦三年、七八四)にみられることも想起される。いったいこの碑の書が古風さを感じさせるのは、奈良朝風の整斉さが認められないからである。その意味では銘文中の「養老元年」という年紀にふさわしいといえよう。事実「石」の字は、酷似する形が新羅の南山新城碑(五九一年)に見えており、全体に和銅・養老ごろまでの古い書風との共通性が高い(図53)。

この点で興味深いのは、養老五年(七二一)の太安万侶墓誌の書風である。この墓誌の書は、超明寺碑より洗練されているものの、やはり唐風に整ったものではないが、「養」の結体、「十」の低平な姿、「侶」の人偏の左下りの形など、超明寺碑に通うところがある。

六　史料価値

以上三節にわたり、超明寺碑を検討してきたが、その結果は次のようにまとめられる。

(一)大きさ、形態は、采女氏塋域碑や阿波国造碑に共通するところがあり、枠線の存在も朝鮮の古碑との類同が注意される。

(二)本碑は、大まかに圭頭状に整えられた石に、石の目に制約される形で文字を刻み、その後に枠線を入れたと判断される。

(三)本碑は底面に段差があり、単独に立てることができない。

(四)年紀は、正確には「霊亀三年十月十日」とあるべきである。

(五)銘文の字句には、額田寺伽藍並条里図、阿波国造碑、山ノ上碑などと通ずる点がある。

(六)書風は七世紀代以来の古い書と似通う気分を持ち、太安万侶墓誌に近似するところが認められる。

問題は、このような特色をもつ本碑を、全体としてどう判断するかである。否定的な材料としては(三)の底面の条件、(四)の年号の遡称、(二)(五)の采女氏塋域碑や山ノ上碑との類似があげられる。古碑にヒントを得た江戸時代後期の偽作という可能性が考えられよう。日付は偽作者の不注意による誤りということになる。古写経に妄補された年号も、和銅、天平と並び、養老が多いという。[21] 本碑が出土したという延宝年間から約百年間、本碑についての史料が残っていないのも、元来存在しなかったとすれば問題はない。

しかし以上のように断定できるかといえば、必ずしもそうではないであろう。采女氏塋域碑や山ノ上碑を知って偽作するような人物が、年号の改元月日で過誤を犯すかという不審は拭えない。さらにそれ以上に問題なのは、江戸時代には参照できるはずもなかった阿波国造碑、太安万侶墓誌、新羅南山新城碑などと、措辞・書風に共通する点の見られることである。書風に不自然な作為性が感じられないことと合わせ、これを偶然と片付けるには躊躇せざるをえない。「養老元年」については、本碑が実際には十一月十七日の改元後に作られたため、新年号を用いたと考えられないことはなかろう。古代の金石文には、辛亥年観音像銘のように、銘文の日付より遅れて製作されたものが少なくない。

しかしたとえ真物としても、出土地と伝える場所が宅地開発によって大きく変貌している今日、本碑の本来の機能や安置法を探るのは極めて困難である。ただ古代には、阿波国造碑のように、碑の形をとっていても、大きさや素材からみて、実際の石碑のミニチュアともいうべき碑が存在した。超明寺の碑は、そのようなミニチュア碑とも考えられ、将来にわたって幅広い視点から真物の可能性を捜ってゆくべきものと思う。

（1）　詳しくは拙稿「東アジアの石碑文化と古代日本」（本書第一部第三章）。
（2）　松平定信編『集古十種』（寛政十二年〈一八〇〇〉序）碑銘二に、「近江国草津駅西南新田村碑」としてみえる。ただ図は文字の拓影のみで、碑の形制や罫線については、図では判明しない。
（3）　近年の書では、わずかに北川博邦『日本上代金石文字典』（雄山閣出版、一九九一年）が本碑から集字している。
（4）　この墨書は滋賀県栗太郡役所『近江栗太郡志』巻二（一九二六年）五六三頁にも載せられている。

（5） 前注『近江栗太郡志』によれば、本尊の裏書には「寛政元丑年二月九日、近江国栗太郡大萱新田超明寺物」とあるといい、また天保二年十二月に「木仏安置寺号公称の許可を得」たとある。寺号は実際には早くから称されていたのであろう。

（6） 同右書。

（7） 木崎愛吉『大日本金石史』一（好尚会出版部、一九二一年）二五二頁。

（8） 『新修大津市史三 近世前期』（一九八〇年）三二五頁、『同九 南部地域』（一九八六年）四八九頁参照。

（9） 木崎愛吉注（7）前掲書二五三頁。屋代弘賢には『金石記』（芸苑叢書二期所収）の著があるが、これには本碑についての考証はみえない。

（10） 木崎愛吉注（7）前掲書。

（11） 近江昌司「采女氏塋域碑について」（『日本歴史』四三一号、一九八四年）、拙稿「木簡・金石文」（『大阪府史』二、一九九四年）七三一～七三三頁。拙稿の要点を左に再録しておく。

この碑の形や文字は、江戸時代以来、長らく模版の拓本によって知られてきたが、数年前に静岡県立美術館蔵の真拓が公表され、唐の開元喪葬令に定める墓碣のように、圭首形の碑であったことが確かめられた。なお従来未紹介であるが、東京大学図書館蔵の藤原貞幹『集古図』巻二一の書き入れに圭首形の碑の略図が示され、「徳曰わく、此碑、天然石を以て之を造る。形、図の如し。諸家の図、方面（長方形）と為すは杜撰也。今、春日村妙見寺域内に在り。柿樹の下の一塊石也。好古の士、往々翻刻を以て直榻（原拓）と為す。宜しく留意すべし」「長さ一尺七八寸許り」「濶さ一尺許り」とあるのは、形態や伝来をみる上で注目すべき資料といえよう。

（12） 前注拙稿。

（13） 拙稿「上野三碑管見」（『日本古代木簡の研究』塙書房、一九八三年）。

（14） 額田寺伽藍並条里図については、山口英男「大和 額田寺伽藍並条里図」（金田章裕他編『日本古代荘園図』東京大学出版会、一九九六年）、『国立歴史民俗博物館研究報告八八 共同研究 古代荘園絵図と在地社会についての史的研究』（二〇〇一年）参照。

（15） 『大日本古文書』東南院文書二、二〇四頁。

(16)　同右二三三頁。
(17)　『寧楽遺文』中、六一二頁。
(18)　同右、上、一三二頁。
(19)　同右、上、五三頁。
(20)　木崎愛吉注(7)前掲書。
(21)　川瀬一馬「古写経について」(五島美術館『古写経』、一九七一年)。

第九章　上野三碑

一　はじめに

群馬県に残る山ノ上碑、多胡碑、金井沢碑の三碑は、いわゆる上野三碑として、日本の古代金石文の中でも、古くから有名であった。その研究も古くから盛んで、優れた業績が積み重ねられている。ただ残された問題も少なくはなく、かつて私も一文を草して考察を試みたことがあった。(1) 本稿はその後の知見を、主として碑文の字句に即しつつまとめたものである。

二　山ノ上碑銘文の解釈

山ノ上碑の文は、早く黒板勝美氏によって指摘されているように、漢字を並べて和文を表記したもので、全文は次の通りである。(2)

辛巳歳集月三日記

佐野三家定賜健守命孫黒売刀自此

新川臣児斯多々弥足尼孫大児臣娶生児

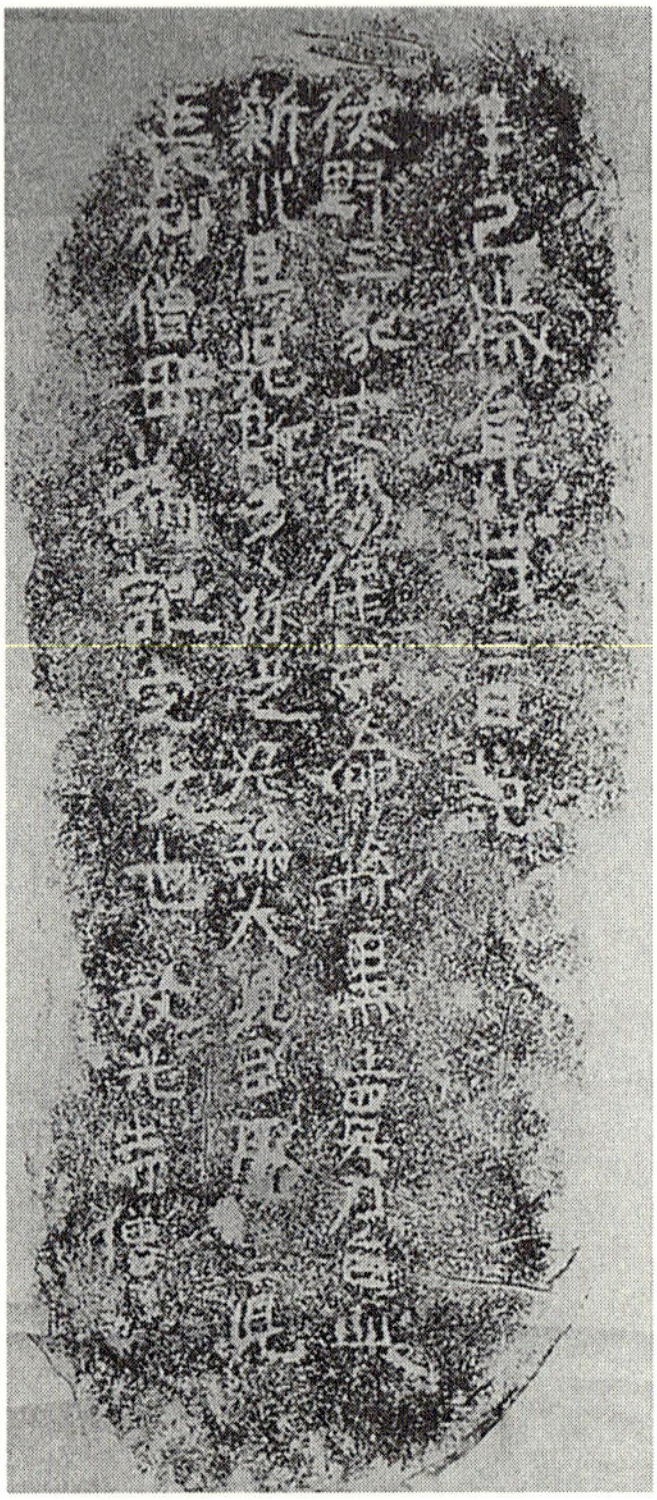

図54　山ノ上碑(複製)と拓影

長利僧母為記定文也　放光寺僧

これを黒板氏や尾崎喜左雄氏の読み[3]を参考にしながら、少しく訂正を加えて読んでおこう。

辛巳歳集月三日記す。

佐野の三家を定め賜える健守命の孫黒売刀自、此の新川臣の児斯多々弥足尼の孫大児臣に娶ぎて生める児長利僧、母の為めに記し定むる文也。放光寺の僧。

字句を詳しくみていくと、「辛巳」の「巳」は、原文では「己」になっている。古代の文献史料では「己」「已」「巳」は、相互に通用することが珍しくなく、ここもそう解釈してよい。「辛巳歳」が何年に当たるかは、後で述べる。

「集月」の「集」については、古来定まった解釈がないが、通常は音が「十」に通じるとして、「十月」と解されている。「拾」も「ひろい集める」意で「集」に通じるから、いずれにせよ、十月としてよいかもしれない。ただ十月であれば、なぜこのような用字が採られたのか、という問題が残る。今後の検討にまちたい。なお、「集」としては一画少ないことを理由に、「焦」と読む説も出されているが、(4) 碑の字は「集」の異体字の一つであって、「焦」と読むのは誤りである。この碑文の書体については後にふれる。

「(年)月日＋記」という日付の記し方は、古く埼玉県の埼玉稲荷山古墳出土の鉄剣銘に例があるほか、野中寺弥勒像台座銘(六六六年)、法隆寺献納宝物丙寅年菩薩半跏像台座銘(六六六年または六〇六年)、河内新堂廃寺瓦篦書銘、大宰府出土木簡(四号)などにみられる。年代の判明するものや推定できるものからみて、いずれも七世紀後半から末までの銘である。

「佐野三家」は、大化前代、佐野の地に置かれた朝廷のミヤケと考えられる。尾崎喜左雄氏は、以下の文とのつながりで、「佐野三家」は「佐野三家の管理者」の意味で、その姓になっていたと理解しているが、そこまで拡大して解釈することはできず、ミヤケの名称とすべきである。ミヤケを「三家」と書くことは、記紀などにみえないが、ミヤケの管理氏族としての「三家連」(観世音寺奴婢帳)、ミヤケの事務を管掌したとみられる「三宅人」の存在が指摘されている。(5) また、三家首や三家人の姓は、若狭国関係の古代木簡に多数みられ、若狭にミヤケが置かれていた傍証とされている。(6) 第五節で採り上げる金井沢碑にも「三家」姓の人名があり、これも佐野三家にかかわる姓とみてよい。

地名の「佐野」については、尾崎喜左雄氏による詳細な考証がある。尾崎氏はこの佐野が、金井沢碑にみえる「群馬郡下賛郷」、高崎市南方の現地名「上佐野」「下佐野」に関連するとし、往古はその範囲が広く、烏川の西、山ノ上碑の所在地辺りまでを含んでいた時期もあったと考えた。尾崎氏によれば、「賛」や「佐野」はサヌと読むべきもので、(7) 他方「小野」や「佐沼」もサヌと読めるから、『和名類聚抄』にみえる群馬郡小野郷、片岡郡佐没(沼の誤りか)郷、緑野郡小野郷なども、往古のサヌの地の広がりを示す痕跡としている。一体八世紀ごろまでの日本語には、五十音中の十二の音に関し二種類の発音があって、表記上も区別されていたことが明らかになっており、国語学ではこれを上代特殊仮名遣と呼んでいる。[8] 佐野の野(ノ)は、この上代特殊仮名遣の甲類音に属しているが、この音はナノカ(七日)がナヌカとなるように、しばしばヌ音と交替する傾向にあった。現に石川県小松市の那谷金比羅山窯跡から出土した須恵器(平瓶)には、後の越前国江沼郡に当たる地名を「与野評」と篦書きした例がある。[9] これらの点を踏まえれば、金井沢碑の下賛郷や現在の上佐野・下佐野の地名、それに『和名類聚抄』の佐没(沼)郷などが、佐野三家の故地と深いかかわりをもつ、とする尾崎氏の論は、認められてよいであろう。ただ『和名類聚抄』の小野郷(群馬郡、緑野郡)については、小野の訓は一般的にはヲノであり、『和名類聚抄』の訓も「乎乃」とあるので、これらを含めて佐野の旧地を考えるのは避けたほうがよいと考えられる。ちなみに上代特殊仮名遣のノ甲類音は、古くはヌと書かれたこともあるが、現在の国語学では、一律にノと表記するのが普通である。

尾崎氏が佐野の地を広くみようとしたのは、山ノ上碑の所在地を佐野に結び付けようとしたからかと考えられる。しかし、佐野三家の旧勢力圏がどの程度の広がりをもったかということと、山ノ上碑の所在地とは、一応切り離して考えるべきであろう。山ノ上碑が山ノ上古墳[10]と一体のものとして理解されなければならないとすれば、山ノ上碑が当地に造立された理由は、むしろ当時の葬地と関係づけて理解する余地もあると考えられる。

「定賜」は、佐野三家を治定された、の意で、主語は次にくる「健守命」である。従来この箇所は、「佐野三家と定め賜える」と読み、「佐野三家に任ぜられた」と解釈されてきたようであるが、「佐野三家」は先に述べたように職名や姓と解するのは無理であろう。また、そう読んでは「定賜」の主語がなく不自然である。「佐野三家を定め賜える」とすれば、この文のままで無理なく理解できる。

「健守命」は、三家の治定者と伝承されてきた人物であろう。「孫」も子孫と解すべきことは後述する。

「新川臣」「斯多々弥足尼」「大児臣」。これらの人名は、健守命、黒売刀自の例からしても、姓を欠いた名だけと考えるべきである。臣、足尼は、ここではカバネではなく、個人名につける尊称としての用法と判断される。したがって新川、大児も地名に関係づけて解釈するのは行き過ぎであろう。

「娶」は、普通男性が女性をめとることを指すが、『類聚名義抄』(仏部中)の古訓によって「とつぐ」と読む。

「長利」は僧の名であって、文末の「放光寺僧」は、彼が放光寺の僧であることを示したものであろう。近年、前橋市総社町の山王廃寺跡の発掘で「放光寺」「方光」などの文字瓦が出土している。(11) いずれも奈良時代末から平安時代初期のものであるが、同寺の創建が七世紀後半にさかのぼることは考古学的に確かめられており、「放光寺」の法号も七世紀以来のものである可能性が強い。長利の住した放光寺も山王廃寺に当たると考えてよい。上野国交替実録帳(12)の定額寺項の中にみえる「放光寺」も、これと同一寺院であろう。

「記定」については、『日本書紀』天武天皇十年三月の「帝紀及び上古の諸事を記定せしむ」という表現が想起される。このような例から類推すると、過去の事実を確定して後代に記し伝えることであろう。

「文」は、ここでは「いしぶみ」の意味と思われる。金井沢碑の「石文」という表現が参考になる。

この碑文は、全体として黒売刀自・長利親子の系譜を述べ、これを確定し公示するという意味をもつ。まず問題となるのは「辛巳」が何年に当たるかであるが、従来からいわれてきたように、可能性があるのは六八一年(天武天皇十年)ないし七四一年(天平十三年)であろう。六二一年(推古天皇二十九年)では、仏教の地方への浸透状況から考えて、早過ぎる感を否めない。また、干支による紀年は、奈良時代にもないわけではないが、大宝律令施行以後、年号による紀年が優勢となるので、七四一年は遅きに失しよう。年月日の記載に「……記」とあるのも、上述のとおり七世紀末として適当である。「辛巳歳」は、ほぼ六八一年と断じてよい。

次に注目されるのは、碑文にみえる系譜である。系譜関係を記すに当たって、「某、某を娶りて(娶ぎて)生める児某」という形をつなげる方式は、『上宮記』の継体天皇の系譜など、記紀以前の記録にみえるところで、その由来の古さが推定できる。内容的には僧長利の母系と父系をたどった、両属系譜の性格を備えているが、その母系・父系の系譜内容は、両属系譜ではなく、始祖からの出自を一系で示したものとなっている。始祖からの一系系譜は、血縁関係よりも、ある人物がその政治的、社会的地位をいかに継承してきたかを示すためのものとされており、ここでは佐野三家の治定者である健守命と、新川臣(あるいは斯多々弥足尼)が、黒売刀自と大児臣からみた始祖と位置づけられていたことが知られる。[13] このようにみれば、「健守命の孫」とか「斯多々弥足尼の孫」などとある「孫」は、先にも少しふれたように、子孫の意味に解せられよう。したがってこの文章から世代を数え、佐野三家の設置年代を考えるのは妥当ではない。

この碑文では、長利の系譜を記すのに、まず母方を挙げている点も特徴的である、この点に着目して、系譜から当時の社会における母系の優位を読み取ろうとする説も出されている。[14] しかし、この考え方には疑問が多い。碑文は「母のために」、おそらく始祖健守命との関係を明示する目的で作られたもので、一般的な系譜とはいえないからである。母のための文である以上、母の系譜が正面に押し出されるのが当然であろう。なお先の説では、長利の父系でも新川臣、斯多々弥足尼、大児臣とカバネが変転しているとして、その原因を女系によるカバネ継承に求めるが、臣や足尼がカバネと認められないことは先述した。これらの臣や足尼は、埼玉稲荷山古墳鉄剣銘の一系系譜に現れる尊称と同様に理解すべきものであろう。

それに関連して問題となるのは、「此の新川臣」の「此」である。この字は従来「これ」と読まれてきたが、そう読めば、上の黒売刀自を受けることになる。しかし、この系譜に類似する『上宮記』系譜でも、このような代名詞は挿入されておらず、文意や文の短さからいっても、特に代名詞が必要とは思われない。そうなれば「此」は、「ここ」の意味とも解されるのではなかろうか。当時の和文脈では、「此」一字で場所の「ここ」を表すことが珍しくない。『万葉集』には「大宮此《ここと》跡定《さだめけ》異等霜《らしも》」(巻六-一〇五〇)、「此《こ》従《ゆ》鳴度《なきわたる》」(巻一〇-一九五九)のような例がある。もしこのような意味に採ってよければ、「此」は「この地の」ということになり、黒売刀自は大児臣のもとに嫁してきたことになるはずである。一案として記しておきたい。

それでは健守命の子孫や、斯多々弥足尼の子孫とは何氏かということになるが、斯多々弥足尼の子孫については考察の手掛かりがない。健守命の一族に関しては、金井沢碑を扱う第五節でふれることにする。

さて、山ノ上碑をめぐる最も大きな問題は、このような内容の文が、なぜ碑文という形に記定されなければならなかったかということである。尾崎喜左雄氏は、この疑問に対して、山ノ上碑は山ノ上古墳の被葬者の墓誌であったという解釈を示している。尾崎氏によれば、古墳の年代も六八一年ごろと考えてよいとのことである。古墳の年代については異論もあるので、しばらくおくとしても、山ノ上碑を古墳との関連で考えるのは、魅力的な解釈である。碑の原所在や伝来については不明確な点があるが、古墳の近傍にあったことは認めてよいようである。[15] 碑文を直ちに墓誌と同一視することはできないし(墓誌は火葬墓に伴うことが多い)、黒売刀自が山ノ上古墳の本来の被葬者という証拠もないが、古墳の構造上、たとえば追葬ということも考えられないではない。この碑は山ノ上古墳に葬られた黒売刀自の系譜を顕彰する目的で、その近傍に建てられたと考えておこう。

このように古墳とのかかわりが推定されるにもかかわらず、碑文が僧侶によって作られている点は、古墳に埋葬するという在来の習俗と、仏教との相克状況を示すとして、早くから注目されてきた。一方、これを祖先供養の一形態とする見方もある。[16] しかしながら、こうした問題に判断を下すためには、文章そのものがあまりにも簡単に過ぎる。

したがって推論を重ねるのは控えるべきであろうが、少なくとも古代仏教において、祖先や父母の崇拝が当然のこととして受け入れられていたことは注意されてよい。氏寺の建立や父母のための仏事の盛行などはその好例である。このような風潮のなかにあっては、古墳の造営と仏教の教理が矛盾するものと意識されたかどうか、大変疑わしいといえる。山ノ上碑の建立が仏教信仰から出たとするには、文中に「僧」「放光寺」以外の仏教用語がない以上、ためわざるをえないが、長利にとって母の出自を顕彰することは、何ら僧としての立場と矛盾するものでなかったことは確かであろう。

三　山ノ上碑の書風と形態

碑文の内容から、その意義をみてきたが、この碑の価値はそれだけにとどまらない。碑の文章、書風、形態などに注目すると、そこにはまた文の内容とは別の価値があることに気づく。

まずこの碑文の文章をみると、古系譜を記しているということもあるが、完全な和文となっている。したがって漢文を見なれた目には一種異様な感を与え、狩谷棭斎が「文義古拙、読むべからず」(『古京遺文』)としたのも、故なしとしない。ただこのような文章の存在を、上野国の地方性からきていると考えるのは正しくないであろう。近年出土数の増えている木簡には、このような和文で記されているものが少なくない。特に注目されるのは、平城京跡の長屋王邸から出た木簡の中に左のようなものがあることである(17)。

(表)当月廿一日御田苅竟大御飯米倉古稲

(裏)移依而不得収故卿等急下坐宜

一部に反読する箇所はあるが、これも和文を漢字で表記したもので、次のように読むことができる。

当月廿一日、御田《みた》苅り竟《おわ》る。大御飯《おおみけ》の米倉は、古稲を移すに依りて、収むることを得ず。故《かれ》、卿ら急ぎ下り坐《ま》す宜《べ》し。

この木簡は、長屋王家内での通信に用いられたものと考えられ、筆者は家政機関の下僚と判断される。年代は、ほぼ和銅四年(七一一)から霊亀二年(七一六)までに限定できる。すなわち八世紀初頭の中央においても、このような文章のつづられていたことが知られよう。長屋王家木簡には、このような和文の文書が少なくなく、当時日常的に広くこうした文体による表現が行われていたとみてよい。これほど徹底したものでなくても、類似する文体は、八世紀半ば以降も正倉院文書中の個人の啓状をはじめ、各種の古代史料に散見する。山ノ上碑の場合も、当時の中央・地方に行われていた文体にのっとっているとして差し支えない。

それに対して特徴的なのは、この碑の書風である。この碑の書には、天武朝ごろのものとは思われないほど、古風な様式が残されている。

たとえば「孫」の字については、すでに「篆体を残している」という指摘がなされているほどである。[18] 正確にいうと、三角形を二つ積み重ねたような「糸」の形は、隷書で書かれた漢代の木簡(図55-8)や、隷法の残る宋の劉懐民墓誌(四六四年、図55-9)などにもみられ、これだけが篆体の残存したものとはいえない。むしろ隷書の筆法から来ていると考えられよう。

ほかにもこの碑の書には隷書的特徴の表れている箇所が多い。先にもふれたように、「集」の字形は漢代の木簡にみえ(図55-7)、敦煌の古写経にも類似の形で受け継がれている。[19]「文」は、第一画がほぼ垂直に引かれているが、これも隷書ないしそれより古い書法にみられる。また「放」の旁の第四画は、特色ある筆法でやや水平に近く右へ抜か

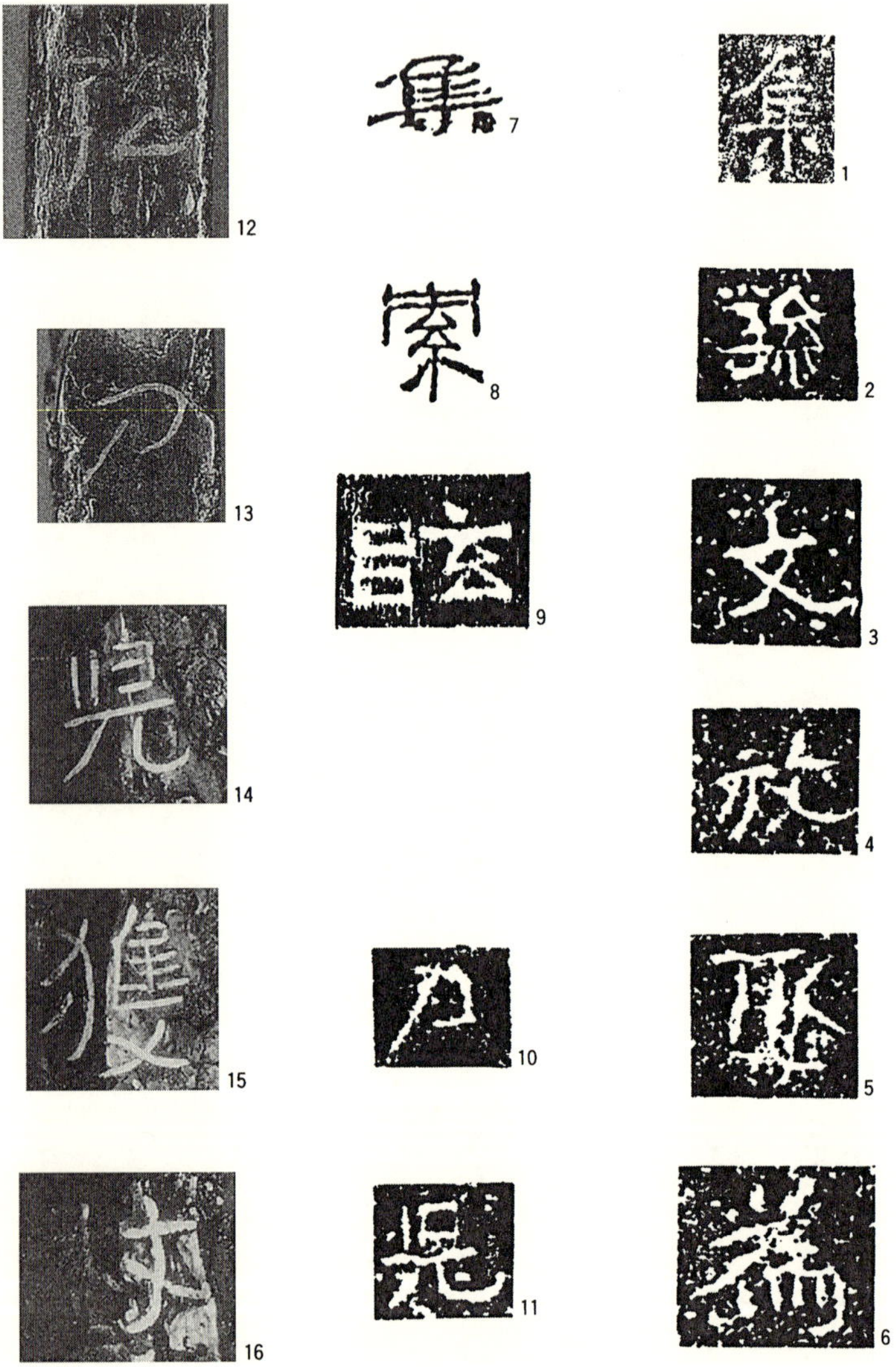

図55　山ノ上碑の書風

1「集」・2「孫」・3「文」・4「放」・5「娶」・6「為」山ノ上碑，7「集」居延漢簡(佐野光一『木簡字典』)，8「索」敦煌漢簡(同前)，9「眩」劉懐民墓誌，10「刀」・11「児」山ノ上碑，12「孫」・13「刀」江田船山古墳大刀銘(東京国立博物館『江田船山古墳出土 国宝銀象嵌銘大刀』)，14「児」・15「獲」・16「杖」稲荷山古墳鉄剣銘(埼玉県教育委員会『埼玉稲荷山古墳辛亥銘鉄剣修理報告書』)

れているが、これなどは隷書の磔法の気分をよく残しているといえよう。「娶」の「女」画が極端に小さく、「為」の列火が著しく大きいといった字形の不均衡も、古い字体の特色の一つである。総じて各文字の起筆の打ち込みや、末画の打ち止めが明確でないのは、単に刻法の粗雑なためとはいえず、碑の書自体が、後に述べる多胡碑のような楷書と違い、隷書の筆使いを多分に残しながら書かれているためと判断される。

日本に残る遺品の中で、この山ノ上碑の書風に近いものを挙げると、石上神宮(奈良県天理市)の七支刀の銘や江田船山古墳(熊本県菊水町)出土の大刀の銘、埼玉稲荷山古墳出土の鉄剣銘などが最も近い。これらはみな四、五世紀の製作と考えられる遺品であって、書風は七支刀が篆書的であるほかは、隷書・楷書の中間的な書である。山ノ上碑の「孫」「刀」と江田船山古墳大刀銘の「孫」「刀」、山ノ上碑の「児」と埼玉稲荷山古墳鉄剣銘の「児」、山ノ上碑の「放」の磔法と埼玉稲荷山古墳鉄剣銘の「獲」「杖」の磔法を比較すれば、双方の類似は明らかであろう(図55)。

図56　新羅真興王昌寧碑

七世紀後半の日本の書は、中国南北朝ごろの古い様式をもつものが大部分であるが[20]、山ノ上碑の書はその中でも特に古い特色を備えたものということができる。四、五世紀の金石文にみえる上記のような古い書風は、中国の漢や三国時代の魏のころの書風が朝鮮半島を経由して伝えられた結果と考えられるが、七世紀後半の畿内周辺の金石文や木簡では、ほとんどみられなくなってしまう。上毛野地方にはかなり早く、このような古い書風で文字を書く技術が伝えられ、それが七世紀後半まで守られてきたと解すべきであろう。

なお中国では、碑などはしばしば通行の書体より古い書体で書かれることがある。山ノ上碑の書も、そのような例として理解できるのではないかという懸念があるかもしれない。しかし、山ノ上碑の場合、隷書なら隷書で全体が統一されているわけではなく、また、一行の字数や文字の配置にも整ったところがない。したがって、これが当時常用の書風で書かれていることは間違いないと考えられる。こうした古い書風が、上記のとおり古代朝鮮に源をもつとすると、山ノ上碑造立の背景として、渡来人の文化の存在を想定することも許されるであろう。

渡来文化とのかかわりでは、碑石の形態も見逃せない。山ノ上碑や第五節で採り上げる金井沢碑のように、自然石を用いた碑は、中国の碑石に例をみない。ところが古代朝鮮では、統一新羅時代に至るまで、多くの例がある。たとえば新羅の真興王巡狩碑中の昌寧碑（五六一年、図56）、五九一年に作られた新羅の南山新城碑、七九八年の永川菁堤碑などは、その代表的なものといってよいであろう。山ノ上碑や金井沢碑の形態も、このような朝鮮の古碑に起源を求めるべきものと思う。文献上よりみても、『続日本紀』天平神護二年五月条には、新羅人に対する賜姓記事があって、上野国内にも新羅人の定住していたことが分かる。正倉院蔵の上野国庸布墨書銘にみえる「秦人」も、新羅系の氏族である。[21] これらの中には、比較的新しく定着した渡来人が含まれるかもしれないが、おそらく文献にみえない渡来人もあったはずで、山ノ上碑はそれらの人々がもたらした文化の影響を、具体的に示しているといえよう。

四　多胡碑銘文の解釈

多胡碑の全文は次の通りである。これは多胡郡の新置を記念したものと考えられ、郡の設置を命じた太政官からの

図 57　多胡碑と拓影

命令を刻んでいる。文体は変則的な漢文といえよう。本碑の解釈をめぐっては、さまざまな研究が蓄積されてきているが、ここではまず文に即して語句の意味を考え、最後に全体にわたる問題点に及ぶこととする(補注)。

　弁官符、上野国片岡郡・緑野郡・甘
良郡并三郡内、三百戸郡成、給羊、
成多胡郡、和銅四年三月九日甲寅
宣、左中弁正五位下多治比真人
太政官二品穂積親王、左太臣正二
位石上尊、右太臣正二位藤原尊

　冒頭の「弁官符」は、太政官の弁官局が下した命令を指し、符は公式令に定める下達文書の様式の一つである。ただ弁官符と称する文書様式は他に例がなく、その実体については説が分かれている。この問題についてはあとでとりあげたい。

　「上野」は上毛野の国名を二字で表記し

たものである。大宝初年以降、全国の国名は漢字二字に統一された[22]。

「片岡郡」「緑野郡」は、『和名類聚抄』に同名でみえる。「甘良郡」は『和名類聚抄』の甘楽郡に当たる。訓はそれぞれカタオカ、ミドノ、カムラと付されている。

「并三郡内、三百戸郡成」は、上記三郡の内から三百戸を割いて、新郡を作ることを意味する。この建郡については、『続日本紀』和銅四年(七一一)三月の記事に、次のようにみえている(原漢文)。

辛亥(六日)(中略)上野国甘良郡の織裳・韓級・矢田・大家、緑野郡の武美、片岡郡の山など六郷を割きて、別に多胡郡を置く。

大宝令制下の地方行政組織は、郡の下に五十戸から成る里を置くことになっている。右の記事によれば、織裳・韓級・矢田・大家・武美・山の六里すなわち三百戸が割き取られて、新郡になったのであって、碑文の「三百戸」は、この六里の戸数を合算したものである。

右の『続日本紀』の記事は、以上のとおり碑文の内容と密接なかかわりをもつ重要なものであるが、『続日本紀』の編纂が平安時代初期に完了したため、後代の制度に基づく追改が含まれる。つまり「六里」とあるべきところが、「六郷」となっているのもその一つであるが、片岡郡より割かれた里の名が、「山」とあるのも追改の結果であろう。

この「山」に当たる里は、高山寺本『和名類聚抄』の国郡部、多胡郡の条に「山字」とあり、「也末奈」(ヤマナ)の訓がある。刊本(元和古活字本)の『和名類聚抄』では「山宗」に作っている。そこで村尾元融の『続日本紀考証』は、「山」の下の「宗」が脱落したと解釈した。また、『続日本紀』の原文では「片岡郡山等六郷」と文字が続いているので、「山等」をヤマラという郷名と解し、それはヤマナに通ずるとする説もある[23]。

「仮名」(かな)を「仮字」と書く場合があることからも分かるように、我が国では古くから文字のことを「ナ」と呼んでいる。したがって『大日本地名辞書』にも指摘するように、高山寺本『和名類聚抄』の「山字」がヤマナであることは間違いない。刊本の『和名類聚抄』が「山宗」に作るのは、字形の類似からくる誤りであろう。しかし、脱字や音通を想定してまで、『続日本紀』の郷名を解釈するのは疑問である。

たとえば奈良時代の史料では、天平十九年(七四七)の法隆寺資財帳に法隆寺所有の食封を挙げたうち、

上野国多胡郡山部郷五十戸

がみえる。また、正倉院蔵の庸布銘に「多胡郡山部郷」のものもあり、これは丈量や郡郷の記載からみて天平十二年以降の庸布である。これら二つの史料の「山部郷」を、ともに「山字郷」の誤りとするのは無理で、むしろのちの「山字郷」が、奈良時代には「山部郷」と呼ばれていたと考えるのが自然であろう。

早くこのような考えを示したのが、土屋文明氏である。[24]土屋氏は、山部が『続日本紀』撰上時の天皇である桓武の諱であることを指摘し、延暦四年(七八五)五月丁酉に、光仁・桓武両帝の諱を避けるべきことが詔せられているところから、和銅四年の記事も、その趣旨に沿って「山部」を「山」に改めたのであるとした。土屋氏は実際の郷名も、山部から山となり、のち山字になったと考えている。

『続日本紀』の郷名「山」は、土屋氏のいうような避諱の結果であって、現実には「山部郷」であったと理解すべきであろう。多胡郡の建郡は、延暦四年をはるかにさかのぼり、はたしてそのような避諱が及んだのか、という疑問があるかも知れない。しかし、避諱によって過去の文献の書き換えが行われるのは当然のことであり、『続日本紀』においても、撰上時の天皇である桓武とその父光仁については、即位前は「諱」と書くのが例である。これらも原資料では、本来「山部王」ないし「白壁王」とあったはずである。「山部」郷が「山」郷に改められても不思議ではない。[25]ただ、山部郷→山郷→山字郷という変遷があったかどうかは確かでなく、「山」郷は『続日本紀』の字面上だけ

にとどまった表記である可能性も少なくないであろう。上野国分寺跡出土の瓦に、往々「山字」という郷名を箆書きしたものがみられるが、これらの瓦は上野国分寺の修造期、平安時代前期の瓦と判断されている。[26]こうした資料の存在は、「山字郷」の起源が古いことを示すであろう。なお、前述の法隆寺資財帳の記載によって、山部郷の五十戸が、天平十年四月に法隆寺の永代の封戸とされたことが知られる。この五十戸とは、おそらく山部郷全郷を指すものであろう。この場合、封戸に指定されたのが山部郷であるのは、すでに指摘されている山部氏と法隆寺との深いかかわりを念頭におくと興味深い。[27]

次に「給羊、成多胡郡」は、上記の六里つまり三百戸が多胡郡となったことを示す。しかし、ここで問題なのは、「羊」の意味である。古来、多胡碑に関する論考は数多いが、その主要な関心は、この文字の解釈に注がれてきたといっても過言ではないであろう。「羊」に関する従来の諸説は、大別して㈠誤字説、㈡省画・通用字説、㈢動物説、㈣方角説、㈤人名説などとなる。いまその一々について吟味する余裕はないが、[28]㈠誤字説や㈡省画・通用字とする説は、よほどの必然性が認められない限り、採るべきではなかろう。たとえば、仮に従来いわれているように、「羊」が「年」の誤りであるとみた場合、これほど字画が大きく明確な碑文において、なぜこのように明白な誤りが起こったのかという疑問を禁じえない。また、「羊」が「養」あるいは「群」「蓋」などの省画字として使用されることが他にあるとしても、この碑文のこの箇所で、なぜその省画字が用いられねばならなかったかが、説明されねばならないであろう。文字の省画や通用ということは、中国や日本の古い金石文に珍しくはない現象であるが、それらはおおむね篆・隷などの書体か、その影響を残す古い書体の金石文にみられるところであって、しかも同一金石文中に複数の例のあるのが普通である。多胡碑のように楷書の碑文中の、ただ一箇所にそのような例があるとするのは、不自然の感を免れないであろう。この碑文の場合、「羊」は「羊」として考えてゆくのがまず前提であろうと考えられる。

そうなると可能性として挙げられるのは、やはり㈢㈣㈤の解釈である。このうち㈣の方角説は、「羊」を方位に当てて南方を表すとする考えである。多胡郡が国府からみて南西に位置することは確かであるが、碑文の中でことさらその方位にふれる必要ははたしてあったのであろうか。さらに「羊」を方角と解すると、その上の「給」は、上文に続けて「郡と成し給い」とでも読むほかなくなるが、この碑文では、他に同様な助動詞を使用できる箇所があるにもかかわらず、それが行われてはいない。ここに例外を認めるのは、やはり疑問であろう。また、㈢の動物説というのは、建郡に当たって氈を製作するために必要な羊を支給したと解する説である。『延喜式』主計上には、下野国の特産品として氈がみえ、下野ではその製作のため羊が飼養されていたことが推定できる。動物説では、隣接する上野国でも同様なことが行われたと類推し、文字通り羊の支給があったとするのである。この解釈は、文字面に即した解釈という点では、最も無理のないものといえるが、かなめとなる上野国での氈生産が立証されておらず、そこに大きな問題を残しているといえる。

以上のように、㈠～㈣の各説それぞれに難点があるが、さらにそれらすべてに共通する疑問がある。それは「給羊」の二字を挟む前後の文が、ともに郡と成すという事実にふれていて、それを繰り返す形になっていることである。㈠㈡説は論外としても、㈢㈣説の場合、「羊のかた三百戸、多胡郡と成し給う」とか、「三百戸、羊を給いて多胡郡と成す」とかあっても、一向に差し支えないばかりでなく、その方が文は明確になる。「成郡」といったうえで、さらに「成多胡郡」といった理由が、これらの説では理解できないといえよう。

そこで注目されるのが、㈤の人名説である。人名説にもいろいろあるが、今日有力なのは尾崎喜左雄氏の、「羊」を名とみる説であろう。この場合、羊は初代の郡領の名であって、「羊に給す」とは、羊を郡領に任じたことを意味すると解釈されている。『令集解』(選叙令)に引く大宝令の注釈書、「古記」は、郡司にはまず国造の家柄の人物を採れ、という法文に注して「必ず国造の人を取りて給わらるべし」といっているから、確かにこのような場合、「給う」という言い方がされておかしくないということになる。この尾崎説に従えば、「給羊、成多胡郡」の箇所は、初代郡司と郡名の決定を述べていることになり、この一句が生きてくることは注意されるべきであろう。なお尾崎氏は、羊は氏姓をもたない渡来系の人物であったかとされているが、渡来人には確かに無姓の者が少なくない。『続日本紀』にみえる武蔵国埼玉郡の新羅人、徳師（天平五年六月二日条）や、上野国の新羅人、子午足（天平神護二年五月八日条）などはその例である。また渡来人に直接は結びつかないが、羊（比都自、比津自とも）という人名は古代に例が多い[29]。

ただ碑文のこの部分が、初代郡司と郡名の決定を述べているとすると、別に次のような解釈もありうるのではなかろうか。即ち羊は多胡氏一族の人物で、その姓を採って郡名とした可能性である。それには、多胡建郡後程なく、霊亀元年（七一五）七月に行われた美濃国での建郡例が参考となろう（『続日本紀』同月丙午条）。この時、尾張国の人、外従八位上の席田君迩近と新羅人七十四家が美濃国に貫され、「席田」郡が設置されている。席田君迩近は恐らく新郡の初代郡司に任ぜられた人物で、その姓が郡名になったとみられる。この例は多胡建郡に年代上近いばかりでなく、当時の尾張守が、かつての多胡建郡時の上野守、平群安麻呂その人であった点でも注目される。多胡郡の場合も、これと同様な形で郡名が定められた可能性は捨てがたいのではあるまいか。そう解すると、「羊に給い、多胡郡と成す」は、その前の「郡と成す」とは別に、独自の重みをもって生きてくることとなる。ただ古代の多胡郡内に多胡氏の存在は今のところ確認できない。また多胡氏出身者も、『続日本紀』神亀三年（七二六）正月庚子条にみえる多胡吉師手なる人物が知られるだけで、上野国との関係は不明である。従ってこの解釈に固執するつもりはないが、一案として記しておく。

「和銅四年三月九日甲寅宣」は、弁官による建郡の命令が、同日に宣告されたことを示している。前述のとおり、多胡建郡のことを記した『続日本紀』の記事は、それを三月六日の条に掛けており、三日の違いがある。これは六日が建郡決定の日、九日が公示の日と解すればよいであろう。なお「宣」とあるから、この弁官の命はおそらく成文化される一方で、直接関係方面に宣示されたものとみられる。

宣の内容が、どのような形で在地に通達されたかについては、後述の「弁官符」をめぐっても問題となるが、原則的にはなんらかの文書の形をとって上野国にもたらされ、関係する郡・里の人々にその内容が伝達されたであろう。すなわち養老令には、

凡そ詔勅を頒行せんに、百姓の事に関わらば、行下して郷に至らば、みな里長・坊長をして部内を巡歴せしめ、百姓に宣示し、人をして暁悉せしめよ。

とある(公式令75詔勅頒行条)。同様な規定は大宝令にもすでに存在したと考えられ、人々の生活にかかわる詔勅は、実効のほどはともかく、庶民にも通報されたとみてよい。多胡郡建置の場合は、特に詔勅が出されたわけではないが、手続き的には太政官が天皇に奏上して、勅許を得たはずであって(公式令3論奏式条)、詔勅と同様の措置が執られたとみてよかろう。

「左中弁正五位下多治比真人」は、その位階からみて、多治比真人三宅麻呂とするのが通説である。「真人」の下は若干余白を残して改行されており、この人名は、上文の「宣」を行った人として理解すべきであろう。

「太政官二品穂積親王」。穂積親王は天武天皇の皇子で、この当時、知太政官事の地位にあった。「太政官」は、知太政官事の意味とみられる。

「左太臣正二位石上尊」は、当時の左大臣石上朝臣麻呂を指す。年号の「大宝」が、大宝二年戸籍(正倉院文書)で「太宝」と書かれているように、「太」は「大」と通用した。「尊」はミコトで、ここは貴人への尊称として使われて

いる。正倉院文書には、書状の宛先に対する尊称として用いた例がみえる。[30] 正倉院文書の実例をみると、この尊称は姓に付しても名に付しても用いられたことが知られる。

「右太臣正二位藤原尊」は、藤原朝臣不比等である。穂積親王以下の三人の名は、当時の太政官上層部の在職者を列記したものであろう。

語句の解釈は以上のとおりであるが、全文にかかわる大きな問題は、「弁官符」の性格いかんである。「弁官符」については、従来太政官符の異称とする説が有力である。しかし、弁官符は太政官符と同義に解してよいであろうか。『令集解』(公式令13符式条)から復元される大宝令の太政官符の書式は、次のとおりである。

太政官符㆓其国司㆒

其事云々。符到奉行。

大弁位姓名　　史位姓名

年月日　使人位姓名

碑文が弁官符の内容を反映しているとしても、その書式や内容を正確に伝えていないことは充分に予想されるから、碑文がこの書式に合わないからといって、弁官符が太政官符でない証拠とはいえない。しかし「符到奉行」という規定の文言を欠くことや、日付・署名の位置など、相違は大きい。また、碑文の撰者が太政官符という一般的な称呼を捨て、なぜことさら「弁官符」という特異な名称を用いたのかという疑問も湧いてこよう。

このような観点から提起されたのが、弁官符という独自の文書形式があったのではないかとする拙見である。[31] この説ではまず、奈良時代に弁官の宣によって制度の改訂が施行されている例のあることが注意されている。それは左のような場合である。

㈠右大弁宣（『令集解』職員令27鼓吹司条「伴記」所引）

兵部式。吹部等、起二十月一日一尽二二月卅日一、合五箇月間、教二習鼓角一、以二二月一日一試二習才業一、即帰二本郷一。畿内吹部等、五十以上、不レ得二吹習一者免レ之。和銅二年六月十二日、右大弁官宣レ之。

㈡弁官口宣（『令集解』儀制令8祥瑞条「釈」「古記」所引）

治部例云、養老四年正月一日弁官口宣依改二常例一。太政官申符瑞者、大瑞已下、皆悉省加二勘当一、申二送弁官一。但上瑞已下、更造二奏文一、十二月終進二太政官一。

㈢左弁官口宣（『古語拾遺』所引）

又勝宝九歳左弁官口宣、自レ今以後、伊勢大神宮幣帛使、専用二中臣一、勿レ差二他姓一者。

東野説では、このような弁官の宣が下達される場合、口頭で伝達されるのとならんで、「弁官符」という文書の形を採ることもあったのではないかと推測している。こう考えると、穂積親王以下の名が列記されているのはどう解するかということになるが、国郡の廃置は弁官の専決事項ではなく、太政官の論奏を経て決せられる規定であるので、それを示す意味で議政官上層部の名を記したのであろうとする。

この説は、従来太政官符の内容を簡略にしか伝えていないとされてきた碑文の文面について、「弁官符」という独自の文書が存在し、その内容が比較的よく反映されている可能性を考えたところに特色がある。しかし、「弁官符」が実際に存在したかどうかは、なお不明といわなければならない。

これに対し、「弁官符」は、大宝令に定める下達文書の一つ、勅符の異称とする森田悌氏の説がある。(32)この説では、「弁官符」を太政官符と同一視することはできないとすると同時に、弁官符という独自の文書があったことも否定する。この説でも、碑文の内容が弁官の宣したものであったことは認めるのであるが、一般に宣と符の関係は、上位のものの宣を受けて下位のものが符に作成する、というのが普通であり、弁官が宣と符の作成の双方にあずかることはありえないと説く。これはもっともな批判であろう。

そこで森田説の注目するのが勅符である。この場合の勅符とは、大宝令制下で天皇の命を伝えるため、太政官の弁官で作成された文書のことである。その詳しい書式は、大宝令が散逸しているので明らかではないが、書き出しは、「勅符其国司位姓等」(勅して其の国司位姓らに符す)であったらしい。それは『令集解』公式令符式条に引く「古記」から復元できる。同じ「古記」には、「太政官、勅符を為《つく》りて遣わし宣せしむ」とあって、勅符は使者によって宣示されたことも分かる。

碑文の内容が弁官の命令から出ていること、またその命令が左中弁によって宣せられていることは、このような勅符の特徴とよく合致する。ただ勅符には、太政官の公卿の署名などはなかったとみられ、碑文の三名の人名を勅符に結び付けることはできない。しかし、勅が下された際、それを奉じた公卿の名が、左中弁による宣示のときに称えられた可能性はある。森田説は、このような観点から、碑文の弁官符は勅符の異称であると結論づけた。

森田説は、たしかに従来の説の不備を突いた新しい解釈といえよう。しかし、森田説をもってしても、碑文の弁官符をめぐる謎が充分に説明されたとはいえないようである。ただちに浮かぶ疑問は、弁官符が勅符の異称ならば、なぜ碑文に弁官符ではなく、勅符と記されなかったのかということであろう。森田説ではこの点について、勅符は「太政官の勅符」(「古記」)とも呼ばれたことに注目し、この太政官は直接には弁官を指すわけであるから、勅符は弁官とかかわり深い文書と認識されていたと考えてよく、勅符が弁官符と称されてもよかったのだとしている。ただ碑文は、在地における建郡の記念碑である。たとえ勅符が弁官符と呼ばれることがあったとしても、伝えられた命令が勅符であったなら、より権威があるとみられる「勅符」の語が、そのまま採られるとみるべきではなかろうか。太政官符と言い換えるならともかく、ことさら弁官符と改めねばならないほど、弁官符という名称が一般的であったとは考えにくい。

森田説に関する疑点は、このほかにもある。前述の「古記」によると、勅符には大弁が署名するとあるが、碑文には大弁の名がみえない。この当時少なくとも右大弁として、正四位下の石川朝臣宮麻呂が在任したことは確かであり、その名がないのは、勅符としては不審である。第二の疑問は、勅符の宣示ということである。前述のように、勅符は太政官から特別の使者を立てて宣示させたようであり、これは内容の重大さと緊急性を重んじたためであったとみられる。養老令では太政官の発する勅符は廃止され、飛駅による勅符のみが制度として残されたが、これも双方の役割に類似するところがあったからであろう。森田説では、多胡郡新設を伝えるため派遣された使者を、碑文にみえる多治比真人に当てている。しかし、新郡の設置は、左中弁が直接上野国に出向いて宣示しなければならないような緊急を要する大事であろうか。なるほど国郡の廃置は、公式令でも太政官の論奏によると定めた重大事項の一つではある。しかし、多胡郡新置の場合、これを早速現地に出かけて宣下しなければならないほどの理由は見いだせないであろう。こうした政策の下達について思い浮かぶのは、諸国から上京して、考課・報告の文書等を進上した朝集使の存在である。朝集使は冬に上京し、少なくとも翌年の夏ごろまでは在京していた[33]。『続日本紀』によれば、碑文の日付の翌年に当たる和銅五年五月十七日には、諸国の朝集使に詔が下されており、五月の在京が確かめられるだけでなく、彼らが詔を地方に伝達したことも推定できる。新郡設置のようなことがらは、特別の事情がない限り、この朝集使に伝達するだけで充分だったのではなかろうか。急ぐなら朝集使の一員が在地に帰還して報告すれば事足りるはずである。森田説のように、多胡郡建置のことが勅符で下命され、わざわざ弁官が上野国まで赴いたとするのは、事々しすぎるといわねばならない。

このようにみてくると、どの説にも難点があるが、これまでの諸説を通じて、次のことが明らかになってきたとみてよい。すなわち碑文の「弁官符」を太政官符や勅符といった、公式令規定の公文書に当てはめて解釈することは困難であるということである。また、「弁官符」という独自の書式を想定することも、森田説のいうように無理がある。従来の諸説は、いずれも「符」の文字に拘泥して、これを文書形式として理解しようとしてきたわけであるが、この点に再考の要がでてきたことになる。

それにつけて注意されるのは、平城京跡から出土した長屋王家関係の木簡中に、左のような文書があることである。

(一)(表)大命以符牟射広足等　(中略)

(裏)(中略)又太御巫進出　附田辺史地主　五月十七日 家令 家扶

(二)(表)以大命宣黄文万呂 国足

(裏)朱沙矣価計而進出　別采色入筥今□

いずれも符または宣という形で「大命《おおみこと》」(この場合は家の主人の命令)を下達した文書である。(34) この二点を含む大量の木簡は、前節の山ノ上碑の所でも述べたように、和銅四年より霊亀二年(七一六)に至る間のものと判断されている。多胡碑とほぼ同時期の史料といってよい。ここで「大命」の下達は「符」ないし「宣」で行われているが、その性格に本質的な差があるとは考えられない。また、(一)の「符」は公式令の書式とまったく異なり、それと無関係なことは明白である。おそらく「大命以符」や「以大命宣」は、「大命を以ておおす」とか「大命を以てのる」と読ませたのであって、双方とも同義に相違ない。「符」は、命令の意味をもつ和語への当て字に過ぎないであろう。(35) ここでは「符」は「宣」に近い意味で用いられているとみてよい。このような非漢文的性格は、書き出しだけでなく全体にわたってみられ、たとえば(二)の文中の「矣」は、助詞の「を」を万葉仮名で表記したものである。このような文体の文書が和銅年間ごろにみられることは、碑文の「弁官符」を考えるうえに大いに参考となる。新郡の設置に関する弁官の命令が、木簡のような用字・文体の文書で伝達された可能性も考えられるのではなかろうか。碑文がそれを受けて記されたとすれば、「弁官符」は、文書形式の符と関係なく、「弁官おおす」の意に解してよいことになる。そうなると、碑文中の「三月九日甲寅宣」も、「符」と矛盾しないし、碑の文章に漢文的でない要素が目立つことも、当然のこととして理解できる。「弁官符」を文書形式として考えることが困難であり、他方に前引のような木簡文書が出現したことを考慮すると、断定はできないが、いまのところ碑文は、そのような和文的命令文書に基づくと解するのが妥当ではないかと考える。その場合この命令は、先述の弁官宣の一種ととらえられよう。

ただ碑文が、弁官宣をどのような形で載せているのかは、にわかに決めにくい。先述のとおり弁官宣は、弁官から宣示されるとともに、文書としても下達された。したがって碑文との関係は、左の三つの場合が考えられる。

㈠宣示された弁官宣を聞き取って記された文書が碑文に載せられている。
㈡文書として下達された弁官宣が、そのまま載せられている。
㈢右の㈠㈡いずれかの文書に省略、改変などを施して載せている。

碑文と用字・文体において類似する前記のような木簡文書が存在することからすれば、㈡の可能性も決して少なくないであろう。その場合、碑文末尾の人名をどう解するかも問題となろうが、宣の内容が弁官専決の結果ではなく、太政官上層部の論奏を経た結果であることを示す意味で、弁官宣の末尾に本来列記されていたことも考えられてよい。

以上の考察を踏まえ、碑文が弁官宣の原型をとどめているものとして読み下せば、次のようになろう。

弁官符す。上野国の片岡郡・緑野郡・甘良郡并せて三郡の内、三百戸を郡と成し、羊に給いて多胡郡と成せ。和銅四年三月九日甲寅に宣る。左中弁・正五位下多治比真人。

図58 新羅真興王磨雲嶺碑

太政官・二品穂積親王、左太臣・正二位石上尊、右太臣・正二位藤原尊。

なお弁官宣と碑文との関係をどのように考えるにせよ、碑文中の年月日は碑の建立年代を直接示すものではない。しかし、本碑が建郡の記念碑である以上、その建立年代も和銅四年をさほど下らないとみるのが妥当であろう。

これまで多胡碑の碑文の内容についてみてきたが、碑文の書風も、本碑を有名にしている一要素である。本碑の書風は、瘞鶴銘（梁、陶弘景の筆か）など、中国六朝時代の石刻に比せられることが多い。たしかに拓影などでみれば、線の太い豪放さが強調され、六朝の摩崖碑に通うものがある。しかし、実物についてみると、その刻字ははるかに引き締まっており、結体もほぼ完成された楷書で、六朝の石刻にみるような隷書的筆法や大らかな気分は稀薄である。清朝の潘存孺・楊守敬の編になる『楷法溯源』が、本碑を楷書の一例として採用しているのも偶然ではなかろう。この碑の書に古い要素を求めるとすれば、穂積親王の「積親王」のようにきわだって右上りの字がある一方、「左中弁」「左太臣」の「左」のように、右下りの字がある点である。このような特徴は、偏旁の不均衡とともに、六朝の金石文等にはしばしばみられるところである。しかし、前節でみた山ノ上碑や後述する金井沢碑の書のような古風さに比べれば、本碑の書は明らかに新しいといわなければならない。

次に、本碑の形態についてみよう。この碑は台石の上に直方体の碑身を立て、上に長方形の笠石を載せる構造となっている。このような形式は、中国でも七世紀末以降の例しか知られておらず[36]、日本でも類例としては那須国造碑(七〇〇年ごろ)、阿波国造粟凡直弟臣墓碑(七二三年)がある程度である。ただ朝鮮の古碑には、五世紀後半にできた新羅真興王巡狩碑のうち、北漢山碑や磨雲嶺碑(図58)のように、当初はこの形式であったことが明らかな例がある[37]。中国の七世紀末以降の碑では、笠石があるとはいっても全体に装飾性が顕著で、朝鮮や日本の諸碑とは異質である。山ノ上碑や金井沢碑とは別の意味で、この碑形についても朝鮮からの渡来文化とのかかわりが想定できよう。

なお現状では確認できなくなっているが、碑身の下部南面には「国」の字が刻まれているという[38]。この刻字は、敗戦直後の昭和二十年九月、多胡碑を含む上野三碑が占領軍を恐れて一時埋納された時に見いだされたが、翌年十月、碑が元の場所に再建されるに当たり、台石が取り除かれてコンクリートが打たれ、みることができなくなっている[39]。この「国」の字の意味については、今後の検討にまちたい。

ともあれ多胡碑は、全国的にみても唯一の建郡の碑というばかりでなく、奈良時代初めごろの文書の用字・文体、および書風を伝えている点でも第一級の史料といえよう。

五　金井沢碑銘文の解釈

金井沢碑は、山ノ上碑の西北の高崎市山名町にあり、丘陵の中腹に所在している。碑の原所在については諸説があるが、元来、現在地に近い所にあったとみてよい[40]。山ノ上碑と同様、自然石に刻まれた碑で、石質は安山岩である。碑文は字数一一二字にのぼる長いもので、九行にわたっているが、碑面の形状に制約されて一行の字数などはそろっ

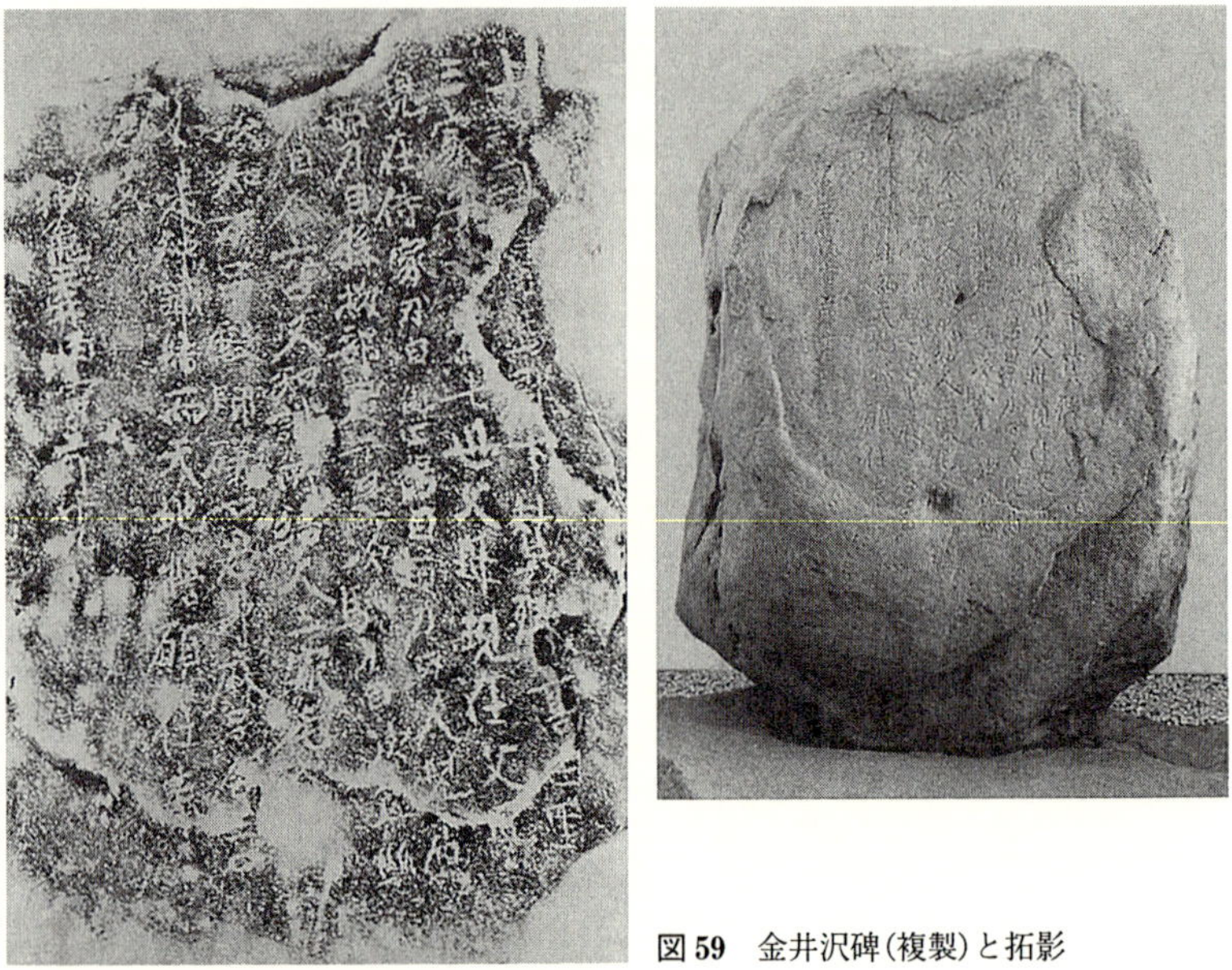

図59　金井沢碑(複製)と拓影

ていない。碑文の内容は、八世紀前半ごろの氏族の結合のあり方や、信仰を知るうえで興味深いものである。全文は次の通りである。

上野国群馬郡下賛郷高田里
三家子孫、為七世父母・現在父母、
現在侍家刀自・他田君目頬刀自、又児加
那刀自、孫物部君午足、次馴刀自、次乙馴
刀自、合六口、又知識所結人三家毛人、
次知万呂、鍛師礒部君身麻呂、合三口、
如是知識結而天地誓願仕奉
石文
神亀三年丙寅二月廿九日

この碑文は次のように読むことができる。

上野国群馬郡下賛郷高田里の三家の子孫、七世父母・現在父母の為めに、現に在し侍る家刀自・他田君目頬刀自、又児なる加那刀自、孫の物部君午足、次に馴刀自、次に乙馴刀自、合わせて六口、又知識結う所の人三家毛人、次に知万呂、鍛師の礒部君身麻呂、合わせて三口、是の如く知識結いて、天地に誓願《こいちか》いて仕え奉る石文。

神亀三年丙寅二月廿九日

文章に即して詳しく内容をみてゆくと、「下賛郷」はシモサノノサトで、山ノ上碑の項でも採り上げた佐野という地名にかかわるとみられる。国名の「讃岐」の例から、この「賛」をサヌと読む説がある[41]が、賛が讃と同様、漢字の韻尾までを利用した仮名であることはたしかとしても、必ずしも末尾にu音がついたとは断ぜられず、o音の可能性も残る。

「高田里」は、下賛郷の下に置かれた里の名である。大宝令による地方行政区画は、国―郡―里で構成されていたが、霊亀三年(七一七)の改制によって国―郡―郷―里に改められた。従来の里が郷になり、その下に里が設けられたわけである[42]。この制度は天平十二年(七四〇)初めごろまで継続し、その後は国―郡―郷の制度となる。郡―郷―里の制度は、一般に郷里制と称されるが、金井沢碑の年代はこの郷里制施行期間に当たり、下賛郷高田里は、郷里制施行の一実例である。郷里制下の地名には、後代に受け継がれなかったものが少なくない。下賛郷が『和名類聚抄』に現れず、高田里の所在地が明瞭でないのも、主としてそこに原因がある。

「三家」は、おそらく下佐野の地にかつて置かれていたミヤケであり、通説のように山ノ上碑にみえる佐野三家とみてよい。

「三家の子孫」とは、佐野三家の経営を預ってきた家柄の子孫ということであろう。直接には、以下にみえる現在侍家刀自・他田君目頬刀自・加那刀自・物部君午足・駅刀自・乙駅刀自の六名を指し、「又知識所結人」以下は含まないと考えられる。

「七世父母・現在父母の為めに」、という文言は、この碑文の背景に仏教思想のあることを示している。

「七世父母の為め」という文言は、七～八世紀の造像銘や写経奥書に例が多い。それに比べ「現在父母の為めに」とある例は少ないが、法隆寺献納宝物中の甲寅年光背銘（東京国立博物館蔵、推定五九四年）に、「奉為現在父母、敬造釈迦像一軀」（現在父母の奉為に、敬んで釈迦像一軀を造る）とある例や、医王寺蔵の大般若経巻四八〇に付せられた次の跋語が挙げられよう。

天平十七年七月六日、林連白刀自女、写仕奉大般若経一巻。依㆓是功徳㆒、七世父母・現在父母・六親眷属、令㆘解㆓脱八難処㆒、及㆗諸人㆖（下略）

また、下文の「現在侍家刀自」との関連で、この「現在父母」をすでに死亡していると解する意見もあるが、[43] 甲寅年光背の銘文では、「現在父母」を受けて、その「現身安隠」を願っており、現在父母をまったくの慣用句とみなす理由が見いだせない以上、やはり現存する父母と解すべきであろう。

「現在侍家刀自」以下の六名は「三家子孫」としての一族であり、したがって山ノ上碑にみえる健守命の子孫とも同族ということになろう。家刀自の姓氏については、三家姓と解する説がある。[44] その蓋然性は否定できないが、単に「三家の子孫」としかないことや、後段に「三家毛人」という人名がみえることからすると、かえって三家姓以外の姓であった可能性も強いように思われる。少なくとも無条件に三家姓であったとは認めにくい。たとえ他姓であっても、当事者にとってはあまりに自明のことであったため、明記されなかったとも考えられよう。

なおこの「現在侍家刀自」以下の六名は、「現在父母」の子孫の世代と考えられるが、その血縁関係について尾崎喜左雄氏は左図のように復元している（尾崎氏は碑文中の「他田君」を「池田君」と読んでいるが、ここでは原碑に従って「他田君」に改める）。

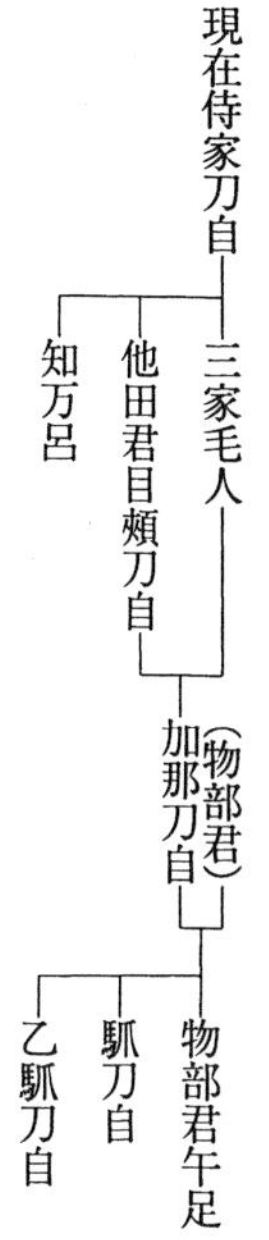

三家毛人と他田君目頬刀自を兄弟で且夫婦としている点、何らかの誤りがあるかとも思われるが、それよりも問題なのは、後段に知識を結んだ人として現れる三家毛人と知万呂を系譜に取り込んだことであろう。この二名は文意からいっても当然、「三家子孫」から除外されるべきである。このような視点から系譜の復元を試みたのが関口裕子氏であって、氏は左のような案を示している。(45)

関口氏は、文中に「他田君目頬刀自、又児加那刀自」とあるのは、加那刀自の姓が母と同じであるため省略されたに相違ないとし、その姓は他田君であり、加那刀自は目頬刀自の「児」と考えた。関口氏の復元の根拠を逐一ここに紹介することはできないが、関口氏はこの碑の作られた八世紀前半には、すでに姓の父系継承が制度的にも確立していたとの立場から、同じ家系に属する人物に異姓の者が混じってくるのは、父方の姓が継承されたものとして、上記のような復元案を導いている。関口氏はこうした復元を基に、この碑文によって姓は父系継承されているにもかかわらず、現実の社会的な結合は女系を通じてなされていた状況が看取できるとし、金井沢碑を東国豪族の家族形態や血縁集団を考える重要な史料と位置づけたのであった。

関口氏の案は、尾崎案より数歩を進めたものであり、やや循環論法的なきらいはあるものの、いまのところもっとも拠るべき系譜復元といえるであろう。ただ金井沢碑の文が整ってはいないため、なお確実とはいえない部分が残っている。まず第一は、他田君目頰刀自と加那刀自との血縁関係である。関口氏はこれを母子関係としたが、文中「又児」と記されている点は、この結論に疑問を挟む余地を残していよう。もし単なる母子関係ならば、単に「児」でよいと思われるからである。碑文中「又」の字は、「又知識所結人」という形で後段にも使用されているが、それは関口氏もいうように、それ以前の六人と区別する意味で挿入されているとみてよい。とすれば加那刀自は、むしろ他田君目頰刀自には直接つながらない可能性もあるのではなかろうか。

第二に右の点にも関連して問題なのは、関口案によると、碑文作成の核ともいうべき「現在侍家刀自」の子孫が、父系母系を問わず、碑文に現れてこないことである。前述のとおり尾崎氏の復元には問題があるが、その結論はともあれ、「現在侍家刀自」を中心にした系譜復元には、学ぶべき点があるように思われる。そういう意味でも「又児加那刀自」以下は、目頰刀自と分離して考えた方がよいかも知れない。

第三に、これは尾崎案にも当てはまることであるが、目頰刀自を含め三世代の系譜を考えるのは、「現在父母」に対して年齢的に無理ではないかという疑問がある。かりに現在侍家刀自と目頰刀自が同世代の姉妹のような関係であったとしても、現在父母の曾孫に当たる世代が午足、馹刀自、乙馹刀自の三人を数える（いずれもおそらく幼児ではない）のはきわめて不自然ではなかろうか。かりに現在父母のうちの母が七十五歳とし、子や孫がそれぞれ二十歳ぐらいで生まれているとすると、家刀自や目頰刀自は五十五歳以下、加那刀自は三十五歳以下、物部午足は十五歳以下ということになってしまう。しかもこれは子・孫・曾孫がいずれも第一子か、それに近い子として考えた場合であり、実際には曾孫の年齢はさらに若くなるであろう。

このように考えてくると、関口氏の復元とは別に、次のような案も想定できると思われる。すなわち「又児加那刀自」の「児」を「現在父母」に対する称として考える案である。現在侍家刀自や他田君目頬刀自は、現在父母の子である可能性が高いと考えられるが、「又児」は「さらにもう一人の子」の意味で挿入されていると理解できないであろうか。「孫物部君午足」以下も、現在父母の孫とすれば年齢的に自然である。その場合、物部午足らの母を、必ずしも加那刀自と限定する必要はなく、むしろ現在侍家刀自とのかかわりで考えるべきかも知れない。

碑文に即して考えると、以上のような解釈もまったく成り立たないわけではない。むしろ碑文全体の趣旨からすれば、現在父母の孫の世代までが関与しているとみる方が妥当と考えられる。

ただ以上のような案を採るにしても、関口氏が指摘した、現実の結合が女系に依存しているという状況は当てはまるのであって、本碑の意義の一つを、そこに求めることは正しいといってよいであろう。

なお、この六人の氏姓について付言すると、現在侍家刀自と加那刀自は不明としなければならず、他田君も他にみえない。物部姓については、奈良時代の例として、緑野郡における物部鳥麻呂、甘楽郡における物部蜷淵などが知られる(46)。

また、駅刀自と乙駅刀自の上には「次」の字が付せられており、これは後段の知万呂についても同じである。この「次」は兄弟姉妹の序列を表すもので、『上宮記』『海部氏系図』『和気氏系図』などの古い系図や、大宝二年(七〇二)の御野国戸籍(正倉院文書)にも用いられている。碑文では人員の単位に「口」が使われているが、これも戸籍・計帳で用いられる単位であることを考えると、これらの部分には籍帳など公文書の用語、体例が影響している可能性も考えられよう。

次に「知識」であるが、知識は仏教信仰をともにする集団やその寄進にかかる財物をも意味する。ここは信仰集団の意である。集団を形成することを「結う」と表現している。

「知識所結人」として挙げられた三名については、三家毛人と知万呂が兄弟であるというだけで、「三家子孫」との具体的関係は明らかでない。「儀部」氏に関しては、天平神護二年(七六六)五月に物部公を賜姓された儀部牛麻呂が古くから有名である(『続日本紀』)。牛麻呂は甘楽郡の人であるが、両人の間に何らかのつながりがあるかどうかは明らかでない。しかし、碑文に物部君姓がみえることと合わせ、この地における氏族関係をうかがううえに、注目される事例といえる。

本文末尾の「石文」は、漢字「碑」の和語を表記したものであろう。

さて「七世父母・現在父母」「知識」「誓願」等の用語や全体の文意からみて、この碑が七世父母の菩提と現在父母の安隠を祈って造立された仏教的な碑であることは疑いない。この碑文が東国における仏教受容の一例証とされてきたのは首肯できよう。ただ注意すべきは、通常の仏教信仰では律し切れない要素が、この碑文の誓願には含まれていることである。すなわちこの碑文では、誓願の対象が「天地」となっている。尾崎喜左雄氏はこの「天地」を仏(ほとけ)と解しているが、その解釈にはにわかに従えない。「天地」は素直に読めば和語の「あめつち」と解するよりほかはないと思われる。もし誓願対象が仏ならば、直接「仏」と書けば済むことであろう。それでは「あめつち」をいかに解するかということになるが、「あめつち」には、天の神、地の神の意がある。[47]碑文の「天地」も、まずはその意味と理解される。しかし、前記のような用語からして、これが純粋な神祇信仰の産物とは考えられない。むしろここには仏もまた神であるとする思想が反映しているのではなかろうか。仏が外国の神とみられたことは、有名な『日本書紀』の仏教伝来記事にみえる「蕃神」(欽明天皇十三年十月条)の語や、『元興寺縁起』(醍醐寺本『諸寺縁起集』所収)にみえる「他国神」の語などからも指摘されている。碑文の「天地」は、このような意識が依然として存在していたことを示すものであろう。この点においても金井沢碑は、仏教受容の史料として独自の意味をもつといわねばならない。

最後に碑文の書や形態について、簡単に述べておこう。この碑の書や形態は、第三節で採り上げた山ノ上碑と共通するところが多い。書体は山ノ上碑同様、古い特徴を備えており、たとえば「次」の字の旁が著しく右肩下りに書かれているのは、隷書体の特色を受けたものといえる。このような形は漢代の碑などにも多く現れる。また、自然石を用いた碑形は、やはり古代朝鮮の碑に源流を求めるべきものであろう。

(1)　拙稿「上野三碑管見」(『日本古代木簡の研究』塙書房、一九八三年)。
(2)　黒板勝美「上野三碑調査報告」(内務省『史蹟精査報告』一、一九二六年)。
(3)　尾崎喜左雄『上野三碑の研究』(尾崎喜左雄先生著書刊行会、一九八〇年)。以下の尾崎氏の見解も、特に断らない限り、本書による。
(4)　辻憲男「山名村碑」(上代文献を読む会『古京遺文注釈』桜楓社、一九八九年)。
(5)　直木孝次郎『日本古代国家の構造』(青木書店、一九五八年)。
(6)　狩野久「御食国と膳氏」(『日本古代の国家と都城』東京大学出版会、一九九〇年)。
(7)　尾崎喜左雄注(3)前掲書及び「上毛野の「野」の訓は「ぬ」」(『日本歴史』三一〇号、一九七四年)。
(8)　「上代語概説」(上代語辞典編修委員会『時代別国語大辞典』上代編、三省堂、一九八三年)。
(9)　工藤力男「木簡類による和名抄地名の考察」(『木簡研究』一二号、一九九〇年)。
(10)　群馬県史編さん委員会『群馬県史』資料編三(一九八一年)資料四〇参照。
(11)　同右資料編二(一九八六年)一三〇頁、同右資料編四(一九八五年)史料四二。
(12)　同右資料編四、一一六八頁以下。
(13)　義江明子『日本古代の氏の構造』(吉川弘文館、一九八六年)。
(14)　関口裕子「日本古代家族の規定的血縁紐帯について」(井上光貞博士還暦記念会『古代史論叢』中、吉川弘文館、一九七八年)。
(15) 注(12)前掲書、史料解説「山上碑銘」。
(16) 同右。
(17) 長屋王家木簡の文体については、拙稿「長屋王家木簡の文体と用語」(『長屋王家木簡の研究』塙書房、一九九六年)参照。
(18) 加藤諄「山ノ上碑解説」(『書道全集』九、平凡社、一九五四年)。
(19) 潘重規編『敦煌俗字譜』(石門図書公司、一九七八年)参照。
(20) 拙著『木簡が語る日本の古代』(岩波書店、同時代ライブラリー、一九九七年)一六〇頁以下参照。
(21) 平野邦雄「秦氏の研究」(『史学雑誌』七〇‐三・四、一九六一年)。
(22) 鎌田元一「律令制国名表記の成立」(『律令公民制の研究』塙書房、二〇〇一年)。
(23) 注(3)に同じ。
(24) 土屋文明『万葉集上野国歌私注』(煥乎堂、一九七九年)一三〜一五頁。
(25) 関口功一「上野国多胡郡山部郷に関する覚書」(『信濃』三六‐一一、一九八四年)、拙稿「山部郷と山字郷——古代史料と避諱」(『群馬県史資料編四 しおり』一九八五年)。
(26) 注(10)前掲書資料編二、資料八六。
(27) 拙稿「大宝令前の官職をめぐる二、三の問題——大・少納言、博士、比売朝臣」(注(17)前掲書)二九三頁、岸俊男「山部連と斑鳩の地」(『日本古代文物の研究』塙書房、一九八八年)、本書三〇一頁。
(28) 諸説の概要については、三間重敏「建多胡郡弁官碑」(注(4)前掲書)参照。
(29) 阿部武彦『氏姓』(至文堂、一九六〇年)一四九頁、岸俊男「十二支と古代人名」(『日本古代籍帳の研究』塙書房、一九七三年)。
(30) 一例として、『寧楽遺文』下、九五三頁、九五五頁など。
(31) 注(1)拙稿。
(32) 森田悌「上野国多胡建郡碑の弁官符について」(『続日本紀研究』二六六号、一九八九年)。

(33) 坂本太郎「朝集使考」(『日本古代史の基礎的研究』下、東京大学出版会、一九六四年)。

(34) 注(17)拙稿参照。

(35) 拙稿「日本語論」(注(17)前掲書)一一九頁以下参照。なお唐招提寺文書の家屋資財請返解案(奈良国立文化財研究所『唐招提寺史料』第一、一九七一年、『寧楽遺文』中、六四三頁)には、「職乃符波久、汝何申事」との一節がある。これは「職(京職)の符はく、汝が申す事」と読むべきもので、『字鏡抄』では「苻」(符)に「ノタマフ」の訓があるのが注意されよう。この文書の釈文全体については、橋本義則「「唐招提寺文書」天之巻第一号文書「家屋資財請返解案」について」(『平安宮成立史の研究』塙書房、一九九五年)参照。

(36) 関野貞『支那碑碣形式の変遷』(座右宝刊行会、一九三五年)。

(37) 朝鮮総督府『古蹟調査報告』大正五年度、崔南善「新羅真興王の在来三碑と新出現の磨雲嶺碑」(『青丘学叢』二、一九三〇年)。

(38) 注(3)に同じ。

(39) 群馬県教育委員会文化財保護課保管の「多胡碑隠蔵及び復旧に関する文書」。

(40) 注(12)前掲書、史料解説「金井沢碑銘」。

(41) 尾崎喜左雄注(7)前掲論文。

(42) 鎌田元一「郷里制の施行と霊亀元年式」(注(22)前掲書)。

(43) 注(3)に同じ。

(44) 尾崎喜左雄注(3)前掲書、関口裕子注(14)前掲論文。

(45) 注(14)に同じ。

(46) 注(10)前掲書資料編四、二二〇頁、二八二頁。

(47) 『万葉集』巻二〇、四四八七番歌など。

補注　多胡碑については、古くから出拓用の模造碑が作られており、一部にそれらのいずれかを真碑、ないし真碑の写しとする、いわゆる多胡碑偽作説がある。しかしこれらの模造碑は、現多胡碑に近世二次的に加刻された筆画を踏襲していて、オリジナルなものでないことが明白である。拙稿「古代金石文と『耳比磨利帖』」(奈良大学『文化財学報』二二号、二〇〇四年)参照。

第十章　聖武天皇勅書銅版

一　はじめに

日本史研究の基礎となる史料は、書風や文体の上でそれぞれに時代の特色を具えている。古代の場合も例外ではない。しかし古代の史料は量的に限られており、早くから活字化が進んだこともあって、近年に至るまで肉筆資料としての意義が論じられることは概して少なかった。これは、古くから古文書学が発達し、書風が史料分析の手掛りともされてきた中世以降の時代と大きく異なるところであろう。正倉院文書の焼付写真や影印版が研究者の間に流布し、また木簡等の肉筆資料が増加したこともあって、古代史についても近年この方面への関心は高まってきているが、書や文体という視点から史料を見直すことは、今後さらに積極的に行う必要がある。それは史料翻刻や編纂・整理上不可欠であるばかりでなく、いままで以上に史料から豊富な情報を引き出せるという点で、特に注目されねばならない。金石文についても事情は同じである。ここではその具体例として、とかくの議論がある聖武天皇勅書銅版をとりあげ、その書風や文章が古代史の研究上いかなる意義を有するかを論じてみよう。

二　勅書銅版銘の稿本とその筆者

聖武天皇勅書銅版は、古くから東大寺に伝来したもので、明治初年、皇室に献じられて、現在は正倉院に蔵されている。縦三二・七センチメートル、横二〇・六センチメートル、罫線を刻み、表裏とも十四行にわたって長文の銘を刻んでいる。[1]

この銘文については、すでに早く喜田貞吉氏が検討を加え、表裏それぞれに書風、刻法を異にしていて、表面が古いとみられること、表裏とも内容的に時代のかなり降ったころの偽作であろうことを論じている。[2] この結論はその後の研究に大きな影響を与え、裏面はもちろん、古い方の表面の銘についても、疑惑をもってながめられる端緒となった。確かに裏面の銘は、その書風・内容からいって平安後期のものであることは疑いなく、今日それは定説化しているといってよかろう。

しかし表面の銘については、なお不確定の要素が残っているのも事実である。ここで問題とするのもその表面の銘であるが、行論の便宜上、銘の原文を次に掲げておこう。

菩薩戒弟子皇帝沙弥勝満、稽二首十方三世諸仏法僧一。去天平十三年歳次辛巳春二月十四日、朕発レ願称、広為二蒼生一、遍求二景福一。天下諸国、各合敬二造金光明四天王護国之僧寺一、并写二金光明最勝王経十部一。住僧廿人、施二封五十戸、水田十町一。又於二其寺一、造二七重塔一区一、別写二金字金光明最勝王経一部一、安二置塔中一。又造二法華滅罪之尼寺一、并写二妙法蓮華経十部一。住尼十人、水田十町。所レ冀、聖法之盛、与二天地一而永流、擁護之恩、被二幽明一而恒満。天地神祇、共相和順、恒将二福慶一、永護二国家一。開闢已降、先帝尊霊、長幸二珠林一、同遊二宝刹一。又願太上天皇、

図 60　聖武天皇勅書銅版(表面)

太皇后藤原氏、皇太子已下、親王及大臣等、同資二此福一、俱到二彼岸一。藤原氏先後太政太臣、及皇后先妣従一位橘氏太夫人之霊識、恒奉二先帝一而陪二遊浄土一、長顧二後代一而常衛二聖朝一。乃至自レ古已来至二於今日一、身為二大臣一、竭レ忠奉レ国者、及見在子孫、俱因二此福一、各継二前範一、堅守二君臣之礼一、長紹二父祖之名一、広給二群生一、通該二庶品一、同辞二愛網一、共出二塵籠一者。今以二天平勝宝五年正月十五日一、荘厳已畢、仍置二塔中一。伏願、前日之志、悉皆成就。
若有二後代聖主賢卿一、承成二此願一、乾坤致レ福。愚君拙臣、改替二此願一、神明効レ訓。

この銘が既往の研究で偽銘とされている論拠をまとめると、㈠天平勝宝五年（七五三）の年紀が文中にみえるにもかかわらず、記載内容にはそれ以降でなければありえない表現があること、㈡典拠となった天平十三年（七四一）二月の国分寺創建の詔を引き誤ったとみるべき表現がみられること、の二点に集約できる。[3]

即ちまず㈠についてみると、文中の用語のうち「藤原氏先後太政太臣」[4]が問題である。藤原氏から複数の太政大臣が出るのは、贈太政大臣不比等に加え、天平宝字四年（七六〇）に武智麻呂・房前に対して太政大臣が贈られて以後のことである。㈡については後にとりあげるが、少なくとも表面の銘文も、天平宝字四年以降のものであることは認めねばならないであろう。「先後太政太臣」を「先考太政太臣」の誤りとみる説もあるが、「先考」ならば当然「先考藤原氏太政太臣」とあるべきで、「藤原氏」が「先考」に先んじて置かれるとは考えられない。

このようにみてくると、中井真孝氏や鈴木景二氏が、この銘を平安前期以降に降そうとしたのももっともなところがあるといえよう。特に中井氏は、『延暦僧録』（延暦七年〈七八八〉成立）[5]の聖武天皇菩薩伝に、この銘と類似の文が存在することを指摘し、銅版銘が『延暦僧録』を典拠として撰文されていると論じている。[6]この指摘は、年代決定の具体的手掛りとして注目されるものの、問題がないわけではない。即ち双方の間に引用関係があるとはいえても、いずれが先行するかは、にわかに断じられないからである。『延暦僧録』の同伝が、造東大寺司の解を引用しているというような事実[7]に着目すれば、『延暦僧録』の撰者、思託は東大寺関係の史料を利用しえたに相違なく、この場合、直接ではないにせよ勅書銅版銘の文を参照したとも考えられる。そうなれば、中井氏とは逆の結論も成り立つ余地があろう。

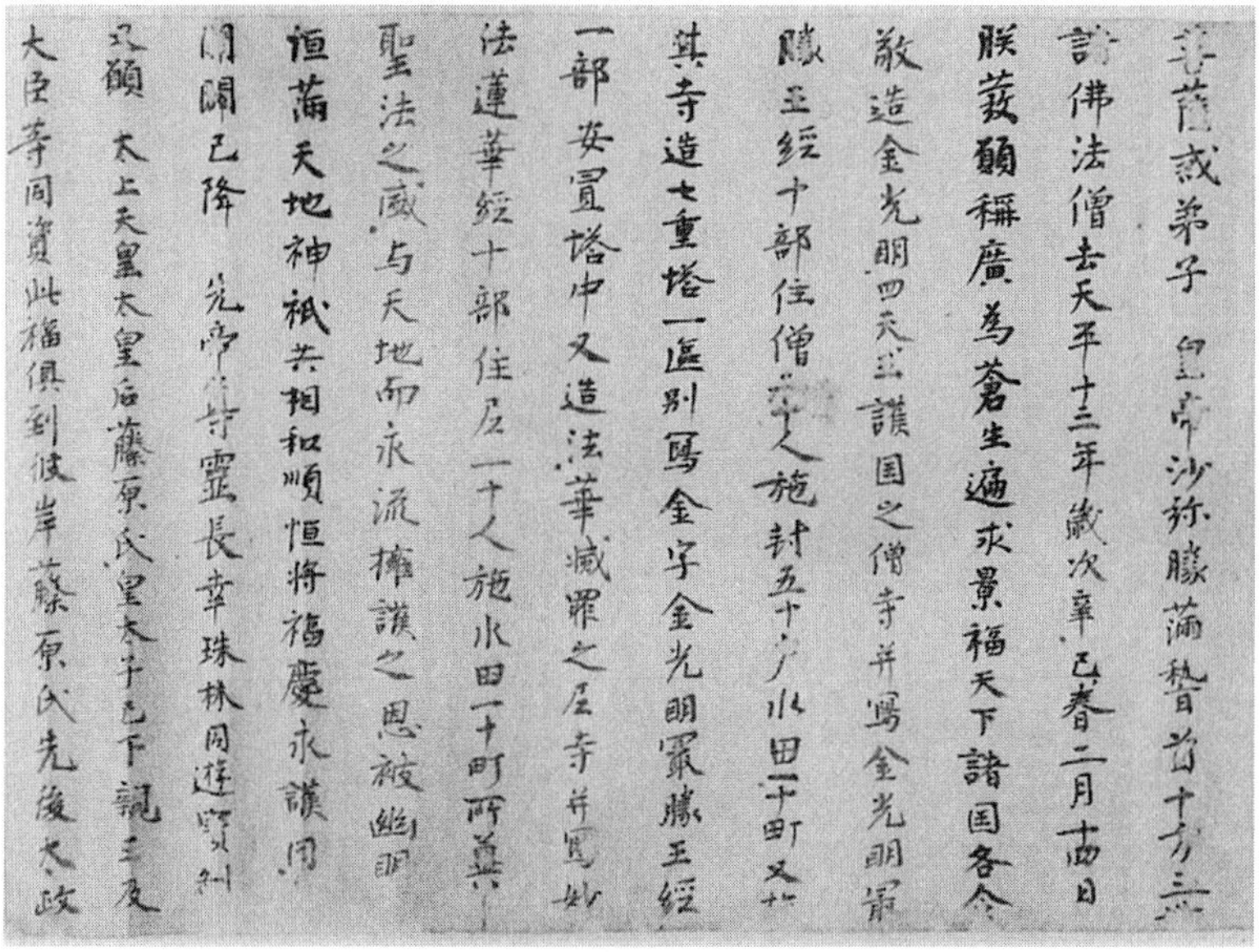
菩薩戒弟子 皇帝沙弥勝満稽首十方三
諸佛法僧去天平十三年歳次辛巳春二月十四日
朕發願稱廣為蒼生遍求景福天下諸国各令
敬造金光明四天王護国之僧寺并写金光明最
勝王経十部住僧廿人施封五十戸水田十町又於
其寺造七重塔一區別寫金字金光明最勝王経
一部安置塔中又造法華滅罪之尼寺并写妙
法蓮華経十部住尼十人施水田十町所冀
聖法之盛与天地而永流擁護之恩被幽明
而恒満天地神祇共相和順恒将福慶永護国
開闢已降 先帝尊霊長幸珠林同遊寶刹
又願 太上天皇太皇后藤原氏皇太子已下親王及
大臣等同資此福倶到彼岸藤原氏先後太政

図 61　勅書銅版銘文稿本(部分　正倉院文書続修 1 巻)

かくて銅版の作成年代を決定するには、何らかの新しい史料ないし方法が要求されることになるが、そうしたものは果たして存在するであろうか。そこで注目されるのが正倉院文書続修巻頭の「国分銘文刻版稿」と名付けられた文書である(図61)。この文書の内容は銅版銘表面分の全文と合致し、銅版銘の成立を考える重要な手掛りとみられるが、早く内藤乾吉氏が言及しているほかは、[8]『大日本古文書』に収録されなかったこともあって、学界の注目をひかなかった。近年になって鈴木景二氏が、内藤氏の指摘とは全く別にこの文書を詳しくとりあげ、東京大学史料編纂所や正倉院事務所の調査結果をふまえつつ、この文書と銅版銘の間には若干の文字の出入りがあること、文書全体に圏点、墨点、角筆様圧痕などがみられること、これらは文書の文章を銘文に刻むにあたり、字数や字配りを調整した結果を示すことなどを明らかにした。[9]即ちこの文書は銅版銘を写したものではなく、まさしく銅版銘の稿本と考えられる。しかしながら鈴木氏の研究では、肝心の稿本の年代について、平安時代に降る可能性が示唆されているものの、必ずしも明らかにされているとはいいがたい。

そこで注目したいのが、この稿本の書風である。これと酷似する筆蹟が、正倉院文書中に存在している。たとえばこの稿本を、図62～65の文書と比較されたい。「写」の字の特徴ある字形や、「又」「文」の右下にはらう筆法の特色、「直」と「置」など、一見して同筆であることが看取されよう。図62の文書は、天平末年から天平宝字末年にかけて、

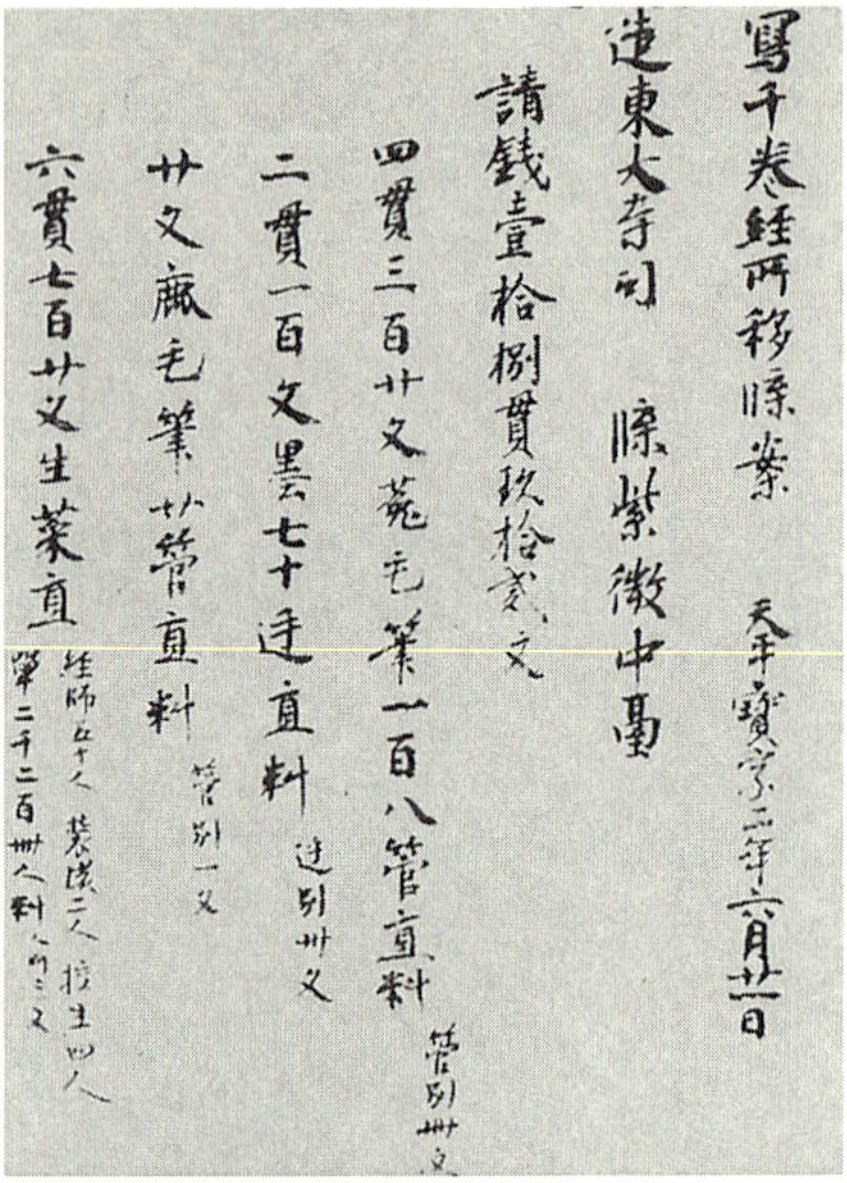
寫千巻經所移牒案　天平寶字二年六月廿日
造東大寺司　牒紫微中臺
請錢壹拾捌貫玖拾文
四貫三百廿文菟毛筆一百八管直料
二貫一百文墨七十廷直料
廿文鹿毛筆廿管直料
六貫七百廿文生菜直

図 62

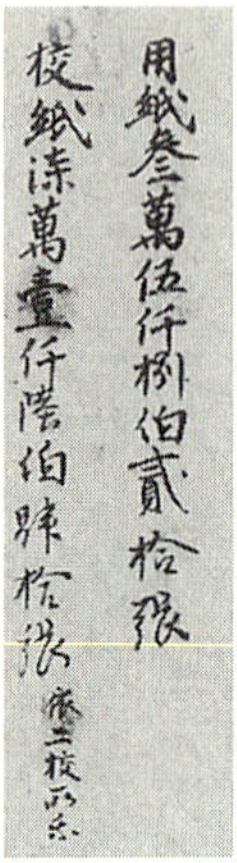
用紙參萬伍仟捌伯貳拾張
校紙漆萬壹仟陸伯肆拾張

図 63

无位廣田毛人

図 64

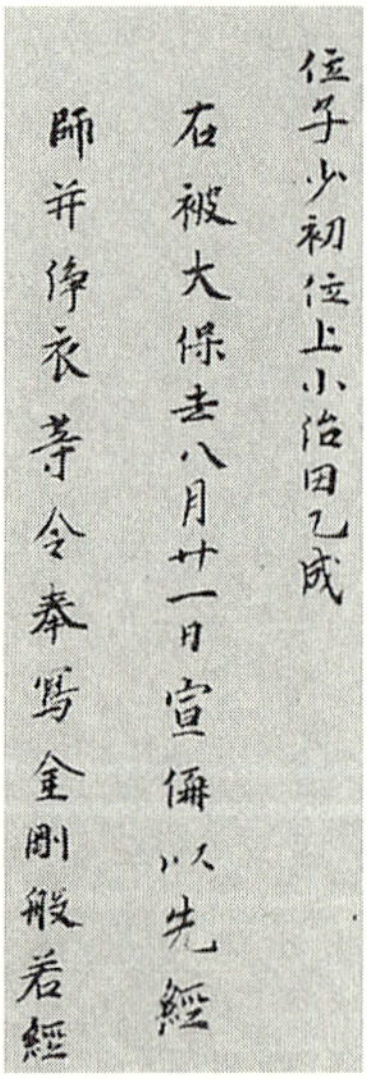
位子少初位上小治田乙成
右被大保去八月廿一日宣偁以先經
師并浄衣等令奉寫金剛般若經

図 65

図 62　造東大寺司牒案（正倉院文書続々修 8 帙 19 巻〔『大日本古文書』13，242 頁〕）
図 63・64　東寺写経所解（正倉院文書続修別集 20 巻〔『大日本古文書』4，301 頁〕）
図 65　造東大寺司移案（正倉院文書続々修 8 帙 20 巻〔『大日本古文書』14，171 頁〕）

主に造東大寺司の下級官人として活躍した安都雄足の筆になり、天平宝字二年六月二十一日の日付をもつ造東大寺司牒案の一部である。同じ安都雄足の筆になる他の文書には、稿本の「祇」とよく似た結体を示す「紙」や、「經」「廣」の字もみえる(図63・64・65)。即ち銅版銘の稿本は、安都雄足の書いたものであった。この文書の筆者を同定した見解としては、さきに内藤乾吉氏の上馬養筆とする説があるが、(10)上馬養の筆蹟とは明らかに書風が異なり、これは遺憾ながら失考といわざるを得ない。

かくて銅版銘の稿本が安都雄足の手によって書かれているとなると、銅版銘の年代はいかに考えられるであろうか。銅版の製作における雄足の役割は明らかでないが、まずおさえておくべきは、安都雄足の活動年代からいって稿本の年代は天平宝字末年を降ることはなく、したがって銅版の年代もそれと連動して考えられるということであろう。さきに銅版銘文中の用語から、その文章が天平宝字四年を遡らないことにふれたが、稿本ひいては銅版銘の作成年代は、天平宝字年間の後半に求められる。厳密には、このように年代が限定できるのは稿本のみであって、銅版はよほどのちになって作成されたといえないこともないが、それは極めて不自然な推定であろう。そのことは、銅版銘文が作られた背景を考えることによって明らかになると思われる。

三　勅書銅版銘の作成意図

銅版銘が述べているのは、天平勝宝五年(七五三)正月十五日を以て荘厳がおわったので、塔中に安置するという事実である。この塔とは、東大寺の七重塔であることは言を俟たない。即ち銅版の製作は、東大寺の東西両塔の完成と密接な関わりをもっているということになる。このことは早く福山敏男氏の注意したところであって、福山氏は東大寺東西塔の建立年代を論じた際、西塔の完成は天平勝宝年間と推定されるとし、銅版銘の日付がおおむねこれと合致することに注目している[11]。しかし福山氏も「たとひこの銅版文の作られたのが、天平勝宝当時より少しく年代の降るものであるにしても」と留保をつけているように、銅版銘の年代は天平勝宝五年にまであがらない。この点をいかに考えるかであるが、ここで看過できないのは、福山氏の研究でも明らかなように、東大寺の東塔が天平宝字六〜八年(七六二〜七六四)に完成を迎えつつあったことである。銅版銘は東西両塔の完成を目前にして、東塔に納めるべくのころ作成されたと考えてよいのではあるまいか。遡って西塔完成の日付たる天平勝宝五年正月の日付が入れられたのも、東西両塔の造営が急がれていながら遅延した経過や、西塔の立柱が同年三月ごろであったらしいことをみれば理解できるし、その際、詔中の人物の顔ぶれや地位が、天平宝字の時点にふさわしく改められたことも納得できよう。

一方、銅版銘の書風も、この時期のものと見なしてよいと判断される。これまで銅版銘を平安時代に降す見方があったのは、この銘の書風を暗黙裏に新しいと認めた結果であろう。確かにこの銘の書は、典型的な奈良朝風とはいえず、必ずしも名筆ともいえまい。しかし平安初頭を降るような新しいものでないことは確かと思われる。細部の筆法で特徴的なのは、辵の転折部に円を作る書き方であるが、こうした筆法は古く丙戌年(朱鳥元、六八六)の金剛場陀羅尼経にみえ、また延暦六年(七八七)書写の瑜伽師地論[12](大徳寺蔵)の奥書にも現れている。全体の雰囲気は、東大寺大仏殿前の銅八角燈籠銘に頗る近いものがある[13]。いずれにせよ、奈良時代後半の書として何ら問題はなかろう。

なおそれに関連して注意しておきたいのは、これまで銅版銘の誤りのようにいわれがちであった「太皇后藤原氏」の箇所が、決して誤りとはみられないことである。この箇所は、天平十三年(七四一)の国分寺建立詔では「太夫人藤原氏、及皇后藤原氏」となっており、銅版銘は同語の重なりからくる目移りで、「夫人藤原氏及」の六字を脱したとする論者が多い。このような解釈が生じる背後には、「太皇后」という一見耳慣れない称号がみえることや、銅版銘を後世の作とする予見も作用しているように思われるが、前述した正倉院文書の稿本でも字句に異同がないことからすれば、単なる誤りとは言えないであろう。これは銘文の作者が、天平勝宝・宝字にはすでに没している藤原宮子を除いたうえ、国分寺建立に助言し、藤原仲麻呂の後ろ楯でもあった光明皇太后をクローズアップさせたものと考えられる。現に『続日本紀』にのせる宣命(天平宝字六年六月庚戌および神護景雲三年十月乙未)には、光明皇后をさして「太皇后」と呼ぶ例があり、「太皇后」は単なる皇后への敬称ではなく、当時光明皇后(皇太后)をさす尊称であった可能性がある。

銅版銘が天平宝字末年に作成されたであろうことは、金字金光明最勝王経の書写事業の進捗状況とも矛盾しない。栄原永遠男氏によれば、東大寺塔や諸国国分寺に納める金字金光明経は、正倉院文書によって、天平末年ごろに書写を終わったものの、装潢されないまま存置され、天平勝宝六〜七年に至って漸く軸が下充されたことが知られる。[14] 前にも述べたとおり、銅版は元来金字経とともに塔に納めるよう作成されたとみられるが、金字経の仕上げが天平勝宝末年とすれば、銅版の作成もそれ以後に行われたとみるのが自然である。

このように考えて想起されるのは、天平宝字七年八月十日付の経所解(正倉院文書)にみえる「銅銘二枚」である。[15] この解は造東大寺司宛に銅銘二枚を返上した際の文書とみられる。

この記事については他に関連史料もなく、「銅銘」がいかなるものかも不明である。しかしいま問題としている銅版が東大寺に関わるものである以上、真物とすれば造東大寺司での作成とみてよく、それが写経所関係文書に現れて不審はないと、かねてより考えてきた。[16] 新たな徴証が確認できたわけではないものの、文書の年代は銅版銘が作られたとみられる時期に合致してきたわけで、双方が同一物である可能性は、一段と強くなってきたとみてよいであろう。ただいささか問題となるのは、文書にみえる銅版銘が「二枚」となっていることである。しかし東西両塔が建立されている以上、経典も両塔に奉納されたことは充分考えられる。東西両塔それぞれに銅版が用意されたと考えて不自然ではなかろう。

こうしてみてくると、銅版銘は、天平宝字七年ごろ、東大寺塔に金字金光明最勝王経を納めるに当たって作成されたと考えられる。このような由来をもつ銅版が塔外に出ることは本来ありえないが、鈴木景二氏が論じたとおり、平安後期にはこの銅版の表裏銘が参照されており、承平四年（九三四）の西塔の被災を契機に東大寺の寺宝として保存されるようになったとみられる。[17] 銅版には火中の痕跡などはないようであり、その点では銅版以外の納置物もとり出された可能性があるが、注目されるのは、それとおぼしき遺品が伝存していることである。

その一つは、いうまでもなく紫紙金字の金光明経である。現在いわゆる国分寺経として尊重されている同経が、高野山龍光院その他に分蔵されているが、これらのうちには、やはり東大寺の分が混っているとみるべきではなかろうか。

そう推定されるのは、正倉院に同経の帙が残っているからである。この経帙は、紫地鳳凰文の錦を使用し、「依天平十四年歳在壬午春二月十四日勅、天下諸国毎塔安置金字金光明最勝王経」（天平十四年歳は壬午に在る春二月十四日の勅に依り、天下諸国塔ごとに金字金光明最勝王経を安置す）の文字を織り出した意匠で有名であるが、その詳しい伝来は明らかでない。しかしこの帙が東大寺に伝わったものであることは確かであり、銅版を添えた金字経に伴う帙とみて誤りあるまい。おそらく銅版と同様、東塔所用のものではなかったか。ふつう帙は巻子十巻を一括するから、東西両塔それぞれに一帙ずつが納められていたのかも知れない。なおこの帙に織り出された「天平十四年」という年紀については、『続日本紀』や『類聚三代格』にみえる国分寺建立詔とくい違うため、種々の議論があるが、それについては次節で改めてふれることにしたい。

四　古代金石文の年紀と実年代

これまで述べたところにより、史料の検討に当たって、その筆者、書風、文章からする視点が重要な意味を持つことは理解していただけたと思う。しかもこうした方法によって勅書銅版の史料的性格が明らかになったことは、単にそれのみにとどまらぬ意義がある。これは古代金石文の年紀と実年代の関係を、どのように理解するかという問題にとって、またとない事例が提供されたことになるからである。

周知のとおり古代の金石文は、史料の限られた古代史において、常に重要な史料とされてきた。しかし金石文に書かれた年代や事実が、果たしてそのまま信頼できるかどうかをめぐって、幾多の議論があることもまた認めねばならない。いま著名な例を二、三あげてみても、法隆寺金堂薬師像の光背銘は、銘文中の丁卯年(推古天皇十五年、六〇七)よりはるかに降った七世紀末ごろのものとする説が有力であり[18]、丁丑年(天武天皇六年、六七七)の年紀がある小野毛人墓誌も、八世紀初めの製作とされている[19]。また法隆寺献納宝物の辛亥年銘観音立像は、銘文の年月日が発願の日付であって像の完成年月とは見なしがたく、製作年代は辛亥年(白雉二年、六五一)より降るとしなければならない[20]。しかもこれらのように比較的異論が少なかったり、問題なく推定可能な例はよいとして、他に論者によって説の分かれている金石文は少なくない。その場合、大別して二種があり、一つは銘文に年紀があるにもかかわらず、その年紀より製作がおくれるとされるもの、もう一つは、銘文の干支紀年を何年に当てるかで諸説のあるものである。船王後墓誌[21]や先にとりあげた勅書銅版は第一の例、長谷寺法華説相図銅板や法隆寺献納宝物の丙寅年銘半跏像などは第二の例、第一・第二双方の問題を含むのが野中寺弥勒像である。

こうした問題のある金石文を考えるに当たって、勅書銅版が果たす役割は大きいと思われる。まず銅版銘の考察から導かれる重要な事実をあげると、

㈠銘文の作成に際して遡った年月日が入れられている。

㈡銘文には、年紀と矛盾する、作成時点現在の用語も用いられている。

の二点に集約できよう。従来の常識では、このような特徴をもつ金石文は、極端にいえば時代の降る偽銘といわれても致し方ない。またもし銘文の年紀が干支や十二支で表されていたならば、用語の示唆する年代まで降して考えるのが穏当とされたであろう。しかし勅書銅版の「天平勝宝五年」という年紀が捏造や錯誤でないことは、上にみたとおりである。問題があるとすれば、塔の完成を聖武天皇の在世中であるかのように記している点であって、そこに作為性を認めることができよう。金石文が、事実そのままを記すのでなく、後世へ残すという記念的性格の故に虚偽の記述を行いがちであることはよく指摘されるが、勅書銅版の場合は、銘文というものがいかに作為されるか、その史料価値をいかに読みとるべきかを考えさせる稀有の例といってよい。

このような銘文がある以上、他にも類似の性格をもつ金石文が存在しても不思議はあるまい。即ち先に関説した法隆寺金堂薬師像銘、小野毛人墓誌、辛亥年観音像銘などがまさにそれに当たると思われ、説の分かれている長谷寺法華説相図銅板銘も、この観点からながめてみる必要がある。

法華説相図銅板銘は、いま前半の一部を欠損しているが、造塔の功徳を述べ「天皇陛下」(飛鳥清御原大宮治天下天皇)のために千仏多宝仏塔(銅板)を作って豊山(長谷)に安置し、その聖蹟を永久に伝えるとともに、発願者一同千仏にまみえることを願う文になっている。その部分は左のとおりである。

粤以、奉㆓為天皇陛下㆒、敬造㆓千仏多宝仏塔㆒。上厝㆓舎利㆒、仲擬㆓全身㆒、下儀㆓並坐㆒。諸仏方位、菩薩囲繞、声聞独

覚翼レ聖、金剛師子振レ威。伏惟、聖帝超二金輪一同二逸多一。真俗双流、化度无レ央。庶冀、永保二聖蹟一、欲レ令二不朽一。天地等レ固、法界无レ窮。莫レ若、崇拠二霊峯一、星漢洞照、恒秘二瑞巌一、金石相堅。敬銘二其辞一曰、遥哉上覚、至矣大仙。理帰二絶妙一、事通二感縁一。釈天真像、降二茲豊山一、鷲峯宝塔、涌二此心泉一。負レ錫来遊、調レ琴練行。披レ林晏坐、寧レ枕熟定。乗二斯勝善一、同帰二実相一、壱投二賢劫一、倶値二千聖一。歳次二降婁一、漆兎上旬、道明率二引捌拾許人一、奉二為飛鳥清御原大宮治天下天皇一敬造。

銘文の末尾にみえる「歳は降婁に次る漆兎上旬」の「降婁」は戌、「漆兎」は七月であって、戌年の七月上旬を意味する。また「飛鳥清御原大宮治天下天皇」は天武天皇か持統天皇である。したがってこの銘（ひいては銅板そのもの）の成立年代を、㈠六八六年（朱鳥元年丙戌）、㈡六九八年（文武天皇二年戊戌）、㈢七一〇年（和銅三年庚戌）、㈣七二二年（養老六年壬戌）のいずれかとするのがこれまでの有力な見方である。[22]

しかしそのいずれが是かとなると定説はないというのが実状であろう。即ち㈠六八六年説をとれば、当時天武天皇は病床にあり、九月に崩ずるので発願事情としては最も説得力があるが、「飛鳥清御原大宮治天下天皇」という号が障害となる。「飛鳥」という表記は、同年七月二十日以後の制定とみられるし、[23]「某宮治天下天皇」という称は、多くはその天皇が没してからのものと考えられるからである。事実この天皇は、すでに没していたらしく、文中の「聖蹟」も、この銘文述作の範となった梁の光宅寺刹下銘を参照すると、既に没した天皇の遺跡をさしているとみられる。[24]亡き天皇を単に「天皇陛下」といっているのは奇異な観を与えるかもしれないが、これについては後述する。

㈡六九八年説や㈢七一〇年説をとれば、㈠説のもつこのような矛盾は解消される。ただこれらの説では、発願の動機を明瞭に説明できない。

㈣七二二年説は、銅板の製作を縁起の伝える長谷寺創建の年に関連させ、天武天皇のための造像と解釈する。この説に立つと、造像の理由は説明がつくが、何故年紀が年号でなく十二支を使って記されたのかが疑問となろう。このことは㈢七一〇年説にも当てはまる。もちろん大宝以降でも干支による年紀が全く用いられなかったわけではないが、この銅板銘の年紀部分を述作するに当たっても、直接参考とされたとみられる光宅寺刹下銘では、「天監六年歳次星紀月旅黄鐘」と年号が使われている。述作者がこの文を参照しながら年号を表記しなかったのは、年号がなかったか、いまだ一般化していなかったためと解すべきであろう。[25] 文中「帝」「天皇」を含む語に、闕字や平出の礼がとられていないことも、この銘が八世紀に降らないことを示唆すると考えられる。[26]

以上のように各説とも難点をもつが、いずれにせよこれらの説に共通するのは、銘文中の戌年を銅板製作の実年代とする考え方である。「道明、捌拾許人を率引して敬いて造る」とあっても、これを一概に年紀の時点での事実とみるのに問題があることは、勅書銅版の例を以てすれば明らかであろう。私はかつて、法華説相図銅板は天武天皇の病を機に、六八六年(丙戌)に発願されたものであったが、その完成はやや遅れて天皇の崩後になり、用語・表現にもその影響が現れていると考えたことがあった。六八六年五月から九月には、天皇の平癒を祈って様々な仏教的作善が行われている。法華説相図銅板が発願された動機として天皇の病を考えるのは、最も説得力に富むというべきであろう。ただこの解釈は、特に傍証もなく、推定にとどまらざるをえなかった。しかし勅書銅版のような実例が確認された以上、この推定も裏付けをえたといえるのではあるまいか。

それでは法華説相図銅板の完成はいつ頃であったかということになるが、ほぼ持統朝とみてよいであろう。それには六八六年に天武天皇の病のためなされた誓願が参考になる。『日本書紀』によれば六八六年九月、親王以下諸臣が川原寺で誓願を行ったことがみえるが、その成就のことはみえない。六九七年(持統十一)六月に至って、公卿百寮が「天皇の病」のために発願した仏像を造り、七月に薬師寺で開眼会を行ったとあるのが、その完成を示すと考えられる。

もっともこう考えるについては、六九七年の像を持統天皇のために発願された全く別の像とする説があることも注意される。[27] この説では、六月、七月に寺社の清掃、罪人の赦免などの作善がなされており、これは天皇その他貴人の不予の際の行事と類似していることに着目し、そこから当時持統天皇が病に臥していたことを推定する。しかしながらこれをもって持統天皇が不予であったとは必ずしも断ぜられない。もしそうであれば、罪人の赦宥も大赦規模のものであって然るべきであろう。むしろこれは、像の完成をまたずに天武天皇が崩じたことにかんがみ、天皇不予時の作善行事をいま一度再現し、天皇の病のための仏像を開眼する一連の儀礼としたのではなかろうか。かつて論じたように、「天皇の病のための仏像」という特異な表現からしても、開眼された仏像こそ、六八六年の誓願に応ずるものであったと考えたい。[28]

もちろん造像、製作といっても、様々な事情や条件の相違が考えられ、一概にいうことはできない。しかしこの例や勅書銅版の場合から推して、発願から完成まで十年前後の年月がかかることは珍しくないとみられる。銘文中の年紀から実年代を考えるに際しては、この程度のずれは想定しておく必要があろうし、文中の用語等についても、そうした目でみてゆくべきであろう。

法華説相図銅板と同様な問題をはらむ銘文としては、野中寺弥勒像台座銘があげられる。詳説はできないが、この銘文についても、「丙寅年」(六六六年)を干支一巡させて考えるというだけでなく、丙寅年は六六六年としたうえで、実年代を検討するという方向が模索されてよいのではあるまいか。[29]

勅書銅版から波及する問題の一部をみてきたが、最後に金字金光明最勝王経と直接かかわる経帙の銘について、もう一度ふれておこう。この経帙の作製年代は確定できないが、金字経の装潢がなされた天平勝宝末年を遡るとは考えられない。そうなるとそこに織り出された文字も、年紀と実年代のずれる銘文の一例といってよい。この銘字中、「天平十四年歳在壬午」という国分寺創建詔の年紀は、同詔がいつ発布されたかをめぐる議論のなかで、しばしば言及されてきた。国分寺創建関係の史料の中で、天平十四年という年紀を記すのはこれだけで、勅書銅版銘中の年紀とも異なっているのは不審であるが、以上のような作製年代や事情から判断すると、やはり年代をへだてたことに起因する錯誤とみるべきであろう。

五　おわりに

これまで勅書銅版銘およびその稿本の書と文章を検討することにより、銅版が天平宝字七年ごろ、東大寺の塔に納めるべく作製されたことを論じ、あわせてこの例が古代金石文の研究に及ぼす意義を述べてきた。書風や文章の研究が、史料の理解に役立つことを具体的に指摘できたのではないかと考える。他の様々な史料についても、なお一層このような観点から考察が加えられるよう願いつつ、擱筆することとしたい。

（1）『大日本古文書』二一、三九三頁、正倉院事務所編『正倉院古文書影印集成』五（八木書店、一九九一年）四頁、同『正倉院寶物』四（毎日新聞社、一九九四年）七九頁。
（2）喜田貞吉「国分寺の創設と東大寺の草創」（『喜田貞吉著作集』六、平凡社、一九八〇年。一九三八年初出）。
（3）研究史については、鈴木景二「聖武天皇勅書銅板と東大寺」（『奈良史学』五、一九八七年）参照。
（4）この銘文では、「太臣」「太夫人」など、「太」「大」の通用が見られる。
（5）後藤昭雄「『延暦僧録』考」（『平安朝漢文文献の研究』吉川弘文館、一九九三年）。

(6)　中井真孝「延暦僧録と国分寺建立勅」(『日本古代仏教制度史の研究』法蔵館、一九九一年)。
(7)　福山敏男『奈良朝の東大寺』(高桐書院、一九四七年)。
(8)　内藤乾吉「正倉院古文書の書道史的研究」(宮内庁正倉院事務所『正倉院の書蹟』日本経済新聞社、一九六四年)四五頁。
(9)　鈴木景二「正倉院文書続修第一巻の聖武太上天皇願文——聖武天皇勅書銅板関連文書」(奈良古代史談話会『奈良古代史論集』二、真陽社、一九九一年)。
(10)　注(8)に同じ。
(11)　注(7)に同じ。
(12)　平凡社『書道全集』一一(一九五五年)、図版一〇二。
(13)　大谷大学編『日本金石図録』(二玄社、一九七二年)参照。この銅八角燈籠については、銘や文様のある棹部を後補とする説もあった(井上正「八角燈籠」解説、奈良六大寺大観刊行会『奈良六大寺大観 東大寺一』岩波書店、一九七〇年参照)。ただ文化庁美術学芸課の伊藤信二氏の御教示によれば、保存修理に伴う解体の結果、簡単に棹が後補とは言えなくなったとのことである。補注参照。
(14)　集英社続日本紀研究会口頭発表、一九九二年。
(15)　『大日本古文書』五、四一三頁。
(16)　鈴木景二注(3)論文、注(27)参照。
(17)　鈴木景二注(3)、(9)論文。
(18)　福山敏男「法隆寺の金石文に関する二三の問題」(『夢殿』第一三冊、一九三五年)。
(19)　藪田嘉一郎『日本上代金石叢考』(河原書店、一九四九年)。
(20)　拙稿「『続日本紀』所載の漢文作品」(『日本古代木簡の研究』塙書房、一九八三年)。
(21)　拙稿「古代の墓誌」(本書第一部第二章)。
(22)　研究史及び最近の諸説については、片岡直樹「長谷寺銅板法華説相図考」(『仏教芸術』二〇八号、一九九三年)、同「長谷寺銅板法華説相図の制作背景」(『仏教芸術』二一五号、一九九四年)、大山誠一「長谷寺銅版法華説相図銘の年代と思想」、

「長谷寺法華説相図銘の年代をめぐる諸問題」（いずれも『長屋王家木簡と金石文』吉川弘文館、一九九八年）、森田悌「天皇の称号の一考察」（『政治経済史学』三三五、一九九四年）、同「長谷寺銅版説相図銘の考察」（『天皇号と須弥山』高科書店、一九九九年）参照。

(23) 吉永登「飛鳥時代の金石文」（『関西大学東西学術研究所紀要』五、一九七二年）、同「トブトリノ明日香」（『万葉——その探求』現代創造社、一九八一年）。

(24) 拙稿「飛鳥・白鳳の造像銘」（本書第一部第一章）、注(20)拙稿。

(25) 同右。

(26) 八世紀以降の金石文では、闕字がない場合、それを含む語句が行頭に置かれている。

(27) 笠原幸雄「持統十一年薬師寺造像について」（『弘前大学教養部文化紀要』二、一九六七年）。

(28) 持統紀には天武天皇を単に「天皇」と呼ぶ例があり、これもその一つであるが、法華説相図銅板の「天皇陛下」もその一例とすれば、必ずしも現存の天皇に結びつけなくてよい。拙稿「天皇号の成立年代について」（『正倉院文書と木簡の研究』塙書房、一九七七年）参照。

(29) この銘文の研究史や最近の説については、岩佐光晴「野中寺弥勒菩薩半跏像について」（『東京国立博物館紀要』二七号、一九九二年）、大山誠一「野中寺弥勒像の年代」（注(22)著書）、麻木脩平「再び野中寺弥勒像台座銘文を論ず——東野治之氏の反論に応える」（『仏教芸術』二六四号、二〇〇二年）参照。私見は本書序説七頁に挙げた拙稿参照。

〔付記〕本稿の論旨の一部は、成稿後発表した拙著『書の古代史』（岩波書店、一九九四年）でも略述した。なお成稿後刊行された関連する研究に、竹中康彦「天平十三年二月十四日勅に関する一考察」（続日本紀研究会編『続日本紀の時代』塙書房、一九九四年）がある。とくに論旨変更の必要は感じないが、あわせて参照されたい。

補注 銅八角燈籠の修理で発見された棹の刻字のうち「南」などは、第二画が強く左に払われ、第三画や第四画の縦画が短いことなど、新羅南山新城碑や丙寅年菩薩半跏像銘の「南」と共通する古式な特徴を備えている。文化庁・奈良県教育委員会編

『東大寺　国宝金銅八角燈籠修理報告書』(東大寺、一九九九年)、伊藤信二「東大寺金銅八角燈籠の新知見――方位銘を中心に」(『月刊文化財』四八八号、二〇〇四年)参照。

第十一章　薬師寺仏足石記と龍福寺石塔銘

一　薬師寺仏足石記

一九九七年九月から十月にかけて、国立歴史民俗博物館において「古代の碑――石に刻まれたメッセージ」と題する展示が行われた。私は二年前に阿部義平氏のもとで始まったこの展示の企画プロジェクトに加えていただき、阿部氏をはじめ、メンバーの諸氏から多くのことを学ぶことができた。ただ様々な制約の結果、展示図録(1)の内容には多くの誤りが生じた。私が分担したうちでも薬師寺仏足石記と龍福寺石塔銘に関しては、是非とも正されねばならないところがある。

まず仏足石記であるが、なるべく原文の用字に近づけるため、正字とそれ以外の当用漢字などを混用する方針で釈文を立てた。しかし印刷に当たってそれが守られず、また一部推測による釈文が、予定していた実物による確認が不充分なまま、残ってしまったところもある。その後、一九九八年八月十日、奈良国立博物館に出陳中の仏足石を、概略ではあるが好い条件のもとで調査できたので、その結果をもとり入れた釈文を、次に掲げる。

〔正面〕

1釋迦牟尼佛跡圖

2案西域傳云令摩掲陁國昔阿育王方精舍中有一大□
3有佛跡各長一尺八寸廣六寸輪相花文十指各異是佛
4欲涅槃北趣拘尸南望王城足所蹈處近為金耳國商迦□
5不信正法毀壞佛跡鑿已還生文相如故又捐□□
6中尋復本處今現圖寫所在流布觀佛三昧□
7若人見佛足跡内心敬重无量衆罪由比而滅今□(又カ)値□
8非有幸之所致乎又北印度鳥〔烏〕仗那國東北二百六十里
9入大山有龍泉河源春□(夏カ)含□晨夕飛雪有暴悪
10龍常雨水災如来往化令金剛神以杵撃□(岸カ)龍聞□
11怖歸依於佛恐悪心起留跡示之於泉南大石上現其□
12跡随心淺深量有長短今丘慈國城北四十里寺佛堂
13中玉石之上亦有佛跡齋日放光道俗至時同往□
14依觀佛三昧經佛在世時若有衆生見佛行者及
15見千輻輪相即除千劫極重悪罪佛去世後想
16佛行者亦除千劫極重悪業雖不想行見佛迹者見
17像行者歩歩之中亦除千劫極重悪業觀如来
18足下平満不容一毛足下千輻輪相轂輞具足魚鱗相次
19金剛杵相足跟亦有梵王頂相衆蠡之相不遇諸悪

20是為休祥

〔左側面〕

1大唐使人王玄策向中天竺鹿
2野薗中轉法輪□(處カ)因見
3跡得轉寫搭是第一本
4日本使人黄書本實向
5大唐国於普光寺得轉
6寫搭是第二本此本在
7右京四條一坊禪院向禪
8院壇披見神跡敬轉寫
9搭是第三本従天平勝
10寶五年歳次关巳七月十五日盡
11廿七日并一十三箇日作□檀
12主従三位智努王以天平勝
13寶四年歳次壬辰九月七日
14改王字成文室真人智努
15畫師越田安万書寫

16神石手□□□□人足
17近仕□□□□人

〔左側面右下〕

知識家口男女大小

〔左側面方画外右〕

三国真人浄足

〔左側面第十行方画外下〕

三国真人浄足

〔背面〕

1至心發願為
2亡夫人従四位下
3茨田郡主法
4名良式敬寫
5釋迦如来神

6跡伏願夫人
7之霊駕遊
8无勝之妙邦
9受□□之
10聖□永脱有
11漏高證无為同
12霑三界共契一真

〔右側面〕
1諸行无常
2諸法无我
3涅槃寂静

〔正面右端下方〕
觀(横位置)

この仏足石記については、これまでの研究史をふまえ、斎藤理恵子氏が堪念な釈読を発表しておられ、(2)それに加えるべきことはほとんどないといってよい。右の釈文も、この意味では何ら掲げるに値しないのであるが、斎藤氏は出典の字句で釈読を補われているところがあり(特に正面の銘)、若干意見を異にする箇所もあって再掲した。右の釈文では、原石で筆画の存在を確認できない箇所は、□あるいは□□の形で空格を入れるにとどめた。□で表したところは、何らかの筆画が見える箇所である。その筆画から文字が推定できる場合は、□の右傍に( )付きで推定案を示した。斎藤氏に限らず、經のように□の中に文字を入れて釈文を起てることも行われるが、この表記では「經」が残画によって推定されたのか、別の根拠で推定されたのかが一見して判断できず、誤解を招く恐れがある。このような表記は避けるのが望ましいと思う。なお釈文には示さなかったが、背面十行目第二字は言偏の字である。

さて仏足石記の銘文で気づいたことを一、二摘記すると、正面十三行目末尾の字は、これまで出典との関わりで「慶」と読まれることが多い。しかし原石の残画からはさほど多画の字とは考えにくく、あるいは「云」ではあるまいか。ここまでの文が、厳密ではないにせよ観仏三昧経からの引用であることは確かであり、引用の終わりに「云」と記していると解せるであろう。いま一点指摘しておきたいのは左側面第十七行冒頭の二字についてである。従来この行は、冒頭から「匠仕奉」と読んで、石匠として仕えた何某という人名が記されているとみる説が一般化している。しかし原石では「匠」の第一画が見当たらない。また「奉」かとされる第三字も、横画二～三本は確かめられるものの、「奉」とは断じにくい。ここは冒頭二字を「近仕」と読み、以下は人名と解すべきように思う。近仕は、おそらく近事、近士に通じ、優婆塞の意であろう。近事の用例は後にふれる写経奥書の他にも多く、僧行信『仁王護国経疏』に「近事女」(巻上、『大日本仏教全集』四、一五頁上)、「近事男女」(巻下、同上四五頁下)、『唐大和上東征伝』に「近事」(天宝三載条)とあり、『延暦僧録』(上宮皇太子菩薩伝)の挿話には、崑崙人の「近事」も登場する。一般に「事」「士」「仕」は相互に通用するが、[3]直接には「近事」を「近士」と書く例があり(『続日本紀』天平宝字二年八月朔条、岩波書店新日本古典文学大系本、『延暦僧録』真木尾居士藤原種嗣伝、同上芸亭居士石上宅嗣伝)、律令制下で国衙の下級職員として現れる散事については、「散仕」と記す場合が少なくない。(4) これらを勘案すると、近事が近仕と表記されることは充分ありえよう。この近仕は仏足跡の制作に助力結縁した知識の一人として、銘文に名を記されたものと考えられる。近事(優婆塞)が、発願者ないし知識の一人として名を記す例は写経の奥書に例が多い。(5) 従来の「匠仕奉」と読む説について付言するなら、「仕奉」は和風漢文に多用される語であり、仏足石記のように純粋な漢文にはそぐわない表現であることも注意されよう。

二　龍福寺石塔銘

この銘については国立歴史民俗博物館で原石から型取りした複製が作られ、これを約十日間にわたり様々な角度や光線下で観察する機会を与えられた。展示図録の釈文はその結果に基づくものであるが、これにも仏足石記におけると同様な表記の混乱や誤説がある。改めて釈文を掲げることにしたい。

〔東面〕

1 昔阿育寶□(甕カ)、八萬四□〔千〕

2 搭遍閻□〔浮〕、□□□□

3 □(玉金カ)□弥□(貨カ)、□□□□

4 □□□□□□□□

5 □□□□□□□□

6 其来尚□(乎カ)、□□□□

7号曰朝風、南□(畢カ)□□

〔南面〕

1之峯、北□(跨カ)□田之谷、

2□□□□□□(色カ)□□

3□□之□□□□□

4□□□□□□□□

5□□□□□□□□

6□□□□□□□□

7□□□□□□□□

8□□□□□□□□

〔西面〕

1□(道カ)斷□非虚非有、□(因カ)

2縁即□(起カ)、□□□(値遇必カ)□□(式カ)

3□□□□□□(伽藍之形曰カ)□□

4□□□(二一カ)□□□□(代カ)□

5□□□□□□□□

6 □之長□□□□□
7 同遊

〔北面〕
1 天平勝寳三年歳次
2 辛卯四月廿四日丙
3 子
従三位竹野王

右の釈文のうち、〔　〕で示したのは文脈上そのようにあるべき文字の意である。東面二行目の「閻浮」は、いうまでもなく閻浮提のことで、このように略することは既に新羅の皇福寺塔銅函銘（聖徳王五年、七〇六）に見えている。[6] この銘の構文は判明する限り、四字句、六字句に整えられており、ここもそれに合わせて二字に略称したのであろう。

従来この石塔銘の釈文には種々の異説があり、帰一するところを知らない状態であったが、それは原石が著しく磨滅していること、石塔の立地場所が判読に適さなかったことなどによるところが大きいと考えられる。このような場合、精密な複製に基づく釈読は特に有効であり、原石では観察するにも充分な引きのなかった西面などは、今回かなりの文字を読みとることができた。前掲の釈読結果は、その意味で今後の検討にとって無益ではなかろうと思う。もっとも具体的な地名などが記されていた東面末尾から南面の部分は、やはり磨損が進んでいて判読不能の箇所が多く、新たな事実をほとんど加えられなかったのは遺憾である。ただ従来提示されていた「葬談武之峯」の読みが成り立ち得ないことは確実といって差支えなく、この石塔を墓塔とする根拠は消滅する。

さて全体の文意は不明箇所が多いためつかみにくいが、まず最初に阿育王による八万四千塔流布の事蹟を述べて、造塔の功徳を説いたものらしく、ついでこの石塔の造立地が朝風であり、その南北の範囲を記していると察せられる。西面三行目が「伽藍之形」と読めるとすれば、朝風の地に一応の寺観を備えた寺院があったとみてよかろう。(7) 末尾の「同遊」は、この塔の造立を契機に、死後仏国に「同《とも》に遊ばむ」との願意を述べたものと解される。なお竹野王については鬼頭清明氏の論考に譲る。(8)

(1) 国立歴史民俗博物館『企画展示 古代の碑――石に刻まれたメッセージ』(一九九七年)。

(2) 斎藤理恵子「仏足石記校訂」(安田暎胤・大橋一章『薬師寺』里文出版、一九九〇年)。なお加藤諄「仏足石――日本における」(『古美術』二四号、一九六八年)には、仏足石記正面分の優れた拓影が併載されている。

(3) 『漢語大詞典』「仕」の項など参照。

(4) 『大日本古文書』四、一〇八頁他、多賀城漆紙文書二十一号(宮城県多賀城跡調査研究所『多賀城漆紙文書』、一九七九年)、長岡京木簡(『木簡研究』三号、一九八一年)など。

(5) 田中塊堂編『日本古写経現存目録』(思文閣、一九七三年)五三頁下、六六頁上、七〇頁上、八七頁上など。

(6) 黄寿永『韓国金石遺文』(第五版、一志社、一九九四年)一四〇頁。

(7) 朝風の現地比定については、大脇潔「「朝風廃寺」の再発見」(『明日香風』四八号、一九九三年)参照。

(8) 鬼頭清明「長屋王家木簡二題――赤染豊嶋と竹野女王」(『古代木簡の基礎的研究』塙書房、一九九三年)。また女王を王と表記する問題に関しては、拙稿「「長屋親王」考」(『長屋王家木簡の研究』塙書房、一九九六年)参照。

〔付記〕 薬師寺の仏足石について、実物調査の機会を与えて下さり、種々御教示をいただいた奈良国立博物館考古室長の井口喜晴氏(現在大正大学教授)に、文末ながら御礼申し上げる。

第十二章　法隆寺献納宝物 龍首水瓶の墨書銘

一　はじめに

法隆寺献納宝物の水瓶・鋺・托子等には、墨書銘を有するものが多数含まれている。とくに国宝の龍首水瓶の墨書は、従来「比曽丈六」云々と読まれ、この品が大和比蘇寺の旧什である証として、しばしば言及されてきた。しかしこれらの墨書銘については、年紀を記したものがないことや短文であることから、これまで詳細な検討はなされておらず、年代や史料価値の定かでないものが少なくない。

東京国立博物館法隆寺宝物室では、一九八七年からこれら墨書銘の調査を赤外線テレビカメラを併用しつつ進めてきたが、その過程で龍首水瓶の銘が「比曽」とは読めないことなど、いくつかの新事実が判明した。ここに現在明らかになっている点を報告し、若干の考察を加えてみたい。

二　墨書銘の解読

龍首水瓶の銘文は、従来次のように解読されている。

比曽丈六貢高一尺六寸□

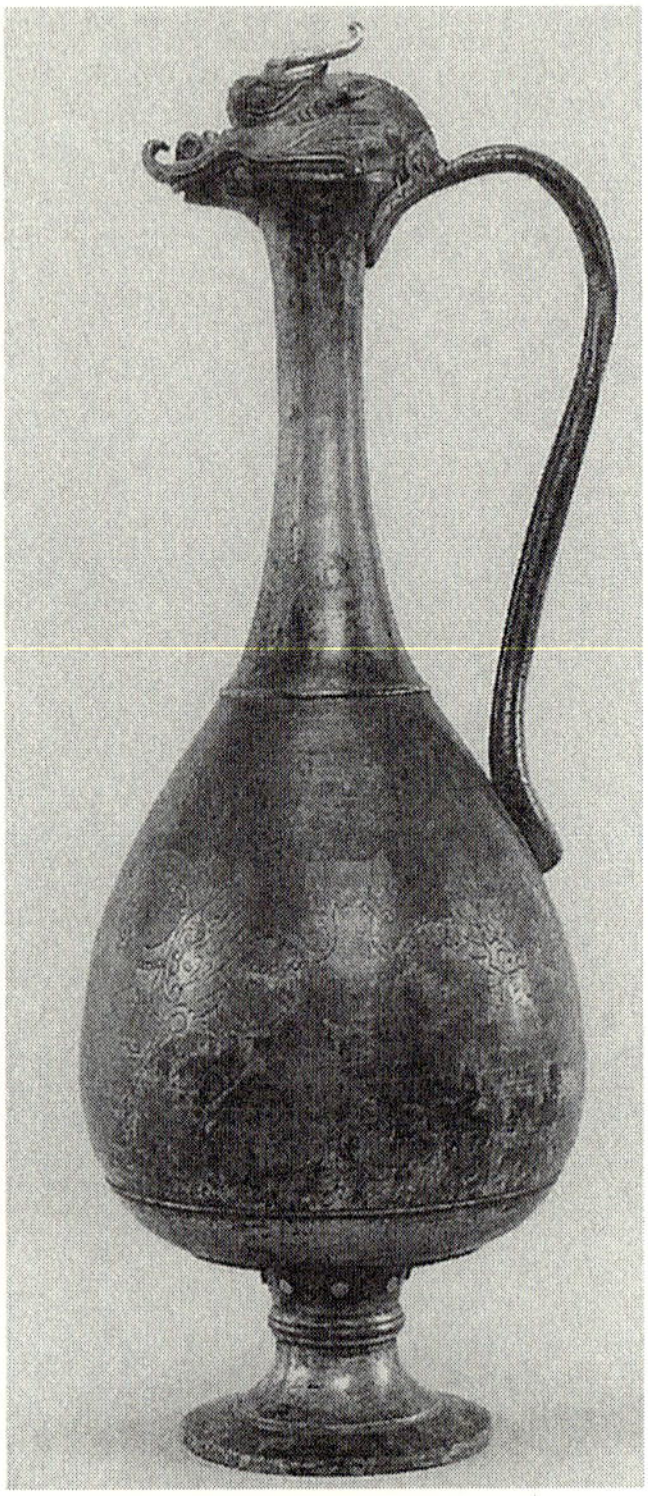

図66　龍首水瓶

墨書銘がいつごろからこのように読まれるようになったかは明らかでないが、明治二十二年の「帝室御物　龍首水瓶解説」[1]では、

之が瓶胴に仄かに比曽寺云々の墨痕存するを見れば、或は比曽寺より法隆寺に伝はり、太子の御物となりしものならんも知るべからず。

とあり、その起源の古いことが知られる。しかしながら現在では、展示ケースの外側からはその存在すら明らかでないほどの状況であり、実物について見ても肉眼では辛うじて墨痕を認めうる程度である(図67)。そこで念のため赤外線テレビカメラによって調査したところ、図68のような文字を確認できた。

この図でも明らかなように、「丈六」以下については従来の釈文と相違はない。強いて言えば「六寸」の下に現状では墨痕がなく、本来あったかどうかを確かめられないというだけである[2]。しかし墨書銘冒頭の二字については、重大な疑問が生じてきた。この二字は明らかに「北堂」と読み改められなければならない。従来「比」と読まれていた第一字は、第一画が明確に第二画の左側から入っているので、「比」ではなく「北」である。また第二字では、書き出し縦画が明瞭に看取できる。「曽」であれば、このような縦画はあるはずがない。しかもこの字の下半部は、最後に点を打った「土」の略体である。従って第二字は「堂」であると考えられる。第二字を「堂」と読むについては、なお異論が存するかも知れないが、正倉院文書にはこれに似た書き方の「堂」が珍しくない。図69にその一例をあげ

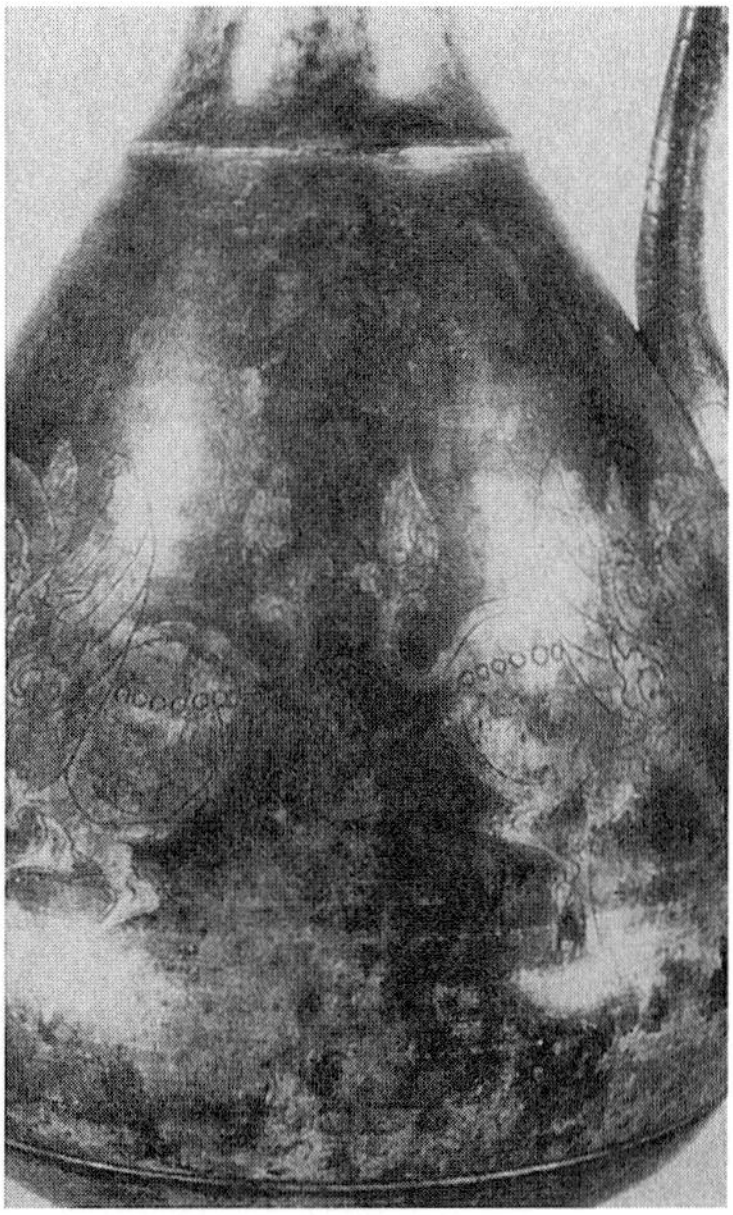

図 67　龍首水瓶の墨書箇所

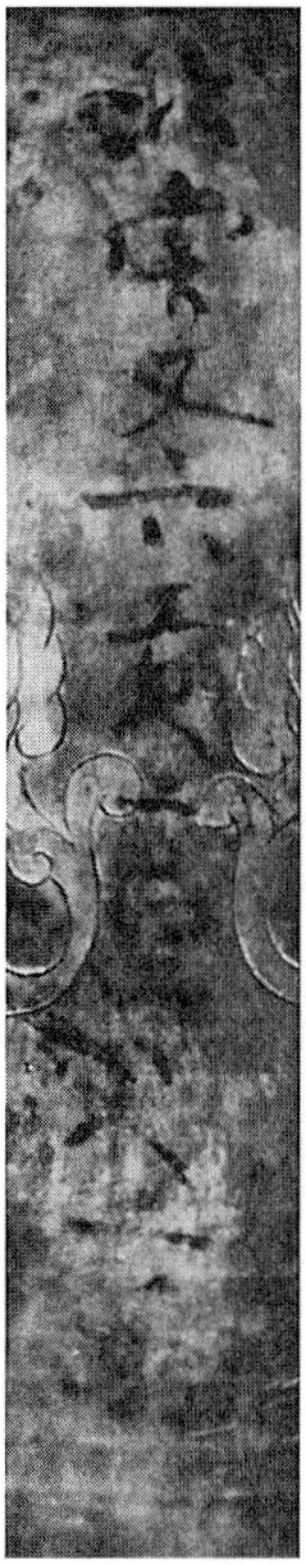

図 68　墨書

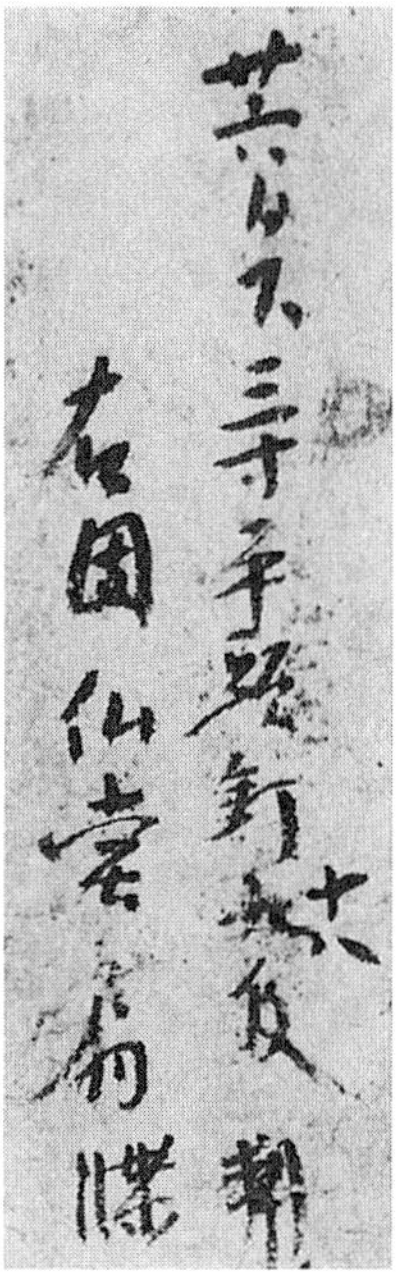

図 69　造石山寺所雑物用帳

ておく。この文書は、天平宝字六年（七六二）の造石山寺所雑物用帳の一部で、(3)図の二行目に「仏堂扇牒」云々とある。こうした例を対比すれば、墨書銘の二字目が「堂」であることは動かないであろう。このようにみてくると、龍首水瓶の銘は、

　北堂丈六貢高一尺六寸

と読むべきことが知られる。

　周知の通りこの水瓶は、法隆寺献納宝物中の優品であり、冒頭にも述べたが、大和吉野の比曽寺（比蘇寺、現光寺）の旧物が後世法隆寺に移されたものと考えられてきた。この想定は墨書銘が「比曽」と読めることを前提とし、比曽寺が聖徳太子伝承とゆかり深い寺であることを(4)考慮して生まれてきたものであろう。墨書銘の残存状況が先述の程度であることを

考えれば、このような想定が行われてきたことも決して責められるべきではない。しかし「比曽」が「北堂」と判明した以上、この水瓶を比曽寺に結びつける通説は、その根拠を失ったとみるべきであろう。

三　墨書銘の意味

墨書銘が前節に述べたようなものとすれば、銘そのものについて新たな検討が必要となる。その際とくに問題となるのは「北堂」の性格であるが、その点を論ずるに先だって、この墨書銘の年代や意味について考えておきたい。

龍首水瓶の他にも、献納宝物の水瓶・鋺・托子などには、墨書銘をもつものが相当数ある。龍首水瓶の銘は、これらの墨書銘と考え合わすとき、その意味がより明瞭となろう。それら他の金工品の墨書は、法量や資財の分類を示したものが多い。(5)即ち「仏」(献納宝物二四六、二五三、二五八号)、「塔」(同二五二号)、「通」(同二五七、二六一、二六九、二七〇号)、「法」(同二五九号)、「僧」(同二六六号)、「丈六」(同二六七、二六八号)などとあるのは、これらの器物がそれぞれ仏分、塔分、通分、法分、僧分(あるいは聖僧分)、丈六分の資財であることを示していよう。また「塔　弥勒仏」(同二五二号)は、この水瓶が五重塔北面の弥勒仏の料であることを明らかにしたものである。「丈六分」についても、その所在堂宇は問題であるものの、ある丈六仏の料であることを示すのは確かであろう。金工品ではないが、青磁耳付壺の墨書に「高九寸／仏」(同一二二号)とある「仏」も、やはり「仏分」の意とみてよい。

一方「入」「納」(同二四五、二四六、二五三、二五八、二六一、二六二、二七一号)は、施入・奉納の意かと思われ、これらや別に現れる僧侶らしい人名(同二五二、二六七、二六八号)は、施入者名かと考えられるが、こうした墨書も施入者によって施入時に記されたものではなかろう。施入時の銘ならば、僧侶名に「師」の字が付せられているのは不審である。法隆寺・大安寺をはじめ古代寺院の資財帳には、資財を施入・奉納した人物名のあげられていることが多い。類似品の多い資財については、このような記載が、法量とならんで資財を識別する手がかりになったと考えられる。これらの墨書銘は、そのような識別に資する意味で書き入れられたのであろう。従って銘の大半は、資財の整理に関わる銘といってよい。

龍首水瓶の銘文も、これらと同性格のものと考えられる。即ち本銘文は、水瓶が北堂の丈六仏に帰属すべき品で、高さが一尺六寸であることを明示する。この墨書を、前述の諸銘と同一視するのに問題があるとすれば、文中に「貢」の字のあることであろう。この点を重視すれば、銘文は施入に関わるものという見方が成りたつかも知れない。しかし施入時の銘としては、日付など時日を明らかにする記述がないのは問題であろう。現存の他の墨書銘に、これと類似の文面は見当たらないようであるが、顕真の『聖徳太子伝私記』にみる銅器の銘は、ややこれに近いと思われる。即ち同書上巻によれば、法隆寺東院の舎利殿にあった器の裏に「東院供仏」云々の銘が、不分明ながら存したという。これは「東院の仏に供える」意と解してよかろう。

墨書の性格は以上の通りとして、次に確定しておく必要があるのは、墨書の年代である。この銘の場合、文中に年紀がないので、書風を手がかりとせざるを得ないが、他の金工品の墨書に類例を求めるとすれば、水瓶(献納宝物二五〇号)の文字をあげることができよう。とくに「高」の結体は近似している。これらの墨書は、たっぷりした筆致によって平安時代中期以降に下るかとみられる墨書(献納宝物二四六、二五三、二五八、二六二号)に比べると、明らかに古様である。先に図69に示した正倉院文書の書風・結体に類似するところがあることも考慮すれば、龍首水瓶の墨書は、いかに新しくみても九世紀には下らず、おおむね奈良時代に書かれたと考えて大過ないであろう。(6)

四　「北堂」の比定

このようにみてくると、「北堂」について次のような可能性が考えられる。一つはこれを法隆寺内で考える方向である。既述の通り墨書の性格は、他の法隆寺伝来の金工品墨書と何ら異なるところはなく、むしろそう考えるのが自然であろう。法隆寺伝来としたとき、天平の資財帳に該当品は見当たらないことになるが、それは脱落したとも考えられるし、天平十九年以後の施入とも考えうる。ただ古代の法隆寺で北堂と称された堂宇は管見に入らない。しかしそれがなかったといえないことは勿論であり、候補として二つの場合が想定できる。

まず第一は、上御堂である。周知のようにこの堂は、法隆寺西院伽藍の最も北にあり、丈六の釈迦如来坐像(平安前期)を本尊としている。この堂については、天平十九年(七四七)の資財帳にも記載がなく、創建年代が明らかでない(7)という難点はあるが、資財帳にすべての堂宇・仏像が網羅されているかどうかは問題もあるから、上御堂に当たる堂が奈良時代に全くなかったとも言いきれない。従って龍首水瓶が、その堂の丈六仏に献じられた可能性も否定はできないであろう。しかも中野政樹氏の教示によると、本水瓶は、江戸時代、上御堂に置かれていたらしい。即ち法隆寺参詣の案内として刊行された『伽藍本尊霊宝目録』(8)には、上堂の条下に次のような記事がみえる。

△沙張仏器八十七

△太子水瓶　推古天皇宮所にして常に用ひ給ふなり

△王子方水瓶十　太子の王子方、常に用ひ給ふなり

天保十三年(一八四二)に刊行された『御宝物図絵』には、龍首水瓶の図を掲げて「推古帝ノ御所ニテ常ニ用ヒ玉

フ」と注してあるから、右の記事の「太子水瓶」は、龍首水瓶を指していると考えるべきであろう。

このような事実を参照すれば、「北堂」は上御堂と考えてよさそうに思えるが、疑点もないわけではない。たとえば前引『伽藍本尊霊宝目録』の記事にしても、同堂所在として「太子水瓶」だけでなく、「沙張仏器」「王子方水瓶」をもあげている。これらは、その数の多さからいって、今日献納宝物や法隆寺の什宝となっている金工品の源流となる品々とみられるが、前節でも述べた通り元来一括の資料ではなかったことは明らかである。従ってそれら金工品がまとまって上御堂に置かれたのは、決して古いことではなかったといえよう。そうなれば龍首水瓶も、後世上御堂へ移入された品であるかも知れない。憶測すれば、かつて江戸時代以前、墨書銘が明瞭に「北堂丈六」と読めたため、かえってそれが上御堂と結びつけられ、遂にはそこに移入されたというようなことも考えられなくはないのである。

「北堂」を法隆寺内に求めるについて、想定できるもう一つの可能性は、これを大講堂の前身建物とみる場合である。大講堂については、解体修理にともなう発掘調査によって八間・四間規模の前身建物のあったことが確認されている。それが延長三年（九二五）に焼失した後、現在の大講堂が正暦元年（九九〇）、ほぼ同規模で再建された。調査を担当された浅野清氏は、前身建物の年代に関して、発掘調査の際、旧仏壇やその下層から出土した遺物から、平安初期以降の建立と考えられた[9]。しかしこの堂の規模が、天平の資財帳にみえる食堂の規模によく合致するので、村田治郎氏、藪田嘉一郎氏、太田博太郎氏らは、浅野氏の判断を疑問とし、前身建物を奈良時代から存在した食堂に当て、これが講堂を兼ねていたとされている[10]。もしこれら諸氏の説が正しいとすると、その立地からいって、この食堂兼講堂が「北堂」と呼ばれた可能性は充分にある。この堂に丈六仏が安置されていた確証はないが、資財帳には「丈六分」の資財が多数見えており、奈良時代から寺内に丈六仏があったことは間違いない。後の上御堂の本尊が丈六釈迦仏であり、大講堂に丈六の薬師仏が安置されていることを考えると、資財帳の丈六仏は大講堂前身建物に安置されていたとも考えられよう。[11] 上御堂が天平十九年当時存在していたとみるよりも、こう考える方が無理は少ない。

これに対し、実際に古くから奈良朝の丈六仏を安置してきた西円堂の存在も注意されよう。[12] 西円堂本尊の薬師如来は、橘三千代の病気回復を祈って作られたという伝承を持つ。資財帳にある丈六分の資財のほとんどが、三千代の娘、光明皇后らによって寄進されているのも、「丈六」仏がこの本尊と考えれば首肯されよう。ただ資財帳に全く西円堂のことが見えず、本尊の作風を八世紀後半とみる説が有力なのは問題である。しかし西円堂は寺院地の外であったため、資財帳から除外されたとも考えられる。また本尊の制作年代についても、台座の古様な文様をもとに八世紀前半まで遡らせる解釈がある。西円堂は伽藍の西北に位置するところから、平安時代の『金堂仏像等目録』(金堂日記)では「西北円堂」と呼ばれており、この水瓶が本来西円堂本尊に献じられたものであっても、おかしくないであろう。

以上は、北堂の所在を法隆寺内とみた場合であるが、龍首水瓶が寺外からの移入品でないと断定することもできない。同様な墨書は他寺でもなされていたと考えておかしくないからである。たとえば古代において「北堂」と呼ぶ堂宇の存在が知られる寺院に、広隆寺がある。即ち寛平年間(九世紀末)の成立とみられる広隆寺資財交替実録帳によると、「北堂」所在の厨子の記事が二箇所に見える。[13] 同文書には「南堂」[14] にあった花机や金鼓も載せられているので、「北堂」はそれに対する呼称であろう。この例は、広隆寺以外にも「北堂」を持つ寺院の存したことを推測せしめる。龍首水瓶が、そのいずれかの寺からの移入品でない保証はない。[15] ただ天平の資財帳に「丈六分」の資財があげられており、献納宝物の他の金工品にも「丈六分」の品があることを考え合わせれば、龍首水瓶を敢えて他寺からの移入品とする必然性は、乏しいのではあるまいか。

かくて「北堂」に関する二、三の案を検討したが、現状では確定困難なものの、法隆寺内の堂宇である可能性が強いと考えられる。中でも丈六仏との関連では、やはり大講堂前身建物と西円堂が有力な候補と言えよう。

五　おわりに

最後に本稿で論じたところを要約すれば左のようになる。

㈠龍首水瓶の墨書銘は、「北堂丈六貢高一尺六寸」と読み改められるべきである。

㈡この墨書は、奈良時代におそらく法隆寺内で、資財の分類・勘検の必要上、書き入れられたと考えられる。

㈢「北堂」は、大講堂前身建物（食堂）か、または西円堂である可能性がある。

「比曽丈六」云々とする従来の読みが妥当でないことは明らかとなったが、「北堂」の比定問題を中心になお未解決の点が残る。さらに諸賢の指正を得て、考察を深めてゆくこととしたい。

なお擱筆するに当たり、法隆寺宝物室において調査を共にされ種々御教示をいただいた奥村秀雄、浅井和春、岩佐光晴の各氏、また貴重な御指教を与えられた中野政樹氏、松原茂氏に厚く御礼申し上げる次第である。

（1）『国華』一四三号、一八八九年（明治二十二）、無署名。なお石田茂作氏は『法隆寺献納宝物の由来』（聖徳太子奉讃会、一九六九年）において、氏が帝室博物館歴史部第三区の列品を引きついだころ、龍首水瓶に「比曽丈六貢高一尺六寸」の墨書があることを発見したとされているが、平子鐸嶺「仏師池辺直氷田」（『増訂 仏教芸術の研究』国書刊行会、一九七六年。一九〇〇年初出）には、すでに「比曽丈六貢□□□」の釈文が示されている。

（2）中野政樹氏は「水瓶について」（『MUSEUM』九七号、一九五九年）において、「六寸」の下にも墨書のあった可能性を示唆されている。

（3）佐佐木信綱・橋本進吉編『南京遺芳』（一九二七年）に拠る。『大日本古文書』一五、三四一頁参照。

（4）石田茂作『飛鳥時代寺院址の研究』（大塚巧芸社、一九三六年）、福山敏男『奈良朝寺院の研究』（綜芸舎、一九七八年）参照。

（5）東京国立博物館編『法隆寺献納宝物銘文集成』（吉川弘文館、一九九九年）一一七〜一三〇頁及び図四〇八〜四九六参照。

（6）福山敏男氏も、注（4）著書で「奈良朝頃の書体」とされている（三七頁）。

（7）奈良六大寺大観刊行会『奈良六大寺大観一　法隆寺一』（岩波書店、一九七二年）、上御堂の項（太田博太郎氏執筆）参照。

（8）本書には種々の異版があり、法隆寺伝存の元禄十一年写本（法隆寺昭和資財帳編纂所『法隆寺史料集成』一一、ワコー美術出版株式会社、一九八五年、所収）もあるが、以下にあげるような詳しい記述を伴うテキストは少ない。天保七年刊の『法隆寺宝物目録』に類似することから考えて、江戸後期の刊とみるべきであろう。『法隆寺宝物目録』については、樋口秀雄「元禄天保法隆寺霊宝の江戸開帳」（『MUSEUM』九九号、一九五九年）参照。

（9）浅野清『昭和修理を通してみた法隆寺建築の研究』（中央公論美術出版、一九八三年）。

（10）村田治郎「法隆寺伽藍史」（村田治郎・上野照夫『法隆寺』所収、毎日新聞社、一九六〇年）、藪田嘉一郎「法隆寺雑考」（『南都仏教』一一号、一九六二年）、注（7）前掲書、大講堂の項（太田博太郎氏執筆）。

（11）亀田孜氏は「法隆寺流記資財帳に見ゆる諸尊」（『日本仏教美術史叙説』学芸書林、一九七〇年。一九四二年初出）において、食堂と講堂の関係については意見を留保しつつも、食堂に現西円堂本尊の丈六薬師如来坐像が安置されていたと推測されている。また前注藪田論文は、食堂に阿弥陀仏と弥勒仏が並置されていたとする。藪田氏が「法隆寺金堂薬師・釈迦像光背の銘文について」（『仏教芸術』七号、一九五〇年）で、資財帳の「丈六分」を金堂の釈迦像に関係づけられたのは、強引に過ぎよう。

（12）以下の所論の詳細については、拙稿「橘夫人厨子と橘三千代の浄土信仰」（『MUSEUM』五六五号、二〇〇〇年）参照。

（13）『平安遺文』一、一九九頁、二〇五頁。

（14）同右、二〇二頁。

（15）他寺から法隆寺に移された仏具としては、『金堂仏像等目録』（金堂日記）に、橘寺より奉渡された仏鉢二口が見える。

第十三章　法隆寺伝来の幡墨書銘

一　はじめに

明治初年に皇室に献上された、いわゆる法隆寺献納宝物は、正倉院宝物に匹敵する価値をもつ文化財群として、すでに多くの研究が積み重ねられてきている。しかし法隆寺献納宝物の中には、染織品を中心になお未整理の品もあり、東京国立博物館では順次その整理が進められてきた。この整理の過程で発見ないし再発見されたものに、死者に供養するため、その近親者などから法隆寺に施入された幡の墨書銘がある。折しも法隆寺献納宝物と並行して整理の進められていた正倉院宝物の染織品中からも、明治初年に混交した法隆寺献納宝物の古裂類が検出され、同種の幡銘が発見、報告された。また近年になって、法隆寺昭和資財帳編纂所の調査でも、同種の幡墨書銘が見出されている。

これらの幡墨書銘は、干支年紀をもつものが多く、一部に「評」名を記するものがあること、施入者の氏族名がしばしば見えることなどから、幡の形式編年の基準として、あるいは七世紀末～八世紀初めの史料として、美術史学や古代史学の分野で注目を集めた。しかし銘文の文章そのものをいかに読むべきかという点については、あまり研究がなく、その語彙、干支年紀の解釈をめぐっても、なお未解決と思われる点が多い。これらの幡が死者追善のものであることを考えれば、墨書銘は当時の葬制を考える重要な史料でもある。本稿では、これらの幡の墨書銘について基礎的検討を行うとともに、葬制史料としての意義を考えてみたい。

二　幡銘の釈読

まずはじめに現在知られている幡の墨書銘を一括して示しておこう。(1)

(1)広東綾幡残欠（献納宝物二七-一号）　坪部
「□□□□（親父誓カ）□和銅七年□□」

(2)綾幡残欠（同右三一九-七号）　最下坪
「於富久菩乃□□□□（時カ）□□（造カ）幡納□」

(3)平絹幡残欠（同右三一九-八号）　下より第二坪
「□（辛カ）酉年三月朔六日山部殿如在形見為願幡
□（進カ）三寳内　」

(4)同右（同右三一九-九号）　最下坪
「己未年十一月廿日　過去尼道果
是以児止与古誓願作幡奉　」

(5)同右（同右三一九-一〇号）　坪部
「癸亥年山ア五十戸婦為命過願造幡之」

(6)同右（同右三一九-一一号）　最下坪

「八尺」

壬辰年二月廿日　満得□□(尼為カ)誓願作□(奉カ)幡」

(7)同右(同右三一九-一六号)　下より第二坪

「□敬造奉幡」

(8)同右(同右三一九-二〇号)　同右

「□□(幡宇カ)」

(9)同右(染織一一八号)　坪部

「壬午年二月飽波書刀自入奉者田也」

(10)幡残欠(同右一一九a号)　幡手か

「山ア名嶋弖古連公過命時幡」

(11)同右(同右一一九b号)　坪部か

「□(斯カ)己布知刀自小児為命過時敬造幡」

(12)平絹幡(法隆寺蔵)　下より第二坪

「戊子年七月十五日記　丁亥□□(十カ)月十三日□(岡)□□名過作幡也」

(13)同右(同右)　最下坪

「智泉法師命過□」

(14)黄絁単身二重縁幡(正倉院宝物)　坪部

「阿久奈弥評君女子為父母作幡」

⒂絁二重縁幡（同右）　幡足部

「山部連公奴加致児恵仙命過往□」

⒃黄絁四坪幡（同右）　第二坪

「□首麻呂命過依願□」

⒄黄絁単幡（同右）　坪部

「原首□□幡」

⒅幡（『法隆寺記補忘集』所載）

「丁丑年三月十□直針間古願幡」

⒆中幡（同右）

「□十七日為□□□命過之、是以願□幡」

⒇平絹大幡（献納宝物三一九―三八号）　幡足部

「讃岐国三木郡山□《（アカ）》里己西ア豊日調」

⑴は『法隆寺記補忘集』に載せる次の幡銘に当たると考えられている。[2]

大窪史阿古為親父誓願幡和銅七年十二月

（大窪史阿古、親父の為めに誓願せる幡。和銅七年十二月）

⑵の「於富久菩」は氏で、⑴の大窪と同氏であり、これを音仮名書きしたものであろう。人の名が正訓や音仮名など多様な表記形態をとることは、いまさらいうまでもないが、氏においても同様なことが行われたことは、後述⑼「飽波」と⒁「阿久奈弥」の例からも裏付けられる。私的な表記では、必ずしも珍しくはなかったのであろう。

(3)の「朔六日」は、ツキタチテ六日と訓ぜられよう。他の七世紀の銘文に現れる「月生」と、用字は異なるが同意であろう。[3]「山部殿」以下は、「如」を「奴」と読む案もあったが、残画の状況からみて「如」の可能性が強いことは、かつて述べた。[4]別に「妃」という案も示されたことがあるが、[5]あまりに特異な表記例としなければならず、従いがたい。また「形見」を熟字とみて、死者の形見として発願された幡とする解釈があるが、[6]もしこれがいわゆる形見の意味ならば、『万葉集』にみられる形見の用例を参照しても(巻一-四七、巻一五-三七三三)、「山部殿形見為願幡」(山部殿の形見として願う幡)と書けばすむはずである。文章の上からも「在《いま》すが如き形見」というのでは、明らかに舌足らずで不自然であろう。ここは「山部殿、在りし形の如《ごと》見む為め」と読んでおきたい。「山部殿」は山部氏の人物に対する尊称とみられ、類例として藤原宮木簡にみえる「上毛野殿」(奈良国立文化財研究所『藤原宮木簡』Ⅰ、九号)、「粟田殿」(同、一四号)がある。同じ献納宝物中の阿弥陀三尊像台座にみられる刻銘「山田殿像」の「山田殿」も同様に解し、従来一部で推測されているように、蘇我山田臣に対する尊称ととるべきであろう。またこれまで注意されていないが、正倉院で発見されている褥の残欠に、「山部殿」の墨書を有するものがあり(『正倉院年報』六号、一九八四年)、関連する法隆寺系の遺品として注目される。「如在形見」以下の解釈については後文参照。

なお先のように読むと、「為め」は行為の理由を表すこととなり、上代の「ため」には利益・目的を示す用法しかなかったとする説と抵触する。[7]しかし上代においても理由を表す用法があったとする説も有力であり、[8]必ずしもこの点に拘泥する必要はなかろう。

(4)は次のように読み下すべきものであろう。

己未年十一月廿日、過《い》ぎ去にし尼道果。

是を以て児、止与古、誓願して幡を作り奉る。

「幡を作り奉る」という表現は他の幡銘にもみられ、「作奉幡」(6)、「造奉幡」(7)などと表記される。七〜八世紀の造像銘における「菩薩を作り奉る」(鰐淵寺観音立像台座銘、持統六年、六九二)や「観世音菩薩を作り奉る」(大分長谷寺観音立像台座銘、大宝二年、七〇二)などの表現を想起させる。

「過去」が死を意味することは既に周知のところであるが、『万葉集』に、

過去君之《すぎにしきみが》形見《かたみ》跡《と》曽来師《ぞこし》(巻一-四七)

時不在《ときならず》過去子《すぎにしこ》等《ら》我《が》(巻二-二一七)

などの例がある。

(5)は「癸亥年、山部五十戸婦、命過ぎにし為め、願いて幡を造る」と読める。末尾の一字は従来「已」と釈読されているが、字形からみて「之」と判断すべきであろう。文末の助辞として「之」が用いられることは珍しくない。[9]

「命過」は、さきの「過去」と同様、死去を意味し、やはり『万葉集』にも、

伊《い》能《の》知《ち》周《す》疑《ぎ》南《なむ》(巻五-八八六)

とみえる。「過去」については断定の限りでないが、この「命過ぎなむ」は漢語の飜読に由来する語であろう。「命過」の中国における用例は、かつてふれたとおり北魏・北斉の造像記に見られ[10]、日本でも古く戊午年(斉明四年、六五八)の観音像光背銘(根津美術館蔵)に例があるが、この幡銘に関しては、浅井和春氏の指摘された灌頂経巻一一との関係が重要である。[11]浅井氏は、灌頂経の記事を根拠に「命過」幡燈法に基づく作善と解釈されている。この点については、「山部五十戸婦」の解釈ともども後に詳述したい。

(6)の本文は、「満得尼の為め、誓願して幡を作り奉る」と読め、とくに問題はない。「八尺」は別筆であって、幡の長さを示すと解されている。[12]

⑺は上部を欠失しているが、「敬いて幡を造り奉る」である。

⑻の下から二字目は、残画が少ないため断定は憚られるものの、「幡」であろう。その下の残画と合わせ、「幡伞」の可能性が考えられる。「伞」は「牟」「干」「桙」「鉾」などに通じ、訓はホコ、『新訳華厳経音義私記』に「幡干也、干保己」とみえ、「幡幢《はたほこ》」（『万葉集』巻一六‐三八五六）の例もある。元来、幡を懸けるための桙（ないし竿）をさすが、宝亀十一年の西大寺資財帳には、桙つきの幡を「桙幡二流」と記しており、『延暦僧録』仁政皇后菩薩伝にも「幢幡」とある。「幡伞」もこの意味であろうか。

⑼は「飽波書刀自、入れ奉る幡なり」の意である。「入」は施入、「者田《はた》」は幡をさすことはいうまでもない。[13]「飽波」については⑵⒁参照。

⑽は次のように読み下せる。

山部、名は嶋弓古連公、命過ぎにし時の幡。

この銘は、年紀がなく体言で止める特異な文体をとっているが、これと類似する銘文として、村山龍平氏旧蔵の観音菩薩台座銘がある[14]（図10）。

大部寸主児、中知、名六子、母分誓願敬造像

この銘をもつ像は現在所在を逸しているが、その信憑性を考える材料として注意されよう。「山部、名は嶋弓古連公」という書法は、『日本霊異記』（巻上、五）の「大部屋栖野古連公」などと共通し、一種の敬称法と理解される。「過命」は、誤って「命過」を転倒したかのようにみえるが、灌頂経巻一一にも「命過」とならんで「過命」という表現もみえ、誤りではない。

⑾は一応「斯己布知刀自、小児の為め、命過ぎにし時、敬いて造る幡」と読む。「斯」は残画が少なく確実ではな

いが、男性名のシコフチは古代に例が多く、その女性形としてのシコフチトジも存在してよいであろう。

⑿は現在報告されている限りで唯一、「某年某月某日記」の書き出しをもつ銘である。中間部の欠損が大きいため、文意の把握に困難が伴うが、末尾の「名過」は、浅井氏が指摘されたとおり、[15] おそらく「命過」の誤記あるいは音通による表記であろう。

この銘文が他と異なる点は、冒頭の「戊子」という干支の他に、「丁亥」の干支が見えることである。「丁亥」は、干支の順序からすると「戊子」の直前に位置し、既に推定されているように、前年の干支である可能性が極めて高い。これに関連して興味深いのは、従来注意されていないが、「七月十五日」という日付が特別の意味をもつことである。これはいうまでもなく盂蘭盆会の日であって、おそらくこの幡は、前年に亡くなった人の初盆に当たり発願、施入されたものと考えるべきであろう。なおこの幡の欠損部の一部に相当する断片五片が幡の発見時に採取され、仮貼りにして保存されており、その内の三片には、(A)「月十三日」、(B)「罡」(岡)、(C)「□(十カ)」などの墨書がみえる。(A)片は色調や糸目から、欠損部の上方に直接連接するとみられ、(C)片も同様の可能性が強い。これらは故人の忌日に当たろう。(B)片は直接連接しそうな箇所はないが、形状からみて、どちらかといえば上方と関係が深そうで、いずれにせよ日付の下にくる物故者の氏名の一部と推定できる。法隆寺近傍に居住していた氏族の一つ、岡本臣[16]に関わる墨書の可能性があろう。二九三頁の釈文は以上の結果を踏まえたもので、試みに復原案を図として示した[17](図70)。

⒀は銘の残存部分が少なく「智泉」についても経歴不明で、特に言及すべきことはない。

⒁は「阿久奈弥評君の女子、父母の為めに作る幡」と読むのであろう。「阿久奈弥」の表記については⑵⑼でふれた。

この幡銘は発表当時から、評名の新史料として注目され、狩野久氏による研究も出ている。[18] 従って特に述べるべき点は少ないが、一つ注意を促しておきたいのは、「評君」という称号である。評の長官が評督、評造と称されたことは周知のとおりであり、辛亥年観音立像台座銘にみえる「笠評君」の表記から、評君もまたその一種とみられてきた。しかし「評君」はこれまでこの台座銘が唯一の例であり、「笠」が評名であるか、姓であるのか疑問も投げかけられている。[19] しかし(9)及びこの幡銘を念頭におくならば、「笠」も「飽波」(阿久奈弥)も評名であると同時に姓でもあったと解してよかろう。なぜなら、『日本書紀』天武天皇五年四月辛丑条には「飽波郡」が見え、これは「飽波評」を大宝令制風に改め記したとみられること、[20] また(9)の銘から法隆寺近辺に飽波姓の氏族が居住しており、これが飽波評の長官の出自氏族に関わる可能性が少なくないと思われるからである。この場合、「評君」は、むしろ国造に類似する称号的な性格をもっていたとみるべきであろう。「笠評君」についても、おそらく吉備の笠臣の一族が笠評を建て、その長官となっていたことを示すと解せられよう。

(15)については、銘文中の「奴」を奴隷の意に解する説[21]と名の一部と見る説[22]で読みが分かれる。しかし古代の奴婢の

図 70　戊子年銘幡の欠損部復原案

実態をいかにみるにせよ、奴がこのような幡を施入したというのは不自然と思われ、また文の構成上からも次のように読むのが至当と考えられる。

山部《やまべの》連《むらじの》公奴《きみぬ》加致《かち》の児、恵仙、命過《いのちす》ぎ往《い》にし□

「過往」も、根津美術館蔵の戊午年光背銘（斉明四年、六五八）に死没の意で見えるが、ここは「命過」と「過往」が複合した表記となっている。

⒃は少部分を残すのみであるが、他の幡銘を参照し、和風漢文で綴られているとみて、「…首麻呂、命過ぎにしに依りて、願いて」と読むことができよう。

⒄は「原首□□の幡」であろう。「原首」は『新撰姓氏録』摂津国諸蕃に百済系帰化氏族としてみえる。

⒅は現存しない幡銘で、姓が欠けているものの、某「直《あたい》針間古、願う幡」と読める。

⒆も現存しないので不明確さが残るが、「之」は文末の助辞であろうか。ただ「為」との関係に疑問も残る。後半は「是《ここ》を以て願いて幡を作る」であろう。

⒇は前項までの墨書銘と異なり、讃岐国三木郡から貢納された調の絁の銘である。国・郡・里という行政区画名からみて、霊亀三年（七一七）に始まる郷里制、あるいはその解消後、天平十二年（七四〇）ごろから発足した郡郷制下の墨書でないことは明らかで、郡制の施行された大宝元年（七〇一）以降、霊亀二年までの墨書と決定できる。

里名の釈読については、「山」の下の字に問題が残る。T字形の墨痕が看取されるので、「下」などの可能性も考えられるが、第二画の縦画は左にやや曲がっているようである。従って七～八世紀の史料にしばしばみえる「部」の異体字と解するのが妥当であろうと思う。

『和名類聚抄』その他、古代の郷里名の史料では、三木郡に山部里のあったことは確認できない。しかし郡里制下の行政区画には、後代に継続しない例が多い。『和名類聚抄』などにみえないからといって、その存在を否定することはできないであろう。しかもこれを「山部里」と解した場合、想起されるのは法隆寺と山部との特殊な関係である。法隆寺伝来の七〜八世紀の幡には、先にみた通り山部氏関係の施入品と知られるものが少なくない。私はかつて、それらの山部氏が法隆寺近傍の平群郡夜麻郷を本貫とする氏族であり、法隆寺を支えた豪族の一つであったことを指摘したことがある。[23] 狩野久氏や岸俊男氏もまたこの点にふれ、[24] 岸氏は播磨国の山部氏も法隆寺と深い関わりをもっていたことを論じられている。山部氏は日本各地に広く分布した氏であり、それらの山部氏と法隆寺との関係も、当然予想されてよいであろう。それについて注意されるのは、法隆寺の永年の寺封が上野国多胡郡山部郷に存したことである。これは天平十年に設定されたもので、宝亀十一年(七八〇)には確実に存続していた(法隆寺資財帳、『新抄格勅符抄』)。山部郷という以上、そこには山部氏の居住が推測され、設定の背景に法隆寺と山部氏の何らかの関係が伏在していた可能性も否定できないと考えられる。[補注] この墨書銘にみえる「山□(ア)里」についても法隆寺と山部との間にみられる特殊な関係の一環として理解する余地があるといえるであろう。

ただ墨書銘に現れた貢納者の氏姓は、墨色が薄いものの「己西部」と判読される。これはコセべを表記したものであろう。コセについては巨勢・許世などの表記が一般的であるが、八世紀前半以前の史料にあっては、往々「己西」とも書かれている。左にその一、二をあげておこう。(ロ)は郷里制下の地名の例である。

(イ)己西部酒津売(大宝二年筑前国嶋郡川辺里戸籍『大日本古文書』一、一〇七頁)

(ロ)己西郷豊□(乃)里白米五斗(『平城宮発掘調査出土木簡概報』一九、一〇頁)

前述のように、発見された墨書銘の年代は古く、「己西部」の表記がとられていて何ら不自然ではない。

以上によってこの銘文は、讃岐国三木郡山部里の己西部豊日なる人物が調として絁を貢したことを示すと解釈でき

る。単に「調」とだけあって品名がみられないが、税目のみ記して品名をあげない墨書銘も、八世紀初期の貢進物荷札木簡には、

紀伊国海ア郡□里木本村海ア宇手調（『飛鳥・藤原宮発掘調査出土木簡概報』六、一四頁）

のように見出される。貢進物の墨書銘の書式が整うのは、他の例からみて天平中期以降とみてよい。品名を欠くのも、この墨書銘の古さに基づいているといえよう。これと類似の調絁墨書銘は、周知のとおり正倉院に例が多い。しかしそのほとんどは天平以降のものであって、明確に郡里制下のものと判明するのは左の一例である。

甲斐国山梨郡可美里日下ア□絁一匹　和銅七年十月

その点この墨書銘は、幡の年代決定の拠りどころとなるばかりでなく、年紀こそ欠いているが、現存最古級の調墨書銘を新たに加えたものとして、貴重な意義をもつといわねばならない。

以上で幡の読みに関わる私見を終わる。(1)〜(20)の幡銘で内容的に検討を要するのは、

(イ)干支年紀の比定

(ロ)幡の思想的背景

であろう。(ロ)を考えることは、これらの幡の葬制史料としての意義にふれることにもなる。そこで次節では、まず前提となる(イ)の問題をとりあげよう。

三　干支年紀の問題点

幡銘中の干支年紀については、基本的に七世紀代のものとして理解しようとする狩野久氏らの説(25)と、七世紀代のみ

ならず八世紀代の年紀を含むとする木内武男氏らの見解[26]とがある。狩野氏らの説の背景には、干支年紀は大宝令前の制とする岸俊男氏の構想があり[27]、木内氏らの判断は、主として幡の形式による編年を重視する立場から出ているといえよう。両説のいずれが是か、困難な問題であるが、岸氏の構想が必ずしも絶対的なものでないことは考慮しておくべきであろう。

岸氏は木簡・金石文等の史料を広範に踏まえ、大宝令の施行を境にして、年紀の表示が干支から年号に変化したこと、年紀の位置が文頭から文末に変化することを論じられた。この見通しは公文書的性格の史料には、ほぼ妥当すると考えられるが、個々の史料をすべてこの原則で割り切るには疑問が多い。まず問題は、かつて指摘したとおり[28]、史料における年紀の位置は、その史料の文体に規定される面が少なくないことである。たとえば造像記においては、日本・中国を問わず年紀が冒頭にくるのが原則である。また書状の年紀についても事情は同じである。これに対し墓誌の場合は年紀が文中に置かれるのが普通である。岸氏はこれら異種の文体を一括して扱い、前記のような結論を導かれたが、時期的変化をうけない要素もあることが見過ごされているといわねばならない。この点は、日本では造像記が大宝令前に多く、墓誌が八世紀以後に多いことが幸いし、矛盾として露呈するには至っていないが、幡銘のように造像記に類する文を、(1)のような例があるとはいえ、岸説で完全に割り切ることはできないであろう。

また第二に問題なのは、公文書を中心に、大宝以降、干支から年号へ、年紀が文頭から文末に変わったことは認められるとしても、なお文体上の理由からでなく干支を使用した史料や、年紀を冒頭に置く史料も、少数ながら存することである。まず年紀を文頭に置く例として、次の木簡を挙げることができる[29]。

(A)「四月十四日紀若□(女カ)進米二升」(表)

「□(林カ)　」(裏)

(B)「和銅三年四月十日阿刀」(表)
「部志祁太女舂米　　　」(裏)

(A)は米進上の伝票、(B)は白米の荷札である。これらの木簡は、平城京の宮跡庭園と通称される遺跡から出土したものであるが、内容的には、その北に隣接する長屋王邸発見の木簡群の一部と考えられる。(30)この長屋王家木簡には、同類の伝票、荷札が存在するが、こうした日付形式の例は他に見当たらない。平城宮における事務処理とは異なり、このような貴族の家政における伝票や荷札では、事務担当者や貢進者側に規範意識が薄く、(31)古い形式がとられたのであろう。その意味でこれらは、過渡的な表記とみなされる。

次に干支による年紀を大宝令以降も使用した例としては、すでに指摘されている『西琳寺文永注記』所引の天平十五年帳がある。そこには八名の僧の名があげられ、それぞれ受戒の年月日と受戒場所の寺名が記されているが、重複する日付を除いてその記載を掲げると左のようになる。

大宝三年潤四月十五日、大官大寺受戒受公験
戊申年(和銅元)四月廿八日、飛鳥寺受戒受公験
己酉年(和銅二)三月廿八日、飛鳥寺受戒受公験
養老五年三月廿三日、薬師寺受戒受公験
養老六年三月廿三日、於薬師寺受戒受公験
神亀三年三月廿三日、薬師寺受戒受公験
神亀四年三月廿三日、薬師寺受戒受公験

またこれまで注目されていないが、奈良時代の墓誌には、干支で年紀を記すものがある。戊辰年(神亀五年、七二

八)作成とみられる山代真作墓誌がそれである。関係箇所を次に掲出する。

山代忌寸真作、戊辰十一月廿五日□□□(逝去)、又妻(中略)蚊屋忌寸秋庭、壬戌六月十四日□□(逝)

この墓誌と異なり、一応末尾に「養老七年」(七二三)という年号は用いながら、本文で左のように干支を使用しているのが、太安万侶墓誌である。

癸亥年七月六日卒之

先にあげた天平十五年帳の干支年紀に関しては、新川登亀男氏の解釈があり、新川氏は、他の寺院における受戒者の記事が年号を使用して書かれているのに対し、干支年紀を用いるのが飛鳥寺における受戒に限られることから、飛鳥寺は平城京移建をめぐって政府と対立するところがあり、大宝以後もことさら年号の使用を避けたと考えられた[32]。この解釈は年号の政治性を考慮するとき興味深いが、飛鳥寺の縁起が『日本書紀』編纂の重要な原史料とされていることは周知のとおりであり、飛鳥寺と朝廷との間にさほど深刻な対立があったとは考えにくいであろう。干支年紀の使用をめぐって、先のような特殊な事情に理由を求めるのは、やはり無理ではなかろうか。官に提出される資財帳などにあっては、もしそのような理由で干支紀年が記されていたのであれば、帳の作成時に年号に書き換えられて然るべきである。天平十五年帳において、飛鳥寺のみ、寺号が和風であることに注目すれば、この記録の原史料そのものが、あまり公的な規制に厳密であろうとする意識なく記されていた可能性が強いと考えられる[33]。ここは新川氏のように推定するのではなく、むしろ過渡的な現象として理解するのが穏当であろう。こう考えると、八世紀初めには、文書・記録の性格や表記者の意識によっては、干支年紀が用いられることもあったということになり、幡銘の紀年も七世紀代に限定する理由はなくなってくる。

そこで考えておくべきは、干支紀年には年号紀年にない利点が存在することである。法隆寺周辺の豪族から施入された幡の場合、年号使用の規制が厳しく働かなかったということもあろうが、干支紀年ならば、年号とは違い後々の年数計算が容易であるという利点がある。古代における年回忌の存否をめぐっては、これを否定する見解が強いが[34]、国忌の儀礼が持統朝に遡るように、忌日への関心は古い。その場合、故人の死没年を遡って考えようとすれば、年号よりも干支による年紀が便利であることは改めていうまでもなかろう。

先に掲げた墓誌における干支紀年の使用は、この点で興味深い。墓誌銘やそれに類する文が埋納後も氏族の資料として保存されたことは、これまでにも推定されており、それが没年等を知る重要な資料となったことは容易に推定できる。山代真作墓誌や太安万侶墓誌の場合、干支年紀の利便性が選択されたといってよいのではなかろうか[35]。正倉院聖語蔵の維摩詰経[36]は、死没した(「過往」)穂積老のため発願されたことが知られるが、奥書の日付が「天平勝宝二年四月十五日」とあるにも拘らず、文中の死没日時は「己丑歳八月廿六日子時」と干支で記されている。これも墓誌の記載と同性格のもので、同じように理解してよいであろう。

いま問題としている幡銘についても、単に過渡期の用例というだけでなく、これと同様な動機の働いていた可能性を考えておく必要がある。というのは、これらの幡銘も故人に関する資料とされたであろうからである。干支紀年への選好が根強く残ることは充分に考えられる。かくてこれらの幡銘が一種の葬祭資料であることをも考え合わせると、干支紀年が用いられているからといって七世紀代に限定することはできず、八世紀代に下るものがあるということになる。

幡銘の年代をこのように考えて問題となるのは、(5)の銘にみえる「山部五十戸」である。この部分は従来、山部ノサトと読まれ、山部里の古い表記とみなされている。たしかに里(サト)を「五十戸」と書く例は、飛鳥京、藤原宮、伊場遺跡等の木簡に見え、七世紀後半に盛行したとみてよい。そのため狩野久氏は、この表記を、(5)をはじめとする干支紀年銘を七世紀代とする証拠にされている。(37) しかしながら「五十戸」の表記は大宝令前で終わったものではない。平城宮朱雀門跡の発掘では、その下層から「五十戸家」と記す墨書土器が出土しているが、その年代は併出した木簡の用語から大宝令施行以後であると考えられている。(38) また平城宮造酒司跡から出土した八世紀初めの土器に「□(斯カ)野伎五十戸𨗉」という篦書の文字も見出されている(『奈良国立文化財研究所年報 一九九四』三四頁)。この斯野伎五十戸は、のちの遠江国山名郡信濃芸郷に当たる。大宝令以降、制度上の用語である「里」が優勢になっていったであろうが、なお「里」を表すのにこのような用字も行われたといえる。『万葉集』の著名な貧窮問答歌に、里長を「五十戸長」と書しているのも、(39) 単なる表記上のことではなく、私的なレベルでは、このような用字が行われていたと解して不自然ではなかろう。

なおこの「山部五十戸」に関しては、これまで地名とみなす通説に沿って論じてきたが、かつて少しふれたとおり、(40) 人名である可能性も捨て難いところがある。即ち「山部五十戸」をサトと解すれば、死没者は単に「婦」としか表されていないことになるが、山部里の婦というのみでは、あまりにも簡略に過ぎるのではなかろうか。他の幡銘にあっても(14)「阿久奈弥評君の女子」、(3)「山部殿」のように名をあげない例はあるが、氏を記さないのは異例であろう。無姓であったとか、山部姓が自明であったとか言えないこともなかろうが、幡の施入者は一定の有力者であったはずで、姓を明示するなり、無姓でも名を記すことはなしえたはずである。逆に幡銘の中で本貫地名を記した例は他に見出せず、これを無条件に里名と決めてかかるのは問題ではあるまいか。それでは「山部五十戸」が人名である可能性いかんということになるが、極めて珍しいものの、「五十戸」という名は例がないわけではない。奈良時代後期の人物に「豊野真人五十戸」がいる。この人は鈴鹿王の男で、天平宝字元年(七五七)閏八月、豊野真人を賜姓された猪名部王と同一人である可能性が高い。(41) 五十は二字でイと読まれるからイナベに因みイへないしイノへと読ませたのであろう。[42] 同類の名に、天平五年右京計帳にみえる「細川椋人五十君」がある。もし「山部五十戸」が人名として解せるなら、この幡はその夫人のためのものとなって何ら問題はない。以上いずれをとるにしても、「五十戸」の表記から幡銘の年代を限定することには無理があろう。[43] このようにみてくると、干支紀年の幡銘を積極的に七世紀代と限るべき理由は存在しないと言ってよく、反対に干支紀年の八世紀代における残存状況や、墓誌など葬送資料との関連に着目すると、八世紀のものであっても何ら差支えはないことになる。

四　干支年紀の実年代

そこで実際に干支年紀をいかに比定するかということになるが、問題となる干支は、(3)辛酉、(4)己未、(5)癸亥、(6)壬辰、(9)壬午、(12)戊子、(18)丁丑の計七箇ある。まず前提として確認しておかねばならないのは、七～八世紀の幡が、時代によって形式を変化させている点であろう。これまでの研究によると、その変化は、はじめ縦長の長方形であった幡の坪部が、時代を下るに従って正方形に近くなっていくこと、幡頭部が紐状から二等辺三角形状になることの二点に要約できる。[44] この結論は、法隆寺伝来の幡と正倉院に残る八世紀半ばの幡を比較して導かれたもので、極めて信頼性が高い。ただ法隆寺伝来の有銘の幡は、多くの場合、頭部を確認できないので、主として坪部の形からの判断となるが、まず基準となるのは、(1)(和銅七年)と(20)(八世紀初頭)の坪部の形状である。(1)の坪部は著しく縦長(縦横比二一・四対一)であり、(20)も比率不明ながら、相当縦長と推定されるのに対し、(3)(4)(5)の三点は、それぞれ縦が一・三以下、一・二、一・三と、正方形に近い比率を示す。一方、(6)(9)(12)の三点は、それぞれ一・九、一・七、一・六と、いずれも縦が横の二倍近い値となっている。勿論、坪部の変化には、同時期でも多少の相違があったと見られ、同一の幡でも、坪の位置により縦の値にはばらつきもあるから、[45] 単純に数値の違いを年代の違いとすることには慎重でなければならない。ただ大勢として見たとき、(1)(6)(9)(12)(20)と(3)(4)(5)の間に基本的な差違があるのは確かであり、これを八世紀初頭より前と、それ以降の時期差に読み換えても大過なかろうと思う。そうなると(3)(4)(5)は八世紀の幡となり、(3)辛酉は養老五年(七二一)、(4)己未は同三年(七一九)、(5)癸亥は同七年(七二三)と判断される。

それに対してややむずかしいのが(6)(9)(12)の年代である。そもそも幡の形式変化について、七世紀代の詳細をうかがうに足る資料は、法隆寺伝来の幡を除いて残っていない。従って(6)壬辰については、舒明天皇四年(六三二)か持統天皇六年(六九二)、(9)壬午については、推古天皇三十年(六二二)か天武天皇十一年(六八二)、(12)については、推古天皇三十六年(六二八)か持統天皇二年(六八八)の両様が可能性として残ってくる。推古・舒明朝となれば、法隆寺の天智朝火災以前ということになるが、法隆寺伝来の染織品には「中寺」墨書銘をもつ伎楽装束残欠など、明らかに中宮寺からの移入品と見られる品が含まれるので、[46] その時期のものがあっても不思議ではない。ただこの場合、材質は異なるものの、やはり法隆寺に伝来した灌頂幡と金銅小幡(いずれも法隆寺献納宝物、東京国立博物館蔵)が、極めて縦長の坪部を持つことは注意されてよいのではなかろうか。これらはいずれも銅板を切り透かした上に鍍金した幡で、制作年代は灌頂幡が七世紀後半、金銅小幡は同じ七世紀後半ながら末に近い時期と考えられている。[47] そこでその坪部であるが、灌頂幡では坪の縦が横の二・九～一一・七倍、金銅小幡では三・六倍もの長さを有する。[48] これらの幡も、本来染織の幡を模範として造型されていることは、幡頭の形や坪の縁取りの仕様などからも明らかであるが、[49] 染織の幡に比べて、材質の性格上保守的な造型を踏襲している可能性は容易に考えられる。このように、灌頂幡や金銅小幡に見る坪の縦横比が古様を伝えているとすれば、(6)(9)(12)の年代を七世紀前半にまで遡らせるのはためらわざるを得ない。和銅七年銘の(1)や養老六年(七二二)施入の「秘錦灌頂幡」に比定される広東綾大幡[50](献納宝物一四号)の比率をも考慮して、一応⑹は六九二年、⑼は六八二年、⑿は六八八年と考えておきたい。

なお干支の実年代を考えるに当たって、直接の条件とはならないが、これらの幡の原所在について付言すると、これらすべてが本来法隆寺に施入されたものとする確証はない。法隆寺の染織品中には、前述のように中宮寺ゆかりの伎楽装束残欠があるので、少なくとも中宮寺の旧物が混在している可能性はあろう。幡銘の中には、⑷⑸⑹⑼⒁など尼僧や女性に関係するものが散見するが、これらの内にはあるいは中宮寺への施入品が含まれているかも知れない。

五　幡銘の思想的背景

次にとりあげたいのは、これらの幡の背景にある思想である。はじめにも述べたように、幡銘に「命過」の語がみえることから、灌頂経に説く命過幡の思想が機縁となって発願された幡があることは承認できよう。この点を最も具体的に示すのが、⑶の銘と思われる。この銘をめぐる諸説については先にふれ、一応私見として、「山部殿、在りし形の如《ごと》見む為め」と読んだ。これは灌頂経の次の箇所をふまえた結果である。

若人臨レ終未レ終之日、当レ為二焼香然燈続一レ明。於二塔寺中表刹之上一、懸二命過幡一転二読尊経一、竟二三七日一。所二以然一者、命終之人、在二中陰中一、身如二小児一、罪福未レ定。応下為修レ福、願中亡者神使上生二十方無量刹土一。

即ち人が没して中陰(中有)の期間中は、在世時とは異なって小児の身体を有し、罪福が定まらないことが命過幡燈法を行う理由として挙げられている。中陰中における人の姿の変化は、他の経典にも説かれており、たとえば阿毘達磨倶舎論巻九では左のようになる。

欲(欲界)中有量、雖レ如二小児年五六歳一而根明利。

これに対し同じ欲界に属するものでも、菩薩は本来の姿(本有)のままであり、欲界より上の色界では衣がないだけで、人も菩薩も本有の形、さらに三界の最上界たる無色界には中有が存しないという。また中陰中は極めて小さいため、普通には見ることを得ないことも説かれている。幡銘の「如在形見為」は、こうした経論の所説から直接あるいは間接の影響をうけて、死者の冥福と往生を祈ったものと解すべきである。従って「在りし形の如《ごと》見む為め」ないし「在すが如《ごと》形見む為め」などと読むのがよいであろう。『論語』八佾の用語「如在」が影響しているとみれば、[51] 後者のような読みがありえようが、全体が和文的構成であることを考えれば、そこまでの想定は必要なく、前者のように読んで差支えあるまい。ともあれ「命過」の語のみでは灌頂経所説との直接的結び付きを言うにはやや弱いところもないではないが、この(3)のような幡銘を見れば、命過幡燈法との関係も改めて首肯できるはずである。

しかしこれらの幡銘がすべて命過幡であるかといえば、それには疑問がある。その適例は(12)の幡である。すでに述べたように、この幡は丁亥年(六八七)に没した人物のいわゆる初盆に発願、制作された可能性が高い。少なくとも盂蘭盆会に関わる施入物であることはほぼ間違いなかろう。七世紀代における盂蘭盆信仰の受容と展開については、史料が少ないため具体的様相が明らかになっていないが、[52] この(12)の幡銘から、七世紀末には畿内地方豪族の私的信仰レベルまで普及していたことが確かめられる。

六　結　語

法隆寺関係の幡にみられる銘文について、その史料的性格、意義について見てきたが、これまでの主な所論を要約すると次のようになる。

(1)年代は天武十一年（六八二）ごろから、養老七年（七二三）ごろにわたる。
(2)文章・用語とも、純漢文的性格は稀薄で和文的である。
(3)施入の背景には、灌頂経に説く命過幡の思想のほか、盂蘭盆信仰の存在を推定できるものがある。

このほか、個々の用語等で重要な意味をもつものもあるが、それらについては改めて繰り返さない。いずれにせよこれらの幡銘は、史料の少ない八世紀初頭以前について、地方豪族層の追善行為とその思想的背景をうかがわせる貴重な史料群といえよう。

（1）これらの幡銘をめぐる基礎的データに関しては、(1)〜(11)(18)(19)については、浅井和春「法隆寺系幡と褥の銘文」（東京国立博物館編『法隆寺献納宝物 染織Ⅰ』便利堂、一九八六年）参照。他の銘文についてもこの論考に整理されているが、発見時に近い報告や完備した写真等をのせる刊行物を掲げると、(12)(13)については、東京国立博物館他編『国宝法隆寺展』（ＮＨＫ、一九九四年）、(14)については「正倉院年報」（『書陵部紀要』二九号、一九七八年）、(15)(17)については、松本包夫「正倉院の染織幡（後篇）」（『正倉院年報』四号、一九八二年）、(16)については「正倉院年報」（『書陵部紀要』二二号、一九七〇年）がある。(15)の発見は大正年間に遡るらしく、大正十四年四月に奈良帝室博物館で開催された正倉院宝物古裂類臨時陳列に出陳されており（同館『正倉院宝物古裂類臨時陳列目録』一三頁）、これを見た橋本凝胤氏の紹介がある（「正倉院古裂を拝観して」『寧楽』五号、一九二六年）。(20)については、澤田むつ代・東野治之「法隆寺献納宝物 平絹幡二流と幡足六条」（『ＭＵＳＥＵＭ』四八三号、一九九一年）がある。また本文で列挙した以外に、正倉院から「鵤」と墨書のある幡断片が発見されているが、他の銘と性格を異にするので本稿ではとりあげない。なお幡墨書銘全般の写真図版は、東京国立博物館編『法隆寺献納宝物銘文集成』（吉川弘文館、一九九九年）参照。

（2）浅井和春注（1）論文。

（3）この問題については、新川登亀男「法隆寺幡銘の文化——「朔」と「月生」を中心に」（『史観』一二六冊、一九九二年）に独自の分析がある。また本稿の初出後、石神遺跡出土の木簡に「朔十四日記」と記す三川国荷札が出土している（奈良文化財研究所『飛鳥・藤原宮発掘調査出土木簡概報』一七、二〇〇三年、一五八番）。

（4）拙稿「大宝令前の官職をめぐる二、三の問題」（『長屋王家木簡の研究』塙書房、一九九六年。一九八四年初出）三〇八頁。

（5）新川登亀男「法隆寺幡銘管見」（田村円澄先生古稀記念会編『東アジアと日本』宗教・文学編、吉川弘文館、一九八七年）。

（6）新川登亀男前注論文、奥村秀雄「日本上代の幡について」（注（1）前掲『法隆寺献納宝物　染織Ⅰ』所収）。なお形見を人名と解する小林芳規「表記の展開と文体の創造」（岸俊男編『日本の古代』一四、中央公論社、一九八八年）や狩野久「額田部連と飽波評」（『日本古代の国家と都城』東京大学出版会、一九九〇年）があるが、これらは「奴在形見」と釈読することを前提にしており、従えない。

（7）小林芳規注（6）論文参照。

（8）吉野政治「上代のタメについて」（『万葉』一三六号、一九九〇年）、同「上代のタメ・ユヱ・カラの使い分けについて」（『万葉』一三九号、一九九一年）。

（9）拙稿「野中寺弥勒像台座銘の再検討」（『国語と国文学』七七－一一、二〇〇〇年）。

（10）拙稿「飛鳥・白鳳の造像銘」（本書第一部第一章）。

（11）浅井和春注（1）論文。

（12）同右。

（13）この点は既に注（4）拙稿で指摘した。

（14）拙稿「行方不明の在銘金銅仏」（『書の古代史』岩波書店、一九九四年）。

（15）浅井和春注（1）論文。

（16）注（4）拙稿二九二頁。

（17）この挿図は、パソコン画面上でフォトショップ・エレメントを用い、断片を切り抜き、移動、合成して作成したもので、あくまで想定である。

（18）狩野久注（6）論文。

(19) 今泉隆雄「八世紀郡領の任用と出自」(『史学雑誌』八一-一二、一九七二年)。
(20) 狩野久注(6)論文。
(21) 同右。
(22) 新川登亀男注(5)論文。
(23) 注(4)拙稿。
(24) 狩野久注(6)論文、岸俊男「山部連と斑鳩の地」(『日本古代文物の研究』塙書房、一九八八年。一九八六年初出)。
(25) 狩野久「法隆寺幡の年代について」(『伊珂留我 法隆寺昭和資財帳調査概報』三、一九八四年)、同注(6)論文、新川登亀男注(5)(3)論文。
(26) 木内武男「法隆寺献納宝物銘文集成」(『東京国立博物館紀要』一三号、一九七八年)、同「法隆寺献納宝物新出の紀年銘仏幡について」(『日本歴史』三六四号、一九七八年)、奥村秀雄注(6)論文、浅井和春注(1)論文。
(27) 岸俊男「木簡と大宝令」(『日本古代文物の研究』塙書房、一九八八年。一九八〇年初出)。
(28) 拙稿「木簡に現れた「某の前に申す」という形式の文書について」(『日本古代木簡の研究』塙書房、一九八三年)。
(29) 奈良国立文化財研究所編『平城京左京三条二坊六坪発掘調査報告』(一九八六年)、同『平城京木簡』一(一九九五年)。
(30) 拙稿「左京三条二坊宮跡庭園」(木簡学会編『日本古代木簡選』岩波書店、一九九四年二刷)。
(31) 拙稿「長屋王家木簡の文体と用語」(注(4)著書)参照。
(32) 新川登亀男注(5)論文。
(33) 天平十五年帳の受戒記事には原史料があり、その表記の特色が残存していることは、新川氏の説かれたとおりであろう。
(34) 桃裕行「忌日考」(『桃裕行著作集四 古記録の研究上』思文閣出版、一九八八年。一九六二年初出)。
(35) 信憑性を疑う説もあるが、楊貴氏墓誌の末尾に「歳次己卯」とあるのは、この意味で不自然とはいえない。
(36) 『大日本古文書』三、三八八頁。
(37) 狩野久注(25)論文。
(38) 奈良国立文化財研究所編『平城宮発掘調査報告』Ⅸ、一九七八年。

(39)『万葉集』における「五十戸長」の表記については、拙稿「『万葉集』と木簡」(注(4)著書)一六四頁参照。
(40)拙稿「日本語論」(注(4)著書)。
(41)新日本古典文学大系『続日本紀』三(岩波書店、一九九二年)五二四頁。
(42)同右書四(一九九五年)、宝亀元年八月戊戌条にイソへの傍訓があるのは誤り。
(43)狩野氏は以上の他に、書風や仮名の古さを年代決定の要素としてあげておられるが、いずれも七世紀代に限定できる証はなく七二〇年代ごろまでのものとして矛盾はない。また山部五十戸が山部里としても、同里名は天平期の上野国にも存在しており(群馬県史編さん委員会編『群馬県史』資料編四、一九八五年、一三二頁)、必ずしも和銅以前とすることもできない。
(44)奥村秀雄注(6)論文一四七頁以下、浅井和春「東京国立博物館保管 上代裂の銘文に関する若干の補訂」(『MUSEUM』三九七号、一九八四年)。
(45)奥村秀雄注(6)論文一四八頁。(1)の幡は、第一坪では横一に対し縦が二・四、第二坪では一・七となっている。
(46)浅井和春「東京国立博物館保管 上代裂の銘文について」(『MUSEUM』三九〇号、一九八三年)。
(47)中野政樹『法隆寺献納宝物 国宝 金銅透彫灌頂幡』(二〇〇〇年)、加島勝「法隆寺献納宝物 灌頂幡の模造品制作について」(『MUSEUM』五六七号、二〇〇〇年)、同「金銅小幡」(東京国立博物館『特別展 法隆寺献納宝物』、一九九六年)。
(48)染織の幡では、蜀紅錦幡(献納宝物二六―一号、同二六―二号)が著しく縦長の坪をもつが、それでも三・〇である。
(49)奥村秀雄注(6)論文。
(50)同右。比率は二・三～二・二。
(51)新川登亀男注(3)論文は、このような影響関係を示唆している。
(52)古瀬奈津子「盂蘭盆会について――摂関期・院政期を中心に」(福田豊彦『中世の社会と武力』吉川弘文館、一九九四年)参照。

補注　その後この問題については、松田猛「佐野三家と山部郷――考古資料からみた上野三碑」(『高崎市史研究』一一号、一九九九年)、同「上野国片岡郡についての基礎的研究――古代のミヤケと郡・郷をめぐって」(同上一九号、二〇〇四年)が興味深い所説を展開している。

第十四章　法起寺塔露盤銘

一　はじめに

斑鳩の古刹、法起寺の創建に関する著名な史料に、法起寺塔露盤銘がある。丙午年(慶雲三年、七〇六)に、法起寺三重塔が完成した時、露盤に入れられた銘文とされるが、実物は現存せず、鎌倉時代、法隆寺の僧顕真が著した『聖徳太子伝私記』(古今目録抄、以下『太子伝私記』と略称する)に引用されてその原文と称するものが伝わっている。古く偽銘説もあったが、會津八一氏の研究[1]が出て以来、信憑性を肯定する論者が多く、近年までこれに基づいて法起寺の造営経過を考えることが一般化していた。ただ大山誠一氏は、聖徳太子関係史料を再検討する中で改めてこの銘の史料批判を行い、顕真による偽作説を提起されており、それをめぐって直木孝次郎氏との間に論戦も生じている[2]。

以上のように、この銘文は実物が残っていないことから、なお多分に議論の余地があり、會津八一氏の論文から七十年を経た今日、根本的な史料批判が必要となっていることは間違いない。ここでは銘文の内容に最初から踏み込むことは避け、『太子伝私記』に立ち帰ってその史料価値を検証してみようと思う。

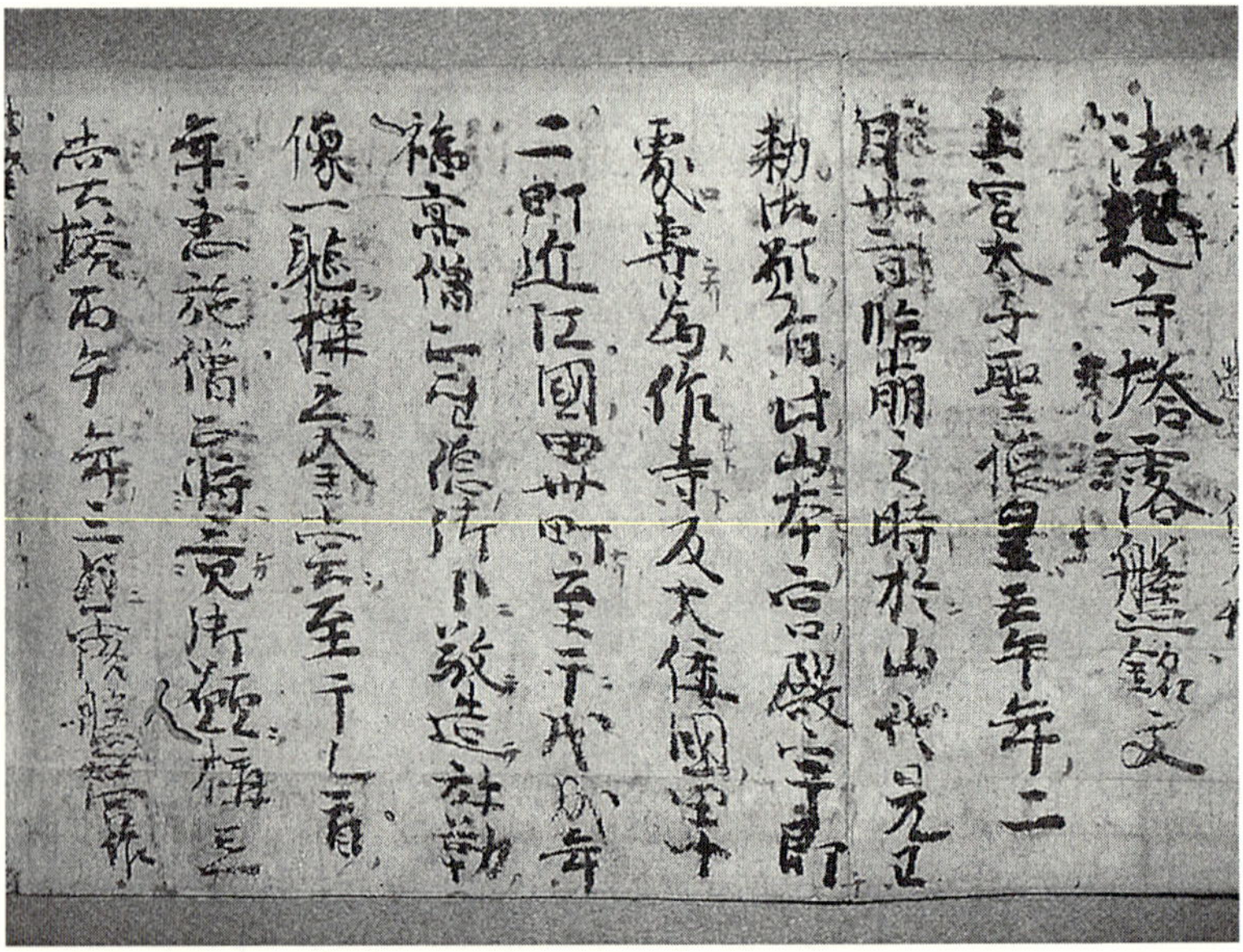

図71　『聖徳太子伝私記』所収の露盤銘

二　『太子伝私記』の傍訓

まず『太子伝私記』に引かれた露盤銘の文を掲げる。図版との対照上、改行も原本通りとする。傍訓や返点は適宜現行の形に改めたので、図版をあわせて参照されたい(3)（図71）。

・法起《キ》(×隆)寺塔露盤銘文
・上宮太子聖徳皇《ハ》壬午年《ノ》二
月廿二日《ニ》臨崩之時《キニ》於山代兄王一
勅《シテ》御願《ノ》旨《ヲ》一此《ノ》山本《ヤマモトノ》　宮《ノ》殿宇・即《チ》
處《ロ》専《ラナリ》　為《ス》作《サント》一　寺《ト》二及大倭國《ノ》田十
二町・近江國《ノ》田卌町《ナリ》・至《ニ》于二戊戌年一
福亮僧正・聖徳《ノ》御分《ニ》敬《テ》造《テ》弥勒《ノ》
像一軀《ヲ》一・構立《ス》金堂《ヲ》二至于乙酉《ノ》
年《ニ》二恵施僧正・将《ニ》三竟《ンカ》二御願《ヲ》構立
堂塔《ヲ》二丙午年《ノ》三月《ニ》露盤營《キ》作《クル》・

この銘文が世に知られる契機となったのは永保元年

(一〇八一)の官使下向であった。このことは『法隆寺別当次第』に次のように見えている。

永保元年辛酉二月七日、岡本寺塔基官使下、露盤文書取宣旨下取。

(永保元年辛酉二月七日、岡本寺の塔基に官使下り、露盤の文書き取る宣旨下して取る)

このとき岡本寺、即ち法起寺の塔のもとに官使が下向し、露盤の文(銘)を書き取るという宣旨を下して(書き)取った、ということであろう。(4) 同じことについて顕真の『太子伝私記』は左のように記す。

永保元年辛巳《ママ》二月七日、岡本寺官使下、塔露盤銘文書取、京上云々。

會津八一氏がかつて考証した通り、この場合の「露盤」は広義の用法と見られ、銘文は九輪か伏鉢に記されていたと考えられる。その後、九輪は盗難に遇い、伏鉢は鋳つぶされたため、銘文の実物を見ることができないのは、はじめに述べた通りである。現在の相輪部は、もとの露盤(狭義)を用い、弘長二年(一二六二)に再興されたものである。(5)

既に言われているように、銘文が注目されたのは相輪部が取り下された結果であろうから、(6) たとえ銘の存在が知られていたとしても、銘文の内容が詳細に把握されたのは、永保元年(一〇八一)であったと見てよかろう。しかしこの銘文についての史料は、前記『法隆寺別当次第』と『太子伝私記』の記事以外は全く知られていない。銘文の本文も、『太子伝私記』所載のもの以外は、ほとんど『太子伝私記』から出たものである。(7) これらのことから考えると、銘文は知られたものの、その内容が広く注目を浴びたとは考えられず、法隆寺周辺で伝えられるにとどまったということになろう。銘文の出典がおおむね顕真に帰することを重く見れば、銘文が顕真の捏造ないし改作という可能性もないとはいえない。その可能性が少ないことは後段で述べることにするが、銘文がそれほど広く流布したものでなかった点は、銘文の字句を検討する上に念頭に置かれてよいと思う。

このように限界のある史料ではあるが、その価値を論ずることは不可能でないし、また大いになされるべきであろう。まず第一に着眼されねばならないのは、唯一の出典である顕真自筆の『太子伝私記』に引かれた銘文に、先掲の通り朱の訓点が見られることである。この訓点は、仮名と区切点、返点とから成るが、『太子伝私記』に見られる他の訓点と同様、顕真自身が付けたものと考えられる。(8) そのことは、訓点の仮名字体と、『太子伝私記』本文に挿入された仮名字体とを比較すれば一目瞭然であり、特に異説のあるのを聞かない。またこうした訓点は、同書に引用された法隆寺金堂釈迦三尊の光背銘や同薬師像光背銘、また天寿国繡帳銘などにも施されている。即ち顕真は、自らが集めた史料を『太子伝私記』に収入しただけでなく、それらを読むことを試みたのであった。先に私は、露盤銘を顕真の捏造や改作とする説に疑いを呈したが、その理由の一つはここにある。

そもそも顕真が捏造や改作を行ったのなら、この訓点によって、その文意が明瞭に把握できてよさそうなものであるが、事実はそうではない。試みに左に訓点に基づく読み下し文を掲げよう。なお読み添えた仮名は( )内に入れて示した。

上宮太子聖徳皇ハ、壬午年ノ二月廿二日ニ臨崩之時《(ト)キ》、山代兄王ニ御願ノ旨ヲ勅シテ、此ノ山本《ヤマモト》ノ宮ノ殿宇、即チ処《(トコ)ロ》専ラナリ。寺ト作サント為《ス》。及大倭国ノ田十二町、近江国ノ田三十町ナリ。戊戌年ニ至(リ)、福亮僧正、聖徳ノ御分ニ敬テ弥勒ノ像一軀ヲ造テ、金堂ヲ構立ス。乙酉ノ年ニ至(リ)、恵施僧正、将ニ御願ヲ竟ンガ(タメ)、堂塔ヲ構立(ス)。丙午年ノ三月ニ露盤営キ作《ク》ル。

これを見ても、「即処専」、「及大倭国」云々、「将竟御願」、「営作」などの箇所は意味が明らかでなかったり、読み方が不適切である。これは顕真が、露盤銘を所与の史料として書写したことを示していよう。顕真が、銘の原文を転載するに際し、原文に付せられていた訓点もそのままに写したか、あるいは自らこれに訓を付したかのいずれかであろう。(9)

しかし、どちらにしても不審なのは、「営作」の訓である。この箇所は、「営」の右傍に古体の仮名「＼」(キ)が記されている(図72)。思うに付訓者は、「営」を「塋」と見誤り、これを「ミガキ」と読んだのであろう。顕真がこの露盤銘を捏造したり、原文に手を入れていたとすれば、顕真は当然、銘の文章を熟知していたはずで、このような齟齬が起こるのは理解しがたい。「営」と「塋」が見誤り易いことは、法隆寺献納宝物舎利塔の保延四年(一一三八)の銘について、文中の「塋了」が長らく「営了」と誤読されてきたことからも推測がつこう。[10]この「キ」の付訓は、顕真が銘文の捏造や改作に関与していない証左ということができる。顕真はこの銘文を自著に引載するに当たり、その題名の寺名を一旦「法隆寺」と書きかけて「隆」を「起《キ》」と傍訓付きで改めているが、これも顕真の作為の無さの表れと解せられよう。このように見てくると、露盤銘は永保元年に写し取られたもので、その原文を写し伝えたと考えて何ら問題はないと思う。

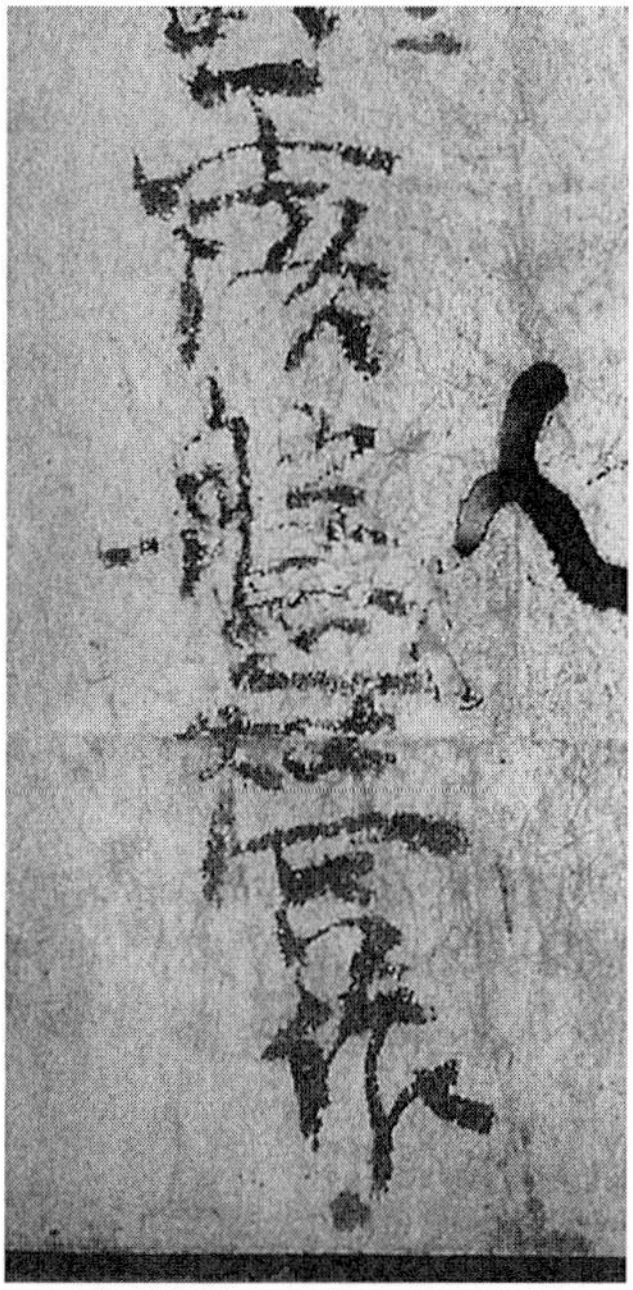

図72　『聖徳太子伝私記』所収の露盤銘(部分)

三　會津八一説の再検討

前節の検討によって銘文が古代のものであることは明らかにできたと考えるが、ではこれを八世紀初頭のものと見ることはいかがであろうか。この問題を論じるには直接銘文の吟味が必要となるが、それに先だって、銘文に伝写の過程で生じた誤脱があるとする會津八一氏の主張をふりかえっておかねばならない。

會津氏は右の立場から、銘文を次のように復原された。

上宮太子聖徳皇、壬午年二月廿二日臨崩之時、於山代兄王勅御願旨、岡本宮殿宇、即処伝将作寺、乃入大倭国田十二町・近江国田卅町、至于戊戌年、福亮僧正聖徳皇御分、敬造弥勒像一軀、構立金堂、至于乙酉年、恵施僧正為竟御願、構立寶塔、丙午年三月露盤営作

即ち右の傍線部が會津説によるもので、會津氏は主として書体の類似、混同などからくる誤脱を想定されている。その論は説得力に富み、特に「此山」の二字を、岡の異体字「罡」を媒介として、原銘文は異体字「罡」であったのを、二字に分けて誤写した結果、「此山」となったと論じたあたりは、考証の醍醐味を味わわせるものといってもよいであろう。竹内理三氏の『寧楽遺文』が、この銘文を収載するに際して、いち早く會津説による注記を加えたのも首肯できる。⑪

ただこの會津説に関しては、早くから反論のあったことも見逃せない。⑫ それは會津氏の法隆寺論に対する反撥に基づくところが大きかったとはいえ、一面の真実をついていることも確かであろう。即ちその反論は、『太子伝私記』の引用のままでも理解可能であるとする消極的なものであるが、確かに會津氏の推定は過剰の感なきにしもあらずという気がする。銘文を論じるには、この會津説に従うかどうかをまず定めなければならない。

結論的に言えば、會津説のすべてを認める必要はないように思われる。妥当性が高いのは、「及」を「乃入」に改める案である。それ以外については、ほとんど改めるまでもなく解釈可能であろう。そもそも前節でふれた通り、この銘文が広く流布した形跡は見出しにくい。従って転写が頻りに繰り返されたとは考えられず、伝写の間に字体が変形して他の字に誤られるというような現象が起こりえたと、簡単に結論するのは危険であろう。誤りが生じたとする

と、露盤から銘文を写し取る段階で誤った蓋然性が高いと見るべきである。ただ現在伝わる銘文に何らかの誤りが含まれているとすれば、やはり「此山本宮」の箇所は、看過することができない。この部分について會津説は成立するであろうか。

會津氏の推論が示唆に富むことは先にふれた。しかしこの点については、會津氏が取り上げなかった事柄を含め、再考の要がある。それは、顕真が同じ『太子伝私記』の他の箇所でこの銘文に言及し、「罡本寺露盤銘文」と記していることである。(13) 顕真は聖徳太子の没年をめぐる異説に関係して引証したのであるが、その用字からみて「岡本寺」がこのような異体字でも記されることを明らかに知っていた。従って顕真の見た銘文が仮に曖昧な字体になっていたとしても、それが「罡」であるべきことは簡単に見抜けたはずであろう。少なくともその銘文は、明瞭に「此山」であったと解さねばなるまい。また先ほど来述べている通り、銘文がさほど伝写を重ねていないであろうことを考慮すれば、「此山」が永保元年以来の用字である可能性は高い。実物の銘文を写し取る際、見誤ったとも考えられようが、そもそもその段階でも、「罡」という字体が、特別な知識なくして読めないようなものであったとは考えにくいのではなかろうか。「罡」が「此山」に転訛するのは、よほど転写を重ねた場合に言えることで、この銘文を取りまく以上のような状況からすると、その推定には無理がある。この箇所についても、本来「此山本宮」とあったと考えるのが自然である。會津説は全体として大変魅力的であるが、ここでは以上の検討結果を踏まえ、銘文の原文は基本的に『太子伝私記』のそれに近いものとして、内容の論議に入ってゆきたい。

四　銘文の字句

この節では、銘文の字句のうち問題となるものについて、逐一見てゆくこととする。

(一)聖徳皇　この称号を中世における銘文偽作の一証とする見解もあるが、長屋王家木簡に「長屋王」を「長屋皇」と記す例がある以上、特に怪しむには当たらないであろう。[14]『太子伝私記』の中で、顕真は「中大兄皇」という称呼を用いているが、太子に対する「聖皇」という称呼とともに、この銘文から影響を受けたとも考えられる。

(二)山代兄王　山背大兄王を指すことは言うまでもないが、山背を「山代」と書く例は、『古事記』の国名表記や『令集解』職員令「古記」所引「別記」、神亀五年(七二八)の山代忌寸真作墓誌など、比較的古い史料にしか見られない。[15]また「兄王」は孤例で、あるいは「大兄」の「大」を逸したものか。

(三)勅　山背大兄の命令をこのように表現するのは、天皇の命令でないものを勅、詔などと記す『播磨国風土記』や七世紀末、八世紀初めの木簡の用例と共通する。[16]

(四)山本宮　岡本宮を指すことはまず間違いないが、こうした表記がありうるのかどうかは問題である。「山」をヲカとする古い訓詁は見当たらないが、大和三山などの例から見ても、「山」が「丘」や「岡」に通じて使われるのは不自然とは言えないであろう。

そこで注目されるのは、飛鳥池遺跡から出土した七世紀末の木簡に、「山本寺」が見えることである。[17]この木簡は左のように、当時存在したと思われる寺院名を列挙したものである(裏面は習書)。

(表)「軽寺」　波若寺　濱尻寺　日置寺　春日部　矢口
石上寺　立部　山本　平君　龍門　吉野
(裏)□□□耶　耶　耶　耶

この山本寺が岡本寺、即ち法起寺を指すとは考えられないであろうか。通説によれば法起寺には岡本寺、池尻寺の別名があったとされる。右の木簡には「濱尻寺」(池尻寺)が見えるから、通説に従えばその可能性はない。しかし池尻寺=岡本寺説に問題がないとは言えない。池尻寺は天平十九年(七四七)の法隆寺資財帳に「池尻尼寺」とあるように、尼寺であった。それに対し法起寺は露盤銘にも単に寺とあって、尼寺とは記さない。露盤銘が正しければ勿論、たとえ偽銘でも、そこに尼寺と見えないのは不審である。また正倉院文書に現れる「岡本院」や「岡本禅院」を法起寺と考える説が有力であるが、「禅院」は通常僧寺のはずである。わずかに問題なのは、『日本霊異記』(巻中、十七)に法起寺が「岡本尼寺」と見えることであるが、この記事は明らかに法起寺と法輪寺を混同している節があり、[18]どこまで真を伝えているかは疑問と言わなければならない。結局、かつて田中重久氏が論じられたように、[19]法起寺を池尻寺とする説は、八世紀末のいわゆる『七代記』[20](『上宮太子拾遺記』巻三所引)を遡らず、池尻寺は本来法輪寺の別名であったと考えるべきであろう。法輪寺ならば開基は聖徳太子の妃、膳氏という伝えをもっており、尼寺にふさわしい。法起寺と法輪寺はその立地も近く、『日本霊異記』に見られる通り、早くから混同が起きていたのであろう。池尻寺がのちに法起寺の別号となってゆくのも、そのような事情に基づくと見られる。

以上のように考えると、木簡の「山本寺」を岡本寺即ち法起寺と解しても矛盾は起きないことになろう。この山本寺については、現在の奈良県橿原市に山本という地名が残り、その地ではないものの、近傍に白鳳時代の寺院址が残っているところから、これに擬する見解も示されている。[21]ただその根拠は間接的に過ぎ、必ずしも説得的とはいいがたい。「山本寺」は「岡本寺」の別表記と考えておく。なお福山敏男氏は、『太子伝玉林抄』の記事から発して、岡本寺が法起寺であったかどうかに疑いを呈されているが(22)、当該記事をあまりに厳密に解釈するのは考えものであろう。

(五)大倭国、近江国　大和国という称が定められたのは天平宝字元年(七五七)のことであり(23)、大倭国は銘文の示す年代にふさわしい表記である。大宝令施行にともなって定められた国印も「大倭国印」の印面を持つ(24)。近江は大宝令では「水海」とあったらしく(25)、飛鳥京苑池遺構出土の木簡(七世紀末)には、遠江国を遠水海国と記しているので(26)、浄御原令制下では近江国が水海国と表記された可能性が強い。しかし大宝の国印にも「近江国印」とあり(27)、この銘文の年代としては近江国が適切であろう。

(六)福亮僧正　『日本書紀』(大化元年八月癸卯条)にも十師の一人として見える著名な僧に当たろう。『三論祖師伝』下によると、天武天皇二年(六七三)に僧正に任ぜられた智蔵は、「呉学生福亮僧正在俗時子也」とある。おそらく呉学生というのは、呉に留学した僧の意で、呉人というのではあるまい。留学先の国名を付して呼ぶ例は他にも見出される(28)。注意すべきは、この銘が偽作とすると、福亮のような、さまで有名でない人物を挙げる意図はどこにあるかという点である。同じことは銘文の後段に現れる恵施についても言える。この恵施は乙酉年(天武天皇十四年、六八五)に堂塔を造営したとあり、持統朝に大官大寺の寺主であった恵勢(天平十九年(七四七)大安寺資財帳)に当たるのではないかとされているが、銘文を偽作するなら、格別このような人物を挙げるに及ばないのではあるまいか。素直にこの両名は、法起寺の造立に関係したと見るべきであろう。福亮も、その在俗時の子である智蔵も、ともに三論の学僧として聞こえた人物であり、三論宗の勢力が強かった法隆寺との関連からしても、福亮の活動は自然に理解できる。

(七)丙午年　文意からすると慶雲三年(七〇六)に当たる。大宝建元後、年号使用が一般化したことからすれば、慶雲三年とあるのが普通とも言えようが、大宝以降も干支紀年の使用が一部に残ったことは、別に論じた通りである(29)。これもその一例であり、前段までの干支年紀の使用も影響していると見てよいであろう。

このように見てくると、銘文が偽作である形跡は字句の方からも見出しがたく、とりわけ法起寺造営の経過に関しては、事実を伝えたものとして何ら問題ないと考える。

五　銘文の価値

前節までの考察により、露盤銘の史料価値は明らかになったと思うが、これによって改めて法起寺の性格を考えると、露盤銘が法起寺を太子建立寺院としていないことがまず注意される。このことは、濟尻寺が法輪寺を指すとする前述の拙見をふまえると、『上宮聖徳法王帝説』や法隆寺伽藍縁起并流記資財帳、『上宮聖徳太子伝補闕記』などの記載とも矛盾せず、本来の縁起を伝えているというべきである。(30) 太子の遺願や山代大兄の関与などはともあれ、法起寺は実質上は舒明朝に造営され始めたと考えてよく、この寺がいわゆる太子建立寺院の一つに数えられるようになるのは、早くても奈良時代末とみるべきであろう。

なおこの銘文の価値として、いま一つ注目されるのは、「聖徳皇」という称号の存在である。厩戸皇子に対する「聖徳」の尊号は、『日本書紀』敏達紀五年三月条や、天平十年(七三八)ごろに成立した大宝令の注釈書「古記」(『令集解』公式令34条所引)によって、八世紀初頭での使用が確認される。「古記」が「聖徳王」を謚号の例として挙げているように、奈良時代前半には成立していたことが判明しているが、この銘文の信憑性が確かめられたことによって、この号は太子に対する漢風謚号の可能性が強いが、その奉呈は七世紀代に遡る可能性が濃くなったと言えよう。この号は、法隆寺再建期の作とされる同寺金堂薬師如来像光背銘に見える「東宮聖王」の称や、『日本書紀』(推古天皇二十一年十二月朔条）に現れる片岡飢人説話の中で、太子が飢人を「真人」（ひじり）と見抜き、「聖」（ひじり）が「聖」を知る例とされていることとも恐らく無関係ではなかろう。「聖徳皇」や「聖王」の聖は、儒教的な概念というよりも、「真人」に窺われる神仙思想的な超人の意を含んだ称であるかも知れない。ともあれこうした諡号が歴代天皇にも先だって形成されているのは、聖徳太子の人物像を考える上にも示唆深いことと言わねばならない[31]。

(1) 會津八一「法起寺塔婆露盤銘文考」（『會津八一全集』一、中央公論社、一九五八年。一九三一年初出）。以下、會津説は本論文による。

(2) とりあえず直木孝次郎「聖徳皇の成立年代について――大山誠一氏に答える」（『東アジアの古代文化』一一〇号、一一一号、二〇〇二年）参照。

(3) 不明瞭な箇所は原本で確認した。本書については、鵤叢刊会から原寸大のコロタイプ版複製（一九三四年、大塚巧芸社）が刊行されているが、同複製の朱訓点はモノクロームの原板に手書きでなぞって書き入れられており、全幅の信頼を置くことはできない。

(4) 會津八一氏は、この記事を「岡本寺ノ塔ハ、官使アリ、露盤ヲ下ロシ文ヲ書取レトノ宣旨ニ基キ、下シ取レリ」と読むが、あまりにも強引な読みで従えない。

(5) 注(1)に同じ。田中重久氏は伏鉢の改鋳に顕真が関与していることから、銘が伏鉢にあった可能性は低いとされている。「法起寺創立の研究」（『聖徳太子御聖蹟の研究』全国書房、一九四四年）二八七頁。

(6) その時期は厳密には不明である。

(7) 注(1)に同じ。福山敏男『奈良朝寺院の研究（増訂版）』（綜芸舎、一九七八年）において、宮内庁書陵部蔵、伏見宮本の『聖徳太子伝暦』下冊（貞応二年（一二二三）写）末尾に、別紙を継いでこの銘が書写されている例を紹介しているが（三二三頁）、『太子伝私記』と直接結びつかない珍しい例と言える。

(8) 荻野三七彦『太子伝古今目録抄の基礎的研究』（法隆寺、一九三七年）四〇頁。

(9) この銘文の前に載せられた金堂の釈迦、薬師の光背銘の場合、朱墨の訓点があり、墨点は朱点の上に重なって打たれている。これらの一連の史料に、顕真はまず朱点を加え、釈迦、薬師の銘には、そのあとで墨点による訂補を試みたことが判る。
(10) 加島勝「法隆寺献納宝物　舎利塔の修理と新発見の墨書銘」(『MUSEUM』五六九号、二〇〇〇年)。
(11) 竹内理三『寧楽遺文』下(一九四三年)九六六頁。
(12) 足立康、田中重久、福山敏男らの各氏による。村田治郎『法隆寺の研究史』(毎日新聞社、一九四九年)二八八頁以下参照。
(13) 荻野三七彦考定『聖徳太子伝古今目録抄』(法隆寺、一九三七年)二九頁、三三頁。
(14) 拙稿「長屋王家木簡からみた古代皇族の称号――中皇命と大皇」(『長屋王家木簡の研究』塙書房、一九九六年)。
(15) 『上宮聖徳太子伝補闕記』が「山代」を使用するのは、原資料の古い表記を踏襲したものであろう。
(16) 拙稿「長屋王家木簡の文体と用語」(注(14)著書)三二頁以下。
(17) 奈良国立文化財研究所『飛鳥・藤原宮発掘調査出土木簡概報』一三(一九九八年)一五頁上段。
(18) 田中重久「法起寺創立の研究」(注(5)著書)二九六頁。即ち『日本霊異記』は、法輪寺を「岡本村法林寺」、法起寺を「鵤村岡本尼寺」とする。
(19) 同右。
(20) 小口雅史「七代記」(『国書逸文研究』三号、一九七九年)。
(21) 伊藤敬太郎「うつされた塔心礎――大窪寺と山本寺」(森郁夫先生還暦記念論文集『瓦衣千年』、一九九九年)、伊藤敬太郎、竹内亮「飛鳥池遺跡出土の寺名木簡について」(『南都仏教』七九号、二〇〇〇年)。
(22) 福山敏男注(7)著書。
(23) 平野邦雄「日本の国号」(角川書店『角川日本地名大辞典』別巻一、一九九〇年)。
(24) 鎌田元一「日本古代の官印」(『律令公民制の研究』塙書房、二〇〇一年)。
(25) 『令集解』戸令22戸籍条所引「古記」に、養老令文の「近江大津宮」を、「水海大津宮」と記す。
(26) 橿原考古学研究所「飛鳥京跡」(『奈良県遺跡調査概報　二〇〇一年度』、二〇〇二年)。
(27) 注(23)に同じ。

(28) たとえば八世紀の「新羅学生」審詳など。
(29) 拙稿「法隆寺伝来の幡墨書銘」(本書第二部第十三章)。
(30) 逆に濆尻寺が法起寺とすると、何故に露盤銘のような縁起が作られたか、理解できない。なお會津八一「法輪寺創建年代考」(注(1)全集)は、法輪寺近傍に「池尻」の小字があることを取りあげているが、田中重久「池後寺考」(注(5)著書)が明らかにしたように、この地名は法起寺近傍にもあって、寺名を論ずる決め手とはなしえない。
(31) 聖徳太子の人物像に対する私見は、拙稿「ほんとうの聖徳太子」(網野善彦編集協力『ものがたり 日本列島に生きた人たち』三、岩波書店、二〇〇〇年)、同「聖徳太子の時代」(NHK『聖徳太子展』、二〇〇一年)を参照されたい。

〔付記〕『聖徳太子伝私記』自筆本の閲覧についてお世話いただいた東京国立博物館の原田一敏氏に厚く御礼申し上げる。

第十五章　法隆寺印

一　法隆寺印の復原

法隆寺献納宝物の一つとして伝えられている法隆寺印(図73)は、大和古印と総称される日本古代の印章の中にあっても、とりわけ有名な存在といってよい。この印は鋳銅製で、印面は現状で五・五センチメートル、撥形の鈕(弧鈕)を有し、高さは七・三センチメートルある。[1] 印文や鈕の古様さから、七世紀末の作とされてきているが、[2] 必ずしもその確証はない。ただ、七〜八世紀の官寺に頒下された寺印が現存する例は稀で、初期の寺印の実例としても、この法隆寺印は貴重である。この印で惜しまれるのは、四辺の匡廓を欠失していることであろう。匡廓のある形でこの印が伝存していたならばという思いは、古印研究家ならずとも抱くところであるにちがいない。幸いにその隙を埋めるような十二世紀の押印例が、すでに荻野三七彦氏によって紹介されているが(永久二年(一一一四)十一月二十九日付平群姉子売券)、[3] 今回新たに別の史料が見出されたので、ここにそれを報告し、その意義について若干の私見を記すこととしたい。

問題の資料は、同じ献納宝物の中に存する枡である(図74)。一九九五年初め、東京国立博物館法隆寺宝物室における銘文調査の一環としてこの枡を赤外線テレビカメラによって調査したところ、枡の内側二側面に、墨による各一個の印影が認められた。その印影は図75に示したとおりである。この枡については、古くから外側面に「坊米」の刻銘

図 73　法隆寺印

のあることが注意されており、さらに外側二側面に墨書のあることが確認されていたが（図76・77）、今回の調査により、前記の印影のほか、内側になお一文字の墨書が認められた（図78）。墨書には判読しがたい部分が少なくないが、その位置と釈文を示すと左のとおりである。

㈠「法隆寺」（外側面、図76）
㈡「律學院□《衆カ》」（外側面、図77）
㈢「□」（内側面、図78）

一方、墨書とともに見出された印影は、トレーシングペーパーに影写した法隆寺印の文字と細部まで一致し、同印のものであることはまちがいない。その印影は、下辺の匡廓を確認できないのが惜しまれるが、他の三辺の匡廓は明瞭である。しかも枡に残された「寺」の字画は現存印より一画多い。そこでこれをもとにすると、図79のような印影が復原できる。法隆寺印の原姿は、こうした形であったと推定して大過あるまい。「寺」の一画については、現存の印にも筆画の欠損した痕跡が残っており、匡廓と同様、伝世の間に失われたと判断できる。この痕跡のすぐ左上には打痕のようなものが認められるから、何らかの打撃を蒙って欠失したのであろう。

なお左右の匡廓の幅は、二つの印影とも心々で六センチメートルあり、印の寸法は従来の推定[4]よりやや大きく、方二寸となる。ただここで注意されるのは、先にふれた永久二年平群姉子売券の印影である。同文書の印影は全部で十個を数えるが、荻野氏の指摘されたとおり匡廓の幅はいずれも五・八センチメートル（一寸九分）であ る。同文書の印影では下辺の匡廓がすべて現れておらず、押捺時点で欠失していたとみられるが、[5] 枡の印影に下辺が欠けているのも、このことと関連がありそうで、同一印の可能性が考えられよう。ただ枡の印影を透き写して文書の印影に重ねると、

図 **74**　枡（献納宝物 124 号）

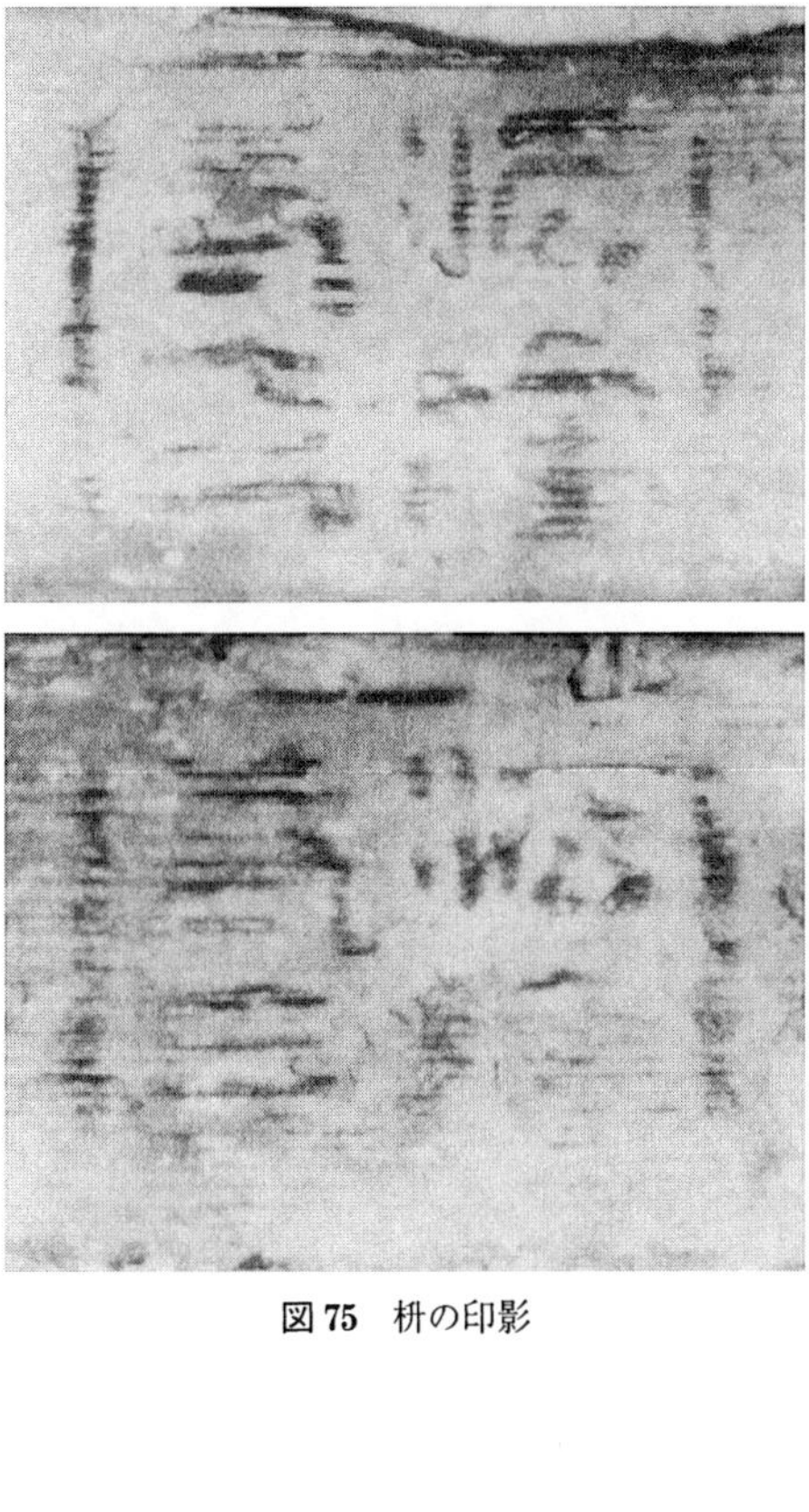

図 **75**　枡の印影

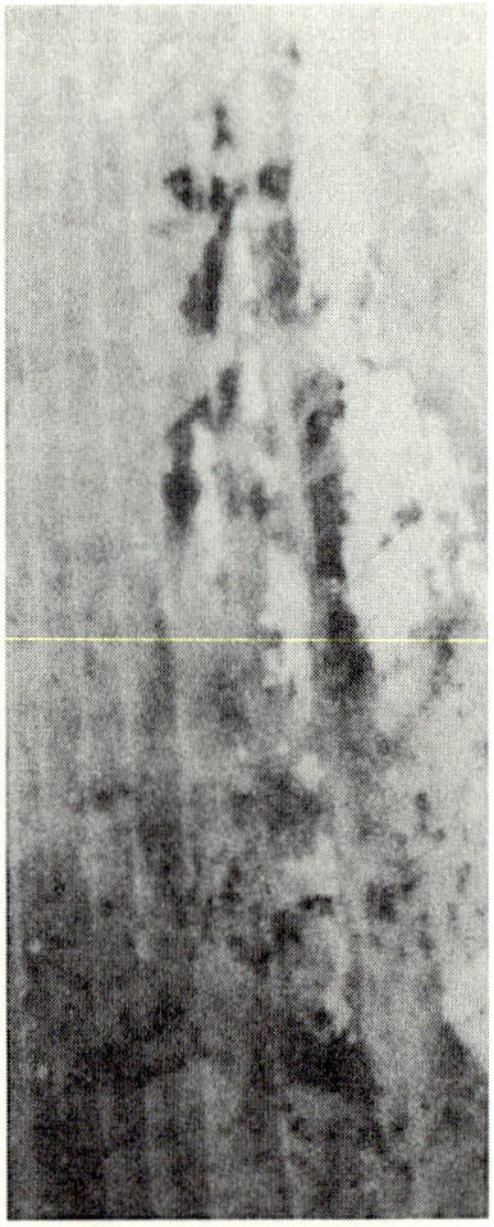

図76　枡の墨書「法隆寺」

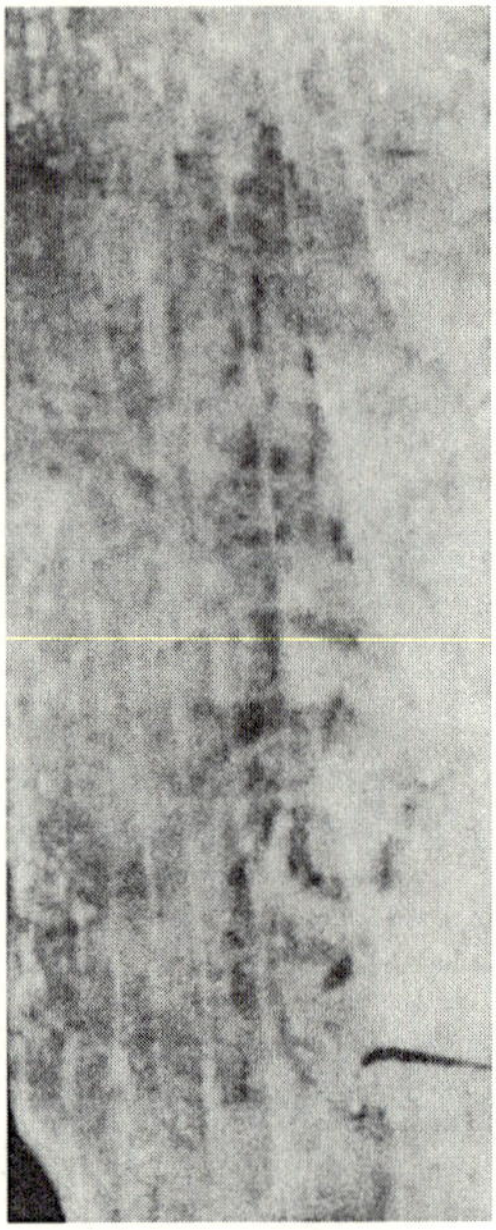

図77　同右「律學院□」

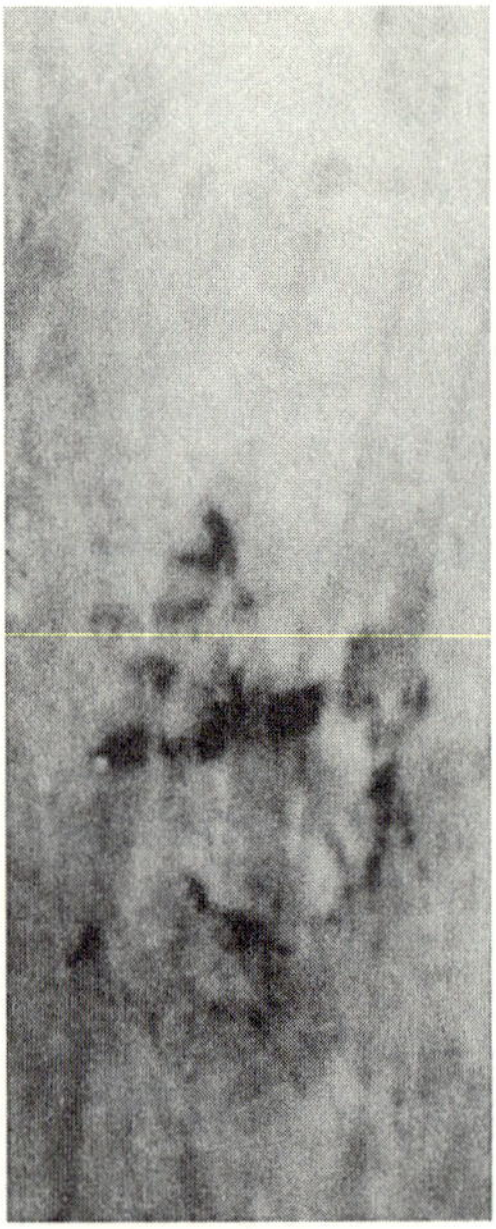

図78　同右「□」

一回り小さいのみならず、字画にも少異があり、とくに古文書の印影の文字には、現存の法隆寺印に見られる雄大な気分がない。天平十九年(七四七)の法隆寺伽藍縁起幷流記資財帳では「合銅印漆面」とあり、「一面は寺内、六面は所々の庄等といえり」と注があるから、同一の文面の印が複数伝存したとしても不思議ではなく、文書と枡の印は別個のものと考えておく。しかしいずれにせよ、印の規格として方二寸が意識されていたとみてよく、これは八世紀の国印と同寸である。[6] もって当時の官寺印の規模をうかがうに足りよう。

二　寺印押捺の意義

現在欠失している匡廓が、奇しくも古い印影によって復原できるのは、いうまでもなく押捺が匡廓の失なわれる以前の古い時代になされたからに他ならない。この枡は室町時代の製作と考えられているが、印の押捺時期も近世には降らないとみてよかろう。即ち明治十年（一八七七）、法隆寺宝物の献納に当たって、法隆寺から除外を申し出た宝物中に、法隆寺印と鵤寺倉印が含まれており、除外理由として次のような事実が示されている。[7]

　右両印之内、斑鳩蔵印之方者、古来法則等、都而確証ニ所用来候。

これによれば、法隆寺印の方は、「斑鳩蔵印」即ち鵤寺倉印と異なり、近世には実用されていなかったと判断される。あるいは欠損の進行が関係しているかもしれない。

法隆寺印の押捺が中世になされたであろうことは印の捺された意味を考察することによってもまた推察ができる。

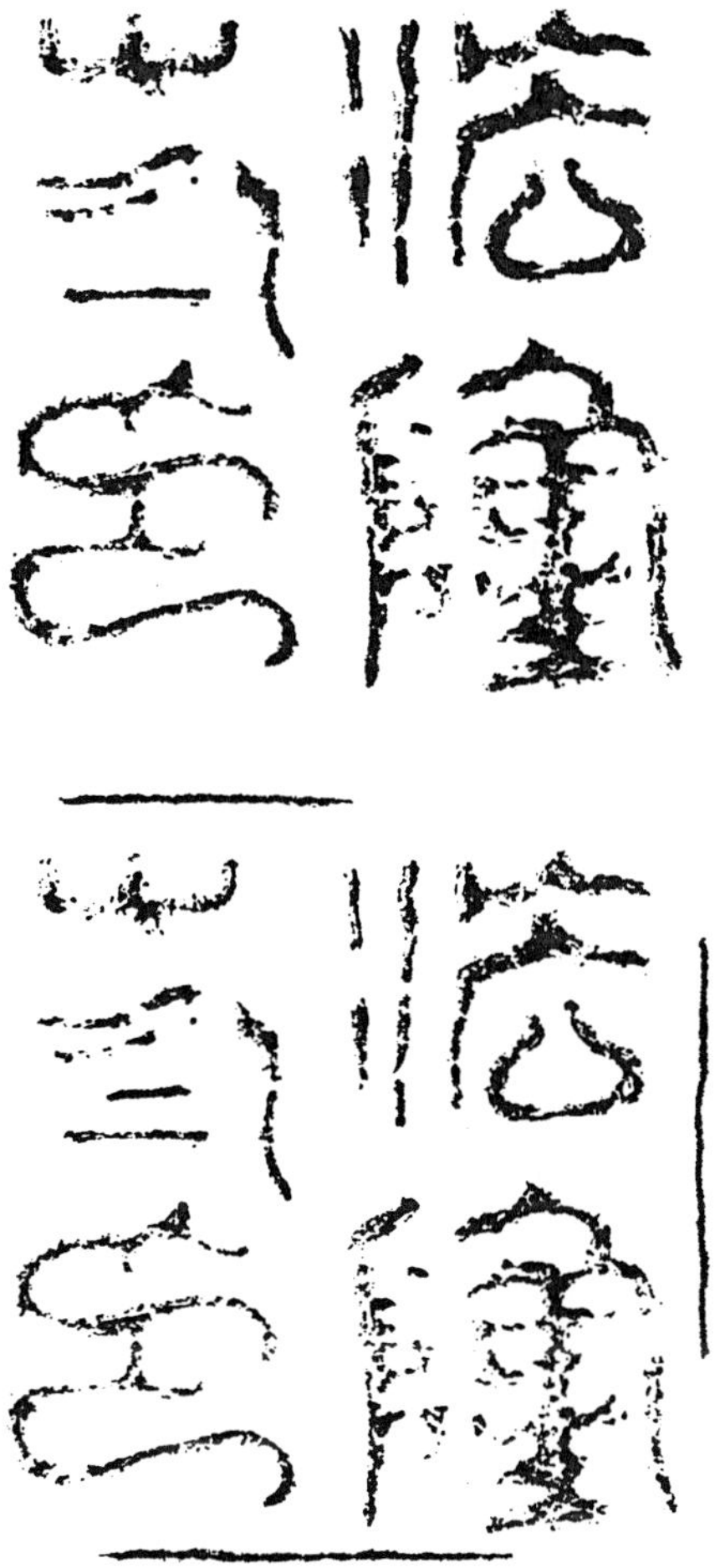

図 79　法隆寺印（現状と復原図　原寸大）

そもそも焼印以外の印章を枡に捺す例は、管見の限り、これが初見であると思われるが、枡に焼印を捺し、あるいは花押を入れる例は、中世、近世の枡について従来から知られている。これらの行為が枡に対する保証の機能をもつことはいうまでもないが、とくに中世に行われた花押に関しては、これまでも「判枡」との関係で研究が存した(8)。即ちその花押は荘園領主や守護大名のものであり、多様な私枡が横行する中にあって、特定の枡に権威を持たせる意味があったという。地域や用途によって異なった枡の存在した中世においては、これは不可欠の行為であったろう。注目すべきは、こうした行為の起源が律令制下に遡るとされている点である(9)。

即ち関市令(14条)によると、全国で用いる権衡・度・量は、毎年二月に大蔵省ないし諸国で検定を受ける定めになっている。

凡官私権衡度量、毎年二月、詣二大蔵省一平校。不レ在レ京者、詣二所在国司一平校。然後聴レ用。

この条文に対する『令義解』には、「律に依るに、平すと雖も、官司印を経ざれば、笞卅と。即ち知る、平校の日、官司題印するを。但、唐令に云わく、並びに印署し然る後に用いるを聴せ、と。此の令、印署の文を除く。故に署す可からざれば、唯、律に依りて印すべし。即ち量函とは同じからず」とあり、検定を通過した計器には、官司による題印のなされたことがわかる。題も署も記す意で、署名と押印がなされるのが原則であり、場合によって押印のみ行われたということであろう。官司の印とは、いうまでもなく大蔵省印または国印である。『令義解』の記述や『唐律疏議』巻二六、雑律(32条)の記事からは、類似の規定がすでに母法たる唐令に存したことも知られる(10)。

このような検定は、いつの時代にあっても必要であったに違いなく、律令制の衰退とともに、官司印による検定が、領主等の加判に変化していったという説(11)は、充分に首肯できよう。法隆寺献納宝物の枡にみられる寺印の押捺は、このような加判と同性格のものであり、令制下における印の使用の伝統を引くものと理解してよいのではあるまいか。

印が枡の内側に捺されているのは、印影の磨損を避ける意味があると考えられるが、この押捺形式も、令制下における官司印の押捺法について、示唆を与えるであろう。

なお枡への押印に関連して、刻銘や墨書との関係も問題となるが、墨書には釈読できない文字もあり、法隆寺の律学院(12)に関わるという以外、後考を俟たねばならない。ともあれここにとりあげた事例は、単にいまは完全でない法隆寺印の原姿をうかがわせるというだけでなく、印章の機能、用途を考える上に興味深いものがある。この小文が印章史の研究にいささかでも寄与するところがあれば幸いである。

(1)　木内武男編『日本の古印』(二玄社、一九六四年)。
(2)　同右一七九頁。ただしそこに引証されている法隆寺資財帳の記事は、経台にかかるもので、印章の施入年を示すものではなかろう。
(3)　吉田玲涛閣旧蔵法隆寺文書(現早稲田大学総合図書館蔵)。荻野三七彦『印章』(吉川弘文館、一九六六年)二六二頁以下、瀬野精一郎編『古文書集』二(早稲田大学蔵資料影印叢書　国書篇一五、早稲田大学出版部、一九八六年)一三八頁以下参照。この文書の存在のみは、荻野氏の紹介に先立って、注(1)前掲書一九三頁に指摘されている。
(4)　注(1)前掲書一九三頁では、この印の印面を方一寸八分と復原しているが、同書一九七頁では二寸とする。
(5)　荻野三七彦注(3)前掲書二六六頁。
(6)　注(1)前掲書一八九頁以下によると、奈良時代の諸国印の押印例は、方一寸九分から二寸にわたる。
(7)　荻野三七彦「法隆寺献納御物の目録に就いて――附、若草伽藍発掘記事」(『画説』四〇号、一九四〇年)参照。
(8)　宝月圭吾『中世量制史の研究』(吉川弘文館、一九六一年)三一〇頁以下。
(9)　同右。
(10)　唐の制については、仁井田陞著・池田温編『唐令拾遺補』(東京大学出版会、一九九七年)七九五頁、一三九六頁、那波利貞「唐代民間に於ける度器使用習慣の実情と布帛測定尺の一実例」(『東亜経済論叢』三ー一、一九四三年)参照。

(11) 注(8)に同じ。

(12) 律学院については、高田良信『法隆寺教学の研究』(法隆寺、一九九八年)三七九頁参照。

〔付記〕 本稿でとりあげた枡の調査及び撮影に際しては、とりわけ東京国立博物館の加島勝氏に御協力いただいた。また早稲田大学文学部の新川登亀男教授は、同大学所蔵文書の閲覧について特に労をお取り下さった。記して謝意を表する。

付編　古代金石文の周辺

付編一　七支刀銘文の「聖音」と「聖晋」

石上神宮に蔵される七支刀は、古代日本と朝鮮半島との交流をうかがう重要史料として、あまりにも有名である。その研究史も明治初年に遡り、専論だけでもかなりの蓄積が存在する。ここで詳しく回顧するのは省略するが、釈文に関しては村山正雄氏の尽力で鮮明なカラー写真が公刊され、一時期が画された(1)。現在ではそれを踏まえ、左のように読むのがほぼ定論となっている。

(表)泰□(和カ)四年□(五カ)月十六日丙午正陽造百練□(銕カ)七支刀□辟百兵宜供供侯王□□□□作

(裏)先世以来未有此刀百済王世□奇生聖音故為倭王旨造□□(伝示カ)□世

また文意については、表面は東晋の泰和(＝太和)四年(三六九)にこの刀が作られたことを、慣用的な吉祥句を交えて述べたものと解され、裏面はこの刀が従来にない優れたもので、百済王またはその世子が倭王のために作ったことを記しているとみられる。百済から倭への贈呈が、外交的政治的にいかなる意味を持つかに関しては、論者によって様々なニュアンスの差はあるにしても、『日本書紀』神功皇后五十二年九月条に百済から献上されたと見える「七枝刀一口」が、これに当たるとするのも、大略通説となりつつあるといって差支えあるまい。これもまた前記のような釈文の確定に負うところが大きく、その意味でも写真公刊の意義は少なくない。

しかし七支刀をめぐる問題が、完全に解決されたといえないのも事実である。とりわけ裏面については、解釈の問

図80　七支刀銘文の裏面
第16・17字

題もさることながら、その源となる釈読に関し議論の余地が残されているように思う。なかでも重要なのは、「聖音」の箇所が果たしてそう読めるかという問題であろう(図80参照)。

そもそもこの銘文は、鉄地に金象嵌で表されているが、この種の史料の常として、象嵌に欠落が生じており、象嵌の金線だけでなく、金線の欠落したあとに残されている象嵌のための溝をも考慮しながら、文字の釈読を進めることが要求される。「聖音」の二字についても、当然このような観点から考察検討が加えられてきたが、「聖」については、金線の欠落箇所を含め、「聖」と読むことに諸説が一致している。しかし「音」については、かつて榧本杜人氏が、「立」の部分にさらに縦溝がありこれは象嵌痕跡であるとして、「晋」の可能性を提起されていた[2]。「晋」の上に一画をもつ字体を想定し、それを「晋」の異体字と認める案である。これに対し福山敏男氏は、「立」の部分に余分な縦線があるのは認めつつも、「晋」の異体字として、その上に点を打つ例がないため、この縦の溝は切り誤りか傷とする立場をとられた。同じ不明瞭な銘字であっても、何と読めようとさして大勢に拘らない文字も少なくないが、この文字が「音」であるか「晋」であるかは、裏面第十三字目が「子」と読めるか否かと並び、極めて重要な意味を持つ。即ちもしここが「聖晋」であるなら、それは東晋を尊んだ称となり、年号の他にも百済と東晋との関係が直接この銘に反映されていることになるからである。前後の解釈も当然影響を受けざるを得ない。

私はかねてからこの点が気がかりで、村山氏の写真が公刊された時にも、まっ先にこの文字に注目した。村山氏は先の縦溝が一本の刻線ではなく、中程でいわば二筆に分かれるとみ、「音」の三画や四画と比べると刻線の調子も弱く、異なると観察して、「音」説を採られている。ただことは金線の欠けた象嵌痕跡にかかわる問題だけに、この解説に全面的に納得するまでには至らなかった。少なくとも写真では、村山氏の説明にも拘らず、なお縦画らしいものが比較的明瞭に看取されたからである。

ところが本年(二〇〇四)二月、幸いにも奈良国立博物館に出陳された七支刀の銘文を実見する機会が与えられた。ガラスに挟まれた状態での観察であったが、異なる角度からライティングすることができ、拡大鏡を用いて目視した。その結果、「音」についていえるのは、なるほど微細な点を重視すれば村山説のようになろうが、この銘文の現状全体を念頭に置けば、象嵌痕としての縦溝が存在する可能性も、なお否定しがたいということである。この溝は確かに第三画などに比べて弱いが、この銘文に限らず、古代刀剣の象嵌銘の場合、ごく近接した字画であっても、溝の残存状況は区々であるといって過言ではない。このような溝が象嵌とは関係なく存在するのは、かえって理解しにくいのではなかろうか。

これを縦画とした場合、何と釈読すべきかが大きな問題であるが、やはりこれは「晋」の異体字と解すべきであろう。上部の一画を除くと「晋」の異体字に類似の形があることは、既に榧本氏によって指摘されている。しかも「晋」の字体として上に一画を持つ例はないとされてきたが、それは正しくない。中国南北朝時代、北斉の武平四年(五七三)の高建妻王氏墓誌には、「晋陽」(太原府)の地名がみえ、その「晋」字は上部に明らかな一画がある(図81)[3]。この異体字の例が、七支刀より約二百年下ることを問題にする向きもあるいはあろうが、一般に異体字の成立、使用年代を、たまたま現存する使用例から限定できないことはいうまでもなく、その

図81 北斉墓誌の「晋陽」

例のあることによって、むしろ前後に長い使用期間のあることをこそ推定しなければならない。従来、「晋」の異体字に上部一画のあるものが見出せないという点が、この字を読む上に大きな前提となっていたが、それを取り払ってよいとなれば、ここは「聖晋」の可能性を再考してみなければなるまい。

さて「聖晋」とみたときの文意はいかがであろうか。「聖音」説に立つ福山氏は、「生を聖音に奇《(倚)》る」と読み、「百済王と世子とは生を御恩に依倚している」と解された。また村山氏は「奇しくも聖音に生く」として、「奇しくも釈尊の恩沢の下に今日を保っている(音=恩、音通)(奇という文字も漢訳仏典で好んで使用されることが多い用字)」、あるいは「奇しくも聖なる仏陀の恩恵に浴して現在に至っている」と述べられている。村山氏が仏典との関わりを強調される点を暫く措けば、「音」を「恩」の音通と解する点で、両氏の読みは共通するといえよう。しかしこの銘の中で明らかに音通とみられる字は、これを除くと存在しない。さして多画でもない「恩」を「音」に替える必要は、少なくとも字画の上からは考えにくいであろう。そこでこれを「聖晋」と読めば、文意は「奇しくも偉大な晋の代に生まれた」となる。同じ晋を戴く王という意識があれば、[4]このような表現が刀を贈与する前提として記されても不思議ではないであろう。勿論この部分の解釈は裏面全体の文意とも関わることで、総合的になされるべきであるが、「聖晋」説が文意上成立可能である意味で付言しておく。

ともあれ「聖音」必ずしも唯一の読みならずというのが、実物から得た率直な印象である。上述したような「晋」の異体字の存在もあり、「聖晋」説も改めて再評価がなされて然るべきものと思う。

最後になったが、実見の機会を与えられた井口喜晴、梶谷亮治の両氏に厚く御礼申し上げたい。

(1) 村山正雄編著『石上神宮七支刀銘文図録』(吉川弘文館、一九九六年)。研究史については本書のほか、吉田晶『七支刀の謎を解く』(新日本出版社、二〇〇一年)に詳しい。

（2）この櫃本説のほか、以下で取り上げる福山敏男氏及び村山氏の論については、注(1)著書参照。

（3）趙万里『漢魏南北朝墓誌集釈』(科学出版社、一九五六年)図版三一〇之二。

（4）『晋書』には、簡文帝紀咸安二年(三七二)正月条に百済の朝貢、六月条に冊封のことがみえ、倭については、武帝紀泰始二年(二六六)十一月条に朝貢のことがみえる。

付編二　大王号の成立と天皇号

一　はじめに

皇室の祖先がその最初から「天皇」と呼ばれていたのでないことは今日広く知られている。天皇号が確立する以前は、「王」ないし「大王」が君主の称号であった。この王号や大王号がいつごろ成立し、後の天皇号とどのような相違点や共通性をもつか、また天皇号はどの時点で採用されたのか、それをいままでの学説をふりかえりながら検討してみるのがここでのテーマである。

二　古代君主号の性格

従来の説をみてゆく前に、古代君主の称号とはいったいどんな性格をもっていたのかという点を整理しておこう。この点がこれまでの説を検討するうえで一つの基礎になると思うからである。古代君主の称号の性格を考えるには、時代は下るが律令制下の君主号の性格が参考になる。律令制下の君主には、天皇号のほかに天子・皇帝などの号があり、儀制令によるとそれらが場合に応じて使いわけられることになっていた。実際の用例をみると、ほとんど「天皇」で一貫しており、使いわけはあまり行われなかったようであるが、たてまえはこのように決められていたのである。ここで注意しておいてよいのは、㈠このような称号はどれも表記上用いられたもので、口称では字面に関係なくスメミマノミコト、スメラミコト等と呼ばれる習いであったこと、㈡同時にこれらの称号の中に「王」ないし「大王」が含まれていないことである。

第一の点は、『令集解』儀制令1天子条の諸注釈によって明らかであるが、このように表記のうえでしか区別がなかったことは、この種の称号が文書による伝達においてとくに意味をもったことを推定させる。もっとも時代をさかのぼった場合、政治の中で文書の占める比重は軽くなってゆくことは確かで、五世紀あたりともなれば令制下とは比較にならない状態であったろう。しかし古い時期にも君主の称号をいかに表記するかが大きな意義をもつ場があった。それはほかならぬ外交の分野である。そこでは、冊封や次に述べるような世界観の問題とも関連して君主号がつねに書かれた形で問題になったはずである。令制下の君主号にみられる属性は、原初的な形ではあるが、さらに古くさかのぼるとみてよい。

第二の点は、天皇と大王・王が概念を異にする称号であったことを示している。皇帝は数多の王の上に位置する唯一の存在――中華世界の最高君主であった。天子はもちろん天皇も、皇帝と共通した性格をもち、大王・王とは相対立する称号であるといってよい。したがってわが国の古代君主号が王・大王から天皇へうつりかわったのは、中華世界に包摂される一君主が自立的な帝国の君主へ飛躍したことと無関係ではない。

もちろん君主の称号は、国内における君主権力の性格と無関係ではありえない。しかし以上のような律令制下の君主号から類推すれば、後にも述べるように、王・大王・天皇といった称号はわが国をめぐる外交関係の中で採用され、国内で古くから用いられていたオホキミ・スメラミコトなどの和語に結びついていったと考えられる。これまでの諸研究が君主号の問題をその当時の外交関係との関わりで考える傾向があるのは、その意味で当を得ているが、津田左右吉「天皇考」[1]を除くと、ともすれば和語と密着させて考察しようとしているのは再考を要するのではなかろうか。

三　王と大王

天皇号以前における君主の称号は「大王」であったとするのが従来の通説である。その根拠とされてきたのは、熊本県江田船山古墳出土の銀象嵌大刀銘や和歌山県隅田八幡宮所蔵の画象鏡銘などにみえる「大王」号で、これらをそれぞれ五世紀前半と六世紀初めの遺物と考える立場から、大王号はそのころすでに用いられていたとする。[2]ところが一九七〇年代になってこれらの金石文の解読や解釈に疑問が提出されるようになった。とくに船山古墳大刀銘については、従来「復□□□歯大王」と読んで反正天皇に比定されてきた文字を「□鹵大王」と読んで百済の蓋鹵王に当てるべきだとする説が再び現れ、その年代も五世紀後半に下げようとする動きが出てきている。[3]隅田八幡宮鏡銘の場合は、これまでも文中の「癸未年」をどう比定するかで数説があり、さほど有力な史料ではなかったが、「大王」に当たる二字は「六王」であるとする論者も現れている。いずれの史料についても新説が必ずしも確実とはいえず、大刀銘がもし「□鹵大王」と読めるならば、同じ程度の可能性は「復□□□歯大王」と読む説にも認めてよい。また画象鏡銘の「大王」は明らかに「大王」であって、これに関する限り従来の読みを否定する材料はないと思われる。しかし、これまでの解読が無条件に信じられないことも事実である。とくに大王号の五世紀前半における使用を裏づける積極的証拠とされてきた大刀銘の場合、「治天下復□□□歯大王世」と読まれてきた文字のうち「治天下」は明確に筆画を追うことができず、「世」も同じ大刀銘中の「也」に近いようにみえる。また「復」や「歯」がタジヒ・ハと読まれたとすると、漢字の訓を用いた表記ということになるが、このような訓による表記は五世紀前半としてはやや早すぎる感がないでもない。したがってこれらの史料の解読にはなお将来にまつべき点が多く、これらをもとに大王号を論じることはさし控えたほうがよかろう。(4)

ただこの問題に関連して注意しておきたいと思うのは、「大王」号と「王」号との関係である。いったい大王という称号は、ヤマト王権がある程度の統一を達成した時点で、その君主が支配下の地方有力者に対し、いわば王中の王という意味で使用されたと解する説が根強い。大王はキミの上に位するオオキミであるとするのである。したがって大王号の使用は、ヤマト王権による政治的統一の進行と深い関わりをもつこととなる。しかし大王という称は、このようにオオキミという和語と直接結びつくのではなく、独自に漢字の成語としてまず成立したものと解するのがよいように思う。その理由としては、オオキミに対するあて字ならば「大王」に限らず「大君」「大公」等であってもよいのに、称号としては大王が一般的であること、大王だけでなく王一字でもオオキミと読まれること、言語の異なる朝鮮諸国でも大王の称が用いられていることなどがあげられる。これは「王」の字を用いることのほうに第一義的な意義があったとみたほうが理解しやすい。それはおそらくヤマト王権や朝鮮諸国の君主が中国から「王」に冊封されている事実と無関係であるまい。そもそも中国をめぐる冊封関係の中では、王・侯は存在しても「大王」という独自の地位は存しなかった。「大王」は王に封ぜられた君主をその支配圏内で尊んだ称号である。金石文資料から離れても、この点からすれば、すでに中国に遣使朝貢してその冊封を受けるまでの政治的力を蓄えた五世紀前半の君主が、国内で「大王」と称されることも大いにありうることといえよう。このころのヤマト王権の君主(いわゆる倭の五王)が中国南朝の歴代から倭国王に封ぜられていることは改めていうまでもない。倭という語が無条件に日本列島をさすといえないとする説もあるが、この場合の倭は、倭王武の許された称号から知られるとおり、新羅・任那・加羅・秦韓・慕韓等に対置される概念であり、明らかに列島をさすとみられる。

ともあれ六世紀になると、わが国の君主は、少なくとも国内では「大王」と呼ばれるのが一般化していたらしい。やや時期の下った編纂物になるが、七世紀後半ごろの『上宮記』では継体天皇を「大公王」、敏達を「大王」と称している。五世紀後半以後、中国との直接交渉はとだえたが、依然として五世紀以来の公式な称号である「王」が君主号として大きな影響力を持っていたのであろう。もっともわが国では、君主やその一族の人物を和語でオオキミやミコと尊称したとみられ、(5)その関係から漢語の「大王」や「王」を和語オオキミにあてることも早くから行われていたはずである。これは以後長く尾を引き、奈良時代に入っても広く行われた。しかしこのような王・大王の用法は、「大」には、「オホ」、「王」には「キミ」「オホキミ」というように字の訓が固定してきた結果生じたもので、一応君主号としての用法とは別個に考えるべきではないかと思う。また聖徳太子を大王と呼ぶことなどには、仏典に頻出する大王の用例などの影響があるかもしれない。(6)

四　天皇号と推古朝

中国による冊封と深いつながりをもつ王・大王の称を改めることは、多少とも中国を中心とする国際世界からの自立を意味する。その発端ともみえる動きが始まったのは、遣隋使という形で中国との直接交渉が再開された推古朝であった。『隋書』東夷伝にのせられた有名な倭の国書によると、当時の君主が隋に対して「天子」を称している。天子とは中華の皇帝の称であり、皇帝の冊封を受けるべき蕃夷の君主が称しうる称号ではない。隋煬帝がこの国書を無礼なものとして却けた理由の一つは、すでにいわれているようにここにあったのであろう。(7)反対に倭の側からいえば、明確な意識はなかったかもしれないが、中国の冊封関係から離れて朝鮮諸国を蕃国とする独自の中華世界を形成しようとする動きが顕在化したといえる。津田左右吉氏も述べたように、[8]「帝王本紀」(『日本書紀』)、「帝紀」(『古事記』)などの用字からみて、この前後またはそれ以前から「帝」という称号が使われだしていたことも推測できる。そこで問題になるのは、王や大王にかわる君主号として天子・帝のほかに「天皇」が用いられたのかどうかという点である。

いったい天皇号の採用された時期については、有力な学説として推古朝に起源を求める説がある。津田左右吉「天皇考」、竹内理三「大王天皇考」をはじめとして石母田正『日本の古代国家』(岩波書店、一九七一年)の第一章、大橋一章「「天皇」号成立の時代について」[9]など論考も数多い。これは、上記のような対中国関係の変化をふまえ、この時期に天皇号が始用されたとする説で、法隆寺金堂薬師像、天寿国繍帳等の銘文や『日本書紀』にみえる隋への国書、天皇記・国記の編纂などがその根拠とされている。この説では「天皇」という用字は中国の緯書や神仙関係の書から採られたとする。またこれに関連して天皇号欽明朝始用説とも呼ぶべき一説がある。天皇号の源は、百済とわが国との外交関係において百済が欽明朝からわが国を「日本」と呼び、その君主を尊称して「天皇」といったことにあるとする説である。[10]これは『日本書紀』に引かれた百済史料の一つ、『百済本記』の用字を根拠としている。

しかしこれらの説によって、天皇号が推古朝ないしそれ以前から用いられたとするには疑問がある。早く福山敏男氏は、記紀以前の書とみられる『上宮記』の逸文では、垂仁・継体・敏達を「大王」「大公王」などと記すのみで、君主を表すのに「天皇」とはいっていないことを指摘し、天皇号の確実な初見は六六六(天智五、丙寅)年の野中寺弥勒像銘であること、それより早く天皇号のみえるとされる法隆寺薬師像銘などは、推古朝を下った七世紀後半の制作と考えられることを述べられた。[11]この批判は、天皇号の始まりを考えるうえに重要である。その後『上宮記』の逸文とみられるものは『天寿国曼荼羅繍帳縁起勘点文』中にも指摘されているが、[12]そこでは分注に「天皇」の語がみえるものの、本文では欽明を「王」と称している。また天皇号は法隆寺薬師像銘のほか、やはり推古朝遺文とされる天寿国繡帳銘にもみえるが、これも推古朝当時のものとは考えられない内容をもっている。[13]『日本書紀』の用字がこのような場合、確実な論拠にならないことは、天皇記・国記とともに編纂されたいわゆる「公民本記」を、古系譜として独自の価値をもつ『伊福部氏古志』では「諸民本記」としていることからもうかがわれよう。この「公民」は追改である可能性が強い。『日本書紀』が何のことわりもなく「評」を大宝令の用字である「郡」に徹底して改めていることも参考になる。まして対外意識に深く関わる隋への国書の用字などは、後から改められる可能性もそれだけ高いといわねばならない。天皇号欽明朝始用説の根拠になっている『百済本記』の用字についても事情は同じである。『百済本記』が百済系の古い記録をもとに成立していることは確かであるが、「日本」や「天皇」といった用字は、同書の成立過程または成立後に手が入れられた結果とする説に従うべきであろう。その一証としては、継体七年六月条にみえる「委意斯移麻岐弥」の用字をあげることができよう。この「委」は「倭」に通じ、[14]大和朝廷の官人であるオシヤマキミ(穂積押山)の意と考えられるが、他の例からすると「委」は当然「日本」とあるべきところである。『百済本記』の依拠史料では「日本」はすべて「委」「倭」などと記されていたのが、何かの事情で、ここのみ「日本」と改め漏らしたのであろう。『百済本記』の編纂者ならばこのような初歩的誤りをする可能性は少ないであろうから、「日本」と改めた時点は、『日本書紀』の編纂過程とみるのが妥当である。ともあれ天皇号の採用は、後に詳しく述べるようにもう少し時代が下るとみるべきであろう。

五　天王号の存否

なお天皇号の始用時期に関係してふれておく必要があるのは、天皇号以前に「天王」が君主の号として用いられたという説⒂である。この説は『日本書紀』の雄略紀に引用された『百済新撰』およびそれに依拠したとみられる記事に、わが国の君主をさして「天王」といった部分が二箇所あること（雄略五年七月、同二十三年四月）、中国でも君主が天王を称した先例のあることなどを理由に、百済が六世紀後半にはわが国の君主を「天王」と称していたことを主張したものである。この説は『日本書紀』古写本中でも善本とされる前田家本・図書寮本の用字に基づいており、一応成立の蓋然性はあるが、同じ写本中でもこの二箇所以外はすべて「天皇」となっている。いったい「天皇」と「天王」が相通用する例は中国でも響堂山石窟の造像記にすでにみられ（景龍二年〔七〇八〕、傅大娘造観音像記）、わが国でも平安・鎌倉の写本に珍しくなく、『上宮聖徳法王帝説』などのほか、寺院縁起の例など枚挙に堪えないほどである。それらはたとえば平城天皇を「天王」と呼ぶなど（醍醐寺本『諸寺縁起集』「唐招提寺縁起」）、到底古い称号、用字の残存とみられるものではなく、同一記事の中でも天王・天皇を混用する場合が多い（『七大寺巡礼私記』東大寺・西大寺条他）。むしろ書写の手間を省くために少画の字を混用したと解すべきであろう。『日本書紀』古写本の「天王」も孤立的な用例であり、「天王」という称号の使用を想定するよりも、たまたま書写段階で「天皇」が簡略に「天王」と写されたことがあり、その用字が前田家本や図書寮本の書写に際して影を落としたものと判断するのが妥当と思われる。前田家本では、雄略五年七月条の場合、いったん「天皇」と書かれたものが抹消のうえ「天王」に直されているようであるが、これは書写した人が書写後に底本の「天王」を特別意味あるものかと考えて訂正したにすぎないであろう。なお天王号を認めるこの説では、「天王」から「天皇」へ切り換わった時期を推古朝ごろに求める。そしてその理由としては、「天皇」がテンワウと呉音でよまれる習わしで、それが「天王」の音に通じること、七世紀初めから持統朝ごろまでの間に呉音にかわって中国北方音が用いられるようになったと考えられるが、同音を媒介にして「天王」から「天皇」への移行があったとすれば中国北方音の一般化以前であるべきことをあげる。しかし律令の用語が呉音でよまれたことからもわかるように呉音の使用は八世紀以降にも根強く、これには説得力がない。ほかに有力な傍証があればともかく、上にみただけの根拠から、天皇号に先だって天王号が用いられたとするのは穏当でないと思われる。

六　天皇号の成立

それでは天皇号はいつごろから使用されはじめたのか。私は渡辺茂氏と同じく、天武朝末年ごろからと考えている。[16]これ以前に求める説としては、大化説、天智朝説があるが、大化説は、大化改新を『日本書紀』の史観のままに評価し、それに立脚している点で従いがたい。[17]また天智朝説は、天智朝の干支年紀をもつ野中寺弥勒像銘や船王後墓誌銘に天皇号のみえることを論拠としており、主張する人が多い。[18]しかしこの二つの銘文は、なるほど天智朝の年紀を含んでいるけれども、実際に刻まれたのは天武・持統朝以降と考えられる。すなわち野中寺像の銘は、元嘉暦による暦日を「旧」としていることによって、唐の儀鳳暦(麟徳暦)が採用された持統朝以降のものと考えられ、船王後の墓誌銘は官位相当制の浸透を示唆する「官位」の語を含むことによって天武朝も半ば以降の製作と推測される。[19]六七七(天武六、丁丑)年の年紀をもつ小野毛人墓誌銘にも「天皇」の語がみえるが、これが八世紀に入っての製作と考えられることは藪田嘉一郎氏の説に詳しい。[20]こうみてくると天武末年以前の確実な史料で天皇号を記すものは今のところ存在しないといってよい。

ただ史料的に所見がなくても、天皇号が使用されていなかったとはいえず、天武朝以降の使用を裏付ける積極的な根拠が要求されよう。これには次の二つの点をあげることができる。

その一つは、持統天皇三年(六八九)頒布の浄御原令によって、それまで「大后」とされてきた君主の妻が「皇后」と呼ばれるようになったことである。[21]中国では「后」は元来天子の妻をさしたが、秦漢以降「皇后」がこれにとってかわり(『初学記』巻一〇)、「后」のほうは王の妻をさすようになった。「大后」はその「后」を尊んだ称である。したがって大后は大王号と対をなす称号であり、代々新羅国王として冊封を受けた新羅の君主の妻も「大后」と称されている(慶州皇福寺石塔発見青銅函蓋銘)。「大后」が「大王」の場合と同様、たんに和語のオオキサキを漢字化した語でないことは、このことからも明らかであろう。したがって后妃の称号からいうと、浄御原令以前の君主は、正式にはなお皇帝・天子でなく王の位置にあったものとみなければならない。もしわが国の君主が、これ以前、公式に皇帝ないしそれと同等の位置にある天皇を称していたならば、その妻は当然皇后と呼ばれるべきで、「大后」といわれるべきではないからである。このように考えると、わが国の君主の称号が公式に「天皇」と定められたのは浄御原令においてであったと考えられる。

第二は、唐の高宗が六七五(上元二、天武四)年に皇帝の号をやめ「天皇」を称したことである。中国では古くから「天皇」が道教の主要な神格とされ、天帝と同一視する説もあったところから、皇帝を天皇になぞらえることは行われたらしいが、現実に君主が「天皇」を称号とすることはそれまでになかった。わが国で推古朝ごろから天皇号が用いられたとすると、中国に先んじて道教教典や緯書などにみえる「天皇」に注目し、現実の君主号に採用したことになる。事実これまでもそのように解釈するのが一般的であった。しかし、ひるがえって考えると、本来、君主を神の子孫とする伝統があったとはいえ、中国の典籍から独自に「天皇」を選びだして現実の君主号とすることが、はたして七世紀初頭ごろに行われうるものかどうか、日本や朝鮮における文化受容の状況から考えるとかなり疑問であることは確かであろう。むしろ高宗の時代になって現実の君主の称号として「天皇」が使われるようになった結果、これをわが国の君主にもあてはめたとみるのが自然ではないかと思われる。[22] もっとも天皇という称号が、わが国で「天」と「皇」を組み合わせて案出されたという可能性もないではないが、[23] その蓋然性は典籍から採られる場合よりさらに少ないであろう。以上の点よりみても、天皇号の採用は六七五年以後と考えるのが妥当である。

当時のわが国の状況をみると、壬申の乱後という特殊な政治的環境を背景に、「大王は神にしませば」というような現人神思想の昂揚がみられ、それに加え天武天皇の好尚もあってか、広義の道教思想や陰陽五行思想の浸透がみられる。皇祖神や皇子を尊称するのに道教の神に用いる「尊」の字を使うのもその表れである。[24] 天武天皇自身、「天渟中原瀛真人天皇」と諡名されたが、これは仙境瀛州に住む真人(神仙)の意がこめられているとみてよかろう。[25] 天武八姓の一つで皇別氏族に与えられた「真人」も、このような道教的意味での真人と無関係でないと思われる。先には天皇号の採用が浄御原令にはじまると述べたが、公式にはその時点としても、浄御原令の大綱も定まっていたとみられる天武朝末年ごろにはすでに使用されていたと考えてよさそうである。

最後に天皇号採用を促した原因であるが、一般的にはわが国を中華とする国際意識の確立があげられよう。白村江の戦い以後、唐との直接交渉がとだえたことも、これに好条件をもたらしたことが考えられる。またこの現象は国内における律令国家体制の成立とも表裏の関係にある。ただ新羅の例をみても明らかなように、同じ中国の律令制を継受した国でも、その君主は中国の冊封を受ける王の地位に留まるのがむしろ普通であり、君主を皇帝ないし天皇として位置づけることと律令制の受容とは必然的に結びつくものではない。わが国の君主が皇帝・天皇・天子を称しえたのは、中国に対するわが国の地理的、政治的な特殊条件によるところが大きいであろう。しかし法典としての律令を整えるにあたって、君主の地位をいかに性格づけるかは、どうしても解決されねばならない大きな課題である。君主の命令を何と呼ぶか、またそれをどのような手続きで下達するかというような点から始まって、影響は広く政府の組織にも及ぶであろう。天武朝には、外交・思想・政治の各方面で、天皇号採用に至る条件が熟しつつあったといわねばならない。

(1) 津田左右吉「天皇考」(『日本上代史の研究』岩波書店、一九四七年。一九二〇年初出、全集三)。
(2) 竹内理三「大王天皇考」(『律令制と貴族政権』I、御茶の水書房、一九五七年。『竹内理三著作集』四)。
(3) 金錫亨『古代朝日関係史』(勁草書房、一九六九年)。
(4) 船山古墳出土大刀銘については、本文の記述以後、実物調査の機会を与えられた。その後の私見は、拙稿「江田船山古墳の大刀銘」(本書第二部第二章)参照。
(5) 本居宣長『古事記伝』四十之巻(本居宣長全集一二、筑摩書房、一九七四年)二四四頁。
(6) 田村円澄『飛鳥仏教史研究』(塙書房、一九六九年)二三八頁。
(7) 徐先尭『二王尺牘与日本書紀所載国書之研究——隋唐期中日関係史之一章』(増訂再版、芸軒図書出版社、二〇〇二年、一九七九年初出)、増村宏『遣唐使の研究』(同朋舎出版、一九八八年)第一編第一章。
(8) 注(1)に同じ。
(9) 大橋一章「「天皇」号成立の時代について」(『天寿国繡帳の研究』吉川弘文館、一九九五年、一九七〇年初出)。
(10) 三品彰英「日本国号考」(『南都仏教』三号、一九五六年)。
(11) 福山敏男「法隆寺の金石文に関する二三の問題」(『夢殿』第一三冊、一九三五年)。
(12) 飯田瑞穂「「天寿国曼荼羅繡帳縁起勘点文」について」(『聖徳太子伝の研究』吉川弘文館、一九九九年)。
(13) 藪田嘉一郎「法隆寺雑考」(『南都仏教』一六号、一九六二年)、宮田俊彦「天寿国繡帳銘成立私考」(『史学雑誌』四七-七、一九三六年)、拙稿「天皇号の成立年代について」(『正倉院文書と木簡の研究』塙書房、一九七七年)、同「天寿国繡帳の図様と銘文」(本書第二部第六章)。
(14) 木簡には地名の「鷲取」を「委之取」(奈良文化財研究所『飛鳥・藤原宮発掘調査出土木簡概報』一七、二〇〇三年、一六番)、魚名のイワシを「伊委之」(奈良県教育委員会『藤原宮』、一九六九年、木簡一二九、奈良国立文化財研究所『飛鳥・藤

原宮発掘調査出土木簡概報』五、一九八〇年、一二頁上段、同『平城宮発掘調査出土木簡概報』二二、一九九〇年、一九頁下段）と書く例がある。最後の例は八世紀前半、郷里制下の志摩国荷札であるが、平城遷都後の木簡では「鰯」の表記が一般的で、古式の表記をとどめた例と解される。
(15) 角林文雄「日本古代の君主の称号について」（『日本史論叢』一、一九七二年）。
(16) 渡辺茂「古代君主の称号に関する二、三の試論」（『史流』八、一九六七年）、同「「尊」と「命」と「王」」（肥後先生古稀記念論文刊行会『日本文化史研究』弘文堂、一九六九年）、注(13)拙稿「天皇号の成立年代について」。
(17) 林幹弥「中国思想」（児玉幸多他『図説 日本文化史大系』二、小学館、一九五七年）。
(18) 和歌森太郎『大王から天皇へ』（毎日新聞社、一九七四年）、山尾幸久「古代天皇制の成立」（『天皇制と民衆』東京大学出版会、一九七六年）。
(19) 拙稿「古代の墓誌」（本書第一部第二章）。
(20) 藪田嘉一郎『日本上代金石叢考』（河原書店、一九四九年）。
(21) 青木和夫「日本書紀考証三題」（『日本律令国家論攷』岩波書店、一九九二年。一九六二年初出）。
(22) 遣唐使の中断していたこの時期でも、高宗の「天皇」号は、朝鮮半島との盛んな交流を通じて知られたであろう。この情報が新羅に伝わっていたことは、六九五年頃の製作とみられる金仁問碑に、「高宗天皇大帝」とあることから推定できる。黄寿永『韓国金石遺文』（第五版、一志社、一九九四年）七二頁参照。
(23) 山尾幸久注(18)論文。
(24) 渡辺茂「古代君主の称号に関する二三の試論」（注(16)前掲書）。
(25) 上田正昭「和風諡号と神代史」（『古代の道教と朝鮮文化』人文書院、一九八九年。一九七二年初出）。

付編三　法隆寺献納宝物と花月庵関係の銘文

明治十一年に皇室に献上された法隆寺伝来の宝物は、戦後、東京国立博物館の保管となって法隆寺献納宝物と呼ばれ、正倉院宝物に匹敵する価値を持った文化財として有名である。しかし法隆寺献納宝物は、その大半が美術工芸品であることもあって、その研究も主に美術史の分野からするものが多く、なおその価値が充分に発明されていない憾みがある。歴史学の方で比較的研究蓄積があるのは、正倉院宝物と同様銘文に関してであるが、筆者のこれまでの論考(1)を含め古代に偏する傾向は否めない。しかし多数存在する中世以降の銘文も、宝物の伝来や文化財群としての価値を考える上に重要な意義をもつ(2)。ここでは美術工芸品にみられる江戸時代の銘が、近世文化史上に有する意味を考えてみよう。

具体例としてとりあげるのは、花月庵田中賀寿に関わる次の四つの銘文である。

(一)　竹厨子(献納宝物八七号)(3)

(黒漆塗箱蓋表朱漆書)

「竹箪子

法隆寺」

（同蓋裏墨書）

「
和州法隆寺宝蔵古茶器記

聖賢御壺

鉄御風炉　中興以来称上代御風炉

沃金御水瓶

斑紋竹御茶厨子

右四器

聖徳皇太子学宮御供煎茶器云、恭惟四器中如聖賢壺、近古尚方錫工美作守某、嘗一模而今天下伝傚、以為蔵茶壺通製旦也、上古欽明帝御用煎茶湯事、見玉葉集、亦経国集載嵯峨帝賜茶湯於僧大師空海　御製歌等、則皇廷煎茶之行也尚而此器為茶具勿論也、顧茶有功於人、疏滞清心、今日楽々利々之世、方盛用以為閑適清話之首具、而其実権輿於千三百年前、風塵之表如前云々、神聖先知卓越於凡、臨照無遺、亦有如此者也夫

補主　花月庵田中賀寿謹識（朱印）（朱印）

幹事　西園院尭恕

香川徽書（朱印）（朱印）

世俗閑風雅、漫進西土賢、争知　天上事、茶種舶来前

斎藤象拝（朱印）

天保十三年歳次壬寅春三月　」

㈡　釣篝（献納宝物一二〇号）

（黒漆塗箱蓋表朱漆書）

「上代風炉

法隆寺」

（同蓋裏朱漆書）

「　天保己亥八月二十二日賀寿恭献茶於
皇太子廟前、辱護用　太子在世手用之
器即此也、筐帒倶敗裂、賀寿為補
脩、恭以敬襲焉

補主　花月庵賀寿謹識

幹事　西園院尭恕　」

(三) 龍首水瓶（献納宝物二四三号）

（黒漆塗箱蓋表朱漆書）

「水瓶

法隆寺」

（同蓋裏朱漆書）

「 天保己亥八月廿二日賀寿恭献茶於

皇太子廟前、辱護用　太子在世手用

之器即此也、筐㑩敗裂、賀寿為修

補、恭以敬襲焉

補主　花月庵賀寿謹識

幹事　西園院尭恕　」

(四) 金山寺香炉（献納宝物二九一号）

（桐箱蓋表墨書）

「金山寺香炉

法隆寺」

（同蓋裏墨書）

「法隆寺所蔵唐山金山寺香炉、筐

俗倶敗裂、今教寿門下松風清社諸
人修補之、恭以奉進
勧脩　花月庵賀寿（朱印）（朱印）敬識
幹事　西園院尭恕　」

これらの銘文は、いずれも修補に関わって残されたものであるが、ここに名を見せる田中賀寿とは、煎茶花月庵流の初代に当たる人物で鶴翁と号した人である。花月庵による銘のうち、その宝物観をまとまって示しているのが(一)である。花月庵は、聖賢壺、鉄風炉、沃金水瓶、斑紋竹茶厨子の四点が、聖徳太子所用の茶器であることを述べ、『玉葉集』の歌(4)や『経国集』の詩(5)に言及しつつ、飲茶の伝統の古いことを説いている。これら四点の品はいずれも旧法隆寺献納御物に含まれており、聖賢壺は現在もなお御物のままとなっている八臣瓢壺、それ以外は国有化された法隆寺献納宝物中の釣篝、龍首水瓶、竹厨子に、それぞれ該当する。

八臣瓢壺は瓢製で唐代の作と考えられ、栄啓期と八人の臣を側面に表しているところからこの名が生じた。現在は酒壺とする見方もあるが(6)、花月庵はこれを茶壺とみたのであり、銘文によるとその観念は彼以前に存したようである。

釣篝は、寺伝によってこの名があるが、外筒と落とし炉からなる鉄製の炉である。透かしの文様等からみて奈良時代の製作と考えられている(7)。落とし炉の内側にさらに内炉があるが、これは花月庵が新補したもので、その外側面に次の刻銘がある(8)。

「上代御風炉之内
補主花月庵賀寿謹造意（花押）」

また(二)の箱銘によって、この炉が天保十年（己亥）八月に花月庵によって茶事に使用されたこと、花月庵が箱や袋を補修したことが判明する。

龍首水瓶は、七世紀、唐風工芸の優品として有名であり[9]、その胴部に八世紀の墨書銘もあって、古くから法隆寺に伝来した品と推定される[10]。これにも釣籌と同様な補修銘(三)がある。

竹厨子は、天平宝字五年(七六一)の東院資財帳に載せられた斑竹の厨子の一つと推定され、僧行信施入の伝えからして八世紀前半以前の作と考えられる[11]。

これら四点の品は、いずれも法隆寺伝来の古代の作品であり、江戸時代の観念からすれば聖徳太子に結びつけられたのは当然であろう。ただ茶器というのはあくまで花月庵の解釈であり、今日からいえば一種の見立てといって差支えない。ただ八臣瓢壺や釣籌のように、早くから茶器とみなされた品があることからも知られるように、こうした解釈は近代の茶人などが行った見立てとは異なって、花月庵自身、おそらく信じて疑わなかったとみてよかろう。花月庵が、こうした古器物の中に「茶器」を見出だした背景には、煎茶という芸道が、とくに中国の古器等の利用に積極的であった事情[12]を考慮すべきであろうと思う。

花月庵のこの種の古器に対する関心は、(四)の銘文にも表れている。(四)の銘は、法隆寺献納宝物中にある高麗製の香炉について、その箱や袋を門下の松風清社の人々に修補させたというものである。聖徳太子への献茶に使用したことは書かれていないが、少なくとも茶事での使用を考えた上での行為であったことは確かであろう。

花月庵賀寿による古器を用いた茶事と、それに関連する一連の保存事業は、宝物の伝来、保存や文化人の宝物認識をみる上に興味深いものがある。しかしこれに関して充分な研究がなされてきたとは到底いうことができない。花月庵その人は、江戸後期の大坂の文化人として、その方面では注目されている人物であり[13]、使われた宝物類は美術史上著名なものばかりであるが、それぞれの分野で独立して研究がなされてきたため、双方を結びつけての考察がなされてこなかった。そこで改めてこの茶事の周辺をさぐってみる。

花月庵賀寿は、天明二年(一七八二)に島之内の酒造業の家に生まれ、嘉永元年(一八四八)に六十七歳で没した。花月庵流の始祖であるところから、その伝記についてもよく知られ、花月庵三代の一窓(楢次郎)による『花月庵鶴翁小伝』、同四代の楓谷による同名の書があり、後者は私家版ながら昭和二年に印行されてもいる。(14) いまそれらによって賀寿の事蹟をうかがうと、文政ごろから黄檗の聞中禅師に師事して禅と煎茶を修め、野里梅園、木村蒹葭堂らと親交を結ぶ一方、天保三年(一八三二)には東下して、綾瀬川に舟をうかべて茶宴を行い、親交のあった平田篤胤、大窪詩仏、谷文晁らを招いた。また滞在中、将軍家へも献茶している。翌天保四年、中国西湖の水で茶を立てることを思い立ち、長崎奉行を介して一瓶の水を入手し、八月中秋、これを用いて観月の茶宴を開いた。天保九年、一条忠香邸に招かれて献茶し、忠香より「鶴翁」の号を賜わっている。これ以後、大名や京都の貴縉、御所との関係が深くなり、同年、紀州、尾州の二侯、千種有功、翌天保十年には興正寺門跡、同十一年および弘化四年(一八四七)は仙洞御所というように献茶を重ねた。こうした中で法隆寺での茶事は、伝記によると天保十年(一八三九)仲秋に行われている。この時、花月庵は法隆寺太子殿宝前に献茶したというから、聖霊院の太子像に献茶を行ったのであろう。これと照応するのが、先掲の銘文(二)(三)である。「天保己亥(十年)八月」、「皇太子廟前」に茶を献じたというのは、この事実をさすものに他ならないであろう。竹厨子の箱の銘文(一)にいう、四つの古器を用いての茶事が、この時なされたと考えてよい。

なお銘文(一)の日付は、天保十三年三月であり、銘文(二)(三)の「天保己亥」と合わせると、天保十年のほか、十三年にも献茶が行われたかのようにとれないこともない。しかし伝記に天保十年の茶事しか記されていないことからすると、十三年の方は箱や袋の修補が成った日付と解すべきであろう。茶事のあとこのような企てがなされ、それが十三年に完成したとみるのが自然である。また銘文による限り、器物本体の修補に及んだ形跡はない。内炉が新補された釣篝の場合、その内炉に刻銘がなされている。今日、竹厨子や龍首水瓶にはかなり修理の手が入っていることが確認されているが、[15]それらの補修は、少なくとも天保十年以前になされていたと考えてよかろう。茶事のため、その直前に補修が行われた可能性もあるが、釣篝の刻銘の存在を念頭に置くと、その確率は低いというべきである。この点、花月庵による銘は、これらの宝物の修理時期を考える参考にもなろう。

なお箱や袋の修補が天保十三年三月に行われたのは、あるいは偶然でなかったかも知れない。即ち前年正月には、法隆寺から寺宝の江戸本所回向院における開帳が出願され、十三年六月にはそれが実現しているからである。[16]同年六月に法隆寺が刊行した『御宝物図絵』は、この開帳時の出品物を図示したものと推定されているが、[17]さきの銘を有する宝物類は、「賢聖瓢」「御竹篳篥」「御水瓶」「風炉」として、すべてこの書にのせられている。箱や袋の修補は、この出開帳を予定したものであった可能性が高いと考えられる。

花月庵がいかなる理由で法隆寺と接触をもつに至ったかは明らかでない。これは今後の検討課題としたい。ただ花月庵と交わりを結んだ人の中に、木村蒹葭堂や野里梅園があったことは注意されてよい。このうち蒹葭堂は早く享和二年(一八〇二)六十七歳で没したが、野里梅園の存在は注目されよう。梅園は大坂南組の惣年寄を勤めた人物で、煎茶への造詣と同時に、古文化財への関心も深く、古文化財の複製図録としての『梅園奇賞』(文政十一年刊)はよく知られているし、梅園の作製した貼交帖『摽有梅』も、極めて質の高い内容をもっている。[18]煎茶における古器物愛好の風潮を背景に、花月庵もこうした交友を通じて、奈良古物への関心を涵養していたとみてよいであろう。江戸における花月庵の友人の一人に、古画・古器物の模写に大きな役割を果たした谷文晁[19]があるのも偶然とはいえまい。法隆寺の宝物を使った献茶という、一見奇嬌ともいえそうな行為も、こうしてみてくると、十八世紀末より盛んとなった考証学的、好古的風潮の一環であったということになろう。

(1) 拙稿「香木の銘文と古代の香料貿易」(『遣唐使と正倉院』岩波書店、一九九二年)、「法隆寺献納宝物 龍首水瓶の墨書銘」(本書第二部第十二章)、「法隆寺伝来の幡墨書銘」(本書第二部第十三章)など。
(2) そのほとんどは東京国立博物館編『法隆寺献納宝物銘文集成』(吉川弘文館、一九九九年)に収録されている。
(3) 以下の宝物の写真図版は、注(2)前掲書参照。
(4) 未勘。
(5) 『経国集』三四「七言与海公飲茶送帰山」をさす。
(6) 木内武男「八臣瓢」(『MUSEUM』九七号、一九五九年)。カラー図版が宮内庁三の丸尚蔵館『日本と中国の美術』(一九九五年)にある。
(7) 東京国立博物館編『法隆寺献納宝物図録』(一九五九年)五八頁(蔵田蔵執筆)。
(8) 同じ内炉の他の箇所には「上代」とだけ記した墨書銘、「上代御風」とだけ刻した刻銘もある。注(2)文献参照。なお屋代弘賢『道の幸』中巻によれば、遅くとも寛政年間には「風炉」とする解釈があった。
(9) 中野政樹「法隆寺献納宝物龍首水瓶について」(『MUSEUM』四五七号、一九八九年)。
(10) 拙稿「法隆寺献納宝物 龍首水瓶の墨書銘」(注(1)前掲)。
(11) 木内武男「竹厨子」(『MUSEUM』一八二号、一九七四年)。
(12) たとえば『青湾茶会図録』(文化三年刊。芸能史研究会編『日本庶民文化史料集成』一〇、数寄、三一書房、一九七六年)参照。
(13) 新修大阪市史編纂委員会編『新修大阪市史』四、第四章第六節3「町人茶道の広がり」(田中豊氏執筆、一九九〇年)参照。
(14) 花月庵に関する資料については、もと大阪市史料調査会の田中豊氏(現在奈良県立大学教授)から教示を得た。補注参照。
(15) 木内武男注(11)論文、中野政樹注(9)論文。
(16) 樋口秀雄「元禄天保法隆寺霊宝の江戸開帳――その経過と意義について」(『MUSEUM』九九号、一九五九年)参照。

(17) 同右。

(18) 梅園の地位と著作については、林若樹編刊『従吾所好』(一九一二年)二一頁参照。なお梅園が花月庵と同時代人であったことは、天保六年に成った大里浩庵著『浪華煎茶大人集』(写本。大阪府立図書館蔵)に、花月庵とならんで見えることからも知られよう。同書は恩賀敬子・平野翠・多治比郁夫「複製と翻刻 人物誌二種——浪華煎茶大人集・浪花三十六佳人」(『大阪府立中之島図書館紀要』一九号、一九八三年)に複製されている。

(19) 拙稿「『古画類聚』の成立」(東京国立博物館編『古画類聚』毎日新聞社、一九九〇年)参照。

補注 その後刊行された大阪市立美術館の特別展図録『煎茶 美とそのかたち』(一九九七年)には、天保九年(一八三八)に一条忠香より受けた免許の軸「紫の巻」を始め、花月庵鶴翁関係の資料が収録されている。

書　後

古代の金石文は、私が最も早く興味を持ったテーマである。昭和三十八年(一九六三)、會津八一ファンの高校生であった私は、神戸センター街の小さな古本屋で『會津八一全集』の内、「法隆寺法起寺法輪寺建立年代の研究」が入った第一巻を買い求めた。端本のためか、高校生の小遣いでも何とか購入できる値段であった。八一の論文を知る人には周知の通り、随所に教育的配慮もちりばめられ、興味深く読んだのであるが、中でも「法起寺塔婆露盤銘文考」に見る考証の面白さには全く魅了されてしまった。その後この分野への興味は益々深まり、木簡への関心もここから派生していくことになる。そのような中でいくつかの論文や一般向けの文を書いてきたが、本書にはこれまでの論文集に収めなかった諸篇と若干の新稿を集めた。読者対象や執筆時期が一律でないため、なるべく統一は計ったものの、なお文体や精度に差が生じている。この点、読者の御寛恕をお願いする。思えば、私がこのようなテーマに関り続けることができたのは、職務上あるいは研究上、様々な方々の好意で実物に接する機会を与えられたことに依るところが大きい。論文に名を挙げさせていただいた他にも、直接間接にお世話になった人々は多数にのぼる。お名前を挙げるのは差控えるが、心から御礼申し上げる次第である。

また銘文研究に携ってきた余慶でもあろうか、この論文集の計画を進めていた昨年三月中旬、思いがけない体験を得た。唐招提寺金堂の解体修理に伴い、棟の両端にあった天平と鎌倉の鴟尾が保存のために下ろして保管されることとなり、かわって新造される鴟尾のための銘文作成を、唐招提寺から依頼されたのである。この事業の始まった一九九八年から、金堂解体修理委員会の委員として、その末席を汚してきたからであろうと思う。期待に応えられる自信はなかったが、これも奇しき縁と思い、鎌倉の銘を念頭に置いて何とか文を作り、昨年三月末に左のような案をお渡しした。

以往古鴟尾裂損金堂解體之間拠舊規造

替之願大和上過海之鴻圖與此鴟尾不朽

平成十五年歳次癸未三月　日

往古の鴟尾裂損せるを以て、金堂解体の間、旧規に拠りて之を造替す。願わくは大和上過海の鴻図、此の鴟尾とともに不朽ならむことを

幸い寺ではそのままに受納下さり、益田快範長老の筆になるこの銘が四月八日付で刻まれて焼成された。ただ、本文は経文にならい一行十七字で考えたが、実際には三行に分けて刻まれている。

銘文を論うだけの立場にあった私にとって、これは銘文成立の始終を体験できる貴重な機会となった。銘文を作った無名の古代人も、将来に亘る長い時間を意識して文を考えたことであろう。また刻銘の実際は、原案と小異を生じることもありうる。考えてみれば自明のこととはいえ、現実の銘文が持つそのような性格を、改めて実感することができた。この機会を借りて、唐招提寺の諸師に深甚の謝意を捧げたい。

最後になったが、本書の刊行をお勧め下さった編集部の小島潔氏、実務を適確にお進め下さった原育子氏、校正に再び尽力いただいた土方邦子氏に厚く感謝する。

二〇〇四年五月五日

東野治之

成稿一覧

本書各章のもとになった文章は次の通りである。再録論文はすべてに補訂を加えたが、顕著なもの以外は特に断らない。また論文末尾の「付記」は原論文のもの、「補注」は今回新たに加えた。

金石文研究の課題と方法　新稿

飛鳥・白鳳の造像銘

「銘文について」(奈良国立文化財研究所飛鳥資料館編『飛鳥・白鳳の在銘金銅仏』同朋舎、一九七九年。一九七七年初出)

古代の墓誌

「日本古代の墓誌」(同右編『日本古代の墓誌』同朋舎、一九七九年。一九七八年初出)、「日本古代の墓誌の調査」(『奈良国立文化財研究所年報一九七八』)

東アジアの石碑文化と古代日本

「東アジアの石碑文化と日本」(ポーラ文化研究所『is』八二号、一九九九年)、「古碑の真贋」(東野治之・平川南『よみがえる古代の碑』歴博ブックレット⑦　財団法人歴史民俗博物館振興会、一九九九年)の後半部

法隆寺献納宝物の銘文

東京国立博物館編『法隆寺献納宝物銘文集成』(吉川弘文館、一九九九年)　幡墨書銘に関する部分を中心に一部改稿

朝鮮半島出土の単龍文環頭大刀銘

「銘文の解読」(東京国立博物館編『修理報告　有銘環頭大刀』、一九九二年)

江田船山古墳の大刀銘

「銘文」(東京国立博物館編『保存修理報告書　江田船山古墳出土　国宝銀象嵌銘大刀』吉川弘文館、一九九三年)

法隆寺金堂釈迦三尊像の光背銘　新稿

法隆寺金堂釈迦三尊像台座の墨書銘
「仏教美術の散歩道　法隆寺釈迦三尊台座の落書き」（朝日新聞朝刊　奈良版　二〇〇一年三月十五日）
法隆寺金堂四天王の光背銘
「法隆寺金堂四天王光背銘の「片文皮臣」」（『ＭＵＳＥＵＭ』三八八号、一九八三年）
天寿国繡帳の図様と銘文
「天寿国繡帳の制作年代――銘文と図様からみた」（東野治之他『考古学の学際的研究――濱田青陵賞受賞者記念論文集Ⅰ』昭和堂、二〇〇一年）亀形に関する部分を中心に補訂
那須国造碑
「那須国造碑と律令制――孝子説話の受容に関連して」（池田温編『日中律令制の諸相』東方書店、二〇〇二年）永昌元年の年紀をめぐって加筆
滋賀県超明寺の「養老元年」碑
国立歴史民俗博物館編『古代の碑』（一九九七年）
上野三碑
「山ノ上碑銘文の解釈」「山ノ上碑の書風と形態」「多胡碑銘文の解釈」「金井沢碑銘文の解釈」（群馬県史編さん委員会編『群馬県史』通史編二、原始・古代二、一九九一年）
聖武天皇勅書銅版
「古代の書と文章」（岩波講座『日本通史』六、古代五、一九九五年）
薬師寺仏足石記と龍福寺石塔銘
「薬師寺仏足石記と龍福寺石塔銘」（奈良県立橿原考古学研究所『青陵』一〇一号、一九九九年）
法隆寺献納宝物　龍首水瓶の墨書銘
「法隆寺献納宝物　龍首水瓶の墨書銘」（『ＭＵＳＥＵＭ』四五七号、一九八九年）、「献納宝物銘文の発見と新解釈」（金子啓明編『週間朝日百科　日本の国宝』四三号、東京国立博物館三、一九九七年）

法隆寺伝来の幡墨書銘
「法隆寺伝来の幡墨書銘――追善行事との関連にふれて」(小松和彦・都出比呂志編『日本古代の葬制と社会関係の基礎的研究』大阪大学文学部、一九九五年) 墨書銘の年代に関する部分を改稿
法起寺塔露盤銘 新稿
法隆寺印
「枡に捺された法隆寺印」(『MUSEUM』五三三号、一九九五年)、「二つの「法隆寺印」」(『国立博物館ニュース』五八〇号、一九九五年)
七支刀銘文の「聖音」と「聖晋」 新稿
大王号の成立と天皇号
「「大王」号の成立と「天皇」号」(上田正昭・直木孝次郎・森 浩一・松本清張編『ゼミナール日本古代史』下、光文社、一九八〇年)
法隆寺献納宝物と花月庵関係の銘文
「歴史学と学際的研究――正倉院宝物と法隆寺献納宝物」(『ヒストリア』一五〇号、一九九六年)の後半部

■岩波オンデマンドブックス■

日本古代金石文の研究

2004年6月29日　第1刷発行
2016年8月16日　オンデマンド版発行

著　者　東野治之《とうのはるゆき》

発行者　岡本　厚

発行所　株式会社　岩波書店
〒101-8002　東京都千代田区一ツ橋2-5-5
電話案内　03-5210-4000
http://www.iwanami.co.jp/

印刷／製本・法令印刷

ISBN 978-4-00-730465-1　　Printed in Japan

事項索引

凡　例

1　本書中の書名・人名・地名その他で，本書の利用に資すると思われるものを選び，五十音順に掲出した.

2　項目の中には，関係箇所の記述を要約して１項としたものがある.

3　ある項目を主題とする章・節がある場合は，その標題の箇所のみを示した.

4　→は参照項目を示す.

あ 行

か 行

さ 行

た 行

ま行

や 行

ら 行

わ 行

研究者・研究調査機関名索引

あ 行

か 行

さ 行

た 行

な 行

は 行

ま 行

や, ら, わ 行

著者既発表論著索引